한국연구재단 학술명저번역총서

서양편

대통령이 만드는 정치 ❶

The Politics Presidents Make:
Leadership from John Adams to Bill Clinton

스티븐 스코우로넥 저 | **백창재** 역

박영사

제2판 서문, 1997

『대통령이 만드는 정치』의 개정판 출판으로 그간 이 책에 대해 제기된 이슈들을 생각해 보고 클린턴 행정부에 대한 몇 가지 생각들을 덧붙일 수 있는 기회가 내게 주어졌다. 대부분의 저자들과 마찬가지로 나도 '어떻게 하면 더 잘 쓸 수 있었을까'라는 생각을 가지고 이 책을 검토했다. 그렇지만 지난 4년간 미국 정치에서 벌어진 일들 중 어느 것도 이 책의 기본적인 분석이나 주장을 변경하도록 만들지는 않았기 때문에, 나는 원래의 주장을 바꾸지 않았고 몇 가지 작은 수정을 빼고는 이 서문과 후기만을 추가했다.

현대 대통령들이 이전의 대통령들과 공유하는 것이 별로 없는 별개의 존재라는 생각에 대한 이 책의 도전과, 오늘날 대통령직이 어떻게 작동하는지에 대해 이전의 대통령들이 여전히 많은 것을 말해준다는 이 책의 주장이 그동안 주목받았었다. 내 주장은 모두 적절한 것이다. 이 책은 현대/전근대라는 구분선을 넘어서서 리더십 정치의 반복적 패턴, 즉 대통령 역사 전체를 꿰뚫으면서 "정치적 시간"의 유사한 순간에 있었던 이전 시기 대통령들과 현대 대통령들을 연관시켜주는 패턴을 찾으려 했던 것이다.

하지만 내 주목적은 "현대 대통령" 논의들을 기각하거나 "주기 이론"으로 대체하려는 것이 아니다. 이보다 내 목적은 정치적 변화를 가져오는 행위자로서 대통령을 평가하는 것이다. 내가 관심을 가진 것은 정치적 변화를 지휘하는 도전적 과제에서 대통령이 지닐 수 있는 권위의 근거들과, 상이한 근거들 위에서 발휘할 수 있는 대통령의 능력, 그리고 그렇게 하려는 대통령의 시도가 가져오는 체계적인 정치적 결과에 있었다. 내 분석이 제시한 반복적 패턴은 놀라울 수 있지만—내가 대통령 리더십을 생각하기 시작했을 때 확실히 그랬다—독자들에게 출발점에 머물지 말 것을 권한다.

대통령 역사의 "주기"는 불규칙적이다. 잭슨의 재편은 제퍼슨의 재편 이후 28년 만에 이루어졌다. 프랭클린 루즈벨트의 재편은 링컨 이후 72년이 지난 후 이루어졌다. 정치적 재편들 간의 기간은 우리의 관심사가 아니다. 주목해야 할 것은 이 재편들 사이의 기간 동안 발견되는 서로 다른 리더십 유형들이다. 이 유형들 각각은 대단히 다른 역사적 상황 속에서도 유사한 방식으로 전개되는 독특한 정치적 동태를 지닌 것으로 보인다. 한 시기 내에서의 리더십 시도들이 서로 다른 것을 밝혀내고, 다른 시기의 리더십 시도들이 어떻게 유사한 정치적 결과를 가져오는지 설명하는 것이, 주기적이든 불규칙적이든 관찰된 역사를 설명하는 첫걸음이라고 나는 생각했다.

이 책은 대통령의 헌법상 지위가 정치적 행동의 문제를 어떻게 조직화하는지에 대한 일련의 주장들에 근거를 두고 있다. 이 책의 핵심 주장은, 대통령직을 차지하고 그 권력을 행사하는 것이 본질적으로 기존질서를 뒤흔드는 정치적 효과를 가져오며, 대통령의 리더십은 정통성 있는 정치질서를 재생산하기 위해 이 효과들을 해소하려는 노력이라는 것이다. 이런 노력은 모든 대통령들이 하는 것이며, 이에 수반되는 헌정상의 동태적 변화가 내 분석의 다양한 조각들이다. 넓은 시간대에 걸쳐 정치가 주기적으로 변하는 경향은, 상이한 상황에서 권좌에 오른 그 시기의 대통령들이 다양한 방식으로 펼치는 이런 동태적 변화들이 가져오게 되는 결과 중 하나일 뿐이다. 더 중요한 다른 결과는, 리더십의 결과가 대통령직의 권력이나 제도적 자원에 달려 있는 것이 아니라, 변화를 추구하려는 대통령들에게 주어진 정치적 권위와 근거에 보다 직접적으로 달려있다는 점이다.

이런 핵심적 주장 위에 수립된 대통령 리더십 이론은 리더십에 대한 전형적인 구조적 맥락들을 제시한다. 이 이론은 이런 맥락들 각각을 대통령 리더십이 기반을 두는 특징적인 근거들과 연결시키며, 이런 근거들 위에서의 행동을 특징적인 정치적 대결 및 체계 수준의 정치적 결과들과 연결시킨다. 이 이론은 왜 몇 안 되는 대통령들만이 정치적 변화를 지휘하는 데 놀라울 정도로 성공적이었는지 설명하며, 다른 대통령들이 직면했던 어려움들의 정치적 결과를 추려 낸다. 이 이론은 널리 적용될 수 있는 것이며, 내가 구체적으로 분석하려고 선택했던 사례들에만 국한되는 것이 아니라고 나는 믿는다. 선택한 사례들이 내가 제시한 기본적인 정치적 동태들이 역사적으로 확인된다는 것을 보여주고, 미국 정치를 변화시키는 데 있어서 대통령직이 지닌 잠재적 가능성과 현실적 한계를 명확히 해주기를 바란다. 물론 나는 대통령 역사 전체를 아우르는 이론이 여러 가지 측면에서 도전에 노출될 것임을 인식하고 있다. 같은 범위를 다루면서 더 많이 설명할 수 있는 대안적 이론들이 생기도록 자극한다면, 내 시도가 성공적이었다고 간주할 것이다.

이 책에 대해 제기된 다른 이슈들은 점진적 변화의 중대성과 현대 대통령직의 출현과 관련된 것들이다. 대통령 리더십은 새로운 중대한 것이 전혀 일어나지 않거나 과거의 패턴이 똑같이 반복되는 폐쇄 체계였던 적이 없다. 『대통령이 만드는 정치』의 분석들 상당 부분은 리더십 정치의 반복적 패턴들이 역사적으로 반복되면서 어떻게 재형성되었는지를 점검하고 시간에 따른 이런 변화들의 방향을 살펴보는 데 할애되었다.

이를 위해 이 책은 대통령 역사 속에서 발견되는 기본적인 정치 리더십의 유형들을 대통령 리더십을 둘러싸고 있는 제도적 환경들의 확장과 다양화를 통해 비교한다. 제도들이 증가하고 이 제도들의 독립성이 증대된 것이 어떻게 기존의 통치질서를 더 생존력 있게 만들어 왔는지, 그리고 정치적 소속이 대통령에게 부과하는 제약들을 느슨하게 해주었는지를 이 책은 보여준다. 잭슨 시대 이후 점진적으로, 그리고 20세기 들어 더 빠르게, 이러한 상황 전개는 대통령 리더십의 기본 유형들을 구분해 주는 경계들을 흐려지게 만들어 왔다. 따라서 일반 문헌들에서 대통령 리더십의 새로운 차원으로 간주되곤 하는 프랭클린 루즈벨트는 내 분석에서는 대통령이 주도하는 정치적 재편에 대한 제도들의 저항을 보여주는 복합적인 역사적 사례로 다루어진다. 가장 최근까지 분석을 하게 되면서 "현대 대통령직"의 중요성이라는 것은, 한 레짐 내의 대통령들이 지녔던 정치적 능력의 차이가 전반적으로 사라져가고 있음을 드러내 주는 데 있다는 것이 밝혀진다.

정치적 시간이 이렇게 저무는 것이 어떤 의미를 지닐 것인지 이 책의 마지막 부분에서 추측했으나, 그렇다고 먼 과거로부터 추출된 패턴들이 현재나 미래의 정치에 대해 더 이상 무언가 말해줄 수 없다는 것은 아니다. 대통령 리더십이 완전히 폐쇄된 체계였던 적이 없었다고 한다면, 과거의 패턴들을 완전히 벗어나려면 가야할 길이 멀고, 또 완전히 벗어나는 것이 헌법상 가능한지에 대해서도 의문이 남는다. 아마도 이 점이, 대통령 역사 전체에서 반복되는 패턴들을 분석해서 나온 내 결론이 일반 문헌들에서 발견되는 "현대 대통령직"에 대한 결론과 뚜렷하게 다른 점일 것이다. 나는 누구보다도 "현대 대통령직"과 연관된 새로운 제도적 자원들의 정치적 중요성을 인정하려 하지만, 이것들의 발전 과정에 대한 내 접근으로 인해 이것들이 리더십 정치를 완전히 바꾸어 놓았다는 주장은 경계하며, 지난 50년간의 제도적 변화가 현대 미국에서 대통령이 만드는 정치를 결정하게 되었다는 가정에 도전하게 되었다. 반복되는 리더십 유형들 간의 차이를 흐리게 하는 장기적 추세가 작동하고 있음에도 불구하고, 애초에 말했듯이 지금도 나는 카터에서 클린턴에 이르기까지의 대통령 리더십에서 가장 경이로운 것은 과거의 패턴들이 여전히 뚜렷하다는 점이라고 믿는다. 처음부터 기본적 유형을 끌어냄으로써, 미묘하게 수렴되는 방향으로 진화해가는 것을 추적하는 것이 아니라 이런 모든 변수들에도 불구하고 최근의 우리 대통령들이 원래의 패턴을 계속 반복하는 것을 밝혀내는 것이 내 목적이었다.

이 책에 의해 제기된 세 번째 이슈는 정치에서 차지하는 대통령의 위치 전반에 관한 것이다. 대통령들을 기존 질서를 교란시키는 힘으로 묘사하는 것이 다른 정부 제도들 및 사회 제도들과 대통령이 맺고 있는 밀접한 연관성을 놓치는 것이며, 정치적 변화를 추동하는 다른 요소들에 비해 대통령의 중요성을 과장하는 것이라고 어떤 이들은 지적한다. 대통령이 정치적 변화의 유일한 근원이라고 주장하거나 정치적 변화에 대한 설명이 다른 요소들도 고려해야 한다는 것을 부정하는 것은 당연히 어리석은 일이다. 어떤 변화인가에 따라서, 전쟁, 인구 구성 추세, 사회 운동, 경제 발전, 이익집단 압력 등이 대통령만큼이나 혹은 그 이상 중요하다고 평가될 수 있다. 정당이나 사법부, 의회 등 다른 정치 제도들 역시 미국 정치를 변혁시키는 데 중요한 역할을 해 왔다. 내 주장은 대통령직이 유일하게 지속적인 변화의 근원이며, 이 변혁적 요소는 헌법 자체에 비장(祕藏)되어 있다는 것이다. 대통령들은 스스로 정통성을 구축하려고 시도하면서 일상적으로 변화를 유발시킨다. **시간에 따라** 변해 가는 이 동적 과정을 제대로 이해하는 것이 특정한 대통령이나 **이 대통령의 정치적 시간을** 규정하는 요소들에 대한 우리의 이해를 증진시켜 준다고 나는 생각한다.

대통령직을 거대하고 전능한 존재로 묘사하지 않고 도발적이고 질서를 교란시키는 힘으로 묘사하게 되면, 계속 변해 가는 리더십 능력과 종종 역설적인 정치적 결과들을 분석하는 것이 가능해진다. 어떤 대통령도 대통령 권력 행사의 질서-파괴적인 함의와 대통령이라는 정치 제도의 질서-확인적 목적 사이를 조화시켜야 하는 문제를 피할 수 없지만, 이는 곧 변화를 타협해가는 것이 대통령 직무의 본질적인 부분이자 자기 행정부에 대한 헌법상의 책임으로부터 나오는 논리적 귀결이라는 점을 의미한다. 또한 대통령을 이렇게 묘사한 것이 대통령의 "권력 의지"(will to power)를 지지하거나 이를 막는 장애에 대해 한탄하는 것으로 읽혀서도 안 된다. 나는 대통령의 성공과 실패, 또는 위대함과 평범함에 관한 우리의 인식에 대해 제도적 분석을 할 수 있는 공통의 근거를 찾으려 했으며, 이것을 찾은 뒤에 나는 다양한 모습으로 나타나는 대통령의 리더십에 대해 더 회의적이 되기도 했고 더 긍정적이 되기도 했다.

정반대의 우려도 제기되었었다. 정치에서 차지하는 대통령의 위치를 이렇게 묘사하는 것이 너무 과하다기 보다는 애매하다는 것이다. 여기서 문제는 역사적 상황 전개 속에서 자신들의 상이한 위치에 대한 대통령들의 인식을 내 분석이 과장했는가 여부이다. 대통령들은 당면한 순간에 시선을 고정하고 있는 현실적인 정치인들이며, 사회과학자들처럼 역사에 대해 생각할 것으로 기대하면 안 된다는 데는 우리 모두 동의할 것으로 생각한다. 그렇지만 나는 내 사례들을 분석 범주에 억지로 집어넣으려는 의도가 없었다. 대체로 나는 권위와 리더십 근거에 대한 대통령들의 상당히 솔직한 주장들로부터 귀납적으로 접근해 나갔다. 내 분석의 유일한 가정은, 직전의 재편으로 제도화된 이익과 이념들의 기본적 기약에 대해 자신이 소속된 존재인지 반대하는 존재인지 하는 정치적 정체성에 대해 대통령들이 기초적인 이해를 가질 것이며, 이 관계 위에서 어떤 행동을 할 수 있는지 현재의 가능성에 대해 평가를 할 것이라는 점이다. 현실적인 정치인으로서 대통령들은 이런 것들을 본능적으로 알고 있으며, 당연히 이러한 평가를 끊임없이 하고 있다. 내가 묘사한 대통령 역사 전체는 점진적으로 만들어진 것이며, 특정한 순간의 역사는 전임자의 유산과 씨름하면서 자기 자신의 정치적 정체성으로 인해 새로운 리더십 상황에서 행동했던 후임자들에 의해 만들어진 것이다.

이와 관련해서는 제3의 측면도 있다. 대통령의 정치적 지위와 리더십 근거들에 대한 나의 묘사를 받아들이지만 이 책 자체의 전제에 의문을 제기할 수도 있는 것이다. 이 책이 "대통령이 만드는 정치"(the politics that presidents make)에 대한 것이라고 나는 말하지만, 어떤 이들은 사실은 "정치가 만드는 대통령"(the presidents that politics make)에 대한 것이라고 주장하곤 한다. 여기서 제기된 문제는, 이토록 맥락을 강조하는 구조적 분석이 개개 대통령들 자체의 중요성에 대한 주장들을 받아들일 수 있는지 여부라고 생각한다.

대통령들을 체계적으로 이해하는 데 관심이 있는 사람들에게 이는 미묘한 문제이다. 몇 가지 간단한 생각들만 밝혀 둔다. 첫째, 처음 보았을 때만큼 그다지 큰 차이가 있는지 잘 모르겠다. 『대통령이 만드는 정치』는 대통령직의 독특한 구조와 작동에 의해 미국 헌정체계에서 반복적으로 나타난 리더십 패턴에 대한 분석을 제시한다. 이런 의미에서 이 책은 미국 **대통령직**(presidency)이 만드는 정치에 관한 것이다. 확실히 이는 좀 더 어색한 표현이기는 하지만, 내 원래의 분석틀과 조화되는 것이고, 제안된 대안적 제목과도 조금은 어울리는 것이다.

그렇지만, 개인적 행위자들의 중요성을 완전히 무시하는 접근으로부터는 빠져나와야 할 충분한 이유가 있다고 나는 생각한다. 분명히 내 분석은 각 대통령들 모두에게 "자신이 될 수 있는 최대의 존재"가 될 자유가 있으며 대통령들 간의 차이는 단지 성격과 능력의 문제라는 낡은 허구적 신화에 도전하려는 의도를 가지고 있다. 하지만 리더십의 맥락을 이해하는 것이 궁극적으로 행위자에 대해 제대로 평가하는 데 기여하며, 리더십이 처한 문제들이 만들어지는 다양한 방식을 고려하고 이런 문제들을 극복하는 데 무슨 일이 발생하는지를 이해한다면 우리가 각 개인적 노력들에 대한 진정한 평가를—그 노력들의 독창성과 이 독창성이 정치 전반에 가져 오는 중요성에 대한 평가를—할 수 있게 될 것이라고 나는 믿는다. 리더로서 그로버 클리블랜드의 중요성은 그의 두 번째 임기 초반에 생겼던 재편의 기회를 고려할 때 더 잘 평가될 수 있고, 대통령으로서 씨어도어 루즈벨트의 창의력은 정통 개혁가가 지니는 고전적 문제들을 고려할 때 더 잘 이해될 수 있으며, 마주 오는 도전에 대응한 지미 카터의 능력은 레짐 말기 소속당 대통령의 위태로운 정치적 처지를 고려할 때 더 잘 드러나게 된다고 나는 생각한다. 클리블랜드는 거대한 해체의 전조를 억눌러버렸고, 루즈벨트는 정치적 정통을 미국 국가 건설의 중대한 돌파구를 마련하는 전제로 만들었으며, 지미 카터는 불가능한 리더십 상황의 경계를 넓혀 놓았다. 이 대통령들은 자신들이 처한 상황이 지닌 논리로부터 벗어나지는 못했을 수 있으나, 단순히 상황에 사로잡힌 존재는 아니었으며, 이들의 시도는 이 논리들이 미래에 어떻게 전개될지에 대해 장기적으로 영향을 미쳤다.

마지막으로, 대통령이 단순히 맥락에 사로잡힌 존재라는 이미지는 맥락 자체를 구성하는 데 있어서 이 개인들이 했던 역할을 놓치는 것이라고 생각한다. 때로, 1970년대 말에 선출된 민주당 대통령이라면 누구나 지미 카터와 같은 상황에 처했겠는가 하는 질문을 받곤 한다. 문제는 카터가 당시 경쟁하던 모든 민주당 후보들을 이기고 대통령직에 올랐다는 데 있다고 생각한다. 카터의 정치적 천재성은 그 당시 자기 당의 어려운 상황을 감안하면서도 본 선거에서 민주당이 승리하기에 충분할 만큼 유권자들의 호응을 받았던 정치적 근거들을 발견하고 제시했던 데 있다. 다른 레짐 말기 소속당 대통령들도 유사한 근거들을 내세웠다는 사실에도 불구하고, 반드시 카터가 나타나 이런 근거들을 제시했어야 할, 혹은 1976년에 민주당 후보가 반드시 승리했어야 할 필연적인 이유는 없다. 나는 카터가 대통령이 되어 내세웠던 리더십 태세가 임기 동안 그의 정치적 목적이 되었고 중대한 국면에 그의 행동을 이끌었으며 이후의 사태에 대해 정치적 의미를 부여했던 것을 보여주려고 했다. 1970년대 카터의 리더십 근거들은 해체의 정치의 전형적인 사례가 되었지만, 최소한 내가 보기에는 그 자신이 만든 정치였다.

이 책에서 분명히 생략된 것에 대해 인정하지 않는다면 내가 태만하게 될 것이다. 이 책은 네 가지 유형의 리더십을 제시하지만, 구체적으로는 세 가지 유형만을 다룬다. 선공의 리더들(preemptive leaders)은 현실적이고 이론적인 이유 때문에 구체적으로 다루지 않았다. 가장 중요한 이유는 선공의 리더십이 다른 리더십 유형들이 그랬듯이 점진적 변화에 대응하여 진화해 오지 않은 듯 하다는 데 있다. 이 보다 선공의 리더십은 다른 유형들이 발전하면서 수렴되는 유형인 듯 보인다. 그렇다 해도, 지금 현재의 대통령이 선공 리더십에 대한 너무나 전형적인 사례를 보여주고 있어서, 그 특징적인 요소들을 추려내는 작업을 더 이상 미룰 수 없게 되었다. 이 중요한 주제를 충분히 다루는 데 대한 대안이 될 수는 없지만, 새로 덧붙여진 후기가 클린턴의 "제3의 길"을 이 책의 전반적인 분석틀 내에 위치시키고 이 책에 담겨진 비교와 대조들을 더 선명하게 하는 데 도움이 되었으면 한다.

역대 미국 대통령(1789-2001)

초대	조지 워싱턴(George Washington)	1789－1797	연방당(Federalist)
2대	존 애덤스(John Adams)	1797－1801	연방당
3대	토마스 제퍼슨(Thomas Jefferson)	1801－1809	민주－공화당(Dem－Rep)
4대	제임스 매디슨(James Madison)	1809－1817	민주－공화당
5대	제임스 먼로(James Monroe)	1817－1825	민주－공화당
6대	존 퀸시 애덤스(John Quincy Adams)	1825－1829	연합(coalition)
7대	앤드류 잭슨(Andrew Jackson)	1829－1837	민주당(Democratic)
8대	마틴 밴뷰렌(Martin Van Buren)	1837－1841	민주당
9대	윌리엄 해리슨(William Henry Harrison)	1841	위그당(Whig)
10대	존 타일러(John Tyler)	1841－1845	위그당
11대	제임스 포크(James K. Polk)	1845－1849	민주당
12대	자차리 테일러(Zachary Taylor)	1849－1850	위그당
13대	밀라드 필모어(Millard Filmore)	1850－1853	위그당
14대	프랭클린 피어스(Franklin Pierce)	1853－1857	민주당
15대	제임스 뷰캐넌(James Buchanan)	1857－1861	민주당
16대	에이브러햄 링컨(Abraham Lincoln)	1861－1865	공화당(Republican)
17대	앤드류 존슨(Andrew Johnson)	1865－1869	연합당(Union Party)
18대	율리씨즈 그랜트(Ulysses S. Grant)	1869－1877	공화당
19대	러더포드 헤이즈(Ruthergord B. Hayes)	1877－1881	공화당
20대	제임스 가필드(James A, Garfield)	1881	공화당
21대	체스터 아더(Chester A. Arthur)	1881－1885	공화당
22대	그로버 클리블랜드(Grover Cleveland)	1885－1889	민주당
23대	벤자민 해리슨(Benjamin Harrison)	1889－1893	공화당
24대	그로버 클리블랜드(Grover Cleveland)	1893－1897	민주당
25대	윌리엄 맥킨리(William McKinley)	1897－1901	공화당
26대	씨어도어 루즈벨트(Theodore Roosevelt)	1901－1909	공화당
27대	윌리엄 태프트(William Howard Taft)	1909－1913	공화당
28대	우드로 윌슨(Woodrow Wilson)	1913－1921	민주당
29대	워렌 하딩(Warren G. Harding)	1921－1923	공화당
30대	캘빈 쿨리지(Calvin Coolidge)	1923－1929	공화당
31대	허버트 후버(Herbert Hoover)	1929－1933	공화당

32대	프랭클린 루즈벨트(Franklin D. Roosevelt)	1933－1945	민주당
33대	해리 트루만(Harry S Truman)	1945－1953	민주당
34대	드와이트 아이젠하워(Dwight D. Eisenhower)	1953－1961	공화당
35대	존 F. 케네디(John F. Kennedy)	1961－1963	민주당
36대	린든 존슨(Lyndon B. Johnson)	1963－1969	민주당
37대	리차드 닉슨(Richard M. Nixon)	1969－1974	공화당
38대	제랄드 포드(Gerald Ford)	1974－1977	공화당
39대	지미 카터(James Earl Carter)	1977－1981	민주당
40대	로널드 레이건(Ronald Reagan)	1981－1989	공화당
41대	조지 부시(Gerge Bush)	1989－1993	공화당
42대	빌 클린턴(William J. Clinton)	1993－2001	민주당

차례

1권 · 차례

2권 · 차례

제1편

역사 속 위치

제1장

대통령사에 대한 재고

성공하든 실패하든, 대통령들은 엄청난 정치 행위자들이다. 정치적 담론의 흐름을 바꾸고 행동 조건을 변화시키면서 대통령들은 끊임없이 정치를 다시 만들어낸다. 놀라운 일은 우리가 대통령들을 이런 식으로 생각하지 않는다는 것이다. 미국 정치를 장악하려던 대통령들의 노력이 어떤 장애물에 부딪혀 좌절되었는지 우리는 잘 알고 있지만, 이런 시도들이 미국 정치에 무엇을 가져다주었는지는 잘 모른다. 대통령들의 이런 노력이 쓸모없다는 선입관이 너무나 확고하게 자리 잡고 있어서, 이들이 어떤 정치적 성과를 이루었는지 잘 살펴보려들지 않는다. 새 행정부가 들어설 때마다 무엇이 잘못되었는지 수많은 지적을 하지만, 무엇이 달라졌는지에 대해서는 설명하려들지 않는다.

이와는 다른 접근을 통해서 나는, 대통령의 정치적 영향에 대해 역사적으로 따져보면 오늘날의 상황에 대해 많은 것을 알 수 있다는 점을 깨달았다. 이 책의 목적은 각각의 대통령들이 만드는 정치들에 어떤 차이가 있는지 이해하려는 것이다. 잘못되었든 아니든, 리더십을 위한 대통령들의 노력은 정치를 만들어간다. 나의 관심은 이 리더십 시도들이 미국 정치 지형을 어떻게 만들고 어떻게 변화시키는지에 있다. 이를 통해 과거의 경험에 대해 다른 관점을 지니게 되며, 지금 무엇에 주의를 기울여야 하는지 알 수 있다.

이 책은 대통령사(史)의 전 역정을 다루면서 십여 명의 대통령들이 리더십을 추구했던 방식들을 재평가한다.[1] 내가 옛날 이야기들로 되돌아간 이유는, 지금까지 익숙해져 있던 분석 전략들의 한계를 깨닫고 근본적인 문제들을 다시 생각해 보려는데 있다. 오랫동안 우리는 정부 제도들에 대한 연구를 질서와 체계, 그리고 반복적인 정치현상으로 파악하여 구획화하고 이것들만이 "일상적 정치"(politics-as-usual)라고 간주해 왔으며, 변화의 "진정한" 동력들은 그 밖에서 찾으려 했다.[2] 대통령직은 이런 식의 틀에 들어맞은 적이 없다.[3] 대통령직은 이런 구분들과 범주들을 모두 합쳐버린 것이며, 대통령직의 정치적 중요성이 이런 틀에서는 대부분 사라지게 된다. 역대 대통령들, 폭넓은 헌법상 권한을 부여받고 독자적으로 이를 행사하려고 작정했던 역대 대통령들의 이야기를 순서대로 늘어놓으면, 대통령직이라는 이 정부 제도의 도발적이고 질서 교란적인 힘이 바로 드러나게 된다. 일상적으로 다른 정부 제도들을 통제하려고 시도하는 정부 기관, 질서를 "재"창출하고 싶은 뿌리 깊은 충동으로 다른 정부 제도들의 질서와 일상을 뒤흔드는 기관, 통상적인 활동으로도 체계의 경계를 변경시키고 정치적 가능성 자체를 재구성하는 기관에 대한 이야기가 되는 것이다.

이전의 현상(status quo ante)을 교란시키는 것은 대통령이 만드는 정치의 기본이자, 보다 큰 맥락에서 미국의 역동적인 정치 발전 과정에도 기본이다. 이를 소음으로 처리해 걸러내지 말고 무대 중앙에 올려놓는 제도 연구를 제안한다.[4] 그 첫걸음은 대통령사 연구들이 익숙해져 온 표지판의 방향을 돌려놓는 것이다.

질서 모색의 한계

대통령사 연구는 길을 잃기 쉽다. 각각의 대통령들에 대한 이야기들은 대단히 독특해 보이고, 따라서 어떤 식의 일반화도 거부한다. 연구 대상은 갑자기 연방정부 전체를 포괄할 정도로 확장되기도 하고, 단순히 개인에 대한 연구로 무너져 내리기도 한다. 특정한 패턴이 장기간에 걸쳐 발견되는 듯싶다가, 종종 성격이나 상황의 돌발적 변화로 인해 가려지기도 한다.

여기에 질서를 부여하기 위해 학자들은 대통령사를 몇 개의 시기로 나누어 왔다. 시기적으로 근접한 대통령들을 묶어서, 그들이 처했던 상황의 공통적 요소들로부터 당시 정치체계의 특성 같은 것을 뽑아냈던 것이다. 이로부터 학자들은 정치체계가 대통령에게 부과했던 전형적인 요구와 이 요구를 충족시키는데 사용될 수 있는 전형적인 자원을 추출한다. 특정한 시기 내에서 대통령의 정치적 행동 문제가 이렇게 정리되고 나면, 대통령의 리더십은 곧 일상적 정치를 처리하는 상대적 능력의 함수가 된다.

일례로 리더십 정치에 대한 고전적 연구인 노이스타트(Richard Neustadt)의 『대통령의 권력』(*Presidential Power*, 1960)을 살펴보자. 그의 분석에서 핵심은 바로 1940년대 말과 1950년대 초에 형성된 새로운 정치적/제도적 체계에 대한 설명에 있다. "세기 중반의 대통령직"을 묘사하면서 노이스타트는 프랭클린 루즈벨트(Franklin Roosevelt) 이후의 대통령들을 유사한 도전에 직면한 특징적인 집단으로 간주했다.[5] 국가적 문제들에 대해 방향을 설정하고 이를 관리하는데 있어서 중심이 되는 것이 이 시기에 처음으로 대통령의 일상적인 책무가 되었다고 노이스타트는 주장했다. 현대 대통령들은 리더가 "되어야만" 했다는 것이다. 단순히 헌법상 의무를 충족시키기만 하면 되는 이전의 서기직(clerkship) 같은 역할은 뉴딜이나 이차대전과 같은 최근의 극적인 사태들로 인해 아무 의미가 없게 되었다. 최근의 사태들은 위기관리(crisis management)를 일상적인 것으로 만들었고, 위기에 대응하여 일치단결된 행동을 끌어내기 위해서는 교착상태(gridlock)에 빠지기 쉬운 독립적인 이익들과 제도적 행위자들 간에 협상(bargain)을 타결하는 것이 필수적이 되었다. 새로운 체계에 대한 이러한 묘사로부터 노이스타트는 이 체계를 작동시키는데 필수적인 능력과 전략을 도출했고, 이 틀 안에서 트루만(Harry S. Truman)과 아이젠하워(Dwight E. Eisenhower)를 평가했던 것이다.

이는 대단한 업적이었다. 권력 행사의 현대적(modern),* 전근대적 맥락을 구별한 시기구분은 대통령 리더십 연구에 일관성을 부여해 주었고 특정 사례의 특수성으로부터 벗어날 수 있게 해 주었다. 하지만 이렇게 단순한 시기 구분은 리더십 연구에 심각한 한계를 가져올 수 있다. 노이스타트도 예외는 아니었다. 우선 노이스타트가 현대 대통령들과 이전의 대통령들을 구별하면서 과거에 대한 희화화된 이미지를 동원했음을 주목해 보자. 대통령이 리더가 될 필요가 없었던 이전 시대, 즉 사활적인 국가 이익이 가끔에나 대두되고 대부분의 대통령들이 단순한 서기직에 만족했던 이전 시기라는 관념은 현대의 연장으로부터 만들어진 것이다. 이 이미지는 현대 대통령들을 공통의 근거 위에 집단화해서 과거의 경험과 구분해 주지만, 현대의 리더십 정치가 이전과 얼마나 다른지, 20세기 중반의 대통령들이 이전 시기의 대통령들 보다 어떻게 자기들끼리 공통점을 더 가지고 있는지 전혀 분석하지 않는다.

둘째로, 20세기 중반의 대통령들이 움직여야 했던 정치체계를 묘사하면서 노이스타트는 대통령의 권력 행사가 지니는 정치적 의미를 그가 "운영상의"(operational) 문제라고 부른 것에 한정했다. 그의 관심은 대통령이 어떻게 이 새로운 체계를 작동하게 만드는가에 있었고, 이에 따라 대통령

* 역주: "modern"을 우리는 일상적으로 "근대"로 번역하지만, 여기서는 특별히 예외적인 경우가 아니면 "현대"로 번역한다. 미국 대통령 연구에서 일반적으로 프랭클린 루즈벨트를 전후한 시기를 modern presidency의 시작으로 보며, 이 modern presidency는 현재의 대통령들까지도 이어지기 때문이다. 마찬가지로 "modernity"도 "현대성"으로 번역할 것인데, 루즈벨트 시기 이후 지금까지 이어지는 현대적인 정치, 경제, 사회, 과학기술적 특성을 의미하기 때문이다.

들을 평가했다. 이런 식으로 묘사된 노이스타트의 대통령들은 어떤 식으로도 정치체계를 바꾸지는 않는다. 정치체계의 정치적, 제도적 속성들은 대통령의 권력 행사로부터 보호되어 있는 듯하며, 단지 경제 공황이나 세계 대전과 같은 거대한 외적 충격에 의해서만 변형된다. 실제, 트루만과 아이젠하워를 동일한 기준으로 비교하기 위해서 노이스타트는 트루만이 후임 아이젠하워의 정치적 문제와 리더십 기회를 변화시키지 않았다고 전제해야 했다. 이것이야말로 시기 구분이 지닌 문제의 핵심이다. 주어진 시기 내에서 비교하기 위해서는 전임 대통령의 리더십 시도가 후임에게 가져오는 체계의 정치적 영향이 배제되어야 하며, 이 영향들이 배제되고 나면 평가의 기준 자체는 공허해진다. 체계가 주어진 것이고 대통령의 능력에 따라 이 체계가 작동한다는 가정은 성공의 요건 자체를 애매하게 만든다. 가장 중대한 것은 대통령이 체계를 뒤흔들고, 정치 지형을 재구성하며, 후임자에게 전혀 다른 리더십 문제를 넘겨주는 것이기 때문이다.

마지막으로, 트루만과 아이젠하워에게 공통적이었던 정치 상황에만 중점을 둠으로써 노이스타트는 트루만과 아이젠하워가 추구했던 정치적 목적들이 분명히 달랐다는 점을 무시했다. 노이스타트는 통칭하여 20세기 중반 리더십의 "과제"를 이야기하지만, 트루만과 아이젠하워는 명백히 서로 다른 목적을 지니고 있었다. 무어라 해도, 하나는 민주당이었고 다른 하나는 공화당이었다. 트루만은 전임자와 같은 당 소속이었고, 물려받은 아젠다를 구체화시키려 했다. 반면에 아이젠하워는 뉴딜 이래 최초로 집권한 공화당 대통령이었고, 정통성의 시험을 견뎌낼 수 있는 뉴딜의 대안적 경로를 모색하던 반대당의 리더였다.6) 대통령의 과제에 대해 이렇게 생각해 보자면, 우리는 노이스타트의 분석이 만들어 놓은 시기 구분을 무너뜨리고 그가 중요하지 않다고 간주했던 대통령들을 돌아봐야 한다. 예컨대 트루만의 정치적 딜레마를 비추어 보는 데는, 앤드류 잭슨(Andrew Jackson)의 부통령이자 후임이었던 밴뷰렌(Martin Van Buren)이 아이젠하워보다 나은 참고가 될 수 있다. 또, 대중적 인기를 지닌 장군 출신으로 잭슨주의 민주당에 대해 위그당(Whig party) 최초로 승리를 이끌었던 윌리엄 해리슨(William Henry Harrison)이야말로 아이젠하워가 처했던 정치적 상황을 이해하는데 트루만보다 나은 비교가 될 수 있다.

이와 같은 방법상의 한계에도 불구하고 단순한 시기 구분과 현대－전근대의 이분법은 오늘날 대통령의 리더십에 대해 우리가 생각하고 쓰는 모든 것의 틀이 되었다. 최근의 견해들을 추려 보면 우리가 우리 시기 자체를 더욱 더 중대하게 여긴다는 것을 알 수 있다. 한 권위 있는 학자는 뉴딜 시기에 이루어진 미국 정부의 변화를 "제2 공화국"(Second Republic)의 수립으로 간주한다. 이전과는 너무나 다른 체계여서 이전 대통령들의 모든 경험은 쓸모없는 것으로 사라진다는 것이다.[7] 또 다른 학자도 같은 취지에서 "대통령직의 변화는 너무도 근본적이어서 대통령직이 부여하는 기회와 대통령직에 대한 요구라는 측면에 있어서 현대 대통령들끼리 공유하는 것이 워싱턴부터 후버까지 이전 대통령들 전체와 공유하는 것보다 크다"[8]고 주장했다. 이런 식으로 대통령사를 분할하는 것은 반대편, 즉 건국 초기를 연구하는 학자들에 의해서도 강화된다. 한 권위 있는 학자는 이렇게 주장한다. "1829년 이전의 대통령 리더십에 대한 개념화는… 이후의 모델과는 크게 다르다. 첫 여섯 대통령들은 당파적 동기와 공공이익의 가치를 다르게 평가했기 때문에 대통령 리더십에 대해 단적으로 다른 기준을 가지고 있었다."[9]

현재 이 분야를 지배하고 있는 역사적 시기 구분에 주의해야 한다고 해서 내가 그간의 중요한 통찰들을 무시하려는 것은 아니다. 시기별 대통령직의 특성이라든가 대통령직의 변화가 국가 전체의 변혁에 어떻게 조응해 왔는지 등은 내 분석에 당연히 포함되어 있다. 다만, 대통령 리더십의 정치가 현재의 접근들이 시사하는 만큼 각 시기 내에서 그렇게 일관되지도 않고 시기별로 다르지도 않다는 것이 내 주장이다. 또한 시기들에 대한 과장된 묘사를 거부하면 실제 무엇이 일어났는지에 대해 예리한 통찰이 얻어지리라는 것이다. 사실, 대통령사를 조각내어 한 시기의 대통령이 다른 시기의 대통령과 공통점이 없고 아무 연관도 없다고 하는 것은 언뜻 보기에도 역효과를 낳을 것으로 보인다. 기껏해야 40여 개 사례만이 있고 각 대통령들의 경험이 이 정도만 다르므로, 어떤 경우도 다른 사례들에 대한 통찰을 얻을 수 있는 잠재적 자원이 되지 못한다고 무시할 수는 없는 것이다.

최근의 대통령 몇 명을 예로 들어보자. 카터(Jimmy Carter), 레이건(Ronald Reagan), 부시(George Bush)는 특정한 자원과 제약, 그리고 전략을 공유한 20세기 후반의 대통령 집단으로 구분될 수 있을 것이다.[10] 도대체 이 대통령들의 리더십 과제가 얼마나 유사한가? 레이건은 현대 대통령직의 권력 수단들을 이용하는데 더 능숙해서 다른 대통령들보다 나은 대통령이었나? 아니면, 아직 주목받지 못했던 측면에서, 레이건이 전혀 다른 종류의 정치, 카터와 부시보다는 앤드류 잭슨의 정치를 펼친 것인가?

마찬가지로 존 애덤스(John Adams)와 저퍼슨(Thomas Jefferson)은 후일의 대통령들과 확연히 구별되는 일련의 제도적 자원들과 리더십에 대한 기대를 공유했었다. 그러나 애덤스는 기존의 정치 레짐을 파열시키고 지배 통치 연합을 무너뜨렸던 반면, 제퍼슨은 향후 수십 년간 정치적 정통성의 세례를 받게 될 새로운 레짐을 만들어 냈다. 더욱 역설적인 것은, 자기 정파 자체가 대통령직의 기본적인 헌법상 권한을 찬탈하려고 시도하는 것을 막고 국가적 재앙을 피하기 위해서 거의 필사적인 시도를 했음에도 불구하고 애덤스는 오히려 레짐을 무너뜨렸던 반면, 제퍼슨은 재임 내내 대단한 특권을 누렸을 뿐만 아니라 자신이 초래한 국가적 재앙의 한복판에서 스스로 선택한 후계자에게 직위를 물려주었다. 실로 대통령이 만드는 정치의 엄청난 차이이다. 이는 단지 개별적으로 벌어진 현상인가? 아니면 시기 구분들을 가로지르는 다른 패턴이 있어서, 우리가 정치적 가능성의 범위를 획정하는데 도움을 줄 수 있을까?

다중적 질서와 정치적 혼합상태

정치의 대가로 칭송되는 대통령들이 정치적으로 무능하다고 평가되는 대통령들의 후임이었다는 점은 우연이 아니다. 애덤스와 제퍼슨, 퀸시 애덤스(John Quincy Adams)와 앤드류 잭슨, 뷰캐넌(James Buchanan)과 링컨(Abraham Lincoln), 후버(Herbert Hoover)와 프랭클린 루즈벨트, 카터와 레이건 등, 처참한 실패와 놀라운 성공이라는 이 반복되는 2인조는 대통령사에서 발견되는 경이로운 패턴 중 하나인데, 이를 설명하기 위해서는 대통령사에 대해 우리가 생각하는 방식을 바꿔야만 한다. 우선, 같은 시기의 바로 전임자나 후임자들이 아니라, 전혀 다른 시기의 대통령들끼리 공통적으로 지니고 있는 것이 무엇인지 생각해야 한다. 이 2인조들에서 후자들이 공유하고 있는 리더십의 조건은 무엇인가? 전임자들이 할 수 없었던 무엇을 이들은 할 수 있었나? 역으로, 이 2인조들에서 전임자들이 지녔던 공통점은 무엇인가? 무엇이 이들로 하여금 후임자들의 위대함을 위한 문을 열게 했는가?

이런 식으로 역사적 패턴을 설명함으로써 우리는 대통령들 자체를 다른 각도에서 조명하게 된다. 전혀 다른 정치적 맥락에서 대통령들의 행동이 가져온 전형적인 공통의 효과를 찾는다는 것은 개인적 무능력과 능숙함이라는 상투적인 묘사에서 탈피하는 것이다. 만일 “위대한” 대통령들이 모두 같은 종류의 정치를 만들었고 이 정치가 특정한 상황에서만 만들어진 것이라면, 이들이 놀라운 소질과 능력을 지녔다고 칭송하는 것은 오히려 사실을 왜곡하는 것이다. 효과적 리더십에 대한 역사적 평가 기준으로 선택하는 것이 상이한 상황들 속에서의 대통령직의 권능이 된다면, 이런 역사 기술은 대통령이 만든 정치에 대한 단순한 묘사라기 보다는 이를 다른 사례들에도 확장하는 것이 된다.

마지막으로, 제도 정치와 대통령사에 대해 이처럼 다른 가정들이 필요하다는 것을 깨닫게 되면, 우리는 이 상이한 패턴들이 서로 어떻게 연관되는지 생각해야 한다. 역사 속 질서에 대한 다른 관점에 따라 대통령들에 대해 서술하면서, 단순히 어느 패턴으로 다른 패턴을 대체하는 것은 충분하지 않다. 존재한다고 알고 있는 여러 가지 패턴들 중 어느 하나만을 선택하는 것이야말로 제도 정치의 규칙성과 파생적 성격을 과장하는 것이다. 최소한, 정부의 작동 전반과 특히 대통령의 제도적 자원이 진화해 온 과정에 대한 논의들 속에서 그간 명확히 분석되어 왔던 정치, 사회, 경제적인 점진적(secular) 변화들이 우리가 주목한 반복적 패턴에 어떻게 영향을 미쳤는지 알아야 한다.

이 마지막 질문은 제도 정치의 다양한 차원에 대해 다른 방식의 이해를 요구한다. 어떠한 행동을 할 때 대통령은 여러 가지 제도적 "배열들"(orderings)을 동시에 마주하게 된다.[11] 세 가지 제도적 배열들이 대통령사에 내재되어 있는데, 이를 명확히 하면 각 배열들이 특징적인 내용과 변화 패턴을 지니고 있다는 것을 알게 된다. 더 중요한 점은 서로 다른 이 변화 패턴들이 시간이 흐름에 따라 서로 겹쳐진다는 것이다. 이것들을 같이 펼쳐 놓으면 제도적 행동의 층위 구조(layered structure)가 드러나게 된다.[12]

첫째로 제도들의 권한에 대한 헌법상의 배열이 있는데, 이는 질서 교란(disruption)이라는 **지속적인 패턴**(persistent pattern)을 만들어낸다. 새로운 대통령마다 공식적 권한을 장악하고 독자적으로 행사하려 들기 때문이다. 이 뒤에는 제도적 자원들의 조직적 배열이 있다. 모든 대통령들은 동일한 헌법상 권한을 가졌었지만, 미국 정치 자체가 보다 복잡해짐에 따라 제도들 간의 관계와 책임을 실제로 조직화하는 것은 수차례 변화해 왔다. 이러한 정부 운영의 작동 방식은 대통령의 행동에 있어서 자원의 확장과 독립성의 증대라는 **새로운 패턴**(emergent pattern)을 만들어낸다. 마지막으로 제도들의 기약(commitment)*에 대한 정치적 배열이 있다. 특정 이익과 이념에 대한 정부의 기본적 기약은 상대적으로 지속적인 정당 레짐을 중심

* 역주: "공약"이 특정 선거에서 정당이나 후보자가 내세운 약속이라면, 스코우로넥이 말하는 "commitment"는 한 시기를 지배한 통치 레짐이 특정한 이념과 이익, 세력들에게 앞으로 실현하겠다고 내세운 보다 높은 수준의 약속을 의미하므로, 여기에서는 "기약"으로 번역한다.

으로 결집되어 왔는데, 이 배열이 통치 연합과 정당체제의 수립, 분열, 해체라는 **반복적 패턴**(recurrent pattern)을 만들어낸다.[13)]

대통령들은 이 배열들을 따라 일어나는 여러 종류의 변화에 깊이 연관되어 있다. 이 층위구조들을 구분해내면 이로 인해 우리 정치에 어떤 일이 일어났는지 특정하고 비교할 수 있다. 예컨대 링컨은 남북전쟁을 치렀고 이념과 이익에 대한 정부의 기본적 기약을 재구축했으나, 잭슨 이래 조직화되었던 후견제(patronage) 기반의, 정당 중심적 정부 운영을 변화시키지는 않았다. 씨어도어 루즈벨트는 이 정당 중심적 정부 운영방식에 여러 가지 놀라운 변화를 이루었다. 그러나 후견제에 찌들고 지역 중심적인 정부 조직을 보다 관료적이고 전국적인 조직으로 대체하려는 노력 속에서도 루즈벨트는 공화당 지배 연합에 의해 오랜 기간 구축되어 온 이념과 이익에 대한 기약을 지속하려 했다. 프랭클린 루즈벨트도 링컨처럼 이념과 이익에 대한 정부의 기본적 기약을 놀라울 정도로 변화시켰으나, 혁신기(Progressive Era) 이래 표준이 되어 온 정부 조직 원리를 구체화함으로써 변화를 이루었다.

역사 기술들은 그간 각 대통령들이 미친 상이한 영향들에 대해 논의해왔지만, 학술적 논쟁 대상이 될 정도로 매우 이상한 방식으로 다루었다. 예를 들면, 링컨은 19세기의 대통령들과는 대단히 다르게 워싱턴처럼 시대를 뛰어 넘은 정치인이었는가? 아니면, 전형적인 19세기 대통령으로 후견제적 혜택을 분배하는 저속한 기술에나 능숙했었는가?[14)] 씨어도어 루즈벨트의 재임기가 "현대 미국의 탄생기"였는가, 아니면 "시끌벅적했으나 의미는 별로 없던 시기"였는가?[15)] 프랭클린 루즈벨트 재임기가 정치적 혁명기였는가, 아니면 씨어도어 루즈벨트와 우드로 윌슨과 허버트 후버에 의해 이미 만들어진 경로를 실용적으로 구체화시켰을 뿐인 시기였는가?[16)] 이런 질문들은 역사 속에서 서로 다른 차원의 배열을 따라 대통령의 행동을 평가하면서 서로 엇갈린 이야기를 하고 있는 것이다. 일단 다른 차원과 층위가 구별되고 분석의 조건들에 대해 더 이상 따지지 않게 되면, 전혀 다른 종류의 질문들, 즉 여러 층위 배열들의 혼합 속에서 리더십 시도의

중요성을 보다 직접적으로 평가하는 질문들이 떠오르게 된다.17)

여러 층위 배열들의 혼합 상태에 대한 분석은 단순한 시기 구분에서 도출된 제도 연구의 표준화된 틀을 사라지게 해 준다. 더 이상 역사의 특정 부분들을 추려내어 제도가 질서이자 일상인 안정적 체계를 구축하지 않는다. 역사를 여러 가지 방식으로 나누고, 서로 다른 시기들을 이용하여 질서와 변화의 상반된 힘을 대비시킨다. 제도는 이 힘들이 수렴되고 충돌하고 서로 겹쳐지는 장소가 된다. 주어진 시간 내에 묶여있는 일관되고 질서 있는 공간이라는 이미지는 여기에서는 부조화된 구조와 변혁적 행위자가 교차하는 지점이 된다. 그 결과는 제도 정치에 대한 극도로 시간화된 관점이다. 다른 배열들이 서로 충돌하고 한 차원에서의 질서가 다른 차원에서의 변화를 촉발하는 가운데, 행위자는 정치가 전개되는 과정을 만들고 추동해 가는 것이다. 정치 질서와 정치적 변화 간의 관계는, 제도주의적으로 말하자면, 시간 반영(reflexivities of time) 문제가 된다.18)

추출과 비교

이 책의 대부분은 대통령의 리더십 행위들에 대한 비교로 이루어져 있다. 분석 대상인 대통령들을 여러 가지 상이한 행위 구조들에 위치시킴으로써 실질적으로 나는 각 대통령들에 대해 몇 가지 비교 세트들을 만들었다. 각각의 비교 세트들은 대통령 리더십의 한 차원을 따라 서로 가족처럼 닮은 여러 대통령들의 사례들을 담고 있다. 각 세트 내 대통령들의 공통점을 살펴보면 그 차원에서의 "정상적인" 정치가 무엇인지 알 수 있으며, 이런 의미에서 한 대통령의 경험은 같은 세트 내의 다른 대통령들의 경험으로 조명된다. 그렇지만, 각 세트들은 전혀 다른 종류의 정치에 초점을 둔다. 서로 다른 배열 원리들에 따라 대통령들을 묶음으로써 각 세트들은 리더십 정치를 들여다보는 상이한 렌즈들을 제공한다. 나아가 각 대통령들은 여러 세트들에 속해 있기 때문에 각 대통령들의 리더십 행위는 독특한 동적 국면을 드러내 준다. 속해 있는 여러 세트들이 곧 특정한 역사적/구조적 국면을 드러내 주는 것이다. 상이한 세트들에서 대조적인 행동 규칙이 발견되면 그 대통령 리더십의 특정한 딜레마를 알 수 있게 될 것이며, 리더십 행위의 결과는 이 특정한 딜레마 요소들의 상호작용을 반영하게 될 것이다. 대통령들과 비교 세트들을 교차해서 분석함으로써 대통령직에 대한 일반론적 추론을 할 것이며 그 정치적 영향의 변화를 추적할 것이다.

이 방법을 이해하기 위해 1845년에서 1849년까지 재임했던 제임스 포크(James K. Polk)의 예를 들어보자. 한 가지 관점에서 보면 포크는 다른 대통령들과 똑같이 임기 동안 헌법상 권한을 독자적으로, 그리고 자신의 목적을 위해 행사하려 했다. "나는 **나 자신의** 대통령(*myself* president)이 되려 한다"는 그의 말이 바로 이 관점을 대변해 준다.[19] 이 말이야말로 모든 대통령들이 지닌 충동을 예리하게 드러낸 것이다. 이로 인해 우리는 견제와 균형이라는 헌정구조의 제약 내에서 이 야망을 실현시키고자 대통령들이 시험하게 되는 대통령의 기본적 권한(임명권, 전쟁권한, 조약 체결권, 입법권)에 주목하게 된다. 우리는 여기서 포크가 이 권한들을 행사함에 따라 생겨난 질서 교란의 힘과 이에 대한 제약으로 포크가 좌절했던 것을 발견할 수 있다. 이런 방식으로 **포크는 헌정적 정치**(*constitutional politics*)**를 만들었던 것이다.**

그렇지만 동시에 포크는 1830년대부터 19세기 말에 이르는 "정당의 시기", 정당이 미국 정부의 제도들과 실질적인 운영을 완전히 조직했던 시기의 대통령이었다.[20] 이 시기 대통령들은 유사한 자원과 정책들을 공유하고 있었고, 이런 면에서 정당 이전 시기의 호민관적(patrician) 대통령들이나 근대의, 관료화된 시기의 대통령들과 달랐다. 포크는 이 정당의 시기 초반에 대통령이 되었던 것이다. 실제, 포크는 각 지역 정당 지도자들 간의 흥정을 통해 선출된 첫 번째 다크호스 후보였고, 직전의 패배를 딛고 자기 당이 다시 권력을 장악하도록 만든 첫 번째 후보였다. 전형적인 정당 조직 관리자로서 포크는 대통령직에 취임했고, 엽관제(spoils)와 순환제(rotation)의 정치/행정 시스템을 조정해 나갔다. 지역 중심적이고 후견제에 기반을 둔 정부의 운영자로서 **포크는 정당 정치를 만들었던 것이다.**

그러나 이를 넘어서서 포크는 제2차 정당체제, 혹은 잭슨 정당체제(대략 1830년에서 1860년까지)의 지배 연합 소속 대통령이기도 했다.[21] 실제로 포크는 잭슨 정당체제의 절정기에 권좌에 올랐다. 여기서 포크는 전성기에 자기 당을 이끌었던 충직한 잭슨주의 민주당원이자 정통 개혁가(orthodox-innovator)의 모습을 한다. 물려받은 정치적 신념의 청지기로서 포크는 잭슨 연합의 프로그램들을 실행하기 위해 애썼고, 변화하는 상황에 잭슨 연합을 적응시켰으며, 이러는 가운데 위그당(Whig party)과의 경쟁에서 우위를 지켜나가려 했다. 이처럼 **포크는 잭슨주의 정치를 만들었던 것이다.**

여기서 우리는 포크가 만든 정치에 대해 세 가지 상이한 비교 세트를 마주한다. 하나는 헌법의 고안에 따라 모든 대통령들이 공유하는 것들을 근거로 만들어진 것이다. 다른 하나는 정부 운영의 조직화와 이로 인해 대통령들에게 주어진 제도적 자원들 때문에, 동일한 역사적 시기의 대통령들이 공유하는 것들을 근거로 만들어진 것이다. 세 번째는 이전에 수립된 이념과 이익의 기약에 대해 지니는 정치적 관계로 인해, 다른 시기들의 특정한 대통령들과 공유하는 것들을 근거로 만들어진 것이다. 포크의 경우, 이 세 차원들을 따라 별로 특이한 일이 벌어지고 있는 것처럼 보이지는 않지만, 바로 이 점이야말로 포크가 좋은 예가 되는 이유이다. 포크가 만든 정치는 모든 면에서 정상적 정치, 혹은 일상적 정치로 보이지만, 각 차원에서 문제가 되는 정치는 서로 다르다. 이 세 가지를 겹쳐 놓으면, 포크 시기의 일상적 정치는 사라져 버린다. 대신에 우리는 이 정치적 혼합 상태에 내재되어 있는 동적 변화에 주목하게 된다. 이렇게 되면 포크의 리더십은 변혁적인 것이자, 미국 정치 지형의 근본적인 변화를 가져올 요소들이 상호작용한 것이 된다.

포크에 대해 거의 알지 못하는 사람이라도 그가 중대한 변화를 초래했다는 사실을 알게 되면 놀라지 않을 것이다. 내 목적은 이런 변화들을 체계적으로 설명하고 더 큰 그림 위에 위치시키는 것이다. 이런 맥락에서 포크가 미국 정치 **내에서** 자신이 대표한다고 주장했던 것과 대통령의 권력 행사가 미국 정치**에 대해** 일상적으로 미치는 영향간의 관계를 고려해보라. 포크가 정통 잭슨주의 민주당 대통령으로 당선되었다는 사실은－자기 당의 집단적 정체성에 철저히 가려져 있고 당의 본질을 유지할 책임이 있다는 것을 의미한다－이전에 수립된 정치적, 제도적 배열들에 대해 본질적으로 질서 교란적인 대통령의 독자적 권력 행사와 마찰을 일으킨다. 이로 인해 야기되는 문제점들에 포크가 예민했고 또 이를 해소하려고 시도했으나, 충직한 잭슨주의자로서의 정치적 정통성과 독자적인 대통령이 되려는 개인적 열망 사이를 조화시키는데 포크는 어려움을 겪게 되었다. 잭슨주의 정통의 이름으로 정부 정책을 만드는 것이 곧 당과 국가에 포크 자신의 개인적 의지를 부과하는 문제가 되었던 것이다. 포크는 자신의 제도적 위치를 정해주는 상반된 규칙들 사이에 갇혀버렸다. 독자적으로 권력을 행사하고 자신의 행정부에 대한 통제력을 유지하려고 시도하면서 포크는 의도하지 않게, 하지만 지속적으로 자신의 최대의 업적들이 기반을 두기를 바랐던 정치적 근거들을 훼손시켰다. 따라서 우리는 상이한 제도적 배열들의 상호작용 속에서 질서 교란과 변혁의 논리를 발견하게 된다. 이 논리는 모든 분파들에 대한 “공평하고 정확한 정의”(equal and exact justice)를 통해 당을 관리하는데 진정으로 헌신했던 정통의 포크를 “위선자 포크”(Polk the Mendacious), 모든 분파들로부터 배신자라는 비난을 받은 이단이자 잭슨주의 레짐 전체를 파벌 대립의 소용돌이로 몰고 간 존재로 바꿔버렸다.

포크 리더십 시기의 독특성은 여기에서 세 가지 독립적인 제도적 배열들이 합쳐진 특정한 국면으로 묘사되었다. 그러나 우리가 애초에 이 상이한 요소들을 추려내는 것으로 시작했으므로, **자신의** 시간에 대한 **이** 대통령의 정치적 영향은 또한 시간 **속에서** 제도적 행동이 이루어지는 보다 일반적인 동태적 과정에 대한 표지판이 된다. 일상적 정치가 사라지고 이 리더십 시간의 다층적 구조가 떠오르게 되면, 포크 리더십의 정치적 결과가 미국 정치사 전체에 함의를 지니는, 보다 일반론적인 의미를 지니게 되는 것이다.

포크의 경험으로부터 보다 일반론적인 교훈을 알아내기 위해 다양한 비교와 대조가 감행될 수 있다. 우선 정당의 시기에 재임했던 다른 대통령들과 비교할 수 있다. 정치적 행동에 사용 가능한 조직적 자원에 있어서 포크는 뷰캐넌이나 링컨과 대단히 유사하지만, 정치 연합체제 혹은 정치 레짐에서의 위치에 있어서는 다르다. 뷰캐넌이나 링컨과 달리 포크는 장기적으로 수립된 정당의 아젠다를 완수하기 위해 강력한 정치적 보장을 받으며 집권했던 것이다. 나아가 정치 레짐에서 포크와 유사한 상황에 놓여 있었던 다른 시기 대통령들, 예컨대 린든 존슨과 포크를 비교할 수 있다. 포크와 마찬가지로 존슨도 장기간 수립된 정당 연합의 충직한 신봉자였고, 이 연합의 아젠다를 실행하기에 가장 무르익은 때에 집권했다. 존슨도 포크의 딜레마, 곧 정통-개혁가의 딜레마를 해결하려 애써야만 했다. 하지만 존슨은 대통령직과 정부 조직 전반의 발전 과정에 있어서 전혀 다른 단계에 놓여 있었다.

포크와 존슨의 비교는 대통령 연구를 경계 짓고 있는 현대 대통령/전근대 대통령이라는 역사적 구분 때문에 생겨나는 문제들에 대해 이제 논의하지 않을 수 없게 만든다. 현대 대통령들은 워싱턴부터 후버까지의 대통령들보다 얼마나 다르며, 자기들끼리 얼마나 공통점을 지니고 있을까? 포크는 국가에 기반을 둔 후견제 조직들과 서반구에 대한 야망이 넘치던 시기에 정통-개혁가의 딜레마에 부딪쳤었고, 존슨은 연방정부 관료 권력과 전 세계적 패권의 시기에 그랬다는 것이 도대체 얼마나 차이가 나는 것인가? "현대 대통령직"의 도래가 대통령이 만드는 정치를 도대체 얼마나 변화시켰는가?

지금쯤이면 이 책이 질서에 대한 것이거나 혹은 특별한 상황들에 처한 독특한 개인적 성격들에 관한 것이 아니라는 점이 명확해졌을 것이다. 이 책은 정치적 질서 교란(political disruption)의 제도적 논리(institutional logic)에 대한 것이다. 대통령직은 정치에 있어서 질서와 규칙성이라는 표준화된 관념에는 별로 들어맞지 않았지만, 아마도 어떻게 상이한 권력 배열장치들이 정부 제도들 내에 놓이게 되는지, 그리고 행위자들이 이 상이한 장치들 모두에 대응하면서 어떻게 정치적 가능성의 범위를 변경해 가는지에 대한 최고의 예일 것이다. 이런 의미에서 대통령 연구는 기존 제도 연구의 못난이 수양아들이라기보다는 제도 전반을 이해하는데 있어서 새로운 안내자이다. 제도 정치에 대한 이런 식의 묘사에 있어서는, 통제력을 장악하기 위한 대통령들의 일상적인 투쟁 자체가 구조적 변화의 추동력이며, 정치에서의 질서라는 표준화된 관념들은 단지 진행 중인 정치적 재구성에 다가가는 수많은 접근점들 중 하나일 뿐이다.

여기서 그려지는 대통령직에 대한 그림은 전혀 장밋빛인 것이 아니다. 대통령들이 자신의 야망을 발산하는 데 있어서 상이한 규칙들을 동시에 마주하게 되면서, 대통령 권력 행사의 정치적 결과는 의도적이면서도 동시에 의도하지 않은 것일 수 있고, 계산된 것이면서도 자충수일 가능성도 높다. 일단 대통령이 만드는 정치에 대한 논리를 이해하게 되면, 대통령들이 얼마나 쉽게 자신들과 국가 전체를 자신의 제도가 지닌 상반된 목적들 안에 갇히게 만드는지 알 수 있다. 재앙을 불러오는 성향에도 불구하고, 일상적으로 기존의 권력 배열 장치들을 교란시키고 다른 행위자들을 위한 새로운 통로를 끊임없이 열어주는 이 대통령직이 민주주의 사회에 뭔가 항구적인 가치가 있다는 것이, 이 관점에서 대통령직에 대한 최선의 말일 것이다. 이 가치를 염두에 두고 과거의 경험을 살펴보면서 건국 초부터 대통령의 리더십에 수반되어 온 다양한 문제들을 확인해 갈 것이다. 책을 마치기 전에 이 문제들을 물리칠 전망에 대해 논의하게 될 것이다.

제2장

권력과 권위

프랭클린 피어스(Franklin Pierce)는 누구도 위대한 대통령이라고 평가하지 않는다. 그렇지만 피어스는 우리가 통상 19세기 대통령이 그럴 것이라고 생각하는 존재, 즉 대통령직의 의무에 시달리지도 않고 정부 기관들이 돌아가는데 그저 만족하기만 한 존재는 아니었다. 피어스는 그 시대에 자신의 자취를 남기겠다는 확고한 신념과 함께 1853년에 취임했다. 자신의 리더십에 대한 첫 번째 중요한 시험대에서 피어스는 장차 정치 구도를 근본적으로 바꾸어 놓게 될 법안을 지지했다. 바로 캔자스-네브라스카 법(Kansas-Nebraska Act)*을 자신의 자원을 총동원하여 지지했고 그 집행을 개시했던 것이다. 이 과정에서 피어스는 자신의 대통령직 자체를 난파시켰고 혁명에 불을 붙였다.

피어스는 확실히 실패작이었다. 그렇지만 피어스 사례에서 교훈을 찾아볼 수 있다. 문제는 피어스가 권력을 덜 가지고 있었거나 위대한 일을 하려는 의지를 결여하고 있었던 것이 아니라, 자신이 하는 일의 의미에 대한 통제를 완전히 상실했다는 것이다. 정치 지도자로서 피어스의 권위는 막상 권력을 행사하면서 붕괴되었다. 대통령사는 이런 이야기들로 가득

*역주: 캔자스와 네브라스카를 주로 승격시킨 법이다. 노예제 문제에 대한 남부와 북부의 미묘한 타협을 파기함으로써 남북전쟁의 도화선이 되었다. 상세한 내용은 이후 본문에서 다룬다.

차 있다. 일반적으로 대통령에게 권력은 권위보다는 문제가 아니었다. 어떤 일을 하게 만드는 것은 별 문제가 아니었다. 문제는 행동이 취해지고 결과가 실현되도록 보장받는 것이었다.

대통령에 대한 저작들 대부분이 권력을 핵심 문제로 간주하고 있기 때문에 이러한 구분은 일단 이상해 보일 수 있다. 그렇지만 현대 대통령들을 살펴보자. 현대 대통령들 각자가 모두 상당수의 업적들을 이루었으나, 업적들 수를 가지고 각 대통령들이 성공적이었는지 여부를 평가하지는 않는다. 성공적인 정치 지도자들이 반드시 다른 지도자들 보다 업적이 많은 것도 아니다. 성공적인 리더라면 자신의 행동이 가져오는 정치적 의미, 곧 역사 속 자신의 위치가 이해될 맥락을 통제한다. 대통령직을 떠나면서 먼 훗날에는 사람들이 자신의 행동을 인정하게 되리라고 바라는 지도자가 바로 실패한 대통령이다.

권력(power)과 권위(authority)는 헌법과 법률이 부여한 대통령의 권한들(prerogatives) 안에 공통의 근원을 두고 있지만, 이러한 공식적 틀을 넘어 다른 방향으로 작동한다.[1] 여기서 말하는 권력이라는 것은 특정 시기의 대통령이 무엇인가를 이루기 위해 사용할 수 있는 공식, 비공식적 자원들이다. 대통령은 이 자원들을 관리하며, 변화를 위해 전략적으로 투입하는 방식으로 권력을 행사한다. 반면에 권위는 특정 시기의 권력 행사와 연관된 기대, 곧 대통령이 무엇을 하는 것이 적절한가 하는 인식까지 포함한다.[2] 대통령의 권위는 그 시점에 대통령의 행동을 정당화하고 이로 인해 생기는 변화의 정당성(legitimacy)을 확보할 수 있는가 여부에 달려있다.

정당성의 확보가 왜 대통령들에게 그렇게도 어려운 일인가? 『연방주의자 논고』(*Federalists Papers*)에서 원래 제시되었던 대통령직의 필요성은 대통령직 자체가 그 재임자들로 하여금 자동적으로 국가에 대한 가장 고귀한 의무를 추구하도록 한다는 것이었다. 이 헌법 원리는 대통령들이 권력을 행사하면서 스스로를 정당화하도록 이끈다.[3] 대통령들은 정당성에 주의를 기울이는 가운데 "위업"을 이루면서 "명예"를 추구할 것으로 기대되는 것이다.[4]

하지만 대통령들은 역사 속의 행위자들이다. 대통령의 말과 행동은 이들이 행동하는 맥락을 변화시킬 것이지만, 주어진 맥락 속에서 대통령들은 독자적으로 행동해야 한다. 대통령들은 역사 속에서 **자기 위치**를 확보하려 한다는 옛말이 요점을 잘 파악하고 있다. 『연방주의자 논고』의 함의가 여기서 명확해 진다. 대통령들은 자신의 명예에 유의하게 되며, 국정을 이끌면서 스스로를 정당화하려 한다는 것이다. 하지만 이 옛말에는 다른 의미가 포함되어 있다. 대통령은 역사상의 특정 시점에 권력을 장악하게 되며, 정당성은 이 시점의 의미를 다통령 스스로가 어떻게 확정하느냐 여부에 달려 있다는 것이다. 관건은, 더통령들이 역사 속 자신의 위치를 구축하는 과제를 어떻게 해 나가는가, 그리고 이 역사 속 위치가 대통령들의 계획대로 구축될 수 있는 것인가 여부이다.

내가 대통령이 만드는 정치라고 부르는 것은 이 양 측면, 즉 자신의 위치에 대한 특정한 이해를 확보하고자 하는 대통령의 욕구와 이런 시도가 가져오는 실제 정치적 효과를 모두 포괄한다. 나는 일정한 맥락 속에서 벌어지는 정당성 투쟁이 어떻게 권력 행사를 위한 대통령의 전략을 이끄는지, 그리고 기존 현상(status quo ante)을 교란시키기 위해 대통령이 동원할 수 있는 자원들로부터 어떻게 대통령 리더십의 정치적 영향, 즉 정치 자체가 변경되는 특정한 방식이 초래되는지 보여주고자 한다. 역사에서 드러나듯이, 질서 교란이 지닌 논리는 이 행동을 하는 행위자를 약화시키는 일이 비일비재하다. 리더십을 위한 노력이 이 시도가 만들어 낸 변화 자체에 의해 무산되는 것이다. 이 논리를 발견하기 위해 우리는 역사 속에 드러난 대통령 행동의 동태에 대해 더 많은 것을 알아야 하고, 역사 속에서 대통령들이 지닌 상이한 위치들을 규정하는 정치적 조건들에 대해서도 더 알아야 한다.

대통령사에서 관찰되는 당혹스러운 점 중 하나는, 개인적 성품이나 정치적 능숙함으로는 정당화 문제를 해결한 대통령들과 그렇지 못한 대통령들을 쉽게 구분하지 못한다는 것이다.[5] 다소 평범하다고 여겨진 사람들이 엄청난 권위를 행사하기도 했고, 대단한 명성을 지닌 사람들이 비참하게 실패하기도 했다. 정치의 귀재들이 자멸하기도 했고, 성공적인 대통령들도 항상 가장 좋은 결과들만을 거둔 것은 아니었다. 대통령들의 성품과 능력 자체는 대통령 리더십의 정치적 결과에 대해 별로 알려 주는 것이 없다. 리더십이라는 것은 대통령 각자에게 역사 속 위치를 확보할 기회가 동등하게 주어진 채 치러지는 표준화된 시험이 아니기 때문이다. 헌법은 모든 대통령들에게 정치적 행동에 있어서 유사한 동기와 기본적 도전을 부여했지만, 앞으로 보게 되듯이, 헌법은 권력과 권위 간의 관계를 모순 속에 남겨 두었다.

이 장과 다음 장에서 나는 권력과 권위 간의 이 모순들을 염두에 두고 역사 속의 정당한 위치를 확보하려는 대통령들의 충동을 추적한다. 역사 속 대통령의 위치를 규정하는 정치적 조건은 무엇인가? 대통령의 입장에서 이 조건들을 극복해 낼 수 있는 정치적 가능성은 무엇인가? 이렇게 하려는 결단의 정치적 결과는 무엇인가?

리더십 문제의 근원

대통령의 리더십은 정통성 있는 정치질서를 재생산하는 데 있어서 대통령 행동의 질서 교란적 결과들을 해소하기 위한 시도이다. 역사적으로 정통성의 문제는 다양한 형태로 나타나지만, 항상 과거의 통치 패턴들을 교란시키려는 대통령의 시도와 연관된다. 역사 속 자기 위치를 확고히 하려는 대통령들의 욕망을 어렵게 만드는 핵심적인 모순은 바로 **대통령직이란 것이 본질적으로 물려받은 통치 질서에 적대적인 통치 제도**라는 점이다.

이 모순의 뿌리를 찾는 것은 어렵지 않다. 바로 헌법 제2조에 규정된 취임 선서에서 발견할 수 있다. 모든 대통령들은 "미국 대통령의 직무를 수행할 것"과 "미국 헌법을 보전, 보호, 수호할 것" 양자를 선서한다. 전자에서 대통령에게는 독자적 행동을 위한 광범위한 권력이 부여된 반면,

후자에서는 근본 질서를 유지할 책임이 부여된다. 권력 행사가 지닌 질서－파괴(order-shattering)의 함의가 질서－확인(order-affirming)에 대한 기대와 어떻게든 조화되어야 하는 것이다.[6]

대통령이 부딪히는 문제는 헌정 체계로 인해 더욱 복잡해진다. 대통령직은 동등한 정부 기구 셋 중의 하나이며, 셋 각각은 상대들의 의지에 효과적으로 도전할 수 있다. 형식상, 최고권위란 없다. 통치 책임은 공유되며, 권력은 다툼의 대상이다. 그러나 실질적으로는 특정 시기의 정부를 평가할 때 초점이 되는 것은 대통령이다. 사람들의 주목을 받고 애착의 대상이 되는 것은 대통령직인 것이다.[7] 대통령직이 대표하고 상징하는 단합과 활기와 가시성이 합쳐져서 대통령들로 하여금 변화에 대한 현재의 요구와 물려받은 질서가 교차하는 교차점에 굳건히 서 있도록 만든다. 이처럼 드러난 존재이기 때문에 대통령은 정치 전체의 피뢰침과도 같아서 현재의 상태에 대한 상반된 해석들의 대상이자 평가 자체가 된다. 각각의 대통령들은 대통령직의 권한에 대한 통제력을 장악하여, 동등한 권위를 지닌 다른 정부 기구를 상대하면서 독자적으로 새로운 질서를 세우려고 하는 것이다.

정당화 문제의 근원이 이제 드러난다. 역사 속에서 대통령의 행동은 바로 이 제도 자체에 본질적으로 내재되어 있는 질서－파괴, 질서－확인, 질서－창출의 열망과 충동들로 인해 정치화되는 것이다. 대통령직은 재임자들로 하여금 대통령직의 독립적 권력을 장악하여 독자적으로 행사하도록 만든다는 점에 있어서 **질서-파괴적** 제도이다. 미국 정치체가 상징하는 가치들의 보호, 보전 및 수호로 폭넓게 해석되는 헌법 원리에 의해 권력 행사의 질서 교란적 효과가 정당화되어야 한다는 점에서 대통령직은 **질서-확인적** 제도이다. 또한 대통령직은 재임자들로 하여금 국가 전체는 물론 다른 두 정부제도들 내에서도 정당성의 시험을 통과할 수 있는 새로운 정치적 배열을 구축하도록 만든다는 점에서 **질서-창출적** 제도이다. 이 세 가지 열망을 함께 이루려는 것은 쉽지 않은 일이다. 대통령들이 흔히 상반된 목표 사이에 갇히게 되는 이유가 바로 이것이다. 하지만 역사 속에서 자신의 독자적인 위치를 확보하기 위해서 대통령은 이 세 가지 열망이 함께 작동하는 방식으로 자신의 권력을 행사해야 한다고 일반론적으로 말할 수 있다.[8)]

이러한 역동성은 헌법 제정가들의 주목을 끌었다. 대통령의 권력을 옹호하는데 앞장섰던 알렉산더 해밀턴(Alexander Hamilton)은 『연방주의자 논고』에서 질서-파괴적 충동에 대해 공개적으로 우려했던 바 있다. 해밀턴은 대통령의 재임 기간과 행정부 체계의 안정성 간에 밀접한 관계가 있다고 보았다.

> 전임자가 한 것을 되돌리고 무효화시키는 것이야말로 종종 후임자가 자신의 능력과 장점을 보여줄 수 있는 가장 좋은 증거라고 생각하곤 한다. 이런 성향에 더하여, 대통령의 교체가 대중들의 선택의 결과이기 때문에, 후임 대통령은 전임자가 교체된 이유가 그의 정책들에 대한 반감 때문이며 전임자를 덜 닮을수록 자기 지지자들로부터 더 호감을 살 수 있다고 생각한다.[9)]

해밀턴은 대통령의 교체가 가져오는 질서 교란적 효과를 대통령직의 가장 기본적인 측면에서 찾았다. 질서 교란은 비범한 지도자가 하는 특별한 일이 아니며, 대통령직의 가장 일상적인 일들에서 일어난다는 것이다. 각 대통령들은 당연히 자신의 장관들을 임명하려 들 것이라고 해밀턴은 주장했다. "이런 생각과 대통령 심복들의 영향 때문에 모든 신임 대통령들은 하위직을 충원하면서 인적 변화를 꾀하게 된다." 해밀턴은 대통령이 자신의 행정부를 구성하고 독자적으로 권한을 행사하는데 임명권이 기본적인 것임을 부인할 수 없었던 것이다. 또한 신임 대통령이 권력 행사의 정당성을 구축하기 위해 착수할 수도 있는 대담하고 야심찬 계획들을 비난했던 것도 아니다. 그가 문제로 여겼던 것은, "대중의 선택의 결과"로 대통령이 교체되는 민주주의에서는 이 임명권이 "행정부 내에서 추악하고 파멸적인 변화”를 가져올 수 있다는 점이다. 이로 인해 해밀턴은 대통령의 4년 임기와 무제한 연임을 헌법 조항에 포함시키려고 애를 쓰게 되었다. 임무를 잘 수행하는 한 대통령이 계속 연임할 수 있고, 주기적인 선거를 통해 오히려 임무를 잘 수행하는 재임자의 임기가 연장될 수 있으며, 이로 인해 행정부의 변화에 내재되어 있는 질서 교란이 최소화될 수 있다고 해밀턴은 생각했던 것이다.

대통령직이 지니는 질서 교란적 힘을 대통령의 정치적 권위에 대한 주장과 연관시킨 해밀턴의 주장에도 주목해야 한다. 해밀턴이 가장 우려했던 것은 어느 신임 대통령이나 지니게 될 질서 교란에 대한 “자기 근거”였다. 다시 한 번 그의 전제는 재임자의 연임에 대한 아무런 법적 제한이 없고 재임자는 자신의 업적이 유권자들에 의해 인정받기를 원한다는 것이었다. 이 가정들로부터 해밀턴은 새로운 대통령이 선출되면 현재 재직 중인 대통령에 대한 거부와 “기각”이 뒤따를 것이라고 주장했다. 새 대통령들은 물려받은 질서를 교란시키기 위한 강력한 정치적 명분을 지니고 권좌에 오를 것이다. 이들은 자신이 당선된 것이 현 상황에 대한 혐오 때문이라고 주장할 것이며, 이 권위를 지닌 채 할 수 있는 최대한의 변화를 시도할 것이다.

마지막으로 역사적 경험을 고려해 보자. 대통령들은 해밀턴이 예상했던 것보다 훨씬 더 많이 교체되었다. 워싱턴이 두 번 연임의 선례를 만들었고, 이후 대체로 이 선례가 받아들여졌으며, 경쟁적 정당체계가 들어서면서 단임 대통령도 예외적인 것이 아니게 되었다. 우리 대통령들 중 단지 20 퍼센트만이 두 번의 임기를 다 채웠다. 20 퍼센트 정도가 한 번의 임기 전체를 채우지 못했고, 20 퍼센트 정도는 어떤 이유로든 선출된 임기를 제대로 채우지 못했다. 더욱이 이제 수정 21조가 워싱턴의 선례를 엄격하게 공식화하여 어떤 대통령들은 아예 재선을 추구하지 못하도록 금지하게 되었다. 이런 배경에서 대통령직 계승의 문제는 해밀턴이 생각했던 것보다 더 심각하고 훨씬 복잡하게 되었다. 질서 교란이 더욱 빈번해졌고, 전임자와 후임자의 정치적 관계만이 문제가 되는 것이 아니며, 권력과 권위는 해밀턴이 생각했던 것만큼 잘 연계되지 않게 되었다.

사실, 전임자를 완전히 거부하면서 권좌에 오르는 대통령은 별로 없다. 많은 대통령들이 이미 정해진 경로를 유지하겠다고 서약하면서 취임했다. 몇몇 경우는 전임자에 대해 충성하면서 전임자의 임기를 대신하는 대역이 될 것으로 기대되기도 했다. 선택할 수만 있었다면 정해진 경로를 급진적으로 바꾸고 싶었으나, 그렇게 할 수 있는 명확한 권한 보장이 없었던 대통령들도 있었다. 핵심은, 모든 대통령들이 대통령직에 따르는 질서 교란적 효과에 대응해야 하지만 해밀턴이 예상했던 대로 권위의 담론 위에서 자신의 권력을 사용할 대통령은 별로 없을 것이라는 점이다. 몇몇만이 그렇게 하지만, 해밀턴이 그토록 위험하다고 예상했던 상황은 오히려 정당화 문제가 쉽게 해결될 수 있는 유일한 경우인 듯하다. 전임자를 완전히 거부하면서 선출된 대통령이라면 질서 교란에 대한 포괄적인 근거를 지닐 것이며, 이 상황에서 대통령 권력의 행사는 비교적 방해를 받지 않을 것이다. 당선으로 인해, 불신임된 과거에 대한 대안을 구성할 권위를 부여받기 때문이다. 그러나 다른 모든 경우들에 있어서는 대통령들이 상반된 목적들 사이에 갇히게 되어, 거부할 수 있는 명확한 권위가 없는 상태에서 어떤 방식으로든 레짐을 교란시키게 되는 것이다.

대통령 계승의 첫 번째, 워싱턴에서 존 애덤스로의 계승이야말로 『연방주의 논고 72』에서 해밀턴이 묘사했던 상황이 얼마나 복잡한 것인지를 잘 보여주는데, 해밀턴 자신이 여기에 깊이 간여되었던 것이 단순한 역설은 아니다. 제2대 대통령 애덤스는 워싱턴계였고, 워싱턴 행정부의 노선에 회의적이긴 했으나 그 정책과 인사들을 충실히 유지하겠다며 취임했다. 그러나 애덤스는 물려받은 것들에 대해 독자적으로, 그가 생각했던 대로 상대할 수 없었다. 실제로 워싱턴의 내각으로부터 물려받은 해밀턴파들은 애덤스의 노력들을 방해했고 그 과정에서 대통령의 가장 기본적인 권한들까지 빼앗았다. 연속성과 안정성을 유지하겠다던 애덤스의 약속이 결국 대통령 역할을 하는 것 자체에 대한 장애가 되도록 만들었던 것이다. 애덤스가 드디어 해밀턴의 심복들을 몰아내고 자신의 근거를 다지려 했을 때에는 이미 해밀턴파들의 말썽 많은 정책들에 그 자신이 깊이 연루되어 있었고, 뒤늦게 그가 독자적으로 수립하려 했던 새로운 질서에 대해 해밀턴파는 물론 이들의 강적 제퍼슨파도 정당성을 부여하려 들지 않았다.

권위의 우선성

대통령이 지금 무엇을 지키고 있는가? 무엇을 거부하고 있는가? 어떤 기약들(commitments)이 버려지고 있는가? 당의 근본 정강, 정통(orthodoxy) 중에 어떤 것이 희생되고 있는가? 이런 의혹들이 애덤스부터 조지 부시까지 대통령들을 따라 다녔다. 적절성(propriety)에 대한 인식이 대통령의 행동을 평가하는데 엄격한 기준이 되며, 정치적 수완이나 통치 전략이 아무리 작용한다 해도 대통령에 대한 이런 평가는 애매할 수가 없다. 대통령직은 권력을 장악한 이익들의 안전에 너무나 중대하며 대통령 권력의 행사는 이들에게 너무나 강력한 위협이기 때문이다. 이전의 통치 질서에 구현된 기존의 정치적 기약들과 현재의 요구 사이에서 대통령들은 선택을 하는데, 이 선택은 영향을 받는 쪽으로부터 가혹하고 정밀한 검증을 받게 된다. 어떠한 인정도 잠재적으로는 거부이고, 어떠한 약속도 잠재적으로는 배신이며, 정통에 대한 어떤 식의 재해석도 잠재적으로 이단이다. 대통령의 정치적 입장에 있어서는 어떠한 모호함이라도 바로 대통령에게 부담이 되는 방향으로 확인된다. 기존에 명확했던 노선을 따른 행동 중에 조금이라도 상반되는 경우가 생기면, 이에 반대하는 쪽을 강화시켜주고 정당화시켜 주게 되는 것이다.

이런 이유로 리더십의 정치를 결정하는 데 있어서 권위의 문제가 우선한다. 행동 전략을 수립하기 전에 대통령은 역사 속 자신의 위치를 해석해 내고 이 한계 안에서 권력 행사에 대한 일정한 보장(warrant)을 요구해야 한다. 이를 링컨이 함축적으로 지적한 바 있다. "우리가 어디 있고 어디로 향하고 있는지 먼저 알 수 있으면, 무엇을 해야 하고 어떻게 할 수 있는지 잘 판단할 수 있다."[10] 대통령이 하는 첫 번째 일은 공적 담론들에 들어가서 그가 지금까지 해 온 것과 앞으로 하려는 것을 연결 짓는 담론을 구축하는 것이다. 여기에서, 곧 자신이 누구이고 역사 속에서 어떤 위치에 존재하려 한다는 대통령의 첫 주장에서 리더십 정치의 기본적인 틀이 만들어진다.[11]

권력을 행사하면서 역사 속 위치에 대한 자신의 주장을 확인받기 위해, 곧 자신의 담론을 지켜내기 위해서 대통령은 이루고 있는 일들과 그 방식들에 대해 도전하는 다른 행위자들의 권위를 미리 제거해야 한다. 이 점에 있어서 대통령의 성공여부에는 구체적인 정책적 성취도 중요하고 개인적인 실패와 패배도 중요하지만, 이런 것들은 대통령의 담론에 영향을 미치는 경우에만 중요하다. 정책 선호들을 실행하는 해결책, 곧 제도적 자원들을 전략적으로 집결시키고 전개하는 것은, 그보다 먼저 믿을 만한 역사적 기획을 구축해야 하는 과제에는 별 영향을 미치지 못한다. 역으로, 정책 선호들을 실행한다 해도, 기존 질서와 변화 사이의 관계가 대통령이 구상한 대로 확보된다는 보장은 전혀 될 수 없다.[12]

20세기에만 해도 이러한 리더십 기획들에 명칭을 부여하는 여러 가지 슬로건들이 만들어지곤 했다. 스퀘어딜(Square Deal), 뉴프리덤(New Freedom), 뉴데이(New Day), 뉴딜(New Deal), 페어딜(Fair Deal), 신공화주의(New Republicanism), 뉴프론티어(New Frontier), 위대한 사회(Great Society), 신연방주의(New Federalism), 뉴파운데이션(New Foundation), 새로운 시작(New Beginning), 뉴브리즈(New Breeze), 새로운 계약(New Covenant) 등이 그것이다. 이 슬로건들을 보면, 그 시점에 대통령들이 자신의 행동에 대한 정치적 규정을 장악하는데 큰 중요성을 부여했음을 알 수 있다. 그렇지만 보다 중요한 것은 이 명칭들 뒤에 존재하는 것들, 즉 대통령 자신의 정치적 정체성, 물려받은 관계들을 변화시키기 위해 대통령이 필요로 하는 권위의 보장, 그리고 대통령이 제안하는 역사적 기획 속에 내재된 정치적 동학이다.

프랭클린 루즈벨트와 존슨, 두 대통령의 리더십이 상이한 역사적 기획에 따르는 상이한 정치적 동학을 잘 보여준다.[13] 두 대통령 모두 대단히 능숙한 정치인들이었고, 대통령 권력을 행사하는 데 있어서 절호의 정치적 기회를 누렸다. 둘 다 많은 것을 이루었으며, 미국 정치를 극적으로 변형시켰다. 그러나 둘 간의 분명한 차이점은 바로 물려받은 질서에 대한 정치적 관계에 있었다. 루즈벨트는 역사상 가장 절망스러운 시기에 붕괴되고 있는 레짐의 반대당 지도자로 권좌에 올랐다. 그는 구질서 너머에서, 넘겨받은 정통을 반대하고 있었다. 루즈벨트는 넘겨받은 질서의 파탄을 주장하는데 그치지 않고, 이 질서의 근본적인 기약들이 미국 문명의 "전래의 진실"(ancient truth)을 왜곡했다고 선언했다. 루즈벨트와 대조적으로 존슨은 장기간 집권하고 있는 레짐 속에서 정치적으로 성장해 나갔다. 대통령 취임 직후 존슨은 전임자들의 과업을 이어가겠다고 약속했고, 1964년 선거에서 승리하면서 이 목적에 대한 장애물들 대부분이 사라졌다. 역사상 가장 견실한 시기로 접어드는 시점에서 존슨은 물려받은 정통을 실행하고 그 기약들을 완수하는 책임을 지게 되었던 것이다,

루즈벨트와 존슨은 자신들이 정치적으로 어떤 존재이며 역사적 흐름 속에서 어떤 위치에 있는지를 주장하며 리더십 권위를 요구했다. 둘 모두 대통령 권력 행사의 타당성에 대해 설득력 있고 강력한 주장을 펼쳤으며, 이 요구들은 그들 각각이 처한 상황의 근본적 성격에 잘 어울렸다. 그러나 이 요구들은 전혀 다른 기획들을 위한 것이었고, 전혀 다른 종류의 정치를 만들어냈다. 두 대통령은 권력 행사에 있어서 상이한 전략을 취했고, 상이한 방식으로 통제하려 했으며, 대단히 다른 정치적 결과를 가져 왔다.

시작부터 루즈벨트는 공개적이고 단호하게, 물려받은 질서를 대체하고 대안적 질서를 구축하려 했다. 이러한 기획에 따르는 정치적 동학은 대통령이 자신의 행동이 지니는 의미를 통제하는 데 있어서 결정적인 이점을 가져다주었다. 물려받은 질서가 최악의 평가를 받고 있는 가운데, 대통령의 권력 행사에 필연적인 질서 교란이 별 어려움 없이 지속될 수 있었던 것이다. 그간 훼손되었던 미국 정치의 "전래의" 진실을 새 질서 안에서

복구하겠다는 초기의 기약은 루즈벨트에게 질서-파괴의 결과와 상당히 부합하는 질서-확인의 메시지를 가져다주었다. 실제 루즈벨트에게 있어서는 물려받은 질서의 거부(repudiation) **자체가** 진정한 질서를 확인하는 것이었다. 이처럼 메시지와 정치적 결과가 서로 들어맞음으로써 루즈벨트의 리더십이 탄력을 받게 되었을 뿐 아니라, 특정한 대안에 대해 기약을 하지 않아도 되는 자유를 가져다주었다. 뒤에서 보듯이, 실제 뉴딜 프로그램을 이루었던 것들은 루즈벨트가 제안했던 것들에는 크게 연관된 것이 아니었으며, 다만 마주치게 되는 저항들에 대해 거부의 입장을 강화시켜 주어 루즈벨트가 돌발 사태와 반전들 속에서도 상황의 지배자가 될 수 있게 해주었다. 이런 면에서 루즈벨트는 자신의 선호에 부합하는 새로운 통치 방식들이 구성되는데 충분한 기간 동안 비판자들을 물리칠 수 있었던 것이다. 일단 이 새로운 통치 방식이 이루어지자, 미국 정부를 파산에서 구해내고 미국 정부의 원래의 정체성을 재구축하겠다는 그의 주장 속에 새 통치 방식들의 정통성이 뿌리내리게 되었다.[14)]

이제 린든 존슨의 경우를 살펴보자. 존슨은 기존의 레짐을 부정하지도 않았고, 다른 것으로 완전히 대체하려 들지도 않았다. 대신에 그는 순전히 건설적인 목적, 즉 기존 질서를 더 높은 수준으로 올려놓기 위해 자신의 권력을 사용했다. 존슨은 기존 레짐의 모든 기약들을 존중하고 중요한 이익들 모두를 충족시키는 것에 자신의 역사상 위치를 설정했던 것이다. 존슨이 권좌에 오르게 되는 상황에서 이러한 구상은 당연한 것이었으나, 존슨이 계획했던 시도들은 미국 대통령직이 버텨내기 어려운 것이었다. 행동에 대한 근거가 완전히 질서 확인적인 것이었기 때문에 존슨은 자신의 권력을 행사하는 데 있어서 모순에 빠지게 되었다. 자신의 프로그램들의 질서 교란적 힘이 드러나게 되자마자 그 의미에 대한 통제를 잃기 시작했기 때문이다. 개혁 시도들이 가져오는 불안정한 효과들을 상쇄하기 위해 존슨은 모든 기약들과 이익들을 만족시킬 필요가 있었다. 따라서 민권과 공산주의 봉쇄와 사회복지에 관한 오래된 기약들을 이루어 나가는 동안 존슨은 각각에 대해 거의 완전한 통제를 시도했다. 이후 밝혀졌듯이, 존슨이 이런 시도를 하면 할수록 그의 프로그램들은 개인화되어 갔고, 물려받은 정통에 대한 존슨의 해석이 개인화될수록 연관된 이익들로 하여금 존슨의 정책들이 자신들의 이해관계를 적절히 반영한 것이라고 받아들이도록 만들기 어려워졌다. 바로 이런 동학에 의해 존슨의 시도 전체가 무너져 내렸다. 기약들에 대한 대통령의 직접적인 관리가 그가 대표하겠다고 한 레짐을 실제로 변형시키기 시작함에 따라, 그가 만족시키려 했던 이익들 자체가 그의 근거들을 공격하기 시작했던 것이다. 존슨은 자신의 행동이 가져 온 질서－파괴적 효과에 대해 아무런 방어도 할 수 없었고, 정통에 대한 그의 해석을 거부하고 그를 배신자로 몬 정통 신봉자들에 대해 아무런 대응도 할 수 없었으며, 자신이 가져온 분열 상태에 직면하여 아무런 대안도 가지고 있지 못했고, 물러날 수밖에 없었다. 존슨의 권력 행사는 존슨을 자기 자신의 정책들의 희생자로 만들었고, 역사상 가장 견실한 시기를 가장 혼란한 시기로 만들어 버렸던 것이다.

루즈벨트의 질서－파괴 권한은 새 레짐에 대한 지지를 구축하여 재편(reconstruction)의 결과를 가져 왔다. 반면에 존슨의 순전히 긍정적이었던 권한은 산산이 부서져서 자신의 정당성이 근거하고 있던 레짐을 부수어 버렸다. 예비적 고찰이기는 하지만, 이 두 대통령들의 경험은 대통령사 전체에서 발견되는 유사한 사례들과 기본적으로 일치한다. 매번 교훈은 동일하다. **질서를 재창출하는 권력은 질서를 거부하는 권위에 달려 있는 것이다.** 대통령 정치의 반복되는 패턴은 바로 이 모순에 뿌리박혀 있다. 거부할 수 있는 권위야말로 리더십을 행사하는 데 있어서 가장 막강한 정치적 자원이다. 이것이 없으면 대통령은 그 시기에 대한 자신의 규정에 따라 권력을 행사하여 정치적 결과를 만드는 데 어려움을 겪을 것이다. 이것이 있으면 대통령은 일관된 공적 담론 내에서 가장 확장적이고 가장 장기적으로 정치체의 질서교란을 해나갈 수 있다. 거부의 권위는 정치 질서의 재편에 있어서 말과 행동, 의도와 결과를 일치시켜 준다.

긍정적이든 부정적이든 간에, 미국 대통령직은 정치적으로 가장 효과적인 부정(negation)의 도구로 판명되었다. 이전 질서 위에 안정적으로 자리 잡기에는 그 질서 교란적 효과가 너무나 도발적이기 때문에, 기성 엘리트들을 무너뜨리고 이들을 지탱해주는 제도적 장치들을 파괴해서 완전히 새로운 질서를 위한 길을 터주는 역할을 할 때 대통령직은 가장 잘 기능해 왔다. 대통령의 권력행사에서 전략의 절제나 교묘함에 주목해 온 것은 이 점을 파악하지 못했기 때문이다. 대통령직은 철퇴(battering ram)이며, 가장 성공적이었던 대통령들은 이 철퇴를 있는 그대로 사용할 수 있는 위치에 있었던 대통령들이었다.

그렇다면, 리더십 정치에 있어서 권위에 우선성이 있다는 것은 무슨 의미인가? 첫째로, 대통령의 권력이 철퇴이기는 하지만 이 철퇴를 있는 그대로 쓰는 것이 전적으로 자유로운 선택에 달려 있는 것은 아니다. 이 권력을 행사할 수 있는 권위를 주장할 수 있는가 여부는 정치적 맥락에 달려 있다. 대통령사에 있어서 "위대한 전달자들"(great communicators) 모두가 위대한 거부자들(great repudiators)이었지만, 모든 대통령들이 위대한 거부자가 될 수는 없었다. 자기 마음대로 다른 시기의 대통령이 될 수 없었던 것과 마찬가지로, 존슨은 물려받은 질서를 자유롭게 비판할 수 없었다. 거부할 수 있는 권위를 지니지 못했으므로 존슨의 리더십 프로젝트는 더욱 전략적 절제, 교묘함, 관리, 조종에 의존하게 되었던 것이다.

두 번째 의미는 대통령의 행동이 가져오는 정치적 결과가 대통령이 제안한 정책들이 성공적으로 실행될지 여부에 크게 연관되지 않을 것이라는 점이다. 예컨대 루즈벨트의 주요 정책 제안들은 여러 번 퇴짜 맞곤 했었다. 루즈벨트의 초기 경제 복구 프로그램은 대법원에 의해 위헌판결이 내려졌고, 대법원 물갈이(Court-packing),* 행정부 재조직, 민주당 재건과 같은 재임 시기의 거대 구상들도 모두 엄청난 역효과를 낳았다. 개인적인 정책 구상에 있어서 루즈벨트가 이처럼 줄곧 굴욕을 겪었다는 점을 고려

---

* 역주: 뉴딜 입법들에 대해 대법원이 위헌 판결을 내리자, 루즈벨트는 우호적인 대법원을 만들기 위해 대법관을 더 채워넣기로 결정했다. 9명인 대법관 수를 늘려서 자신이 진보적인 대법관을 6명까지 더 임명할 수 있게 하는 법원조직법을 주도했던 것이다. 1937년에 제출된 이 법안은 무산되었다. 정확한 의미는 법원 채워넣기이지만 어감상 법원 물갈이로 번역.

할 때, 그가 정치 상황에 대한 통제를 완전히 잃지 않았음은 물론 20세기에 가장 성공적인 대통령이 되었다는 점은 경이로운 일이다. 충격적인 패배들에도 불구하고 루즈벨트는 파탄 난 과거에 대한 대안을 제시하는 존재였기 때문에 성공할 수 있었다. 첫 번째 임기 내내 거부의 자세를 견지함으로써 루즈벨트는 개인적으로 적대적인 자들조차도, 그의 통제 하에 체계적으로 구축되고 있는 새로운 상황을 받아들이도록 만들었다. 이와 반대로, 경이로운 승리들에도 불구하고 자신의 행동이 변형시키고 있는 레짐으로부터 거리두기를 할 수 없었기 때문에 존슨은 실패했다. 중요한 이익들을 거부할 권위를 지니지 못했기 때문에 존슨은 모든 이익들을 충족시키기 위해 최대한 전략적으로 권력을 행사했고, 이들이 하나 하나 그 자신을 거부해 가는 것을 공포 속에서 바라보았던 것이다.

마지막으로 개인적 능력이란 문제에 대해 고려해 보자. 정치적 맥락에 따른 권위 자체가 대통령의 권력 행사 전략을 결정하는 한, 우리가 개인적 능력의 문제로 간주해 왔던 것들은 상이한 정치 상황에 놓인 대통령직의 성격을 반영할 것이다. 우리는 존슨의 괴팍함에 대해 너무나 확신하고 있어서, 자신이 처한 상황의 괴팍함에 대한 존슨의 인식을 간과해 왔다. 존슨은 잘못된 권력 행사 전략을 선택한 것이 아니다. 오히려 존슨은 그 시점에 있어서 그에게 주어진 최선의 전략을 선택했다. "린든 존슨의 비극"을 논하는 것은 바로, 자신만의 독자적 경로를 갈 수 있는 보장이 없이 막대한 권력을 행사하는 대통령에게 무슨 일이 벌어지는가에 대해 논의하는 것이다. 루즈벨트의 리더십에 대한 논의들에서 그의 개인적 능력을 신성시하는 견해들에 대해서도 마찬가지로 말할 수 있다. 루즈벨트의 카리스마적 리더십을 논하는 것은 사실, 역사적인 맥락 속의 "대통령직의 카리스마", 곧 대통령 행동의 질서－파괴적, 질서－확인적, 질서－창조적 충동이 맥락적으로 일치한 것에 대해 논의하는 것이다.[15] 루즈벨트는 위대한 성공을 거두었다. 그렇다고 해서, 루즈벨트 같은 사람들이 더 많이 대통령이 되면, 대통령직이 지닌 많은 문제들과 위험들이 사라지게 되는 것은 아니다.

점진적 추세

지금까지 전개된 논지는 대통령의 리더십을 이해하는 데 있어서 자유의지와 자기 결정이라는 단순한 전제들을 상쇄하기 위해 제시된 것이지, 대통령의 행동에 대해 개인적 책임을 면제해 준다거나 어떠한 개인적 공적도 부인하려는 것이 내 목적이 아니다. 다른 한편, 앞에서 제시한 두 대통령의 비교는 대통령직이 이 직을 차지한 사람에 따라 "거대"(혹은 위대)하게 된다는 오래된 주장이나, 대통령직이 개인적 자질의 표출을 막으며 따라서 성공적일 수 없게 만든다는 최근의 생각 모두를 똑같이 부인한다. 내 주장의 요점은, 리더십 테스트는 대통령들에 따라 상당히 다르며 미국 정치에 대통령이 어떤 영향을 미치는지는 어떤 리더십 테스트를 받고 있는지에 상당 부분 달려 있다는 점이다.[16]

정치체계가 우리가 선출하는 인물들의 능력, 곧 개인적 자질과 정치적 수완 및 개인적 성격 등에 대해 정확한 측정을 하지 않는다는 사실로 인해 우리 정치에서 온갖 종류의 왜곡이 일어난다. 어떤 대통령들은 자신의 행동이 부여받은 권한에 기술적으로 부합한다고 고집하다가 자멸적인 길로 빠져 들어갔다. 다른 경우에는 대통령이 유리할 수밖에 없다는 것을 깨닫고, 자신이 제안한 정책들의 성격과 무관하게 권위를 행사했다. 이는 상당히 불편한 사실이며, 대통령이 만드는 정치에 대해 또 다른 문제들을 제기한다. 대통령의 리더십 테스트가 역사적으로 어떻게 변화해 왔는가? 대통령의 행동과 정치 변동에 대한 이 근본 원리에서 벗어날 수 있는가?

지금까지 묘사해 온 그림은 변화하는 정치적 권위 구조에 따라 상이한 결과를 가져 오는 도발적이고 질서 교란적인 힘을 보여 준다. 이는 또한 대통령들이 만드는 정치가 지속적이고 반복적인 모습을 띠고 있음을 말해주며, 따라서 루즈벨트와 존슨의 리더십 정치를 이해하기 위해 이전 시기를 참고해야 할 필요성을 제기한다. 이 그림에서 빠져 있는 것은 대통령 권력의 구성과 범위에 영향을 미쳐 온 점진적이고 장기적인 발전 과정이다. 역사적으로 대통령에게 사용 가능한 자원들은 극적으로 변화해 왔다. 이전의 대통령들에 비해 후대의 대통령들은 더 많은 권력을 더 독자적으로 행사하는데, 이 차이는 시기를 넘어서 존재하는 유사성을 더욱 뚜렷하게 만들어 준다.

대통령의 정치에 있어서 이러한 시간의 차원을 구분하기 위해, 권위 구조가 반복적으로 나타나는 시간을 정치적 시간(political time)으로, 그리고 권력 구조가 변화해 온 시간을 점진적 시간(secular time)으로 부를 것이다.[17] 정치적 시간에서 대통령의 리더십은 이전에 수립된 이념과 이익의 기약과 현 시점의 대통령 자신의 행동 사이에 대통령이 설정하는 다양한 관계를 의미한다. 점진적 시간에서 대통령의 리더십은 행정부의 제도적 자원과 통치 책임이 지속적으로 발전해 온 것을 의미하며, 따라서 특정 시기의 대통령들이 자신의 선호를 실현하기 위해 활용 가능한 권력의 내용들을 말한다. 이러한 구분은 이 구조들의 상호작용 속에서 리더십의 정치가 재구성되어가는 과정을 추적하는 데 도움이 될 것이다. 권위 구조가 어떻게 대통령 권력을 재구성해 왔는지, 그리고 대통령 권력의 구성이 어떻게 권위 주장의 정치적 범위에 영향을 미쳤는지를 이해하는 것이 궁극적인 목적이다. 정치적 시간에서 반복적으로 일어난 리더십 시도들이 장기적으로 미묘하게 재구성되어 왔으며 이러한 재구성이 점차 중요해져 왔음을 보게 될 것이다.

이처럼 새롭게 대두되는 권력 구조와 반복적인 권위 구조에 대해 제3장에서 자세히 논의한다. 이 둘이 서로 어떻게 영향을 미치는지 이해하기 위해서는, 대통령직이 미국 정부의 통치 기구로서 훨씬 중요하게 "부상"하게 된 현상과 정치 세계가 모든 면에서 훨씬 더 조직화되고 밀집되어 온 현상이 같이 전개되어 왔음을 고려하면 된다. 역사적으로 대통령직이 점점 더 강력하고 독자적이 된 것뿐 아니라, 대통령직을 둘러싸고 있는 제도들과 이익들도 그렇게 되어 왔던 것이다.

대통령직 발전과정의 모든 단계에서, 조직화된 이익과 독립적 기구들이 점진적으로 확산되면서 국정을 관리하고 조정하는 데 있어서 대통령이 더욱 중요해지게 되었다. 이렇게 제도들이 두터워지는 제도적 밀집화(institutional thickening)가 리더십 정치에 가져온 결과는, 약한 권위를 가진 대통령이 더 강력한 권력을 요구하는 반면에 강한 권위를 가진 대통령은 그렇지 못하게 되었다는 점이다. 대통령직에 계속 일상적으로 강화되어 온 정치적 재량권과 통치 책임이, 이전이라면 허약한 권위 보장 때문에 독자적 행동의 가능성이 일찌감치 사라졌을 대통령들을 강화시켜 주게 된 것이다. 역으로, 대통령의 행동을 둘러싼 제도들이 점차 두터워져서, 독자적 행동에 대해 가장 강력한 권위 보장을 지닌 대통령들도 이 제도들에 둘러싸이게 되었으며, 다른 행위자들이 보다 강력한 저항을 벌이는 것이 가능해진 것이다. 이런 식으로 대통령직의 "부상"의 결과는, 대통령들 간의 정치적 잠재력의 차이를 사라지게 만든다.

이 함의는 광범위하며, 이 책의 대부분에서 이를 다룰 것이다. 정치적 잠재력의 차이가 사라지는 것은, 만일 새로운 권위 보장이 만들어질 수 있다면 문제가 되지 않을 수 있다. 오늘날의 핵심 문제는 현대의 이런 조건들 자체에 있는 것이 아니라, 점차 적실성이 없어지고 있는데도 불구하고 리더십 권위에 대한 고전적인 요구가 여전히 계속되고 있다는 데 있다. 대통령 권력 행사에 대한 대단히 오래된 주장에 이끌리게 되면서, 정치적 목적에 대한 혼동이 커지고 점차 왜곡되는 것을 목격하고 있는 것이다.

제7장에서 루즈벨트와 존슨을 다시 비교할 때, 문제가 되는 이 역사적 패턴들의 혼합에 대해 충분히 주의를 기울일 것이며. 각 리더십 시도들의 중요성이 이에 따라 변하게 될 것이다. 제7장에서 우리는 리더십의 근본적 패턴들이 현대성의 물결에 의해 얼마나 약화되었는지, 또 그럼에도 불구하고 이 근본적 패턴들이 얼마나 지속되고 있는지 보게 될 것이다. 이 책의 말미에서 내가 정치적 시간에서 나타나는 대통령 리더십의 이 전통적이고 반복적인 논리로부터 벗어날 가능성에 대해 논의할 때, 장기적 추세에서 발견되는 모순이 더욱 직접적으로 나타날 것이다. 곧, **모든 대통령들의 권력이 증대되어 온 반면에, 정치 질서를 재창출하기에 가장 좋은**

위치에 있는 대통령들의 권위는 위축되어 왔다. 통치 수단으로서의 대통령직의 "부상"은 재편의 수단으로서의 정치적 가능성을 제약해 온 것이다.

새로운 정치 질서를 구축하는데 있어서 첫 번째 위대한 거부자 토마스 제퍼슨보다 더 자유로웠던 대통령이 없었음을 보게 될 것이다. 제퍼슨은 8년 임기의 마지막 날까지도 극히 산발적인 저항만을 마주했었다. 두 번째 위대한 거부자 앤드류 잭슨에 이르게 되면, 과거의 방식을 공격하는 것이 대단히 다른 결과를 가져와서, 새로운 경로에 대한 반대세력들의 지속적인 조직화를 유발했다. 잭슨은 물려받은 질서와 결별하고 대통령 권력의 제도적 기반을 강화시켰으나, 이 과정에서 두 개의 지속적이고 경쟁적인 진영으로 국가를 다시 분열시켰던 것이다. 프랭클린 루즈벨트의 시기가 되면, 재편을 위한 대통령 자신의 제안이 바로 거부당하게 되었다. 뉴딜은 정치체계를 개조했고 대통령 권력의 제도적 기반을 다시 한 번 강화시켰지만, 이 새로운 질서를 구축한 것은 심지어 루즈벨트의 재편의 권위를 등에 업고 행동하면서도 루즈벨트의 의도를 좌절시켰던 다른 제도적 행위자들이었다. 이 유형 중 가장 최근의 사례인 로널드 레이건의 경우, 재편은 제도적인 것이라기보다는 정치적 수사에 불과했다. 과거와의 단절에 있어서 루즈벨트 이래 가장 성공적이었던 레이건의 성취를 루즈벨트와 비교해 보면, 전통적으로 가장 강력했던 리더십 시도에 대한 역사의 제약이 더 커진 것을 알게 된다.

제3장

구조와 행동

미국 헌법의 구상에 있어서 핵심적인 것은 공직자의 잠재적 창의력에 대한 믿음이며, 이 믿음은 공화주의 제도의 타락에 대한 우려와 뒤섞여 있다. 양자 간의 긴장은 특히 대통령직에 있어서 강력하다. 단일 행정 수반(unitary executive)의 독자성과 에너지를 인정하면서 대통령에게 리더십에 대한 막대한 책임을 부여하고 나서는, 공포스러운 파괴적 힘을 예방하고 야망을 통제하기 위해 고안된 각종 장치들을 통해 대통령을 제약하고 있는 것이다. 적극적인 행동에 대한 조항들과 공화정의 안정을 위한 조항들이 이처럼 서로 대립되어 있다.

이러한 헌법 구상에 의해 고전적인 공화정 정치의 암울한 주기가 통제되었을 수는 있으나 중단되지는 않았다. 실제로는 이 주기가 제도화되었다. 대통령의 리더십은 연방정부를 정통성의 위기로 깊숙이 몰고 갔다가 돌연 경이로운 재생력을 보이면서 상황을 역전시키곤 해 왔다. 몇몇 대통령들은 정치적 권위의 정점에 올라서서 공화정의 질서를 잡고 통치력을 발휘할 수 있는 새로운 방식들을 발견했다. 하지만 원래 헌법이 막고자 했던 방식, 곧 사적인 정파를 만들고 과거의 정치를 부수면서 이렇게 했다. 더욱이 제퍼슨, 잭슨, 링컨, 프랭클린 루즈벨트, 레이건과 같은 이 위대한 지도자들은 새로운 제약으로 가득 찬 레짐을 물려주었고, 이 제약들은 너무나 강력해서 후임자들은 또다시 점차 정치적 쇠퇴가 가속화되는 주기에 빠져들었다.

위대한 성공을 거두었던 몇몇 대통령들은 미국 정치체계가 어떻게 작동할 수 있는지를 보여주는 모범으로 간주되곤 한다. 이들의 리더십은 모든 대통령들의 가능성을 보여주는 증거가 되며, 따라서 다른 대통령들을 평가하는 기준이 된다. 이들이 적절한 시점에 적절한 위치에 있던 적절한 대통령이라고 한다 하더라도, 진정으로 이들이 정치체계를 더 낫게 작동하도록 했는지, 또 이들의 업적에 대한 칭송 때문에 보다 곤혹스러운 현실이 가려지지는 않았는지 따져 보아야 한다. 이 대통령들은 대통령직과 정치체계 사이의 관계에 뿌리박혀 있는 긴장을 해소한 것이 아니다. 질서와 에너지, 안정과 주도력, 지속성과 창조성이란 서로 갈등적인 가치들을 조화시킨 것도 아니다. 이와는 반대로 이들의 리더십이 행정부에 에너지와 주도력과 창조력을 불어넣을 수 있었던 것은 안정이 흔들리고 지속성이 중단되고 질서가 무너졌기 때문이다. 이 대통령들이 권력의 정점에 오를 수 있었던 것은 체계를 작동하게 만들었기 때문이 아니라, 새로운 체계, 헌정 질서에 대한 완전히 새로운 이해라고까지 할 수 있는 체계의 수립을 통해서였으며, 그리고 나서 이 체계를 작동시키는 문제는 후임자들에게 떠넘겼다.

그렇다면 문제는 누가 헌법이 작동하도록 만들었는지가 아니라, 다양하게 구성된 상황 속에서 어떻게 헌법이 작동했는지가 된다. 이 장에서는 내 생각에 가장 중요한 상황을 다루는데, 역사상 일정한 빈도로 반복되었던 대통령의 권위 구조 네 가지와, 시간에 따라 전개되어 온 대통령의 권력 구조 네 가지를 구분한다. 이 유형들을 통해 구조와 행위자 간의 관계, 곧 정치적 맥락과 대통령 행동의 효과성 간의 관계를 모든 차원에서 분석할 것이다. 우선, 대통령의 리더십 프로젝트가 만들어지고 정치적 효과를 가져오는 데 있어서 상이한 권위 구조가 미치는 영향을 따져 볼 것이다. 둘째, 이 리더십 프로젝트들이 순차적으로 상호작용하여 정치 변동의 주기를 만들어가는 것을 보게 될 것이다. 마지막으로, 대통령의 권력이 진화해 온 국면들에 대해 논의하면서, 통치 제도로서 대통령직의 중요성이 증대되어 온 것이 혁신(breakthrough)과 붕괴(breakdown)라는 오래된 문제를 어떻게 재구성해 왔는지 살펴볼 것이다.

정치적 권위의 반복적 구조

대통령의 정치적 권위는 기존 레짐에 대한 그의 정체성에 달려 있다. 즉, 기존의 제도적 배열에 구현되어 있는 특정한 이념과 이익에 대한 기약들과 어떤 정치적 관계를 맺는가에 따라 권력 행사에 대한 보장이 달라지는 것이다. 대통령들은 이 관계를 미묘하고 모호하게 만들기 위해 온갖 시도를 할 수 있으나, 본질적으로 이 관계는 두 가지 형태로 나타난다. 곧, 반대 당이냐, 소속 당이냐 여부이다. 대통령은 기존 레짐에 대한 반대 당 출신으로 권력에 오르거나, 기존의 근본 기약들에 연루된 채 집권한다. 이 두 가지 정체성에 따라 포괄적으로 두 가지 리더십 프로젝트가 생겨난다. 기존 레짐에 대한 반대당 출신 대통령의 경우 물려받은 아젠다에 도전하고 나아가 완전히 다른 것으로 대체하는 것이며, 소속당 출신 대통령의 경우에는 이 아젠다를 지속시키거나 완수하는 것이다.

기존 레짐에 대한 소속 여부는 대통령 리더십의 정치적 동학에서 작동하는 본질적인 차이를 가져 온다. 두 번 당선된 14명의 대통령 중 단지 네 명만이－매디슨(James Madison), 먼로(James Monroe), 그랜트(Ulysses S. Grant), 맥킨리(William McKinley)－레짐 소속이었다.[1)] 매디슨과 먼로의 경우 경쟁적인 정당체제가 들어서기 이전이었고, 그랜트의 경우에는 반대당의 상당 부분이 점령 상태였기 때문에,* 이 명단은 더 짧아진다. 문제를 다른 식으로 만들게 되면 더욱 놀라운 결과가 나온다. 자발적으로 재선을 포기한 일곱 명의

* 역주: 남북전쟁 이후 재건 이전 시기로 남부 주들은 북부군에 의한 군정상태로 연방정부에 대한 대표권이 박탈되어 있었음.

대통령 **모두가** 레짐 소속이었다. 포크(James Polk), 뷰캐넌(James Buchanan), 헤이즈(Rutherford Hayes), 씨어도어 루즈벨트(Theodore Roosevelt), 쿨리지(Calvin Coolidge), 트루만(Harry S. Truman), 존슨이 그들이다.

레짐 소속 대통령들의 재선이 어렵거나 불리한 이유는 이미 논의되었다. 대통령직은 이전에 수립된 정치적, 제도적 질서를 교란시키는 독자적 행동을 요구하며, 대통령들마다 자기 자신이 규정하는 대로 새로운 정통성을 수립해야만 한다. 레짐 소속 대통령은 반대당 대통령과 달리 물려받은 질서에 묶여있으므로 자신의 선택과 우선순위에 대한 권한을 유지하는데 어려움을 겪는다. 레짐 반대당 대통령의 경우, 기존의 기약들로부터 독립적인 채 집권하며, 권력행사에 따르는 질서 교란을 보다 쉽게 정당화할 수 있다.

레짐 소속 여부와 이에 따르는 리더십 프로젝트는-거부 혹은 완수-대통령이 만드는 정치의 기본적인 유형을 정하지만, 충분한 설명을 제시하지는 않는다. 실제, 각 유형에 속하는 대통령들이 보여주는 경험들은 폭넓은 범위로 분산되어 있어서 방금 제시했던 차이점들의 중요성을 흐려버린다. 예컨대, 프랭클린 루즈벨트와 리차드 닉슨은 둘 다 반대당 대통령이었고, 씨어도어 루즈벨트와 허버트 후버는 모두 레짐 소속이었다. 따라서 보다 정확한 차이점을 알기 위해서는, 이러한 정체성과 리더십 프로젝트에 대해 역사가 부여하는 기회에 대해 좀 더 정밀한 관찰이 요구된다.

리더십 기회는 이전에 수립된 제도적 질서에 구현되어 있는 기약들이 활력(resilience)*이 있는지 취약한지 여부에 달려 있다. 이 기약들이 강력한 정치적, 조직적, 이념적 지지를 받고 있는가? 이들이 당시의 문제들에 대해 믿을 만한 해결책이나 해결 방향을 제시하는가? 아니면, 상황이 진행되면서 이 기약들이 당시의 문제들에 대해 실패한 것이나 쓸모없는 대응이라는 공격에 노출되었는가? 이전의 해결책들 자체가 이제 문제가 되어버렸는가? 물려받은 기약들이 활력이 있을수록, 레짐 소속 대통령이 과업을 계속하거나 완수하는 데 있어서 더 많은 권위를 지니게 되며, 반대

* 역주: 문맥과 어감에 따라 resilience는 활력 또는 복원력으로 번역함.

당 대통령이 근본적인 통치 질서에 도전하는데 문제가 생기게 된다. 역으로, 물려받은 기약들이 취약할수록 반대당 대통령이 근본적 통치 질서를 대체하는데 있어서 더 큰 권위를 지니게 되고, 레짐 소속 대통령이 과업을 계속하는 것에 문제가 생긴다.

이러한 포괄적인 정치적 정체성과 정치적 기회를 결합하면 아래 <표 1>과 같은 대통령 권위 구조의 네 가지 유형이 나온다. 이 유형 각각에서 대통령은 권력 행사의 정통성 수립에 있어서 상이한 문제를 마주하게 되며, 대통령이 만드는 정치 역시 달라진다.[2)]

표 1 반복적인 대통령 권위 구조

기존 레짐의 성격	대통령의 정치적 정체성	
	기존 레짐 반대당	기존 레짐 소속당
취약	재편의 정치	해체의 정치
활력	선공의 정치	표출의 정치

재편(reconstruction)**의 정치:** 첫 번째 유형에서 대통령은 이전에 수립된 레짐에 대한 반대당에서 나오며, 이념과 이익에 대한 이전의 기약들은 상황이 전개되어가면서 당시의 문제들에 대해 실패했거나 쓸모없는 대응이라는 직접적인 거부에 취약해진다. 제퍼슨, 잭슨, 링컨, 프랭클린 루즈벨트가 모두 이런 상황에서 집권했는데, 이보다 이질적인 인물들의 집단을 상상하기 어렵지만, 이들 모두가 정치적 리더십을 행사하는데 가장 좋은 상황을 공유했음은 명백하다. 이 대통령들이 재편의 정치를 구성했다. 당선되면서 이들은 정통성 있는 정치 질서가 존재하지 않는 일종의 정치적 공백기(interregnum)에 들어서게 되었다. 이전 레짐에 대한 반대가 의회에서까지 지배적이 되었으며, 선거 결과 자체가 무엇을 해야 할지에 대해 명확한 메시지를 전달해 준 것은 아니지만, 뭔가 근본적인 것이 잘못되었다는 전반적인 정치적 합의를 반영하고 있었다.

대통령의 행동을 위한 절호의 기회가 이 시점에 활용되어 기존의 통치 공식을 거부하기 위해 대통령의 권위가 확장되었다. 이 대통령들은 훨씬 이전의, 심지어 가공일 수도 있는 과거의 근본적 가치들을 소환하는데 착수하여, 이전 질서의 과오로 이 가치들이 상실되었다고 주장했다. 이렇게 해서 대통령직의 질서-파괴적 충동과 질서-확인적 충동이 상호 보강해 주게 되었다. 대통령의 정치적 권위가 본질적으로 질서 교란적인 권력 행사와 맞물리게 되면서, 권력과 권위의 상호작용에 의해 독자적 행동이 가능해지게 되었다. 이제 정통성의 기준이 전면적으로 재구축되는 가운데 대통령의 질서-창출 능력이 완전히 실현되었다.

미국 정치에서는 정부가 가장 철저하게 불신받게 되었을 때 대통령이 우뚝 섰으며, 대통령에 대한 정치적 저항이 가장 약했을 때 대통령이 정부를 완전히 다시 만들곤 했다. 그렇지만, 이런 시기에 대통령이 행사하는 권위가 애초에 정통성의 위기를 가져 왔던 문제들에 대한 효과적인 해결을 자동적으로 가져오는 것이 아님을 주목할 필요가 있다. 1790년대 내내 미국을 곤란에 빠뜨렸던 국제 문제들에 대한 제퍼슨의 대응은 그 자체가 국가적 재난이었다. 1819년의 공황 이래 악화되어 갔던 경제 문제들에 대한 잭슨의 대응은 1833년의 공황을 촉발시켰고, 잭슨의 정책이 1837년의 대공황을 직접적으로 야기하지는 않았더라도 그 전조들을 막아내지는 못했었다. 또한 1850년대 지역 갈등 위기에 대한 링컨의 대응은 국가를 내전에 빠뜨렸고, 루즈벨트의 뉴딜도 미국을 대공황으로부터 끌어내지 못했다. 이 대통령들이 국가적 문제를 해결하는 데 특별히 유능하지 않았다는 사실은, 과거의 정치로부터 자유로워진 대통령들이 애초에 이런 문제들을 해결할 필요도 없었다는 점을 상기시켜 준다. 이 대통령들이 한 것, 그리고 그 전임자들이 할 수 없었던 것은 바로 정치적 아젠다들을 완전히 재구성하고, 정부의 통치력을 새로운 방식으로 행사하는 데 대해 지지를 일구어내며, 이전의 문제들을 넘어서서 국가가 완전히 다른 가능성을 향하도록 하는 것이었다. 이전의 통치 연합이 파탄 상태에 빠져 있으나 정부 제도에 새로 진입한 이익들의 결합이 아직 불안정한 상태에서 이 대통령들은 일인자의 권위를 다시 장악했고, 이를 통해 미국 정부와 정치의 근간을 재구성할 수 있는 보기 드문 기회를 포착했었다.

재편에 무엇이 수반되었는지를 자세히 들여다보면, 대통령이 자신이 규정한대로 자신의 역사 속 위치를 만들어내는 데 무엇이 필요한지, 그리고 다른 상황 속의 대통령들에게 무엇이 부족했는지 짐작할 수 있다. 이 대통령들 각각이 입증하듯이, 정치 질서의 재편은 남아 있는 이전 질서의 근간들에 대한 공격과 새로운 정당 건설이 합쳐지는 과정이다. 이 대통령들은 모두 위대한 정당 리더들이었으나, 보다 중요한 것은 이들이 이전에 수립된 정당들로부터 멀리 떨어져서, 아직 초기 단계에 있으나 완전히 새로운 정당을 구축하려는 반대 운동 세력들의 호응을 끌어냈다는 점이다. 전형적으로 이러한 정당 건설 시도는 과거의 정치에서 남겨진 제도들의 지원을 통해 대통령의 재편 의도를 막으려는 도전 때문에 촉발된다. 대통령의 거부의 권위가 정부 내에서 시험에 들게 됨에 따라 대통령의 재편을 지지하는 정치 연합의 결성이 더욱 중요해졌던 것이다.

재편에 대한 이러한 역공은 미국 정치 발전 과정에서 점점 더 위협적이 되어 왔으며, 이로 인해 야기되는 선택, 즉 저항 세력의 항복과 개혁 프로그램의 급진화 사이의 선택이 더욱 더 중대해졌다. 적대적 이익들을 지원하는 제도들이 항복하는 경우에만—이 대통령들처럼 운 좋은 경우에도 이 전투의 결과는 전혀 예측이 가능하지 않았다—새로운 통치 연합의 지배적 지위가 확고해지고 과거의 정치는 영원히 불신의 역사 속으로 사라지게 된다. 재편의 대통령들은 이런 식으로 대법원과의 전쟁, "연방은행과의 전쟁"(Bank War), 그리고 실제 내전에 빨려 들어갔으며,* 이 투쟁들을 통해 이들은 정부 구조의 고안과 국가와 사회 간의 적절한 관계라는 근원적 문제들에 침투하게 되었다. 과거의 정치를 부수고 새로운 연합의 구축을 지휘하며 자신들의 기약을 원래 가치의 복구라고 내세우면서, 재

* 역주: 뒤에서 자세히 분석되지만, 대법원과의 전쟁은 프랭클린 루즈벨트가 1차 뉴딜 정책에 위헌 판결을 내린 대법원을 공격하기 위해 대법관 수를 늘리려고 한 것, 은행 전쟁은 앤드류 잭슨이 중앙은행이었던 제2차 미국은행의 면허장 연장을 해주지 않기 위해 연방은행과 벌인 싸움, 내전은 물론 남북전쟁임.

편의 대통령들은 헌정의 조건들을 재설정했던 것이다.

해체(disjunction)**의 정치:** 권력과 권위를 효과적으로 융합시켜 정치 질서를 재생산할 수 있는 유일한 대통령들이 안정적 정치 질서와는 전혀 다르게 집권한 대통령들이라는 재편 리더십의 이 거대한 역설은, 이와는 다른 상황들 속에서 권위를 행사하고 자신이 규정하는 대로 정통성을 다시 만들어내려 했던 대통령들이 겪은 어려움들에서 잘 드러난다. 재편의 위대함으로부터 한 걸음만 뒤로 물러서서 직전의 시기로 가면, 불가능한 리더십 상황이 놓여 있다. 상황이 전개됨에 따라 당대의 문제들에 대해 실패했거나 쓸모없는 대응이라는 의심을 받게 된 기존의 기약들에 연루된 대통령들이다. 이 상황의 대통령들이 해체의 정치를 구성한다. 과거의 업적을 인정하고 계속하려는 레짐 소속 대통령의 본능적인 정치적 입장은 국가의 생존이나 활력에 위협이 되며, 암울한 선택 속에 리더십은 붕괴된다. 기존의 기약들을 인정하는 것은 자기 자신을 국가적 문제의 증상들 중 하나이자 체계적인 정치적 실패의 상징적 존재로 만들어버리며, 이를 거부하면 자신에게 가장 자연스런 정치적 동맹으로부터 소외되고 정치적으로 무능력해지게 된다.

애덤스(John Adams), 퀸시 애덤스(John Quincy Adams), 피어스(Franklin Pierce), 뷰캐넌(James Buchanan), 후버(Herbert Hoover), 카터(Jimmy Carter)가 대표적 예인데, 이런 상황의 대통령들은 흔히 정치적 무능력자로 간주된다.[3] 하지만 이들을 하나의 집단으로 다루어 보면, 구조적인 정치적 능력과 제도적 행동의 효과에 대해 이들의 상황이 닮은 것을 말해 준다. 대통령이 정부의 기약에 대해 인정을 할 수도 없고 완전히 거부하지도 못할 경우, 이 상황에 대한 정치적 규정을 통제할 수 있는 대통령의 권위는 완전히 사라지게 되며, 리더십의 전제 조건인 신뢰를 구축해야 하는 문제에 함몰되고 만다. 근본적으로 달라진 통치 조건 때문에, 개인적인 헌신과 국가적 문제의 복잡성에 대한 예리한 인식 이외에는 레짐 소속 대통령들이 자신의 임기를 정당화할 수 있는 방도가 별로 없다. 그렇지만 국가적 문제에 대한 깊은 이해와 개인적인 헌신을 통해 행동하는 경우에도 대통령은 자신이 다루고 있는 문제 자체에 빠져버리게 되고, 잘못 되어 온 것들을 대표적으로 보여주고 있는 쉬운 표적이 된다. 기적적인 해결이 일어나지 않는 한, 상황에 대한 정치적 규정을 반대 정당이 효과적으로 통제하게 되는 것이다.

취약해진 레짐을 떠맡은 채 이 대통령들은 정치 담론의 전개에 대해 다른 누구보다도 권위가 작아지게 되며, 남아있는 정부 기구들에 침투하는데 가장 심한 제약을 받게 된다. 그렇다고 이들이 중요한 일을 전혀 하지 않는 것은 아니다. 하지만 이런 상황에서도 리더십을 발휘하려는 것 자체가 중대한 정치적 결과를 가져 온다. 우선, 이들의 좌절을 통해 현 상황이 얼마나 지속가능하지 않은지 여실히 드러난다. 또한 신뢰를 구축하기 위해 무모한 투쟁을 벌이다가 이 대통령들은 재편의 리더십의 표적이 되어, 반대 정당이 기존질서를 완전히 거부할 수 있는 권위를 구축하는데 없어서는 안 될 조건을 제공한다.

나아가 이런 상황 속의 권력 행사에 대해서도 고려해 볼 필요가 있다. 이 대통령들이 취하는 행동은 기존 질서에 대해 어떤 것보다 질서 교란적이다. 해체의 정치가 지니는 대단한 역설 중 하나는, 이런 종류의 상황에서 집권하게 되는 대통령들이 흔히 기존 질서와 가장 약한 관계를 지니곤 한다는 점이다. 레짐 내에서 오랫동안 곪아터진 문제들로 인해 단지 명목상으로만 레짐에 소속된 대통령이 배출되곤 하며, 당대의 문제를 다루기 위해 이 대통령들은 흔히 기존 질서의 표준화된 해법과 정책 우선순위로부터 이탈하려 든다. 이런 이탈(departure)의 정치적 결과는 해체이다. 구 레짐의 정치적 닻줄을 끊어, 닻도 없고 방향도 없이 표류하게 만드는 것이다.

어떤 성과가 있든 간에 이러한 이탈에는 치명적인 약점이 있다. 이탈을 정당화하기 위해 이 대통령들이 내세우는 교묘한 주장에 의해 이탈 자체가 황당하게 변질되는 것이다. 물론 대통령은 자신의 프로그램이 비상 상황에 대한 것이며, 최소한 기술적으로는 레짐에 대한 정치적 책임과 일치한다고 주장할 수 있다. 실제로, 기술의 본질화(reification of technique), 즉 기술적인 문제들을 정치적 행동에 대한 정당화의 핵심으로 만드는 것은

－적절한 행정 수단들을 만드는 것을 정치적 목적의 하나로 격상시키고, 정부 운영에 대한 특별한 통찰을 주장하는 것－해체의 정치의 표상과도 같다. 이는 이 상황에서 중요한 정책 이탈에 대해 할 수 있는 최선의 방어일수 있으나, 강력한 것은 되지 못한다. 적절성에 대한 이 기술적 기준은 곧바로 분노한 기득권의 끊임없는 요구에 맞닥뜨리고, 반대당의 더 강화된 전면적 공격에 부딪히게 된다. 개혁 자체를 기반으로 정통성을 유지하는데 전혀 적합하지 않기 때문에, 기술적인 것에 의지하는 전략은 결국 국가 전체의 정통성의 위기를 초래하고 근본적으로 훨씬 다른 것들을 불러오게 되는 것이다.

표출(articulation)**의 정치:** 전면적 재편과 체계적 해체 사이에는, 이념과 이익의 기존 기약들이 비교적 활력이 있어서 당대의 문제들에 대해 해결책을 제시하거나 해결책에 대한 정당한 방향을 제시하는 정치적 시간들이 존재한다. 이런 상황의 대통령들을 일상적인 정치의 안정적이고 "정상적인" 시기에 재임한 것으로 치부하는 것은 오판이다. 소속당과 반대당 리더들의 야심이 여전히 미국 정치 지형의 변혁을 압박하는 강력한 힘으로 작동하고 있기 때문이다.

활력이 있는 기약들에 소속된 대통령들을 고려해 보자. 다른 유형들보다 이 유형의 수가 많다. 이들은 정통－개혁가들(orthodox-innovators)이며, 이들이 바로 표출의 정치를 구성한다. 정통 개혁가들은 정치에 있어서 신도들에 대한 목자와도 같다. 이들은 변화하는 상황 속에서도 과거의 업적을 계승하고 기존 질서의 활력을 보여준다는 약속으로 정치 행동을 확장한다. 정치적 교리의 성수 그릇과도 같은 존재로서, 이런 대통령직은 복음을 수호하고 예정된 방식대로 기대되는 서비스를 제공해야 하는 의무들로 가득한 성스러운 신탁이다.

표출의 정치에서 목적은 기존 레짐을 구성하는 부분들 모두를 새롭고 보다 적절한 방식으로 결합시키는 것이다. 그 전형적인 과제는, 가장 성공적으로 정통 개혁과 아젠다 조정을 하더라도 불가피하게 수반될 수밖에 없는 분파 간 내홍을 완화, 진정시키는 것이다. 그 전형적인 효과는,

정통에 대한 대통령의 특정한 해석으로 인해 정통의 진정한 의미를 놓고 벌어지는 불안스러운 논쟁에 불이 붙게 된다는 것이다. 이러한 과제와 이에 따르는 효과는 대통령사에서 너무나 자주 나타나서, 대통령 권력 행사의 질서 교란적 효과가 기존 질서의 해법이나 우선순위를 인정하는 것처럼 보이게 하는 것이 얼마나 어려운지를 조명해준다. 대안적인 정치적 해법을 제시하지 않으면서 대통령의 권력을 행사할 수 있는 확실한 방식도 없으며, 기존 경로를 단지 보다 높은 경지에서 다시 표출하는 것이라고 주장하며 변화를 추구할 수 있는 명확한 방법도 없는 것이다.

이런 상황 속의 대통령들 상당수는 정치적으로 강력한 아젠다를 물려받지만, 이를 위한 권력 행사가 정부 내의 정파간 분열로 인해 제약받게 된다. "본때를 보여주던"(give 'em hell')* 트루만처럼, 이 대통령들은 과업을 완수하는 데 장애가 되는 것들을 부숴버리고 추종자들에게 싸움을 계속하도록 촉구하면서 판을 뒤흔든다. 그렇지만 이들은 완전히 새로운 변혁과정을 또 한 번 치르는 데 따르는 충격들을 감당할 수 없다.[4] 레짐이 비전을 완수하기 직전의 전능한 위치에 있는 시기에 집권하는 대통령들도 있다. 이 경우들을 나는 표출의 정치의 전형으로 간주한다. 여기서 우리는 국가를 약속된 땅으로 이끌기 위한 가장 큰 기회를 지닌 대통령들을 만나게 되며, 이들이 바로 자신이 소속된 레짐을 변혁시켜야 하는 근본적 문제에 가장 직접적으로 부딪히게 되는 대통령들이다.

이것이 바로 먼로, 포크, 씨어도어 루즈벨트, 린든 존슨 대통령 리더십의 핵심이다.[5] 이들은 기존 레짐 내에서 한 계단, 한 계단씩 올라섰고, 다수당 정당 정부에 대한 강력한 지지 속에서 집권했으며, 아젠다를 완수하는데 장애가 될 수 있는 특별한 위기도 겪지 않았다. 다른 레짐 소속 대통령들에 비해 이들은 가고 있던 길을 따라 가장 큰 도약을 할 수 있었다. 이들 각각은 이 기회를 포착했다.

이 대통령들은 자신의 리더십을, 물려받은 교리에 대해 전적으로 건설적인 재표출인 것으로 규정했다. 중요한 것들 중 어떤 것도 거부할 대상

* 역주: 1948년 선거에서 공화당을 공격하면서 트루만이 사용했던 구호.

이 아니었다. 기존 레짐의 경로를 철저하게 긍정적으로 지지한 이 대통령들은, 과거의 기약을 완전히 거부하면서 새로운 정치 질서를 수립한 반대당 대통령들 못지않게 미국 정치에 큰 영향을 미쳤다. 그러나 그 영향의 성격은 상당히 달랐다. 위대한 거부자(repudiator) 대통령들은 물려받은 정치적 기약과 통치 해법으로부터 자유로이 집권했던 반면, 이 위대한 정통 개혁가 대통령들은 자신들의 변혁적 권력을 행사하는데 있어서 물려받은 공식들을 존중해야 했고 이전의 기약들은 사방에서 이들을 압박하게 되었다. 위대한 거부자 대통령들은 파산한 과거를 공격하면서 정치 질서를 재구축했던 반면에, 이 정통 개혁가 대통령들은 구체화시키려던 정치 질서를 폭파시키고 미국 정치를 분파주의 파국으로 끌고 들어가는 모순된 결과를 가져왔다. 개혁에 대한 가능성이 커지면서 오히려 기성 질서 내의 이견들이 충돌하게 되고 정통의 진정한 의미에 대한 논쟁이 격화되는 이 다수당 정당정부의 시기야말로, 리더십 프로젝트로서 과업의 완수와 대통령으로서의 정체성 간에 존재하는 모순이 가장 잘 드러난다. 이들의 대통령직 수행은 고전적인 비극의 요소들을 지니고 있다. 공유하고 있는 전제들 위에서 순전히 건설적인 변화의 비전을 추구하면서도 이 대통령들은 자신의 프로그램과 비전을 지탱하고 있는 정치적 기초를 폭파시켜 버리는 것이다.

포크와 루즈벨트, 존슨이 재선에 나가지 않기로 결정한 것은 전혀 우연이 아니다. 대통령 리더십의 영향이 지닌 진정한 양면성이 바로 이 정통 개혁가 대통령들이 미국 정치에서 차지한 위치에 뿌리박혀 있다. 재선의 포기 혹은 자기 희생이야말로 어떤 면에서 그 시기를 통제하려던 대통령의 열망과 정치적 소속 간에 생기는 긴장을 해소할 수 있는 궁극적 방법이다. 미리 그만두는 것이 대통령 권력 행사의 교란적이고 질서 파괴적인 효과와 레짐에 대해 순전히 긍정적이라는 주장을 조화시킬 수 있는 한 가지 방식이다. 조기 퇴장을 약속하는 것이 궁극적인 신앙 고백인 것이다. 이 약속을 통해 대통령은 권력 행사에 어떤 개인적 야심이나 자만심이 없었고(또한 없을 것이며) 레짐에 대한 진정한 봉사였다(또한 일 것이다)는 확실한 증거를 제시한다. 모든 레짐 소속당 대통령들을 괴롭히는 난제, 곧 집단적인 책임 혹은 당에 대한 책임을 져야 한다는 윤리가 역설적이게도 자발적 퇴장 속에서 가장 잘 인정받게 되는 것이다.

선공(preemption)**의 정치**: 마지막으로 활력과 복원력이 있는 레짐에서 선출된 반대당 대통령을 살펴보자. 모든 리더십 상황 중 가장 흥미로운 경우인데, 미국 헌정 체계가 지닌 가장 독특한 경우이자, 리더십 유형들에 부여된 역할에 덜 얽매이는 경우이다. 다른 반대당 리더들과 마찬가지로 이 대통령들은 기존 기약들로부터 독립적일 수 있는 자유를 누리지만 이들이 지닌 거부의 권위는 기존 질서가 유지하고 있는 정치적, 제도적, 이념적 지지로 인해 뚜렷하게 제약된다. 지속되고 있는 레짐에 외부에서 침투한 이 대통령들은 여전히 강력히 진행 중인 정치적 담론에 끼어들어서, 레짐 소속 대통령이라면 본능적으로 완화시키려던 기성 질서 내의 정치적 분열을 이용하여 기존 아젠다를 공격하려 든다. 이 대통령들의 프로그램들은 지배 연합 내의 이익 균열과 분파적 불만들을 악화시키려고 고안되며, 여기에서 지지 기반을 확장하고 물려받은 해법들로부터 이탈할 수 있는 가능성이 생긴다. 선공의 기회를 찾기란 어렵지 않으나, 그 후의 정치 지형은 아슬아슬하다. 사실 이 대통령들은 과거와 확실히 단절할 수 있는 확고한 권한이 없이 재편의 가능성을 모색하게 되며, 너무 지나칠 경우 헌정 질서의 위기까지 다다르는 대 결전에 빠지게 된다.

타일러(John Tyler), 앤드류 존슨, 우드로 윌슨, 닉슨이 그 사례들인데, 이런 상황 속의 대통령들에게서 주목할 점은 이들이 대통령직이 지니는 권력을 공격적으로 사용했다는 점과 그 정치적 결과가 비참했다는 것이다. 이 대통령들은 대통령사에서 독특한 존재들이며, 흔히 인격적 결함을 지닌 것으로 치부되기도 한다. 그렇지만 이들을 하나의 집단으로 보게 되면, 대통령의 리더십에 대한 또 하나의 구조적 영향을 목격할 수 있다.

레짐이 복원력이 있을 때 집권한 대통령들의 두 집단이 대단히 다른 운명을 맞게 되었음을 주목해 보라. 즉, 표출의 정치에서 적극적이었던 대통령들은 자신이 가져온 파괴적 결과들을 무마하기 위해 자진 사퇴를 활용하는 경향이 있었던 반면, 선공의 정치에서 공격적이었던 대통령들은 법적은 아니더라도 실질적으로 탄핵되곤 했다. 예컨대 존 타일러의 경우, 대통령의 권력 행사에 대한 항의로 내각이 사퇴했고, 그래도 자기 노선을 고수하자 사상 최초로 대통령에 대한 탄핵안이 상정되었다.[6] 앤드류 존슨과 리차드 닉슨에 대해서는 실제로 탄핵 절차가 진행되었다. 우드로 윌슨의 경우 베르사유 조약에 대한 대결을 종식시킨 불신임 투표 속에서 리더십 권위를 박탈당했다. 이런 식의 정치적 격변들은 선공의 정치에 깔려 있는 정치 동학을 그대로 반영한 것이다. 복원력이 있는 레짐 속 반대당 대통령의 특성은 기존 레짐은 물론 반대당 본류로부터도 독립적이라는데 있다. 사실, 이러한 독립성이 없었다면 애초에 이런 리더가 대통령의 지위에까지 오를 수 있었는지 이해하기 어렵다. 타일러와 앤드류 존슨, 우드로 윌슨, 닉슨 모두는 이 독립성을 활용하여 기성 연합을 직접적으로 공격했고, 원래의 정치연합 밖에서(종종 전체 제도권 정치 외부에서) 새롭고 개인적인 지지기반을 구축하려 들었다. 그러나 이들의 질서-파괴적 기도는 이들이 지닌 거부의 권위를 넘어서는 것이었다. 재편의 모험을 벌이고 정당 재구축의 위협을 고조시키면서 이들은 실질적으로 레짐의 복원력을 시험에 들게 했으며, 궁극적으로 레짐이 스스로를 방어하도록 자극했다. 이 대통령들은 미국 정치와 정부를 자신의 의도대로 재구성하려고 시도하다가, 대통령의 정당한 권력행사에 관한 중대한 헌정 위기들, 즉 대통령의 권력 남용에 대해 필사적인 공격을 감행하여 정치적 재편의 징조가 일시적으로 가로막히게 되는 위기들을 촉발시켰다.[7]

반대당 소속 대통령들의 두 유형, 곧 재편의 대통령과 선공의 대통령 간의 차이는 더 의미심장해서, 엄청난 성공과 실질적인 탄핵을 구분하는 담장이 얼마나 좁을 수 있는지 보여준다. 사실, 선공의 정치 속에서 초래된 헌정 위기들은 재편의 정치에서 만들어지는 새로운 헌정 질서에 안타까울 정도로 근접한 것처럼 보이는 것이다. 자신의 정치권력을 공격적으로 활용하려는 모든 반대당 대통령들은 구질서의 제도적 자원들의 활력을 시험하면서 이 담장을 걷는다. 역설적인 것은, 우리가 위대하다고 생각하는 대통령들은 헌법에 의한 통치가 지속될 가능성을 확인시키면서도 구질서의 제도적 자원들을 부숴버리고 헌정 질서에 대해 근본적으로 새로운 이해를 자리 잡게 했던 반면, 같은 일을 시도했다가 실패했던 대통령들은 개인적으로 제정신이 아니었다고 간주되며 헌정질서를 중대하게 위반했다는 혐의를 덮어썼던 것이다.

세 가지 쉽지 않은 사례들

유형화하는 작업은 그 자체의 논리에 사로잡히기 쉽다. 그러나 내 목적은 모든 대통령들을 각각의 유형들 속에 억지로 묶어 넣으려는 것이 아니다. 이 유형들이 의미가 있는 이유는 각 유형들이 상당한 정도의 빈도로 유사하게 나타났고 각각의 정치적 동학들이 특징적인 방식으로 미국 정치를 반복적으로 변혁시켜 왔다는 데 있다. 일반적 속성들을 정제해 줌으로써 이 유형들은 차이점들을 특정할 수 있게 해주고, 역사적 경험들의 다양성을 깊이 있게 이해할 수 있게 해 주는 것이다.

앞으로 이 유형들이 뒤섞이는 영역들을 분석해 보고 역사적으로 대통령 권력의 조직화가 변화함에 따라 각 유형들 간의 경계가 재구성되는 것을 살펴볼 것이다. 또 하나 강조할 만한 것은, 각 유형의 정치가 반복되어 일어난 것이 여기서 제시된 기본 변수들의 중요성을 사후적으로 확인시켜주기는 하지만, 각 사례들에 있어서는 실로 진정한 정치적 대결이 벌어졌었고 이어진 투쟁 과정에서 이 변수들이 대단히 중요하게 작용했었다는 점이다. 경계 영역에서(우드로 윌슨 시기에 재편은 거의 확실해보였다) 파국적인 성공이냐 성공적인 재편이냐 여부는 수세에 몰린 기성질서 세력들이 반격을 가하는데 활용할 수 있는 정치적, 이념적 지지에 달려 있게 된다. 레짐의 활력에 대한 시험은 레짐에 대한 도전과 대결하는 과정에서 이루어지기 때문이다. 마찬가지로, 정통을 다시 정리하는가 아니면 체계적인 정치적 붕괴를(혹은 해체를) 맞는가 여부는 기성 레짐에 대한 전면적 도전을 감행하면서 반대 세력이 활용할 수 있는 정치적, 이념적 지지에 달려 있게 된다. 도전하는 정치 세력이 강한 정도만큼 레짐은 취약해지기 때문이다.

마지막으로 주의할 점이 있다. 이 분석틀에서 대통령은 변화의 최우선적인 기폭제이지만, 그렇다고 이 논리들을 그대로 수행하도록 프로그램된 자동인형은 아니다. 이보다 대통령들은 의지를 지닌 행위자이며, 자신이 지닌 권력의 한계를 시험해 보려 하고 자신의 신념과 야심과 가능성에 따라 정치 세계에서 행동하게 된다. 이 점을 강조하기 위해, 이 분석틀에서 제시된 논리에 가장 배치되는 것으로 보이는 세 가지 사례에 주의를 기울여 보자.

아이젠하워는 이 분석틀에서 규정한 대로 반대당 대통령이었다. 그러나 아이젠하워는 기성 레짐의 복원력에 대해 특별할 정도로 예민했다. 1953년에 공화당은 대통령뿐 아니라 의회까지 장악했으며, 주지하듯이 아이젠하워는 개인적으로는 공화당 보수파 이념에 동조하고 있었다. 그러나 취임 직후부터 아이젠하워는 뉴딜 자유주의나 페어딜 외교정책에 대한 전면적 공격을 거부했고, 이를 열렬히 원했던 자기 당 우파 세력을 신중하게 견제했다. 아이젠하워는 자신이 지닌 개인적, 당파적인 의도들을 은폐하는 데 능숙했다고 알려져 있다. 그에 대한 호평가들이 요즘 말하듯이, 아이젠하워는 무지침(indirection)으로 이끌었던 것이다.[8)]

너무 깊이 간여하지 않는데 능숙했던 아이젠하워는 아마도 가장 경이로운 선공의 대통령일 것이다. 아이젠하워는 미국 정치 전체를 재편하지도 않았고, 그런 시도를 하다가 법적 혹은 실질적으로 탄핵되지도 않았다. 그는 자신의 한계에 예민했던 반대당 리더였다. 그는 자기 권력의 질서 교란적 효과를 크게 줄임으로써 자기 자신의 개인적 독자성을 성공적으로 일구었다. 아이젠하워는 뉴딜 자유주의의 급진적인 측면들을 잘라내는데 만족했다. 온건(moderation), 공감(sensibility), 포용(accommodation)과 같은 그의 “신공화주의”(New Republicanism) 기조는 공화당으로 하여금 후버와 대공황과의 연관을 끊고 남부 도시지역으로 확장함으로써 새로운 정치적 신뢰를 확보할 수 있게 해주었다. 그렇지만 이 결과는 순전히 개인적인 성취였다. 복원력 있는 민주당 레짐이 계속되는 가운데 아이젠하워 자신은 정통성을 유지했으나, 최소한 그가 제안했던 "신공화주의"는 그가 떠나자마자 곧바로 사라졌다.[9)]

둘째로, 비교적 복원력이 있었던 레짐 소속 대통령 쿨리지(Calvin Coolidge)를 고려해 보자. 쿨리지는 어떤 대통령보다도 더 물려받은 질서를 인정하려 했고 또 그렇게 하는데 성공적이었다. 변화하는 상황 속에서도 정통성을 확보하는데 있어서 탁월했던 쿨리지의 능력을 가장 잘 보여준 것은 그가 거의 모든 도전들로부터 "현상 고수"(stand pat) 공화주의*를 일관되게 지킨 점이다. 쿨리지가 정치적 소속과 대통령 리더십 간의 긴장을 해소하는데 성공할 수 있었던 것은, 자신의 도덕적, 물질적 기약들을 정당화시키고 대통령으로서의 리더십 지위를 유지하기 위해 자신이 처한 상황에서 최소한의 무엇인가가 필요하다는 점을 예리하게 간파한 덕분이었다. 1928년 선거에서 승리가 확실시되었음에도 불구하고, 무조건 그를 후보로 추대하려던 지지자들에게는 실망스럽게도 쿨리지가 후보지명에서 사퇴했던 것이 바로 이를 입증한다. 당시 쿨리지는 자신이 더 이상 감당할 수 없는 상황을 가져올 변화가 진행 중임을 깨달았다고 전해진다.[10)] 변화에 직면해야 할 바로 그 순간에 물러날 기회를 잡은 것이야말로 쿨리지가 마지막으로, 그리고 가장 훌륭하게 역사 속 자신의 위치를 통제했던 것인 셈이다.

쿨리지 사례는 대통령 리더십의 근거로서 정통(orthodoxy)이 역사상 가장 순수하게 나타났던 경우이자, 대통령의 권력 행사가 부재했던 보기 드문 경우이다. 6년** 가까이 권좌에 있으면서 어느 누구보다도 아무 일도 하지 않을 수 있었던 대통령이, 자신에 대한 신뢰를 유지하는 데 있어서 대부분의 레짐 소속 대통령들보다 잘했다는 사실은 단순한 우연의 일치가

* 역주: 20세기초 혁신주의와 개혁에 반대했던 공화당 내 보수파.

** 역주: 쿨리지는 1920년 대선에서 하딩의 부통령으로 선출되었다. 1923년에 하딩이 사망하면서 그를 승계해 제30대 대통령이 되었다. 1924년 선거에서 당선되었으나, 1928년 선거에서 사퇴했다. 따라서 재임기간이 6년임.

아니다. 그렇지만 대통령 권력 행사에 있어서 소극성의 보기 드문 사례로서 쿨리지는 다른 면에서도 대단히 흥미롭다. 가장 정통에 충실했던 이 대통령조차 자신이 물려받은 정치 세력 구도가 자신의 "현상 고수" 프로젝트를 제약하고 있음을 깨달았고, 그 역시 공화당 레짐의 기약들을 자신의 규정대로 지키기 위해 공화당 레짐을 변화시키는데 착수했었던 것이다. 우선, 하딩 행정부의 추문들로 촉발된, 행정부 고위층의 인사 변동이 있었다. 그리고 나서 연방정부와 미국 사회 전반 사이의 관계, 그리고 대통령과 의회 내 공화당 지도부 간의 관계에서 더욱 주목할 만한 변화가 초래되었다. 구체적으로, 쿨리지는 상원내 공화당 지도부 의원들의 정치적 영향력을 약화시켰다. 정부와 공화당 자체의 운영이 기업계 출신 보수파들에게 넘겨지고 있는 추세를 의도적으로 가속화시켜 공화당을 자신의 이미지대로 재구축했던 것이다. 의도하지는 않았지만 이 과정에서 상원 내에 권력의 공백이 생기게 되었고, 여기에 중서부 "혁신주의 블록"이 대거 복귀하게 되었다. 이렇게 해서 역설적이게도 쿨리지가 연방정부 내에서 강경한 공화당 보수주의가 만개하도록 하는 동안 공화당의 전국 조직 자체는 빈껍데기가 되었다. 쿨리지가 두 번째 대통령 후보 지명을 철회했을 때, 임기 내내 그의 천적이었고 신예이자, 신기할 정도로 초당적이었던 엔지니어 출신의 허버트 후버를 막을 수 있는 것이 그에게는 남아 있지 않았고, 후버는 쿨리지가 남긴 빈 공간으로 쉽게 걸어 들어갔다.[11)]

마지막으로 그로버 클리블랜드의 이례적인 사례를 살펴보자. 클리블랜드는 선거 지형의 상당한 변화가 예견되던 1882년에 승리했다. 남북전쟁 이후 최초로 민주당이 대통령과 상, 하 양원을 석권했던 이 선거는 기존 질서에 대한 농민들의 고조된 불만을 보여주었고, 불만세력의 목소리를 들어주고 재편의 가능성을 실현하려는 반대당 리더에게는 드문 기회였다. 그러나 클리블랜드는 시종일관 이를 거부했다. 사실, 이 반대당 대통령은 새롭게 부상하는 레짐 반대 운동과 이상스레 불편한 관계에 있었고, 그 결과는 역사상 가장 곤혹스러운 대통령 리더십이었다. 레짐 반대 운동을 변화를 위한 보다 강력한 세력으로 만들고 그 정통성을 부여해 주는 대신, 클리블랜드는 이를 부정했다. 또한 공화당 정책들과 결별한 프로그램들로 불만 세력을 통합해 나가는 대신에 그는 불만세력들을 보다 급진적인 분파들로 분열시켰다. 나아가 민주당을 새롭고 폭넓은 지지기반으로 넓혀나가는 대신에 민주당이 공화당에 대한 정치적 대안이 되는 것을 무산시켰고, 그 결과 그의 퇴임 후 공화당 패권은 부활하게 되었다. 재편 가능성을 시도해 보기를 거부함으로써 클리블랜드는 1896년의 정당 재편에서 공화당에게 새로운 패권을 넘겨주었던 것이다.12)

클리블랜드의 비정상적 사례와 이에 뒤따르는 이상스러운 정당 재편은 (이전의 지배적 정당의 패권을 재확인해준) 정치 변동에 있어서 대통령 행위자의 중요성을 확실하게 보여준다. 정치 변동의 원동력은 선거이지만 변화를 만드는 것은 엘리트라는 것을 상기하게 되는 것이다. 상황이 아무리 유리하다 하더라도, 대통령 자신의 기본적인 기약과 어긋난다면 이념과 이익의 근본적 기약은 재구축될 수 없다. 이런 면에서 클리블랜드에게 재편의 기회가 두 번째 임기에 왔으며, 두 번째 임기가 첫 번째 임기 후 4년 뒤에 시작되었던 유일한 대통령이 클리블랜드였다는 사실은 특히 중요하다. 첫 번째 임기 중 클리블랜드의 리더십은 아이젠하워와 다르지 않았다. 그는 반대당 대통령으로서 정치적 독자성을 주장했고, 여전히 복원력 있는 기성 레짐 내의 분열을 이용하여 몇 가지 인기 있고 온건한 개혁을 이루었다. 이 성공으로 인해 클리블랜드는 1888년 선거 패배에도 불구하고 민주당의 리더로 남아 있을 수 있었고 첫 번째 집권 8년 만에 다시 백악관에 입성할 수 있었다. 자신의 신념과 정치적 배경에 의해 공화당 기성 질서의 주변에서 뭔가를 해보려 하던 이 동일한 인물이, 공화당의 선거 참패와 대중적 봉기라는 완전히 달라진 상황에 들어서게 되면서 막 태동하던 재편의 힘과 직면하게 되었던 것이다. 이런 맥락에서 클리블랜드의 온건 노선은 그를 반동 세력 편으로 고립시켰으며, 근본적으로 새로운 어떤 것에도 저항하던 그의 원칙은 그가 대표해야 했던 정당을 파탄으로 몰고 갔다.

이 세 가지 사례들이 분석틀의 논리를 거부하고는 있으나, 각각의 사례들에서는 또한 정치적 혁신을 이루는 데 있어서 대통령 권력을 적극적으로 사용하는 데 대한 주저함이 뚜렷이 보인다. 이런 의미에서 이 사례들은 내가 제시한 보다 일반론적인 법칙에 대한 예외라고 할 수 있다. 대통령의 변혁적 힘을 사용하는 데 있어서 신중함 자체를 보여줌으로써, 이 사례들은 보다 일반적인 속성들 밑에 깔려있는 권력과 권위의 동태적 관계를 보다 구체화하는 데 도움이 된다. 상이한 권위 구조 내에서 개인적 정통성을 유지할 수 있는 가능성에 대해 이 사례들은 각기 다른 대답을 해 준다. 즉, 쿨리지와 아이젠하워의 경우, 아무것도 하지 않아야 할 때를 아는 것이 권위를 유지하는 데 도움이 된다는 것이고, 클리블랜드의 경우에는 변화에 대한 강력한 기대를 부인하는 것이 권위를 무너뜨린다는 것이다. 그렇지만 이 사례들에서 가장 중요한 점은 이들이 예외라는 것이다. 좋든 나쁘든, 대통령직은 자신이 지닌 변혁적 힘의 한계를 시험하려는 사람들의 차지가 될 것이라고 예측해야 한다.

정치적 시간과 대통령의 리더십

대통령과 대통령의 정당 간의 관계가 쉽지 않다는 통설은 대통령의 행동에 영향을 미치는 상이한 정치적 권위 구조에 대한 지금까지의 논의에서 확실히 입증된다. 지금까지 그래 왔지만, 대통령은 정당 지도부로서 그리 책임감 있는 존재가 아니다. 대통령직이라는 제도의 핵심은 독자적인 정치적 행동에 달려있는데, 이 독자성이 바로 대통령이 인식하는 정치적 책임감과 정당 소속감 사이에 간극을 만든다. 역사상 위대한 정당 지도자였던 대통령들은 새로운 연합이 정당 권력을 장악하도록 했고, 대통령직을 이용해 이 새로운 조직을 공고하게 만들었다. 가장 충실한 정당 지지자들에게 있어서 대통령의 이러한 시도는 아무리 의도하지 않은 것이라 하더라도 정당 조직을 약화시키는, 내키지 않는 일이다. 새로운 정당을 수립하든, 기존 정당을 무너뜨리든, 대통령의 행동은 항상 기존에 수립된 정치적, 제도적 결속들에 반하는 것이다.

하지만 우리의 리더십 유형들은 정당에 책임을 지는 리더십 이외에 무언가 다른 것들도 제시해 준다. 곧, 정치 연합이나 정당 레짐의 부침을 포함하는, 대통령에 의해 추동되는 정치 변동의 과정이다. 대통령은 역사적 상황에 대해 권위적 규정을 이루기 위한 개인적 투쟁을 통해 미국 정치에 영향을 미친다. 이렇게 하면서 대통령들은 이전의 현상(status quo ante)을 끊임없이 잠식한다. 미국 정치는 새로운 상황에 대응할 수 있는 대통령의 권력과 이 상황들을 통제할 수 있는 대통령의 권위가 일치하지 않는 레짐 표출과 레짐 선공의 사례들을 거치면서 전개된다. 네 가지 독특하게 구성된 대통령 리더십의 구조를 통해 우리의 유형이 제시한 것은 역사적으로는 정치적 시간을 따라 진행되는 상호작용적 변화로 보인다.

우리 분석틀의 네 가지 유형들 간의 상호작용 관계는 두 개의 연속선 –즉 기존 레짐의 내적 해체과정과 이에 대한 보다 막강하고 급진적인 반대의 형성과정–을 따라 이루어지는 것으로 볼 수 있다. 원칙적으로, 연속하는 레짐 소속 대통령들은 구성원들 사이에 점점 더 심각한 분파 간 분열을 만들어낸다. 레짐 소속 대통령들은 점점 더 복잡한 매듭들 속에 묶이게 되며, 자신의 리더십이 가져 오는 변혁적 결과를 통제하면서 구성원들 사이의 갈등을 조정하려 들지만, 이들의 개인적 선택은 너무 질서 교란적이며 개인적인 우선과제들도 너무 논란적이다. 기성 질서의 대표라는 위치가 가져오는 모순에 빠지게 되는 이 대통령들은 점점 더 기성 질서를 훼손하게 된다. 매번 레짐 소속 대통령이 집권해서 표출의 정치를 구성하게 될수록, 기존 레짐을 하나로 묶고 완전한 붕괴의 유령을 쫓아내는 것이 점점 더 어려워지게 된다. 기존 정치 질서가 더 분열되고 수립 당시의 상황에서 멀어질수록, 이를 수호하는 것은 이념적으로나 정치적으로나 더욱 어려워지며, 그 최고 수호자의 과제는 더욱 곤혹스러워진다. 1890년대 공화당의 부활에 대한 논의에서 드러났듯이, 이 동학은 완벽한 것은 아니다. 하지만 이런 동학은 여러 번 반복되었다. 예컨대 제퍼슨주의 레짐은 매디슨과 먼로, 퀸시 애덤스를 거치면서 점진적으로 분열되었고, 잭슨주의 레짐은 밴뷰렌과 포크, 피어스, 뷰캐넌을 거치면서 점점 분화되었으며, 트루만과 케네디－존슨, 카터를 거치면서 자유주의 레짐도 점진적 분열을 겪었던 것이다.

한편, 레짐에 대한 반대 운동은 레짐 소속 대통령들의 커가는 어려움들 위에서 성장하며, 이전 레짐을 완전히 대체하기 위해 점차 강화되어 간다. 연속되는 선공의 정치에서 대통령 리더십은 재편의 가능성을 시도해 보는데 있어서 점점 더 강력해진다. 기존 질서의 정통성에 도전하고 그 내부의 분파적 분열과 적대감을 이용하며 변화된 상황에서 기존 질서가 쓸모없어졌다고 낙인 찍으면서, 반대당 대통령들은 보다 분명한 비판과 보다 효과적으로 보이는 대안을 제시하여 리더십을 행사할 수 있게 된다. 이러한 동학은 잭슨주의 레짐에 대해 점점 강력해져 갔던 타일러, 테일러, 링컨의 도전에서 발견되고, 공화당 레짐에 대한 앤드류 존슨, 클리블랜드, 우드로 윌슨의 도전에서, 그리고 자유주의 레짐에 대한 아이젠하워, 닉슨, 레이건의 도전에서 찾아볼 수 있다.

이러한 전반적 변동은 지속 기간이 특별히 정해지지도 않고 불규칙적인 일련의 순서들로 이루어지며, 선거 정치의 주기성을 전제로 하지도 않는다. 사실, 어떤 대통령들이 어떻게 집권하는지를 설명하려면 한 가지 명확한 사실을 전제하면 된다. 즉, 레짐 소속당이건 반대당이건, 선출되었던지 선거를 통하지 않았던지, 모든 대통령들이 집권하는데는 단기적 영향과 우연적 변수들이 큰 영향을 미친다는 점이다.[13] 정치 변동을 설명하는데 있어서 대통령 리더십의 정치는 유권자 분포 변동에 대한 정반대 관점을 제시하는 것이다. 대통령이야말로 선거의 의미를 해석하고 선거정치의 기회를 이용하여 새로운 형태의 정치를 만들어내는 중대한 행위자이다.

정치적 시간 속 대통령 리더십의 일반적 유형을 종합하면, 혁신(breakthrough), 파열(breakup), 붕괴(breakdown)의 주기가 나온다. 쇠퇴하면서도 끈질기게 버티던 레짐은 발화점에 도달하게 되고, 취약한 일련의 기약들 밑에서 분투하던 소속당 대통령들은 마침내 행동할 수 있는 모든 권한을 잃고 어쩔 수 없이 고통스런 재편의 대상이 된다. 그리고 나서 위대한 거부자가 판을 재설정하게 된다. 링컨이 제퍼슨의 정신을 소환하고 레이건이 프랭클린 루즈벨트를 인용한 것은, 이들이 영혼의 동반자라고 주장한 이 인물들의 비전 자체나 자기 정당과는 별 상관없는 정치적 정체성에 대한 호소였다. 정치적 시간 속에서 동일했던 순간에 주목하고 자신과 동일한 리더십 프로젝트를 공유했던 역사 속 파트너들의 이름을 불러냈던 것이다.

아직 우리는 정치적 시간의 순환구조로부터 벗어나지 못했다. 그러나 매번의 순환구조의 모습은 조금씩 변해 왔다. 기본적인 패턴이 변경되고, 네 가지 유형 각각에서 대통령 리더십의 정치적 범위가 재구성되고 있는 것이다. 이 패턴들에 대한 평가, 그리고 이 패턴들이 제시하는 정치변동의 논리로부터 벗어날 수 있는 가능성에 대한 평가를 위해서는 대통령사에 있어서 또 다른 차원의 시간적 변화를 고려해야 하며, 이를 위해 이제 대통령 권력 자체의 장기적 변화를 면밀하게 살펴보아야 한다.

정치 권력의 새로운 구조

대통령 권위의 정치적 구조에 대해서는 지금까지 별로 연구되어 오지 않았지만, 대통령 권력의 정치적 기반이 변화한 것에 대해서는 수많은 연구들이 있으며, 대통령직의 초헌법적 조직화에 따라 대통령 정치의 상이한 유형들이 구분되어 왔다. 이 유형들은 권력 행사에 있어서 대통령이 사용가능한 특정한 정치적, 제도적 자원들을 시기적으로 구분한다. 이렇게 함으로써, 다른 정부 제도들과의 실질적 관계와 통합된 정부 내에서 일상적인 책임 분배를 규정하는 표준적 운영 절차를 조명해주기도 한다. 이 유형들 각각은 정치 발전의 특정 단계에서 정부가 어떻게 운영되었는지를 말해주며, 이 유형들 전체는 미국 사회 전반의 장기적, 점진적 발전에 따라 대통령직이 어떻게 발전해 왔는지를 밝혀준다.

호민관 정치: 호민관(patrician) 정치는 18세기 말부터 19세기 초까지 이루어졌다. 이 시기에 대통령직은 엘리트들 사이의 사적 관계를 통해 수행되었고, 대통령의 가장 중요한 권력 자원은 비교적 폐쇄적이었던 명망가들 집단 내에서 대통령이 지닌 개인적 평판이었다. 명망가 정치는 당파성이나 조직적인 정치적 반대를 공개적으로 거부했다. 정부는 명망가들 사이에서 합의를 도출하기 위한 숙의 과정으로 다루어졌으며, 대통령들은 분파 갈등을 넘어서서 국가 이익을 대표하는 공화정의 호민관처럼 행동했다.14)

정당 정치: 정당 정치는 대략 1832년 이후 19세기에 걸쳐 이루어졌으며, 미국이 지리적, 인구적으로 급속히 팽창했던 시기를 포함한다. 이 시기에 대통령직은 지역적 정당 머신들(party machine)*의 전국적 연합에서 조직적인 정치적 기반을 얻게 되었다. 정당 간 갈등이 정부 운영에 있어서 가장 중요한 조직 원리였으며, 정치적으로 대통령은 자기 정당의 당당한 대표로 행동했다. 대통령이 지닌 가장 중요한 자산은 행정부 정책들에 대한 지지와 교환하여 자기 당원들에게 제공할 수 있는 관직과 서비스와 같은 행정부의 특혜였다.15)

다원주의 정치: 다원주의(pluralist) 정치는 1960년대까지 20세기에 이루어졌는데, 이 시기에 미국은 세계적 강대국으로 부상했고 국가 경제는 상호의존적이 되었으며 경제적 이익은 전국적으로 조직화되었다. 이 시기에 대통령직은 팽창된 관료 조직을 통해 국정을 관리해야 하는 새로운 책임을 감당하게 되었다. 대통령은 최고 정책 결정자로 부상했고, 비교적 독립적으로 정치 권력을 통제하는 다른 제도적 엘리트들과 복잡한 흥정을 해야 했다. 이 협상 과정을 통해 대통령직의 정치적 영향력의 범위가 확장되어서, 관료와 의회 위원회들에 보다 직접적으로 간여하게 되었고 사회 전반의 피후견 집단들의 지지를 더욱 직접적으로 동원하게 되었다.16)

대중동원 정치: 대중동원(plebiscitary)** 정치는 지난 20년간 뿌리를 내리

---

* 역주: 선거운동과 후견제 혜택 배분을 장악했던 지역적 정당 조직들.

** 역주: plebiscitary에 대한 적절한 번역어가 없다. 이 용어의 함의는 부정적, 경멸

게 되었는데, 이 시기는 새로운 대중 매체 기술들과 국제적 상호의존, 그리고 심화된 국제 경쟁으로 특징화된다. 대통령 후보 선출은 전당대회로부터 후보 중심적인 예비선거(primary election)로 이전되었고, 독자적인 후보 중심 조직들이 정당의 후보들을 대통령으로 선출하게 되었으며, 백악관의 홍보 조직이 대통령의 정치적 전략들을 관리하게 되었다. 대통령이 독자적인 정치 조직들을 지니게 되는 동안, 의원들의 경력은 보다 안정적이고 안전하게 되었으며, 의회는 대통령의 영향력으로부터 좀 더 벗어나게 되었다. 새로운 대중매체 기술을 활용하여 이제 대통령들은 대중 전체와 직접적인 정치적 관계를 구축한다. 대중 동원 대통령은 워싱턴 기성 엘리트들을 뛰어 넘어 대중들에게 직접 호소하곤 하며, 대통령의 공적 지위를 이용하여 워싱턴 기성 엘리트들이 자신의 지휘를 따르도록 만들려 한다.[17)]

표 2 대통령 권력의 새로운 구조

정부 운영 방식	시기	특징적인 대통령의 자원	전형적인 대통령의 전략
호민관 정치	1789 – 1832	명망가들 사이의 개인적 평판	분파적 이익들 위에 존재하는 중립적 심판자
정당 정치	1832 – 1900	정당 조직, 행정부 특혜	전국적 연합을 위해 정당 분파들과 지역적 머신들에 대한 행정부 특혜의 배분을 이용하는 중개인

적이다. 민주주의적으로 선출되었으나 대중을 동원한 독단적 통치를 한다는 의미이다. '국민 투표식 민주주의'나 '직접 민주주의'와 같은 용어들은 이 의미를 제대로 전달하지 못한다.

다원주의 정치	1900－1972	새로 규정된 연방 전체의 이익과 미국의 세계적 리더 부상에 따른 행정부 조직의 증대	국가 정책결정의 조정자로서 모든 제도적, 조직적 이익들과 흥정
대중동원 정치	1972－현재	독립적인 정치적 조직과 대중 매체 기술	워싱턴 엘리트들을 넘어서서 대중에 직접적으로 정치적 지지를 호소

이 구조들로부터 몇 가지 전반적인 동태적 변화를 바로 알아볼 수 있다. 우선, 대통령의 리더십 프로젝트에 직접적으로 연관되는 정치체계 자체가 시간이 지남에 따라 지리적으로나 인구적으로 확장되어 왔다. 대통령 행동의 정치적 기반은 점차 독립적으로 되어 왔으며, 대통령은 행정부 자체에 직접 연계된 자원들에 보다 의존하게 되었다. 정치체계의 다른 제도들 자체는 전반적으로 두터워져서, 대통령직 변화의 각 단계마다 대통령이 상대해야 하는 조직들과 권위들이 더욱 많아지고 더욱 확고하게 독립적으로 자리 잡게 되었다. 이외에도, 이렇게 변화하는 권력의 구조들이 정치적 권위의 조건들을 어떻게 재구성하는지 명확해 보인다. 표준 운영 절차의 변화가 새로운 표준이 작동하게 된 행정부들에 대해 기대를 바꾸게 되는 것이며, 마찬가지로 대통령 역할의 변화는 모든 대통령들의 적절한 행동이 무엇인지에 대한 인식에 영향을 미칠 수밖에 없는 것이다.

대통령의 정치와 역사에 대한 많은 논의들이 바로 이러한 장기적인 일반적 변화 패턴에 기반을 두고 있지만, 이 일반적 변화 패턴은 대단히 다른 정치적 평가들을 모두 뒷받침해 준다. 얼마 전까지도 우리는 이러한 발전을 두고 대통령직의 "부상"이라고 환호했었다. 대통령직은 보다 민주적인 기관으로서 전성기를 맞은 듯했고, 이를 근거로 당연히 미국 정치와 정부에 대해 보다 큰 지휘권을 지니는 것으로 보였다. 하지만 이제 우리는 대통령직의 점진적 퇴행을 한탄하게 되었다. 헌법 제정가들이 기대했던 중립적 국가지도자라는 원래 위치에서 시작하여, 19세기와 20세기 초 대통령들이 점유했던 정치적 중개인이라는 두 가지 중간단계 위치를 거쳐, 이제 우리는 헌법 제정가들이 가장 우려했던 대중선동가의 위치로 떨어지고 있는 것을 목도하고 있는 것이다.

이에 대해 이 책은 보다 세밀한 차별성에 주목하여, 리더십 정치의 변화에 대해 다른 평가를 내린다. 부상과 쇠퇴라는 식의 이미지 대신에 대통령 권력의 점진적 발전이 정치적 시간에 있어서 대통령이 점하는 상이한 리더십 태세에 어떤 영향을 미쳤는지 보다 세밀히 고려해 볼 것이다. 한편으로, 대통령 권력의 조직화된 기반이 보다 독자적으로 되고 대통령의 책임이 확대됨에 따라, 이전에 수립된 레짐에 대한 대통령의 연대는 점점 약해질 것으로 기대할 수 있다. 보다 강력한 대통령직은 대통령이 독자적일 수 있는 제도적 능력을 강화해줄 것이므로, 대통령직 자체가 강력해짐에 따라 과거의 정치에 결부되는 것은 느슨해질 것이다. 이와 같이 대통령이 만드는 정치에 대해 레짐 소속 여부가 미치는 영향이 줄어드는 것은 나쁜 일이 아니다. 미국 헌정 체계에 있어서 레짐 소속 대통령들에게는 물려받은 모순들로부터 특별한 불리함이 주어지기 때문이다. 이들에게 주어지는 뒤틀림들을 조금이라도 펴주는 것이라면 덜 제약된 정치를 낳을 것이고, 이 대통령들의 능력에—정치적 수완, 통치 재능, 개인적 성격—대해 보다 공평하고 정확한 평가를 내릴 수 있게 해 줄 것이다.

다른 한편, 정치체계의 여러 제도들 자체가 두터워짐에 따라 반대당 대통령의 재편 능력은 약화될 것으로 기대하게 된다. 과거와의 단절을 확고히 하기 위해서는 보다 많은 것들이 바뀌어야 하고, 변화로 불리한 영향을 받게 되면 더욱 강력한 저항을 벌이게 될 것이다. 일단, 위로부터 전부 재구성할 수 있는 가능성이 이처럼 약화된다는 것은 우려할 문제인 듯 보인다. 재편의 리더십은 주기적으로 정치체계 전체를 재생시켜왔고, 재편의 대통령들은 다른 누구보다도 정치 공동체 전체에 공통의 목적의식을 불러일으켜 왔다. 하지만, 다른 대통령들에게 불리하게 말해도 안 되듯이,

이 대통령들에 대해 유리하게만 말해도 안 될 것이다. 어쨌든, 재편의 대통령들이 가장 막강한 이 권위를 행사하면서 얼마나 현명할지에 대해서는 알 수 없는 것이다. 더욱이, 최소한 과거로부터 도출한 재편의 정치 모델을 이제 치워버림으로써 무언가 얻을 것이 있다고까지 말할 수도 있다. 평가의 척도로서 이 재편의 정치가 현재의 조건들에 얼마나 적실성이 있는지 의심스러우며, 이를 완전히 폐기함으로써 대통령의 리더십 가능성에 대해 마침내 새로운 방식으로 생각하게 될 수 있다. 후임 대통령들이 전임자들이 세운 정통성의 기준으로부터 덜 제약받고 어떤 잘못들을 벌이지 못하게 더 제약될수록, 필요한 과업을 다루는 능력과 생각에 대한 보다 공평한 평가가 마침내 이루어지게 될 것이다.

정치적 시간이 실제로 저물어가고 있다고 가정한다면, 지금 대두되고 있는 정치의 본질에 대해 무언가 말할 수 있을까? 앞에서 논의했던 권위의 네 가지 유형이 해답을 제시하며, 앞으로의 전망에 대해 냉철한 판단을 하게 만든다. 기존 제도들의 생존력이 증대되는 것에 더해 대통령 행동의 전제로서 정치적 소속의 영향이 약화되는 것은, 비교적 활력 있는 레짐에서의 반대당 대통령들의 리더십 유형으로 점차 수렴되리라는 징조이다. 대통령 리더십이 정치적 시간으로부터 이탈하게 되면, 미국사 전체를 통해 나타났던 모든 가능성과 위험을 지닌, 일종의 영원한 선공의 정치가 될 것이다.

현재로서는 이러한 수렴은 단지 전조일 뿐이다. 가장 최근의 세 대통령들은 아직 대통령 리더십에 대해 정치적 시간이 막대한 영향을 미치고 있다는 증거를 보여 준다. 과거의 해법이 더 이상 새로운 국가적 문제들에 들어맞지 않는 때에 자유주의 레짐을 이끌려 했던 지미 카터의 시도는 미국 정치를 또 한 번 정통성 위기로 끌고 들어갔다. 카터의 발버둥 덕분에 고지에 오른 로날드 레이건은 정통성의 기준을 재구성하기 위해 거부의 권위를 행사했다. 그리고 나서 조지 부시가 고전적인 표출의 정치로 뒤따랐다. 부시는 과거의 자유주의 해법의 오명을 활용하면서 변화하는 상황에 따라 새 레짐을 자신의 관점에서 조절했고, 자신의 프로그램을 실행하지 않는다고 자유주의자들을 공격했으며, 레이건주의 신도들이 퍼부은 이단이라는 비난에 맞서야 했다.

체계에 대한 영향에 있어서 카터, 레이건, 부시는 퀸시 애덤스, 앤드류 잭슨, 마틴 밴뷰런에 놀라울 정도로 닮아있다. 과거에 구현되었던 이 고전적 형태의 대통령 정치들 모두를 면밀히 들여다보고 대중 동원 시기의 새로운 권력 관계를 추가하여 고려할 때에만, 보다 미묘하고 결과가 정해지지 않은 그림들이 시야에 들어오게 된다. 카터와 레이건과 부시가 만든 정치의 중요성은—영원한 선공의 정치가 앞으로의 모델이 되리라는 전조와 함께—바로 각각에게 작용한 구조들의 독특한 혼합에 있다. 해체의 정치에서 카터가 다른 점은 낡은 자유주의 기존질서로부터 그가 비교적 독립적이었고 개인적으로 이에 대항했다는 점에 있다. 재편의 정치에서 레이건이 다른 점은 제도 재편성에서 겪게 된 좌절, 자신의 새 아젠다들을 추진하기 위해 속임수와 비밀 공작에 의존했던 점 (콘트라에 대한 원조와 예산 조작에서 입증되듯이), 그리고 재편으로부터 헌정 위기로—충격적인 이란—콘트라게이트 추문—추락했다는 숨길 수 없는 사실에 있다. 표출의 정치에서 부시가 다른 점은 애초에 그가 충직한 후계자로 나서는데 어색했었다는 점, 정통에 대한 자신의 최고의 서약을—"증세는 없다"(no new taxes)*—임기 중반에 어겼던 점, 그리고 재선에 대한 정치적 명분들이 전반적으로 혼란스러웠다는 점에 있다.[18]

* 역주: 1988년 대선에서 부시의 최우선 공약이 "내 말을 믿으세요. 증세는 없습니다(Read my lips. No new taxes)."였다. 부시는 재임 중 이를 지키지 못했고, 이 때문에 공화당 보수파의 반대 속에 1992년 선거에서 재선에 실패했다.

개관

대통령이 만드는 정치에서 발견되는 이러한 반복적 패턴과 새로운 패턴들을 다음 네 개 장에서 추적한다. 제퍼슨주의, 잭슨주의, 공화당, 그리고 자유주의 레짐들이 순서대로 다루어진다. 이 장들 각각은 세 부(part)들로 나누어진다. 1부는 레짐을 구축한 대통령을 살펴보며, 2부는 물려받은 기약들을 크게 도약시켜 이전의 해법들을 재표출한 대통령들에 관한 것이며, 3부는 당대의 통치 문제에 대한 해결책으로서 이전의 해법이 붕괴되어 가는 상황에 직면해야 했던 레짐 소속 대통령을 다룬다. 따라서 독자들은 장별로 읽어나가거나(레짐의 흥망성쇠를 보여주는 혁신, 파열, 붕괴과정의 정치적 시간을 따라) 부별로 읽어나가는(재편, 표출, 해체의 정치 각각이 점진적으로 재구성되어가는 역사적 시간을 따라) 것을 선택할 수 있다.

제8장은 레이건과 부시 시기를 통해 이러한 반복적 패턴과 새로운 패턴들의 최근 상황을 살펴본다. 이 연구가 마무리되어 가면서, 대통령 리더십의 세 가지 반복적 형태에서 발견되는 점진적인 왜곡들로 인해 장래 대통령 리더십의 모델로서 네 번째 형태에 주목하게 된다. 이러한 현 상황에 대한 대안적 경로는 과거의 와일드 카드 대통령들, 곧 존 타일러, 앤드류 존슨, 우드로 윌슨, 리차드 닉슨을 추적함으로써 이루어질 수 있을 것인데, 이는 다른 기회로 예정하고 있다. 앞으로 영구적인 선공의 정치가 되리라는 전조보다 현 시점에서 중요한 것은, 역사적 대안들을 거슬러 올라가서 살펴보아야만 알 수 있는 차이점들이 존재한다는 증거이다. 우리 시대 리더십 정치에서 진정으로 경이로운 사실은, 원래의 권위 형태들 모두가 아직도 그대로 있다는 점이다. 이 과거의 형태들이 해체되면서 새로운 세상이 들어서고 있다면, 이 형태들이 왜곡되어 남아있는 잔재들이야말로 현재 우리에게 가장 중대한 문제들이다.

제2편

반복적 패턴과 새로운 패턴

제4장

제퍼슨주의 리더십: 호민관적 원형

권위의 문제는 어느 때보다도 건국 초기에 중대하게 대두되었다. 그 이유는 짐작하기 어렵지 않다. 통치 공동체는 비교적 친밀한 상태였고, 이 안에서의 정치적 관계는 대단히 개인적이었다. 제도들은 아직 성숙되지 않은 상태여서, 이 제도들이 대통령에게 부여해 줄 수 있는 초헌법적 자원들은 상당히 제한되어 있었다. 이런 상황에서는 권력 행사에 있어서 대통령들이 지닌 권위들의 차이로 인해 이들이 만드는 정치의 차이가 더욱 커지게 되었다. 토마스 제퍼슨은 가장 확장된 재편의 권위를 보여주며, 제임스 먼로는 가장 어려웠던 정통 개혁가의 전형을 보여주고, 존 퀸시 애덤스는 가장 마비 상태에 빠졌던 정통성의 위기를 보여 준다.

제1부 토마스 제퍼슨의 재편

1776년의 혁명이 정부 형태에 있어서 혁명이었다면
1800년의 혁명은 우리 정부의 원리에 있어서
진정한 혁명이었다.

연방파* 수장이었던 알렉산더 해밀턴은 1800년 선거**에서 연방당 대통령 존 애덤스를 포기하는 악역을 선택했다. 해밀턴을 배신한 애덤스는 연방당 프로그램들을 무산시키고 해밀턴의 측근들을 권력에서 몰아냈었다. 연방당이 제 위치를 되찾으려면 애덤스가 패배해야 하고 제퍼슨 행정부에 대한 반대 속에서 당이 다시 구축되어야 한다고 해밀턴은 계산했다. "만일 정부의 수반이 적이 되어야 한다면, 우리가 반대할 수 있는 자, 우리가 책임지지 않을 수 있는 자, 나쁜 정책의 불명예에 우리를 끌어들이

* 역주: 앤드류 잭슨 이전의 시기는 정당이 수립되어가는 초기 단계로, 해밀턴의 연방당과 제퍼슨의 민주공화당, 두 원형 정당의 대립시기임. 따라서 문맥에 따라 연방당과 연방파, 공화당과 공화파를 혼용하여 번역.

** 역주: 1800년 선거는 두 가지 중대한 의미가 있다. 하나는 물론 연방파가 완전히 몰락하고 제퍼슨과 공화파가 압승을 거둔 재편의 선거라는 점이다. 다른 하나는 제퍼슨의 선출이다. 원래 헌법은 대통령 선거에서 선거인단들에게 2표씩 행사하도록 규정했다. 대부분이 자기 주 후보에게 투표하게 되어 과반을 득표하는 후보가 나오지 않을 것이라는 우려 때문이었다. 선거인단 투표 결과 1위는 대통령으로, 2위는 부통령으로 선출되었다. 1800년 선거에서 공화파는 압승이 예상되었으므로, 공화파 선거인단들은 한 표는 제퍼슨에게, 다른 한표는 공화파 부통령 후보였던 아론 버(Aaron Burr)에게 투표했다. 결과는 황당하게도 73:73 동률이었다. 과반 득표자가 없었으므로 대통령 선출은 하원으로 이관되었고, 버가 끝까지 양보하지 않는 가운데 30여 번의 표결 끝에 가까스로 제퍼슨이 선출되었다. 뒤에서 논의하는 아론 버 반역사건과 개인사적 갈등은 여기에서 시작된 것이다. 대통령 선거제도는 1804년 수정 12조로 변경되었다. 아론 버와 연관된 또 하나의 믿기지 않는 사건은, 그가 해밀턴을 살해했다는 점이다. 1804년 뉴욕 주지사 선거에 연방파 후보로 출마한 버는 해밀턴의 방해로 낙선한 후, 해밀턴에게 결투를 신청했다. 결투 결과, 독립과 건국, 그리고 건국 초기 미국 정치의 기린아이자 연방파의 수장 해밀턴이 허망하게 사망했다.

지 않을 자가 되어야 한다. 애덤스와 마찬가지로 제퍼슨 아래에서도 정부는 침몰할 것이다. 침몰할 정부의 수장이 장악한 정당도 함께 침몰할 것이다. 그리고 반대편이 유리해질 것이다."라고 그는 예상했다.[1)]

해밀턴의 예측이 완전히 틀린 것은 아니었다. 제퍼슨은 실제 미국을 거의 재난에 끌고 들어갈 뻔 했던 것이다. 하지만 지난 12년간 국가의 가장 근본적인 이익과 이념의 기약들을 규정했던 정당이 수치스럽게 파열되었을 때 그 반대당에 돌아갈 정치적 권위가 어떤 것인지를 해밀턴은 고려하지 못했다. 게임 참여자들의 역할 변화로부터 나올 것으로 해밀턴이 기대했던 이점들은 제퍼슨이 게임 자체를 변화시킴으로써 무의미하게 되었다. 연방파들은 실제로 제퍼슨의 정책들에 도전함으로써 자기 당의 앞길을 되살려보려고 했고, 이후 15년간 이런 시도를 계속하곤 했다. 그러나 제퍼슨이 설치해 둔 덫에서 이들은 헤어나지 못했다.[2)] 미국 정치 전반을 변화시킴으로써 제퍼슨은 해밀턴의 예측을 뒤집어버렸고, "연방파를 나락까지 침몰시켜서 다시 살아나는 일이 없도록 하겠다"는[3)] 자신의 서약을 실현시켰던 것이다.

"호감의 시대"(era of good feeling)가 활짝 열린 가운데 제퍼슨은 이런 정치적 업적을 "혁명"이라고 불렀다.[4)] 이 주장은 이후 제퍼슨의 임기를 분석하는 데 있어서 기준 같은 것이 되어 왔는데, 대체로 잘못된 것으로 평가되어 왔다. 이 주장이 너무 쉽게 기각되는 것이다. 과장된 수사인데, 이를 따져보려고 하면 제퍼슨 리더십의 정치적 영향이 명확해지기 보다는 더 모호해지게 된다.[5)] 혁명이라는 제퍼슨의 주장을 반박하기 위해 제시되어 온 두 가지 주장들 자체가 문제가 무엇인지 보여준다. 한 주장은, 혁명이라는 수사가 단지 과장이었으며 실제로 제퍼슨은 이전 체계를 포용하기 위해 애를 썼고 자기 당의 급진적 요구들을 추구하기 보다는 질서를 유지하려 한 중재자였다는 증거들을 많이 제시한다. 다른 주장에서는, 제퍼슨이 사실상 급진적 이념가여서 정부를 진정으로 혁명적인 경로에 올려놓았으며 실패가 다가오기 전까지 의도적으로 미국을 혼란에 빠뜨렸다는 증거가 많이 제시된다.[6)] 이 주장들 각각이 적당히 설득력이 있다는 것은 결국 둘 다 제퍼슨이 만든 정치를 제대로 파악하지 못한다는 것을 의미한다.

제퍼슨 리더십의 정치적 중요성은 그가 얼마나 더 시도할 수 있었는지에 대한 평가나 그가 시도해서 실패한 것들에 대한 평가에서는 찾아질 수 없다. 저울의 한 편에 제퍼슨이 재확인한 것들 모두를 올려놓고 다른 편에는 그가 거부한 것들 모두를 올려놓으면, 저울은 수평이 될 것이기 때문이다. 제퍼슨은 정부 정통성의 조건들을 재구성했다. 그는 대통령 행위의 질서－파괴적, 질서－확인적, 질서－창출적 요소들을 일관되고 상호보완적으로 사용할 수 있는 정치적 시간에 있었던 몇 안 되는 대통령들 중의 하나였다. 제퍼슨이 만든 정치는 초기 리더십 태세에 있어서 이 요소들이 조화롭게 구성되었다는 점, 뒤이어 이 요소들을 구체화하여 변혁적 결과를 가져왔다는 점에서 특별하다. 대통령 권한 행사에 있어서 재편의 권위를 장악하고 제퍼슨은 이전의 연방파에서는 전혀 예상하지 못했던, 완전히 그 자신만의 정치적 위치를 확보했다, 실제로, 정책적 단점들이 무엇이고 정치적으로 어떻게 수용되었는지와 무관하게, 제퍼슨의 재편은 가장 개인적이고 거침없는 재편으로 판명될 것이었다.

연방파의 짐, 공화파의 이점

건국 초기에 제퍼슨은 이전의 정책들로부터 자유로울 수 있었던 유일한 대통령이었으며, 따라서 과거에 대한 거부를 통해 유리한 위치를 점할 수 있었던 유일한 대통령이었다. 워싱턴 행정부에서 국무장관을 했고 어덤스 행정부에서 부통령으로 재직했으나, 일찍부터 제퍼슨은 점점 세력이 커져가던 반대 운동의 리더로 부상했다. 사실, 헌법을 비준하기 위해 간신히 이루어졌던 취약한 합의는 너무나 빨리 무너져 내려서, 대통령으로서 제퍼슨에게 거부해야 할 "구질서" 같은 것이 있었다고 말하는 것이 오히려 미국 정치체에 대한 연방파의 장악력을 과장하는 것이 될 정도이다.

문제는 워싱턴의 최측근 각료였던 해밀턴이 신생 정부의 헌정 실험을 대단히 밀폐되고 변명의 여지없이 협소했던 이익 공동체에 바쳐버렸다는 데 있다. 재무장관으로서 해밀턴은, 부채 상환이란 것이 영구적으로 미국 정치 경제의 일부분이 되는 방식의 국채 상환 계획을 주도했다. 팽창하는 부채 상환 의무를 위해 자금을 조달해야, 국가 경제의 생명줄을 쥐고 있는 상업 엘리트들의 적극적 지지를 끌어내어 신생국의 성공을 보장할 것이라고까지 해밀턴은 주장했다. 대규모 무역상들의 부를 정부의 효율적 운영에 결부시킴으로써, 이들을 정부 안의 비공식적인 동업자로 만들었던 것이다. 하지만 양자를 이렇게 결합시킨 것은 미국이 이제 막 거부했던 군주제를 강하게 연상시키는 영향력 네트워크를 형성시켰다. 국제 무역상들을 정부에 결부시킴으로써 해밀턴은 영국으로부터의 수입이 유지되는 가운데 무역상들의 번영을 보장하는 정책들에 정부를 묶어 버렸던 것이다. 위대한 근대화 기수라는 해밀턴의 명성이 어찌되었든 간에, 그의 국채 상환 계획은 기득권 경제 관계의 안정성에 방점을 둔 것이었고, 영국 제조업에 의존적인 농업 수출국이 되는 미국의 종속적 역할을 암묵적으로 받아들이는 것이었다.7)

물론, 신생국에게는 미지의 항로로 돌입하는 것보다는 경제관계와 국제관계에 있어서 실제적으로 안정을 확보해 주는 재정 체계가 보다 소중했을 수도 있다. 그러나 해밀턴의 정책들은 너무 직접적으로 독립혁명의 정서에 반대되는 것이어서 바로 신생 정부를 최고 원리들(first principles)에 대한 논란에 가두어버렸다. 국채 상환 계획은 미국의 독립에 대해 암울한 그림자를 드리웠을 뿐 아니라, 다른 정치적 대안들을 위축시킴으로써 헌정 실험 전체의 정통성에 해가 되었다. 1793년에 미국 해운에 대한 영국의 방해로 인해 의회가 무역 보복을 고려하면서 이러한 문제들이 드러나게 되었다. 즉각적으로 정부–상업–수입업 협력관계가 위험에 처하게 되었고, 신생 레짐의 정치적 기초가 흔들리게 되었다. 자신의 재정 프로그램을 보호하기 위해 해밀턴은 보복에 반대하는데 앞장섰고 영국과의 협상을 지지했다. 1795년에 존 제이(John Jay)가 런던에서 가져온 굴욕적인 조약은* 영국 무역 체계 속에서 미국의 종속적 지위를 공식화했고, 세계 다른 지역과의 무역으로부터 얻을 미국의 이익을 훼손시켰으며, 미국 국내 시장의 발전을 영국 제조업의 인질로 만들어버렸고, 영국의 적국 프랑스로 하여금 영국의 종속국이 아니라 하더라도 최소한 영국의 새로운 동맹같이 되어 버린 미국을 적대시하게 만들었다.[8] 해밀턴은 조약의 비준을 확보할 수 있었으나, 이 과정에서 이익과 이념에 대한 연방정부의 가장 근본적인 기약을 둘러싸고 전국적으로 정치적 갈등을 촉발하게 되었다.[9]

연방파에 대한 반대 운동을 주도하게 되었을 때 제퍼슨은 미국 국력에 대한 연방파들의 오만한 평가를 비난하기 보다는 국가적 능력에 대해 보다 적극적인 평가를 제안했다. 제퍼슨은 원래 공해상에서 미국 무역의 자유를 주장하고, 미국의 독립을 보장하기 위해 경제 제재를 사용할 가능성을 모색하며, 미국 농업으로 하여금 궁극적으로 외세에 대한 의존에서 벗어날 수 있게 해 줄 국내 시장 발전을 지지하려 했다.[10] 하지만 제퍼슨은 워싱턴의 지원을 얻지 못했으며, 이에 따라 정치적 전략을 계산해야만 했다. 해밀턴의 정책들에 대한 반대가 얼마나 강력해졌는지 깨닫고 있었지만, 이 정책들을 되돌리는 것이 얼마나 어려운지도 제퍼슨은 알고 있었다. 최측근 참모 제임스 매디슨에게 보낸 편지에서 제퍼슨은 존 애덤스를 대통령으로 선출해야 할 필요성을 제기했다. 당시의 명망가적 분위기에서는 연장자에 대한 존경이 당연했고, 신사도 정신은 특히 정치적으로 일리

* 역주: 제이 조약(Jay Treaty)은 1794년 미국과 영국 간에 체결된 조약으로, 독립 전쟁 이후 남아있던 이슈들을 해결하고 미-영 간에 평화로운 무역관계를 수립하며 프랑스 혁명 전쟁 중 미국을 프랑스보다 영국 편에 가담하도록 만들었다. 해밀턴이 주도했고 워싱턴이 지원했으며 1795년에 미국 상원이, 1796년에 영국 의회가 비준하여 발효되었다. 제퍼슨파는 이 조약이 영국에 대한 정치, 경제적 종속을 통해 해밀턴의 연방파를 강화시키고 귀족정의 위험을 증대시켜 공화주의를 위협한다고 강력히 반대했다. 해밀턴의 연방파와 제퍼슨의 공화파로 두 원형적 정당이 공고화되는 정치적 결과를 낳았다. 10년간의 발효 기간이 끝난 1806년에 당시 대통령이던 제퍼슨이 이 조약의 연장을 거부하면서 1812년 미영전쟁의 불씨가 되었다.

가 있는 것이었다. 누구도 워싱턴 행정부에 직접 도전할 수 없을 것이기 때문에, 워싱턴의 후임자가 마주하게 될 정치 상황에서는 이로울 점이 거의 없었다. 워싱턴에 대해 제퍼슨은 다음과 같이 썼다. "거품이 터지기 시작하는 때 다른 사람들에게 봉지를 쥐어주며 떠나는 대통령은 운이 좋다. 모든 어려움들이 시작되는 그 순간에 그가 이임하기 때문에, 이 어려움들은 모두 새 행정부 탓이 될 것이다."[11]

2대 대통령이 독자적인 행정부를 수립하는 데 어려움을 겪을 것이라는 제퍼슨의 예측은 예언과도 같았다.[12] 존 애덤스 역시 영국의 영향력을 혐오했고 해밀턴의 경제정책을 의심하고 있었다. 그렇지만 프랑스 혁명의 과도함 역시 혐오했고 이에 대한 공화파의 동조를 우려했다. 확고하게 중도적이었으나, 그럼에도 불구하고 애덤스는 이러한 갈등의 소용돌이에 빠져들었고 거대한 정치적 해체를 몰고 왔던 것이다.

애덤스는 진정한 국가 이익에 대한 인식을 흐리게 만들어 온 "흥분상태"를 한탄했다. 사적인 편지에서 그는 미국인들이 "달콤한 꿈에서 깨어나서 자신이 무엇이고 어디 있는지 생각"하도록 촉구했던 것이다.[13] 그러나 실제로는, 대중의 환상을 깨줄 수 있는 정치적 권위를 애덤스는 지니지 못했다. 이보다 더 불행했던 것은, 그가 지닌 어떤 권위도 최소한 당시로서는 이 환상을 영구화시키는데 달려 있었다는 점이다. 새 행정부를 구성하면서 제퍼슨에 대해 포용적 자세를 보인 것은 거부되었으며 (선거인단 득표수 2위로서 제퍼슨은 부통령이 되었었다), 이는 자신의 대통령직이 전임자의 기약을 받드는데 달려있다는 것을 애덤스에게 확인시켜 주었다.[14] 그의 첫 번째 숙명적인 결정, 곧 워싱턴 행정부의 인사들을 그대로 기용하기로 한 결정은 정치적 연속성을 사방에 확인시켜주는 것이었고, 자신의 행정부를 과거의 정책에 묶어 두고 해밀턴주의자들과의 연합을 강화시키는 것이었으며, 제이 조약으로 인해 사실상 미국 정치에서 중도적 입장이라는 것이 사라지게 되었다는 것을 인정하는 것이었다.[15] 워싱턴의 각료들에 대해 애덤스는 후일 다음과 같이 썼다. "만일 내가 그들 중 어느 누구라도 해임시켰다면, 아마 세상이 뒤집어졌을 것이다."[16]

애덤스 예찬론자들은 그가 연방당 강경파들(High Federalists) 사이에서 절묘하고 능수능란하게 동반자로서의 역할을 만들어냈다고 주장한다. 그러나 이들과의 연합으로 인해 이미 취약해졌던 정부의 기약들이 방대하게 확장되었고, 후에 독자성을 확보하려던 애덤스의 시도가 무산되었다는 사실은 그대로이다. 영국과의 조약 때문에 프랑스와의 대립이 격화되면서 애덤스는 해상 방위에 대해 자신의 입장을 훨씬 넘어선 해밀턴 주도의 전쟁 대비책들을 받아들이게 되었다. 또한 외국인들과 정부에 대한 비판자들을 탄압하는 법과 고비용의 지상군 증설은 애덤스로 하여금 연방당 강경파의 구상에 깊이 연루되게 만들었다. 1798년 말이 되자 애덤스 행정부는 국내 반대 세력을 강제로 제거하려 했으며, 프랑스와의 갈등을 서반구 내 스페인 영토들에 대한 점령 전쟁으로 확산시키게 될 영국과의 군사동맹을 맺기 직전이었다. 애덤스가 "영국과 프랑스, 스페인, 그리고 남·북아메리카에서 움트고 있는 이 거대하고 교묘한 책략으로 인해 자신이 **단순한 분쟁**이 아니라 전면전으로, 그리고 영국과의 영구적인 동맹으로 끌려들어 가고 있음을" 인식하지 못했던 것은 아니다.17) 또한 내전의 징조가 점점 커지고 있는 것을 감지하지 못했던 것도 아니다.18) 그의 눈앞에서 국가와 정부가 해체되고 있었던 것이다.

명목상의 동지들을 경계하기는 했으나 애덤스는 이들의 음모에 희생되었다. 애덤스의 내각은 시종일관 당시 뉴욕의 민간인 신분이던 해밀턴으로부터 직접 지시를 받았다. 대통령의 명확한 기대와 달리 해밀턴의 지시에 따라 주요 각료들은 새로 창설된 지상군의 실질적 지휘권을 그들의 실질적 리더에게 부여하려는 음모를 짰다. 이들은 마운트 버논(Mount Vernon)을 찾아가, 이런 군대의 공식적 혹은 최소한 상징적 지휘관이 되어야 한다고 누구나 인정했던 워싱턴에게 해밀턴을 부지휘관으로 임명해 달라고 졸랐다.19) 해밀턴을 대신해 워싱턴이 이 일에 개입한 것은 이임 후에도 워싱턴이 얼마나 권위의 최후 근거로 남아 있었는지, 그리고 권위가 공식적인 정부 구조로부터 얼마나 유리되어 있었는지 보여준다. 애덤스는 워싱턴의 요구에 굴복했지만, 장막 뒤에서 조종하는 해밀턴의 존재를 알아차리지 못했던 것은 아니다. 한 연방당 상원의원에게 애덤스는 다음과 같이 항의했다. "정부의 동료라고 자칭하는 사람들 사이에서 대통령에게 부여된 필수적 권력을 없애려는 시도가 있는지 몰라볼 정도로 내가 눈이 먼 것이 아닙니다." 이제 애덤스가 대통령직을 지니고 있는지 자체가 의심스럽게 되었다. "감옥에 갇혀 손발이 묶이고 바닥에 쇠사슬로 메여있는 사람보다 자유롭지 못했다."[20]

통제력을 회복하기 위해 애덤스는 자신의 행정부를 수립시켜 준 정치적 기반에 대해 확실하게 대항해야 했다.[21] 1799년 2월에 애덤스는 프랑스와의 평화를 위해 노력하겠다고 공표함으로써 내각의 합의를 뒤엎었고, 해밀턴주의자들과 공식적으로 결별했으며, 미국을 세계 대전과 국내적 혼란으로부터 벗어나게 했다. 애덤스의 평화 사절단을 좌절시키고 연방당의 전쟁 프로그램을 지속시키려고 내각이 또 다시 음모를 꾸미자 애덤스는 이들을 몰아냈다. 역사상 가장 절망적인 순간에 벌어진 정당과 정책의 이 대역전은, 독자적 행동이 가져오는 질서−파괴적 영향을 설명하는 데 있어서 심지어 명목상임에도 불구하고 레짐 소속 대통령이 겪게 되는 어려움을 그대로 보여 준다. 애덤스는 최종적으로 독자성을 추구함으로써 국가를 재난에서 구해냈을 수 있었으나, 정치적 굴욕으로부터 자신을 구해내지는 못했다. 마침내 독자적으로 통제력을 장악하자, 애덤스는 동료들로부터 배신자라고 비난받았으며, 자신이 대표하는 듯이 보였던 이 체제 자체를 거부했다고 스스로 선언하게 되었던 것이다.

애덤스가 예견했듯이 연방당은 자멸했다. "당은 자살했다. 그들은… 한 방으로 자기 스스로와 대통령을 죽였다. 그리고 나서 어리석고 야비하게도 내 책임이라고 비난했다."[22] 어떤 경우이든, 연방당의 파멸은 애덤스 자신의 행동들에 의해 진행되었으며, 처음에 해밀턴주의자들과 연합했던 때부터 마지막에 불가능한 결별을 계산했을 때까지 애덤스는 이들의 운명에 불가분하게 얽혀 있었다. 애덤스 행정부 초반에 연방정부의 철권을 시민들에게 휘두른 것은, 워싱턴이 정부 권력을 영국의 무역체계에 인질로 잡히게 한 것만큼이나 정부 권력을 행사하는 데 있어서 연방당을 취약하게 만든 것이었다. 프랑스 위기 당시에는 연방 군대와 세리들, 그리고 사법체계 모두가 주들의 자율성과 개인적 자유에 반하는 것이었다. 그리고 나서 자신의 행정부가 추진해 왔던 정책들 자체를 뒤집음으로써 애덤스는 이러한 취약성들을 혼동 속에 감추었다. 치열했던 뉴욕 주 선거에서 연방당이 패배함에 따라 연방당과 최대한 거리를 두어도 잃을 것이 없게 (사실, 얻을 것이 많게) 되자 애덤스가 내각 안의 음모가들을 몰아냈다는 것이 사실이다.[23] 그러나 이 숙청은 연방당 강경파 핵심들로 하여금 애덤스의 재선을 방해하려는 음모를 획책하도록 만들었다. 또한 그렇다고 해서 해밀턴주의를 소수의 채권-투기가들의 이익을 위해 감행된 반혁명(counterrevolution)처럼 보이게 만들었던 일련의 정책들에 애덤스가 공모했다는 공화파의 의심을 누그러 뜨려 주지도 못했다.[24]

1796년에 대통령직을 사양하면서 제퍼슨이 예견했듯이, 연방파의 배교자가 된 애덤스의 취약성은 반대 세력에게 큰 이득을 가져다주었다. 대통령이 과거 레짐과의 연결선을 끊어버리자, 이 이탈 효과는 상황 규정에 대한 통제권을 반대 세력에게 넘겨 버렸다. 국력을 너무 싸게 팔았다는 비난 못지않게 국력의 한계를 넘어서서 무모하게 군다는 비난에 연방당이 취약해진 가운데, 공화당은 "영국파들" 아래 정부가 빠져버렸던 부패의 타래를 일소하겠다며, 애초에 미국을 하나로 만들었던 원래의 관념을 되찾아야 한다고 주장했다. 1800년에 이르러 공화당은 지역적인 농업 공동체에 거주하는 자급자족적 자영농을 옹호하는 주장에 더해 상업 발전을 위한 "미국 체계"(American system)* 주장을 결합시키게 되었다. 공화당

* 역주: 미국 체계는 19세기 전반기 경제정책에 중대한 영향을 미친 경제발전 구상으로, 핵심적인 구성 요소는 첫째, 고관세로 제조업 보호, 둘째, 연방은행을 통한 경제적 안정, 셋째, 국토 개발(internal improvement)을 통해 국내 시장 개발, 마지막으로 국유지의 고가 판매 정책으로 연방정부 재정 수입 증대 등이다. 한편으로는 고관세를 통해 국내 산업을 보호 육성하고, 관세 수입과 국유지 고가 판매를 통한 재정 수입으로 연방정부가 도로와 운하 등 교통망을 건설하여 경제 개발을 주도하는 "국가 진흥주의"(state promotionalism)였다. 알렉산더 해밀턴의 『제조업 보고』에 기원을 두고 있고, 헨리 클레이가 주도했으며, 위그당의 강령이 되었다. 이를 두고 상공업과 농업, 동북부와 남부, 중앙과 지방, 보호주의자와 자유무역주의자, 국

의 반－연방당(anti-Federalism) 정서는 경제적 기회에 대한 새로운 열망을 말해주는 것이었으며, 미국의 독립성을 증진시키기 위해 연방정부의 더욱 강력한 행동을 예고하는 것이었다. 다른 한편 이들의 반연방주의(anti-federalism)는 중앙 권력에 대한 "전통적 공화주의"의 의심을 말해주는 것으로, 시민 개인의 독자성을 보호하기 위해 연방정부 권력을 약화시킬 것을 예고하는 것이었다.

"친영파"에 대한 거부와 최고 원리들로 복귀해야 한다는 제퍼슨의 주장이, 이미 애덤스가 불신받게 만든 경로에 대항하는 그의 리더십을 강화시켜주기만 했던 것은 아니었다. 1800년 공화당의 득세는 다양한 열망들에게 길을 열어주었던 것이다. 군주정의 유령들을 내쫓는 일이 미래에 해야 할 암울한 선택들을 일시적으로 가려버렸으나, 이렇게 하면서 원래 절대 양립할 수 없는 것처럼 보였던 대안들을 조정할 수 있는 새로운 기회가 열리게 되었다. 미국 혁명의 원리를 구해내고 공화주의 정부의 진정한 덕성을 되살리자는 공동의 목적이, 이질적이지만 대세가 될 수 있는 거대연합을 이루어냈던 것이다.

레짐 수립가 호민관

화해의 대가 제퍼슨(Jefferson-the-conciliator)에 대한 많은 묘사들이 지적하듯이, 첫 레짐 반대당 출신 대통령은 진정한 "혁명"이 이루어질 수도 있었던 중요한 영역들 어디에서도 조급한 행동을 취하지 않았다. 제퍼슨은 대규모로 연방파 관료들을 몰아내려고 하지 않았고, 사법 체계를 조각내어 다시 시작하려 들지 않았으며, 연방은행(National Bank) 면허장을 취소하지도 않았고, 국가 채무 전체를 거부하지도 않았다. 그렇지만 바로 이 점

가주의자와 주권주의자간의 첨예한 대립이 벌어졌고, 앤드류 잭슨 시기에 갈등이 폭발했다.

에 있어서 대통령이 만드는 재편이 정치 혁명과 다른 것이다. 이 시점들에 있어서 대통령이 중요한 이유는, 대통령은 어떤 경직되고 예정된 행동경로를 따르도록 만들어지는 것이 아니라 스스로 독자적 권위의 지휘소로 올라선다는 점이다. 이전의 질서 전반이 몰락해 있고 새로 등장한 연합은 아직 통치에 익숙하지 않은 상황에서 대통령이 정치적 공백상태의 통제력을 장악하는 것이다. 대통령은 질서에 대한 물려받은 관념을 넘어서 있으며, 정치적 정통성을 재구성하는 데 있어서 대통령의 이점은 이 정치적 공백을 최대한 연장시키는 데 있다.

이런 종류의 정치적 혁신 상황에서 집권하는 대통령은 과거의 통치 체계를 통째로 해체시키려고 덤벼들지 않는 법이다. 이들은 신뢰를 잃은 과거 질서에 대한 지지가 되살아나게 할 수 있는 행동들을 피한다. 자신의 독립적 기반을 확충해 나가면서 동시에 과거 레짐의 혼란한 문제들을 이용한다. 재편의 리더십은 자신이 제시한 변화에 대한 기약을 중심으로 폭넓은 합의를 이루려고 하며, 과거 정치에 대한 자신의 반대에 수반되어 있던 모호함을 활용한다. 보다 급진적인 행동의 가능성은 항상 열려 있어서, 이 대통령들은 어떤 저항을 만나게 되더라도 거부의 입장을 강화하기만 하면 된다.

후일 유사한 상황에 있었던 대통령들과 제퍼슨의 리더십이 다른 점이 있다면, 기성 통치질서에 대한 전면적 공격에 있어서 제퍼슨이 보다 주도면밀했다는 것이 아니라, 기성질서와 이판사판의 대결을 벌일 필요 없이 미국 정치를 철저하게 변혁시켰다는 점에 있다. 제퍼슨은 미국 정치와 정부의 재편을 거침없이 추구했고, 결과적으로 그가 구축한 레짐은 그가 대체한 것과는 근본적으로 달랐다. 하지만 가장 경이로운 것은 제퍼슨이 이 과정에서 과거 질서에 결부되었던 제도들과 이익들로부터의 저항에 거의 봉착하지 않았다는 점이다. 제퍼슨이 지녔던 재편의 권위는 단연 해체력이 컸고 모든 것을 포괄하는 것이었다.

이런 면에서 제퍼슨의 리더십 정치에서 두 가지 측면에 특히 주의를 기울일 필요가 있다. 첫째는 제퍼슨의 재편 프로젝트가 호민관적 리더십이라는 주장과 독특한 방식으로 맞물렸다는 점이다. 제퍼슨은 대통령직에 전례가 없을 정도로 당파적 목적을 불어 넣어서, 그의 대통령직은 강력한 이념적 성향을 띠게 되었고, 정부 운영의 거의 모든 측면이 정치화되었다. 대통령의 정치적 역할에 있어서 이러한 충격적인 변화는 처음에는 행정수반이 국가 통합의 수호자로 분파적 이익을 넘어서야 한다는 공화주의 관념에 배치되는 듯 보였다.[25] 그러나 1798년 위기와 1800년의 정치적 격변을 겪고 나서 호민관적 리더십이란 이상에는 독특한 변화가 생기게 되었다. 연방당이 이단이라는 것이 완전히 폭로되고 나자 이제 정치적 재편이 국가 지도자의 최우선 의무가 되었고, 제퍼슨의 강력한 당파적 프로젝트야말로 사심 없이 수행되는 리더십이란 최고의 이상을 대변하게 되었다.

제퍼슨 리더십이 지니는 상징들에서 우리는 연방당에 대한 끊임없는 압력이 어떻게 그다지도 포괄적이고 모든 가능성을 열어둔 채 가해졌는지 알 수 있게 된다. 이러한 상징들 중 가장 중요한 것은 1800년 선거 자체의 서사적 이미지, 곧 독립 선언서를 썼던 사람이 최근의 부패로 인해 사라진 모든 것들을 복구하라고 이 선거에서 선택되었다는 이미지였다. 비교적 폐쇄적이었던 당시의 명망가 정치체에서 제퍼슨은 얼마 전 사망한 워싱턴만큼이나 국가의 탄생과 동일시되었었다. 살아 있는 다른 누구보다도 제퍼슨 자신이 최고 원리를 구현한 존재였던 것이다. 오염된 정치적 실험을 건국의 원리에 다시 맞추겠다고 약속하면서 제퍼슨은 명백히 정치적인 행동들을 건국 당시의 의도에 맞는 것이라고 주장할 수 있었다. 이런 식으로, 정당 건설과 제도적 재편은 국가 통합을 복구하는데 부인할 수 없는 필수적 과업이 되었고, 연방주의자들을 박멸하는 것은 당파적 투쟁을 초월하는 것이 되었다.[26]

취임사에서의 관대한 선언은—"우리 모두가 연방파이고 우리 모두가 공화파입니다."—대통령 제퍼슨의 정치적 목적에 따라 호민관적 정서를 이용하는 작업들의 시작이었다.[27] 표면상으로 이런 화해의 손짓은 양측에 대해 당파 정신을 누르고 독립 혁명과 헌법의 원리에 구현된 합의로 돌아가자는 요구였다. 하지만, 최고 원리로 돌아가는 것으로 이해되는 화합에는 회개하는 자들에 대한 관용이 필요할 수 있으나, 이교도들에 대한 포용까지 필요한 것은 아니었다. 공개적으로는 연방당 평당원들에 대해 지지를 호소하면서도 참모들과의 서한에서 제퍼슨은 연방파 지도부에 대한 증오서린 적대감을 낱낱이 드러내었다. 남아있는 적들에 대한 제퍼슨의 공격성은–"그들의 증오가 영원하기만을 바랄 뿐이다."–1936년 재선 캠페인에서 프랭클린 루즈벨트가 다음과 같이 공개적으로 재현했던 적이 있다. "그들의 증오를 환영합니다."[28]

자신의 행정부를 합의적 정부라는 허울 좋은 명분으로 포장하고 자신의 정당을 각성한 명망가들 모두의 진정한 고향으로 제공하면서 제퍼슨은 골수 연방파들을 고립시키고 낙인찍었다. 정당 갈등이 종식될 것으로 기대되던 시기에 제퍼슨의 화해의 태세는 당시 가장 신성했던 통치 규범을 강력히 확인해 주는 것이었을 뿐 아니라, 잘못된 방식을 고수하려는 세력들에게는 위협이 되었던 것이다. 제퍼슨의 정당에 대해서는 어떤 다른 대안도 존재하지 않을 것이고, 모든 정당을 사라지게 하는 정당이 될 것이며, 그 자체가 정통성 있는 정부의 구현이 될 것이었다.[29]

제퍼슨의 행정부 임명권 행사 방식은 리더십 역할들에 내재하는 이런 식의 위장된 측면을 보여주는 보다 구체적인 예를 제공한다. 임명권을 행사하면서 제퍼슨은 자기당의 당파적 요구들 덕분에, 자신이 적에 대해 취한 지나친 정치적 행동들에도 불구하고 오히려 호민관적 절제의 기품을 지닐 수 있다는 것을 깨닫게 되었다. 애초에 제퍼슨은 행정부 관리들이 정당한 사유에 의해서만 해임될 수 있다는 일반적인 원칙을 지켰다. 이로 인해 전면적인 숙청을 요구하던 지지자들과 사이가 멀어지기는 했으나, 모든 공석들은 공화당원으로만 채워야 하며 연방당 잔존세력들이 적극적으로 주장했던 정치적 견해들이 정당한 사유가 될 수 있다고 선언함으로써 일찌감치 제퍼슨은 당파적 이익을 인정했다.[30] 이런 정책은 취임사의 화해적 분위기가 공화당에게 권력의 혜택을 가져다주지 않거나 연방당원들에게도 안전한 행정부를 만들겠다는 의도가 아니라는 확실한 통고가 되었다. 공직자와 공직 간의 구분이 애매하던 시기에—모든 해임들에 대해 해임된 공직자뿐 아니라 정부 자체에 대한 공격이라고 반대당이 비난하던 시기에—제퍼슨은 해임과 물갈이에 있어서 소위 엽관제(spoils system)*의 아버지로 불리는 앤드류 잭슨을 능가했다. 제퍼슨 자신의 계산에 따르면, 취임 후 2년이 채 못 되어 대통령의 임명권 대상자 316명 중 130명의 연방당원들만 남게 되었다.[31)]

제퍼슨의 재편이 호민관적 풍조와 당파적 목적을 절묘하게 혼합시켰다는 점 이외에도, 물려받은 정부 제도들이 아직 초창기에 있었다는 점에서도 제퍼슨은 유리했다. 제퍼슨이 상대했던 "체계"는 정치적 기반이 깊게 자리 잡지 못했었다. 보다 폭넓게 자리 잡은 이익들이 기성 제도들에 철저하게 뿌리 내리고 있고 이 제도들의 권위가 확고했던 이후의 재편에 있어서는, 대통령들이 정치 갈등의 균열선을 보다 명확히 그을 수밖에 없는 제도들 간 싸움의 절정까지 나아가야 했다. 그러나 제퍼슨의 경우에는, 연방당의 뿌리가 비교적 약했기 때문에 그 제도적 근거들을 해체하고 이름만 남은 지지세력들을 온전히 다른 레짐으로 흡수하는 것이 용이했다. 대통령직 이외의 다른 정부 제도들이 불안정했기 때문에 연방당 충성파들은 자신의 레짐을 대체하려는 대통령을 맞이하여 존재감이 사라질 정도까지 고립되었던 것이다.

연방당원들을 축출하는 데 있어서 제퍼슨 행정부는 공직자 개인들을 존중한다는 공식적 정책선언보다 훨씬 극적인 행동들을 취할 수 있었다. 예컨대 군에 대한 공화당의 개혁은 장교단의 3분의 1을 축출했으며, 부와 세습에 의해 육군 고위층이 독점되던 제도를 단숨에 무너뜨렸다. 웨스트포인트(West Point)에 사관학교를 설립함으로써 제퍼슨은 진정한 공화당 장교단을 충원하고 교육하는 길을 마련했던 것이다.[32)] 이보다 더 압권이었던 것은 내국세를 즉각 폐지하는, 엄청나게 인기 있는 결정이었다. 이 결정으로 단숨에 국세청이 폐지되었고, 이에 따라 연방당이 저지른 생생한

* 역주: 선거에서 승리한 측이 행정부 관리들을 자기 측 인사들로 대체하는 관료 임명방식.

해악을 대표하던 국세청 직원들이(재무부 관료의 40 퍼센트) 해임되었다.[33] 레짐을 해체하는 결정적 조치를 취하는 데 대통령이 이토록 적은 저항을 받았던 적은 다시는 없다.

다른 정부 제도들이 느슨하게 짜여져 있었기 때문에 재편 대통령의 개인적 의지에 취약했었다는 점은 제퍼슨이 의회를 다루는 데서 더 잘 드러난다. 동시대인들에 따르면, 의회에 대한 제퍼슨의 영향력은 거의 선례가 없는 것이었다. "양원의 다수가 최고 행정가(Chief Magistrate)의 의사와 기대를 이처럼 맹목적으로 받들었던 적이 없다." "대통령은 단지 행동하기만 하면 되었고, 다수가 이를 승인했다." "장막 뒤에서 채택되기를 원하는 조치들을 지휘한다. 그가 줄을 당기는데 따라 양원의 꼭두각시 다수가 움직인다." "이 의회에 메시지를 전하는 사람의 장막 뒤 영향력이, 비록 신문에 나오지는 않지만, 의회의 결정을 통제한다."[34] "보나파르트(Bonaparte)가 프랑스 국민들을 지배하듯이, 행정부가 의회 양원을 완전히 지배한다."[35] 이러한 관찰이 연방당원들과 불만에 찬 일부 공화당원들에 의한 것이었다는 사실에 주의를 기울이면서 평론가들은 제퍼슨 행정부 시절 의회의 심의과정에 대해 긍정적인 면을 찾아보려고 했다.[36] 그렇지만, 의회가 대통령의 제안을 종종 수정하거나 심지어 거부했다고 해서, 멀로니(Dumas Maloney)의 다음과 같은 관찰이 덜 타당해 지는 것은 아니다. "의회가 그저 제퍼슨의 제안들을 거의 다 통과시키기만 한 것이 아니다. 그의 제안이나 묵시적 승인이 없이는 어떠한 중요한 법안도 통과시키지 않았다."[37] 빙클리(Wilfred Binkley)가 말하듯이, 제퍼슨의 "잘 조직된 (의회 지도부) 체계는 정밀하게 작동했다."[38]

제퍼슨은 단순히 전무후무할 정도로 의회를 압도한 것이 아니라, 연방당이 군주정의 음모를 꾸미는 것처럼 보이게 했던 행정 수반의 오만한 공식적 권력들을 스스로 포기하면서 그렇게 했다. 실제로 제퍼슨은 의회 권한의 완전한 회복을 공화당 강령의 제일 항목으로 삼았다.[39] 이전에 정부 밖에서 해밀턴과 워싱턴이 개인적인 정치적 권위를 행사하고 있는 가운데 존 애덤스가 대통령직의 공식적 권한을 지키기 위해 겪었던 어려움들을 고려하면, 제퍼슨이 "대통령직을 약화시켜서 개인적 권력을 증대시킬 것"이라는 존 마샬(John Marshall)의 예측에는 특별한 의미가 있다.[40] 호민관적 통치 방식이 대단히 인간관계 중심적이고 권력추구에 적대적인 상황에서, 제퍼슨은 책임지는 봉사라는 그 규범을 이용하여 유례없는 정도로 개인적 지휘권을 유지했던 것이다.[41]

이런 맥락에서 호민관적 풍조와 초기 단계의 제도들이 합쳐져서 제퍼슨에게 유리하게 작동했다고 할 수 있다. 연방 의회는 내적 발전에 있어서 아직 태아 단계에 있었으며, 마구잡이식의 전체위원회(Committee of the Whole)를 통해 대부분의 의정을 처리했다. 연방당 지도부가 물러나고 공화당 지도부는 행정부 고위직으로 옮겨간 상태에서, 새로운 다수당 공화당 의원들은 가지각색이었고 자기 역할에 대해 알지도 못했다. 따라서 이들이 무엇을 해야 할지에 대해 영감을 불어넣는 제퍼슨의 존재는 더욱 커질 수밖에 없었다. 공식적으로는 의회의 독립성을 존중하면서 비공식적으로는 선택한 의회 내 대리인들에게 자신의 선호를 알려줌으로써 제퍼슨은 의회의 지도부 공백을 자신이 메웠던 것이다. 통치 공동체 내의 우호적 분위기와 이 안에서 제퍼슨이 차지하는 위치 때문에 제퍼슨의 의사는 더욱 강력하게 받아들여졌다. 통제력이 비공식적으로 확보되자 제퍼슨은 의회에 대한 행정부의 존중을 공식화함으로써 추가적인 이득을 거둘 수 있었다. 제퍼슨이 비공식적으로 주도했던 어떤 의안이 실패했을 경우, 단지 공식적 입장만을 유지함으로써 어떤 개인적인 정치적 손상도 피해갈 수 있었던 것이다.[42]

물론 사법부는 제퍼슨이 결코 만족스럽게 해결할 수 없었던, 훨씬 복잡한 문제였다. 의회와 달리 사법 체계에서 제퍼슨은 종신직으로 임명된 연방파 집단을 상대해야 했다. 이따금 제퍼슨은 헌법 수정을 통해 종신직 원리에 직접 도전해보려고도 했다. 이를 위해서는 연방파 판사들의 판결에 대한 대중적 분노가 전제가 되어야 했으나, 이런 일은 이루어지지 않았다.[43] 이러는 동안 제퍼슨은 헌법 수정을 지지하는 방안을 포기하지 않은 채, 연방파 법원에 대해 일련의 공격들을 점점 강도 높게 감행했다. 먼저 그는 사법 체계의 중간층을 이루는 연방 검찰과 연방 사법경찰들을 선제적으로 정리했다. 이를 통해 공화당은 법원에 대한 접근을 관할하는 통로를 장악하게 되었고, 이에 따라 제퍼슨이 말했듯이 사법체계 상층의 적대 세력에 대한 "방패"를 얻을 수 있었다.[44] 그리고 나서 제퍼슨은 첫 입법 전략으로 1801년 사법부법(Judiciary Act)의 폐기를 추진했다. 전임 행정부 말년에 통과된 이 법은 존 애덤스로 하여금 공화당이 집권하기 직전에 다수의 신임 판사들을 임명할 수 있게 해주었다. 선거에서의 정치적 패배 이후 사법부에서 연방파를 강화시키려는 뻔한 시도에 대한 정치적 분노 때문에 사법부법 폐기의 급진적 함의가 가려졌지만, 이 시도에 의해 종신직 임명의 원리가 의문시되게 되었다. 폐기 법안이 효력을 발생하는데 대법원이 끼어들지 못하도록 공화당은 또 다른 비상조치를 통해 대법원의 다음 개정 시기를 일 년 연기시켰다. 그리고 나서 제퍼슨은 헌법 해석의 한계를 더 밀어붙여서, 연방파 판사들 중 가장 문제가 되는 판사들을 의회에서 탄핵하는 실험을 감행했다.

탄핵 전략은 추진하기가 쉽지 않았고, 초기에 성공했다가 곧 포기되었다. 그러나 연방파를 박멸하겠다는 정치적 이익을 위해 헌법 절차를 동원한 뻔뻔스러움치고는 제퍼슨에게 개인적으로 미친 해는 놀라우리만치 작았다. 비공식적으로는 지휘하면서도 의회의 의정활동에 간여하지 않는다는 공식적 자세를 제퍼슨이 견지했기 때문에, 일이 잘못되었을 때 다른 사람이 책임을 지도록 내버려 두면 되었던 것이다. 예컨대 두 번째 탄핵 시도에서 대법관 체이스(Samuel Chase)의 탄핵을 진두지휘하던 랜돌프(John Randolph)는 탄핵 시도들의 궁극적 목적에 열광하고 있음을 거침없이 드러내며 정작 탄핵 사유는 모호하게 제시했다. 체이스 해임에 대해 자기 당 충성파들 중에서도 다수의 지지를 간신히 획득한 공화당 원내 지도부는 심각한 상처를 입게 되었으나, 제퍼슨은 단지 탄핵 실험과 랜돌프를 포기해 버리기만 하면 되었다.[45]

사법부로부터 연방파를 몰아내려던 제퍼슨의 시도가 실패한 데 대해 논란이 분분하지만, 이후의 법정 싸움들의 기준으로 보자면 제퍼슨의 행동은 대단히 급진적이었던 반면 법원은 미온적이었던 것으로 보인다. 제퍼슨 시기의 연방 법원들에 있어서 가장 중요한 점은 이들이 제퍼슨으로 하여금 근본적인 정치적 기약들을 두고 대결을 벌이도록 압력을 가하지 않았다는 점이다. 전기 작가 페터슨(Merrill Peterson)이 주장하듯이, "중요한 사안들에 있어서 법원은 놀라울 정도로 제퍼슨 레짐을 묵인했다."[46] 대법원은 새로운 질서에 일격을 가할 수 있는 기회를 거듭 날려버렸다. 스튜어트 대 레어드(*Stuart v. Laird*) 판결에서 대법원은 1801년 사법부법의 폐기에 도전하려 들지 않았고, 이에 따라 연방파의 의도를 무산시켰다. 마버리 대 매디슨(*Marbury v. Madison*) 판결에서* 대법원장 마셜(John Marshall)은 마버리 편에서 행정부에 대해 의혹을 제기하고, 매디슨에 의해 거부된 마버리의 판사직을 원칙상 지켜주어야 한다고 훈계했다. 그러나 실제 판결은 1789년의 구 사법부법의 한 조항을 다룬 것으로, 마버리의 주장이 근거를 두고 있던 이 조항을 무효화함으로써 내용상으로는 공화당 입장을 정당화해 주었으며 연방파들에게 또 하나의 정치적 패배를 가져다주었다. 더욱이 마버리 판례에서 대법원이 입법의 합헌성에 대해 판단할 권위를 주장하기는 했으나, 합헌성 여부를 판단할 배타적인 권위를 주장한 것은 아니었다. 마샬의 방론(obiter dictum)에 대해 제퍼슨이 울화가 치밀었을 수는 있으나, 당시 대부분의 사람들이 그랬듯이 대법원의 관할권에 대한 마샬의 견해에 대해 별로 반대할 것이 없었을 것이다. 어쨌든 마샬은 제퍼슨으로 하여금 스스로의 해석을 따를 수 있게 해 주었던 것이다.[47]

법원의 또 다른 중대한 "도전"은 아론 버(Aaron Burr)의 반역죄 재판에서 이루어졌다. 버가 서부에서 병력을 양성하려는 음모를 획책했다고 제퍼슨은 공언했으나, 대법원장 마샬은 버를 무죄 방면함으로써 대통령에게 망신을 주려는 듯 보였다. 마샬이 실제로는 제퍼슨을 재판정에 세운 것이고, 유죄 판결의 여지가 없도록 반역죄 조항을 좁은 범위로 해석했으며,

---

* 역주: 1803년 연방 대법원의 판결로, 1789년의 법원조직법에서 규정한 조항(대법원이 행정부 관리에게 명령하여 법관 임명장을 전달하도록 한 조항)이 위헌이라고 무효화함. 대법원의 위헌심사권, 곧 사법심사(judicial review)의 기원이 됨.

이 과정에서 사법부의 독립성을 강화시켰다는 식으로 논의되곤 한다. 그렇지만, 장기적으로 사법부를 위해 마샬이 무엇을 성취했던지 간에 이 갈등의 개인사적 성격 때문에 그 영향은 별로 크지 않았으며, 단기적으로는 연방파 일인자였던 마샬이 해밀턴 살해범을 풀어줌으로써 얻은 것이 별로 없었다. 제퍼슨도 마샬 못지않게 얻은 것이 있었다. 재판에 출석하라는 소환장을 거부함으로써 대통령직의 제도적 위신을 세웠던 것이다. 이후 하원 지도부는 반역죄 조항에 대한 마샬의 좁은 해석을 변경하는 법안들을 상정하기도 했고, 상원은 버의 공범 중 한 명의 해임을 강제함으로써 대통령을 지원하기도 했다. 또 매사추세츠와 펜실베이니아 주는 자기 주 의원단들에게 판사들을 대통령이 해임할 수 있게 하는 헌법 수정안을 준비하라는 훈령을 보내기도 했다.[48]

스튜어트 대 레어드, 마버리 대 매디슨, 그리고 아론 버 재판을 관통하는 공통의 성격은 제퍼슨의 정치적 재편에 대한 사법부의 강력한 도전이 아니라 적대적인 행정 수반에 의해 완벽히 지배되고 있는 정치 지형의 주변부에서 법원이 자신의 권위를 수립하려던 것에 있다. 이후의 재편 대통령들의 리더십 프로젝트에 대해 법원이 감행한 전면적 공격은 이 경우에 전혀 실현되지 않았다. 그렇다면, 사법부와 제퍼슨의 싸움은 후에 유사한 위치에 있게 되는 대통령들에게는 훨씬 중대해지는 문제, 재편의 정치에 있어서 고질적인 문제의 전조를 보여준 것으로 이해하는 것이 최선일 것이다. 얼마 되지 않아, 그리고 별다른 영향도 없이, 정치적 관심은 버 재판으로부터 다른 긴급한 문제들로 바뀌었다. 연방 대법원장이 어떻든 간에, 레짐을 재구성하려는 제퍼슨의 노력은 비교적 수월하게 진행되었던 것이다.[49]

새로운 공화주의

아직 초기 단계에 있던 이 정치체에서 제퍼슨은 새로운 레짐을 구축하기 위해 주도면밀하게 움직였다. 제퍼슨은 연방파의 본거지까지 공화당에 대한 지지를 확장시켜서 상공업 이익을 자신의 남부 지지 기반에 결합시켰고, 이 과정에서 농민 정당의 의식을 지닌 상업 공화국을 수립했다.[50) 이런 맥락에서 사법부와 관료 및 금융 기관에 대한 성급한 행동을 자제한 것이 도움이 되었다. 연방파들만이 시장을 존중한다는 허상을 사라지게 해 주었기 때문이다. 그리고 제퍼슨이 성공하게 되면 위험에 처하게 될 사람이 아무도 없게 되면서, 제퍼슨은 보다 급진적인 입장으로 되돌아가게 되었으며, 전 영역에 걸쳐 자신의 새로운 공화주의(new Republicanism)를 주창했다.

제퍼슨의 재편에서 초석이 된 것은 정치 경제 질서에 있어서 우선순위를 바꾸는 것이었다. 연방파의 대전제였던 영구적이고 확장적인 국가 채무는 국내정책과 대외정책에 족쇄를 채워 왔던 것으로, 이에 대해 제퍼슨은 채무 상환을 강력히 원했다. 광범위한 변혁적 영향을 가져올 수 있음에도 불구하고 채무 상환은 국채를 전면 부인하는, 진정으로 혁명적인 대안에 비교해야만 "온건한" 것으로 보일 수 있다. 내국세의 폐지와 함께 이루어진 국채 소멸 계획은 정부의 작동을 새로운 기반 위에 올려놓았다. 연방정부의 주요 수입원이 제거되었으므로, 채무 상환 비용은 남아 있는 수입(대부분이 관세)에서 정부의 일상적 업무들에 대한 자금 지원 **이전에** 먼저 지불하게 되었다. 그 첫 번째 효과는 남아 있는 두 가지 연방파 제도들, 곧 상비군과 대양 해군을 없애는 것이었고, 주 민병대(state militia)와 해안 요새들과 연안 경비선들로 구성되는 "공화주의식" 국방 체계를 이루려는 길고도 험난한 여정의 시작이었다.[51)

재정과 국방에 있어서 이 새로운 기조는 급진적이고도 위험스러웠으며,

분명 권력이 분산된 농업 공화국이라는 지방 중심주의를 향한 신호였다. 문제는 국내외 상업적 이익을 증대시키려는 다른 공화파들의 이익을 무시하지 않고 이 기조를 지키는 데 있었다. 제퍼슨의 새 레짐은 연방파가 범한 두 가지 죄악을 동시에 공략했다. 정부 권력의 집중이라는 이단과 대외적 의존이라는 이단을 **모두** 몰아냈던 것이다. 또한 제퍼슨 행정부는 평화기 국가 채무의 증대를 거부하면서도, 연방정부 권력의 사용에 있어서는 **보다** 공격적인 태세를 취했다. 지방들을 연방정부의 손아귀에서 놓아 주었지만, 국가 위신을 보호하고 국내 시장을 구축하기 위해서는 연방정부를 **활용**했다. 임기 대부분의 기간 동안 제퍼슨은 유럽 무역의 호황에서 온 초과 수입 덕분에 이 상반된 대안들을 동시에 추구할 때 생기는 어려움을 피해갈 수 있었다. 증대된 관세 수입에 의해 새로운 정책들을 포기하지 않은 채 국채 상환을 계속할 수 있었으며, 이렇게 유리한 상황에서 제퍼슨은 여러 가지 매력적인 정책들을 제공하면서 미국을 자신의 정치적 목적을 향해 이끌었다. 지중해 해적들로부터 무역상들을 보호했고, 국토를 두 배로 확장시켰으며, 조만간 연방정부가 "각 주들의 강과 운하, 도로, 예술, 공업, 교육과 기타 다른 위대한 사업들을" 육성하기 시작할 날이 올 것이라는 기대를 모으게 되었다.[52)]

프랑스로부터 루이지애나 영토를 구입한 것은 당연히 임기 중 최대의 업적이었다. 그렇지만 제퍼슨의 정치적 재편에 있어서 루이지애나 구입이 지니는 의미는 구입 자체보다는 그 협상과정에 있었다. 애초에 스페인이 루이지애나를 프랑스에 할양한 것은 신생 레짐에게 중대한 위기를 가져왔다. 서부 개척지에 프랑스 제국이 복구된 것은 미국에게는 미시시피 강의 운항권과 뉴올리언스 항구 사용을 위해 강력한 군사력에 의존해야 하는 위협을 초래했던 것이다. 이는 궁극적으로 미국이 영국과의 군사 동맹을 강요당하는 상황을 초래할 것이고, 이로 인해 공화당은 거의 모든 원칙들을 포기할 수밖에 없게 되리라는 점을 제퍼슨은 알고 있었다. 그의 전략은 영국과의 동맹 가능성을 이용하여 프랑스를 압박하는 것으로, 암울한 전망이 현실화되지 않게 버텨가면서 나폴레옹이 목전의 이익을 따

져서 현금거래를 협상하도록 기다리는 것이었다.[53)]

뉴올리언스뿐 아니라 미시시피 강 서부의 스페인 할양지 전체를 팔겠다는 프랑스의 제안은 기대하지 않았던 행운이었지만, 이 자체도 중대한 문제를 야기했다. 후일에 퀸시 애덤스가 지적했듯이, 루이지애나 구입에서 제퍼슨이 행사할 묵시적 권한(implied powers)은 "워싱턴과 애덤스 행정부 시절 행사된 묵시적 권한보다 그 자체로 더 크고, 그 결과에 있어서 더 포괄적인" 것이었다.[54)] 존 애덤스 행정부에 대해 행정부의 권력 찬탈을 공격했던 정당의 리더로서 당연히 제퍼슨은 자신에게 새로운 영토, 그것도 당시의 국토만큼이나 큰 영토를 획득할 명시적인(explicit) 헌법적 권위가 없다는 사실에 대해 아무런 환상도 없었다. "독특하게도 우리만이 안전한 것은 성문 헌법을 보유했기 때문입니다. 이 헌법을 빈 종이로 만들지 않도록 합시다."라고 제퍼슨은 경고했다. 실제로 잠시 제퍼슨은 이 막대한 권력 행사에 명확한 근거를 제공하기 위한 헌법 수정을 고려했으며, 모든 이들이 애타게 기다리는 가운데 제퍼슨이 이 행동의 정당성에 대한 논의를 진행시키려는 듯 보이기도 했다.[55)] 그러다가 프랑스가 재고하려는 조짐이 보이고 더 이상의 지연이 구매 협상을 위험에 빠뜨릴 수 있게 되자, 제퍼슨은 적절성 문제가 더 이상 장애가 되지 않게 하기로 결정했다.

이 결정에서 제퍼슨이 위선적이었다는 비난으로부터 자유로울 수 있었던 것은 이 엄청난 업적이 정치적 일관성을 가져다주었기 때문이다. 루이지애나 구매는 제퍼슨의 정치적 프로젝트에 존재하는 상이한 메시지들을 너무나 절묘하게 조화시켜서, 기술적 문제에 관한 잡음들은 모두 잦아들게 되었다. 단 한수를 통해 제퍼슨은 공화주의 레짐을 영국 해군과의 강제 혼인으로부터 멀어지게 했고 독자적인 내적 발전의 가능성이 무한정한 미래로 향하도록 했다. 또한 서부로의 팽창은 번영하는 광대한 농업 공화국을 유지한다는 꿈을 보증해 주는 듯 보였으며, 반면에 미시시피 강과 뉴올리언스에 대한 통제는 거대한 상업 제국을 건설할 가능성을 열어주는 것이기도 했다. 뉴잉글랜드 구석으로 더 몰리게 된 연방파들만이 두려워할 이유를 지니고 있었다. 제퍼슨의 승리에 절망하게 된 이들은, 자기 지역들조차 새로운 공화주의의 주문에 빠져들고 있다는 사실도 깨닫지 못한 채, 연방으로부터의 분리를 궁리하게 되었다.

첫 번째 임기에 제퍼슨이 이룬 재편의 업적은 공화당 패권을 공고히 하기 위한 헌법 개정에서 절정에 달했다. 1804년 선거 전날 밤에 비준된 헌법 수정 12조는 대통령 선거와 부통령 선거를 형식적으로 분리함으로써 연방파들에게 유일하게 열려 있던 정치적 전략을 막아버렸다. 결과적으로 이로 인해 공화당은 전국적인 정치조직으로 커가는 힘을 활용하는 것이 쉬워졌고, 연방파들로서는 1801년의 모략을 되풀이하는 것이 불가능해졌다. 사실, 대통령과 부통령 후보라고 당연히 여겨졌던 제퍼슨과 버가 선거인단 득표에서 동수가 된 것은 공화당 조직이 달성한 효율성의 수준을 보여주는 것이었으며, 하원 결선투표에서 버를 지지함으로써 제퍼슨을 패배시키려 했던 것은 연방파들이 범한 마지막 폭거였었다. 수정 12조로 인해 1804년 선거는 제퍼슨을 무적으로 만든 무대, 곧 국민적 합의를 이루고 전국적인 연합을 구축한 무대 위에서, 심하게 부상당한 상대방으로 하여금 제퍼슨과 다시 시합을 하게 만들었던 것이다.[56)]

정부제도들 간의 관계를 재구성한 것과 마찬가지로 정당 건설에 있어서도 제퍼슨의 리더십은 지금까지의 논의들과 정반대를 보여준다. 대통령의 선택에 따르는 영원한 딜레마를－제퍼슨의 경우, 포용이냐 개혁이냐의 문제, 화해냐 혁명이냐의 문제, 당파성이냐 국가 지도자냐의 문제, 질서냐 변화냐의 문제들에 대한 갈등－강조한 나머지, 제퍼슨이 얼마나 쉽게 이 선택들을 타협시켰는지, 또는 둘 다 가지게 되었는지 알 수 없게 되었던 것이다. 제퍼슨의 경우는 정치적 변화가 정치 질서를 실제로 재가동시킨 드문 경우였다. 이미 실패한 대안에 대해 대단히 상이한 이익들과 에너지를 풀어 놓음으로써 제퍼슨은 첫 번째 임기 동안 완전히 새로운 정치 공간을 만들어냈다. 이전 레짐에 대한 거부를 확대시킴으로써 연방주의적 통치 체계가 불신당한 역사의 먼지통으로 안전하게 전락해가는 동안, 자신의 행동에 따라 생겨난 다양한 대안들로부터는 일정한 거리를 유지함으로써 제퍼슨은 놀라울 정도로 광범위한 이익들이 권위를 인정하는 역사적 위치를 구축할 수 있었던 것이다.

물론, 공화당 모두가 대통령이 닦은 이 편안한 길에 만족한 것은 아니었다. 연방주의를 닮은 것들을 유지하는 것이 이 신생 레짐에 대한 지지를 확대해 주기는 했으나, 연방정부에 대한 제한을 무시한 연방파들에게 분노하여 애초에 제퍼슨을 지지했던 많은 사람들에게는 불편함을 초래했다. 이 "구 공화주의자들"은 남부에 밀집해 있었고, 확장적인 새 정통이 자신들의 이름하에 만들어지는 것을 염려했다. 1805년에 이들의 우려는 야주(Yazoo) 지역의 오래된 소유권 분쟁을 해결하려던 제퍼슨 행정부의 노력을 무산시킬 장도로 강력해 졌다. 조지아 주와 미시시피 강 사이에 위치한 이 토지들에 대한 소유권은 대부분 의심스러웠고 주로 뉴잉글랜드와 동부의 투기꾼들이 보유하고 있었다. 이 분쟁을 빨리 처리하기 위해 제퍼슨 행정부가 설립한 위원회는 소유권을 주장하는 사람들에 대한 보상을 추천했다. 순수주의자의 리더라고 자부하던 존 랜돌프에게 이 사건은 연방주의자들이 벌인 최악의 폭거와 구분이 안 되는 분노의 대상이었다.

이 거래를 파기시키는 것은 랜돌프에게는 새로운 체제에 대항하는 가장 효과적인 항의 수단이 되었다. 그렇지만 공화당 구성원들 사이에서 분열을 조성하려는 노력으로서는 훨씬 목표에 달하지 못했다. 실제로, 야주 토지 거래에 대해 선동하면서도 랜돌프는 정의로운 길에서 멀어졌다는 비난에 대통령이나 행정부를 직접 연루시키지 않기 위해 조심했다.[57] 불편하기는 했으나 대부분의 구공화파들에게는 이 행정부에 동질감을 지니고 충성스러운 지지를 계속해야 할 충분한 이유가 있었다. 최소한 제퍼슨의 프로그램에는 이들이 원하는 방향처럼 보이는 것들이 충분히 많았고, 새로운 패권 정당이 만들어지고 있어서 그 밖에서는 자신들의 관심이 어떤 정치적 대표도 받지 못할 것이었기 때문이었다. 제퍼슨의 "새로운" 공화주의에 대한 대안이 없다는 것은, 랜돌프가 더 직접적인 비판을 거듭하다가 고립되어 축출되자 너무나 명백해졌다. 제퍼슨이 촉구한대로, 랜돌프는 하원 세입위(Ways and Means Committee) 위원장직 유임 시도에서 실패

하게 되었던 것이다.[58]

존 마샬과의 "전쟁"과 마찬가지로, 제퍼슨의 랜돌프 축출은 원형적인 재편 리더십에 핵심적 요소이다. 돌이켜 보면, 이 난관들 둘 다는 이후에 훨씬 중대해지게 되는, 재편의 정치에 만연하는 문제들의 전조로 보인다. 과거 질서로부터 남아 있는 제도적 세력의 리더로서 마샬과, 과거 반대당의 양심을 자부하는 랜돌프 둘은 미국 정치와 정부의 조건을 재구성하려는 독자적 권위를 주장한 제퍼슨에 대한 저항의 근원이었다. 중요한 점은, 이후의 재편에서는 이런 저항을 감행하는 데 있어서 이들과 같은 존재들이 훨씬 강력해졌다는 점이다. 그러나 후일의 재편 리더십과 달리 제퍼슨은 이들을 지나쳐서 순항했다. 경이로운 첫 번째 임기를 마치고 나서 이제 핵심 문제는 제퍼슨의 새로운 정치적 종합이 지속될 수 있을지 여부가 아니라, 과연 실제로 작동할 수 있을지 여부가 되었다.

신념의 비약

상황이 급변한 것은 1807년으로, 미국 상선들에 대한 영국의 새로운 도발에 직면하여 제퍼슨은 문제 해결을 위해 먼로가 영국과 협상한 조약을 상원에 제출하는 것조차 거부했다.[59] 제이 조약의 굴욕을 연상시키는 불리한 조건을 받아들이는 대신, 제퍼슨은 공화주의적 대안을 실험하여, 먼저 영국으로부터의 수입을 제한했고, 영국과 프랑스 양측의 적대적 반응 속에 모든 국가들과의 무역을 금지했다. 처음에 제퍼슨은 이 무역 제한 조치를 전쟁을 대비해 국가의 자원을 보존한다는 전통적 의미로 이해했다. 그러나 점차 이 제한 조치들은 전혀 다른 것으로 변해 갔다. 전쟁에 대한 대안으로 경제적 강압의 가능성을 모색하는 끝 모를 실험이 되었던 것이다. 이 대안을 최대한 실험하는 것이 대단히 중요하다고 여겼으나 ("이런 실험은 최초이며, 그 효과를 충분히 아는 것은 대단히 중요하다"), 언젠가 이 새로운 외교수단(statecraft)이 전쟁보다 국가에 더 부담이 되리라는 것을 제퍼슨은 알고 있었다.[60] 미국민의 경제적 희생이 참을 수 없을 만큼이 되고 전쟁이 불가피해지기 전에 과연 영국이 미국의 이익을 인정하게 될지를 제퍼슨은 알아보려 했던 것이다.[61]

금수(embargo)를 전쟁의 서곡이 아니라 잠정적인 대안으로 변형시킨 것은 사실 적국으로 하여금 미국의 이익에 응하도록 강제하는 경제 제재를 통해 국가의 독립을 가장 잘 보장할 수 있다는 원래의 공화주의 신조와 밀접히 연관된 것이었다. 이 신조는 연방주의자들이 제대로 모색해 보지 않은 선택이었으며, 연방주의자들의 일차적 충동과-굴복해서 국가 독립을 포기하는-이차적 충동-전쟁을 벌여서 대규모 군부와 세금, 채무에 시달리게 되는-모두에 반대한 것이었다. 그렇지만 하나의 정치적 신조를 국민들이 얼마나 지지할 것인지 실험하는 것으로는 제퍼슨의 마무리 작업은 거의 충격적이었다. 공화주의적 대안을 밀고 나가기 위해 무한정한 무역 금수를 실행함으로써 얼마 지나지 않아 이 대안의 의미 자체를 즉흥적으로 부여하는 것으로 변질되었던 것이다.

금수조치에서 고려되었던 전국적인 금지와 경제적 희생의 규모는 일찍이 제퍼슨이 주장했던 지방 분권 자체를 무색하게 만들었다. 그러나 이 점은 제퍼슨의 권위와 연관하여 보면 놀랄 일이 아닐 수 있다. 제퍼슨은 연방 권력을 적극적으로 사용하려는 성향을 늘 보여 왔었으며, 어쨌든 이 경우는 전쟁이라는 훨씬 큰 재난을 벗어나기 위해 비상상황에 대응하려는 시도였던 것이다. 이 금수조치가 오늘날의 대통령이라면 거의 할 수 없는 행위인 이유는 이 조치가 미국 경제의 중심에 대한 전면적 공격이 되었다는 점이다. 경제를 보호하기 위해 전쟁을 감행하는 대신에, 제퍼슨은 미래의 경제에 대한 자신의 정치적 비전을 이루기 위해 거대한 일보 전진을 하기로 결정했다. 제퍼슨은 이 국제 위기를 "오지에서나 해보았던 정책, 곧 장인과 농민을 이웃으로 살게 하고 서로의 노동과 생산물을 가가호호 교환하게 하는 정책으로 중대한 전환을 할" 때라고 보았다.[62] 제퍼슨의 금수조치는 국내 제조업 육성과 국토 개발을 통해 외국 정부에 대한 의존으로부터 벗어나는 국내 시장의 개념을 (국제 무역과 농업 잉여를 통해 점진적으로 국내 시장이 육성될 수 있으리라는) 단순한 전망으로부터 국가 행동의 핵심적인 정당성이자 최우선 과제로 변형시켰던 것이다. 이 금수조치는 영국이 미국 시장에 대한 의존을 제대로 깨닫고 미국의 이익을 인정할 때까지 견뎌보려는 미국민들의 결의만을 실험한 것이 아니었다. 가장 즉각적인 이익이 걸려있는 세상을 싸우지도 않고 포기하고 그 대신에 앞으로 다가올 일들을 이해해 보려들 것인지에 대한 결의를 실험한 것이기도 했다.

재편의 수단으로 인식되었다는 점 다음으로 금수조치가 경이로운 것은 이를 추진하는데서 제퍼슨이 누렸던 정치적 자유이다. 이미 은퇴를 공약했고 국가 경제를 강제로 뒤집어놓은 임기 8년차에 제퍼슨이 행사한 권위는 상상을 초월한다. 재무장관 갤러틴은 대통령에게 "금수 조치의 본질상, 조치만큼이나 강력한 수단들의 도움이 없으면 집행될 수 없습니다."라고 조언했고, 제퍼슨은 이에 동의했다. "금수를 지속하는 것이 전쟁보다 나은 것인 한 (모든 사람이 이에 동의하듯), 그 목적을 달성하기 위해 필요한 모든 수단들을 의회가 합법화해야 합니다… 이 법은 세입을 초과하지 않는 범위에서 어떤 비용을 치루더라도 집행되어야 한다는 의견입니다."라고 제퍼슨은 답했다.63)

1808년 초에 의회는 제퍼슨의 정책을 여러 차례 승인했고 유례없이 강력한 집행 권한을 위임했으며, 유럽에서 평화가 복구되거나 프랑스와 영국이 적대적인 법령들을 철회할 때까지 대통령이 이 권한들을 행사할 것이라는 지침과 함께 휴회했다. 이 정책의 파멸적 결과에 점점 더 반대의 강도를 높여갔던 반대당은 효과적인 도전을 감행하는 데 실패했다. 행정부 내 고위급들이 품었던 의심도 별다른 효과를 가져 오지 못했다. 마찬가지로, 제퍼슨이 실제로 문밖으로 나가기 전까지는 공화당내에서 깊어지던 파벌 간 이견도 별로 감지되지 않았다. 일 년 넘는 기간 동안 대통령에게 제약을 부과한 것은 견제와 균형이 아니라, 이처럼 믿기 힘든 범위의 정책을 집행할 수 있는 연방정부의 능력이 아직 형성되지 않았다는 사실이었다. 금수조치를 지탱하는 데에는 정부 권력보다는 대통령의 권위가

훨씬 크게 작동했던 것이 진실이었던 것이다.[64)]

지닌 자원들을 최대한 활용하면서 제퍼슨은 경제적 재편의 나사못을 점점 더 조여 갔다. 그가 만들어 놓은 정치 조직들은 제퍼슨의 구상들을 다시 주장했다. 1808년 선거는 국채 상환과 내국세 폐지, 평화로운 내적 발전의 모든 자취들을 강력히 옹호하는 장이 되었다. 남부 경제의 황폐화와 북부에서 금수에 대한 만연된 저항, 공화당 내 분열의 심화와 연방파 세력의 부활에도 불구하고 공화당은 대통령의 최측근 참모 제임스 매디슨의 승리를 이끌었고, 양원에서 안정적인 다수를 유지하게 되었다.

선거가 끝나자 금수 조치를 가장 가혹하게 집행하는 법안이 통과되었고, 이는 궁지에 몰린 뉴잉글랜드 공화당을 더 이상 견딜 수 없는 지경으로 몰고 갔다.[65)] 사실, 금수조치로 인해 뉴잉글랜드는 "다시 연방당"이 되었을 뿐 아니라, 그나마 남아 있던 미국의 국력이 탕진되었고, 무법 상황이 만연하게 되었으며, 소요사태를 불러왔고, 전 세계 무대에서 미국은 망신을 당했다. 마침내 의회가 나서게 되었다. 하지만 중요한 것은, 의회가 이 정책의 내용까지 통제하게 되었으면서도 어떠한 진정한 대안도 제시하지 못했다는 점이다. 진실의 순간은 제퍼슨이 은퇴하기 6주 전, 1809년 2월에 다가왔다. 이 실험을 종료하기 위한 조건들을 제시한 행정부 안이 부결된 것이다. 뒤이어 뉴잉글랜드 공화당 의원들은 당의 지침에서 이탈하여 금수조치 만료일을 (행정부가 설정한) 1809년 6월에서 매디슨의 임기가 시작되는 3월로 바꾸어 버렸다. 이 외에도 제퍼슨 행정부가 선호했던 정책 대안, 곧 믿을 만한 전쟁 위협에 대한 조항 역시 크게 완화되었다. 이 사태의 결말은 모든 무역에 대한 금수를 영국 및 프랑스와의 비접촉 정책으로 바꾼 것이었다.[66)] 체면을 차리기에는 크게 못 미치는 조항들을 통해 의회는 상업적 차별이라는 제퍼슨의 기본 전략을 원칙적으로 유지하면서 현실적으로는 무역상들이 이익을 추구하기 쉽게 만들어 주었던 것이다. 이 조치들은 강요된 근대화와 전쟁 모두를 거부함으로써, 이제 매디슨에게는 제퍼슨의 원칙을 무언가 다른 방식으로 작동하게 만들어야 하는 불가능한 의무가 남게 되었다.

만일 제퍼슨이 보다 강력한 저항에 줄곧 직면했었더라면, 아마 그는 이런 식의 작별을 그간의 상황이 역전된 것으로 여겼을 수 있고, 그리 개인적인 것으로 받아들이지 않았을 것이다. 어쨌든 제퍼슨이 정부에 새겨 놓은 이념과 이익의 독특한 혼합물은 그가 은퇴할 당시에 온전하게 남아 있었다. 뉴잉글랜드 공화당의 이탈은, 어떤 불만에도 불구하고 제퍼슨의 실험이 어쨌든 그들의 뒤뜰에 제조업의 밭을 일궈 주었다는 사실을 가려버린 것이다. 또한 유례없을 정도로 연방정부의 권위를 내세우고 경제적 희생의 타격을 가져 왔음에도 불구하고 남부 공화당이 변치 않은 충성심을 보인 것은 이들에게는 특히 무역상들의 지령에 따라 움직이는 군대와 채무, 세금보다 더 두려운 대상이 없었다는 사실을 의미한다. 1809년에 제퍼슨의 지시에 도전했던 공화당 의원들은 새 레짐을 변경시키려던 것이 아니라 이를 제도화하려던–단순한 대통령 의지의 산물이 되지 않도록 하려던–것이었다. 지방주의 가치**와** 제조업 이익, 농본주의 꿈**과** 근대화의 열정, 경제**와** 개입주의, 평화**와** 독립, 내적 발전**과** 외적 팽창, 반군사주의**와** 상업적 야심, 제퍼슨은 이 모든 것들 각각이 정부 정책 내에서 정당성을 주장할 수 있는 충분한 공간을 확보해주었고, 다음 재편의 권위가 주장되기 전까지 여러 명의 대통령들은 이 업적 속에서 허우적대게 되었다.

이미 찾아낸 길에서

제임스 먼로는 신생 공화국의 생존 문제에 몰두하지 않으면서 취임한 첫 대통령이었다. 1812년 전쟁으로 건국 초기의 국제 위기들은 막을 내렸고, 이 과정에서 연방당의 가련한 잔재들은 분쇄되었다. 제임스 매디슨 행정부 후반이 되어 제퍼슨의 정당은 거의 모두를 포괄하는 정치적 합의를 이루고 있어서, **국가 자체**였다. 1817년 먼로는 이처럼 대외적으로 안전하고 대내적으로 확고하며 정치적으로 올바른 정치체에 대한 책임을 맡게 되었다. 먼로는 열정적으로 선언했다. "중대한 위험과 어려움들은 이제 지나갔습니다."[1] 또 취임사에서도 "어떤 행정부도 이렇게 밝은 전망 아래 시작하지 않았고, 이렇게 완전한 성공을 거두지 못했습니다."라고 단언했다.[2]

이 시기는 이미 이루어진 합의 위에서 미완의 과업들을 완수하며 연방 정부 권력의 건설적 활용을 보여줄 때였으며, 이러한 과제들을 책임지는 데 있어서 먼로보다 더 적임자는 없었다. 먼로는 공화당 대통령들에게 충성을 다하며 상층부까지 올라섰으며, 공화당 구파와 신파 모두와 긴밀한 관계를 지니고 있었다. 실제로 "공화당 구파"는 제퍼슨이 구축했던 포괄적 연합에 대항하여 공화당의 본래의 원리를 지키기 위해 먼로에게 1808년 선거에 출마해서 매디슨과 경쟁해 줄 것을 촉구하기도 했다. 솔깃하기는 했으나 먼로는 끝내 물러섰다.[3] 매디슨의 그늘에 서 있는데 대한 갑갑함과 자신이 협상해 온 영국과의 통상 협정을 일거에 거부한 제퍼슨에 대한 섭섭함을 이겨내고, 먼로는 굳건한 인내심으로 자기 차례를 기다리면서 마침내 매디슨의 국무장관이자 후계자로 복귀했다. 그의 선택은 현명했다. 대통령직에 오르게 되어 공화주의에 대한 헌신적 봉사 경력의 정점을 찍게 되었던 것이다. 자신이 지닌 정치적 유산이 진정한 정부 원리를 구현한 것이라는 흔들림 없는 신념을 지니고 먼로는 이 레짐이 약속했던 모든 것들을 실현하고 이 황금기의 연방정부 역할에 대한 핵심적인, 심지어 프로그램과도 같은 지침을 제시하려 했다.

하지만 이 신임 대통령은 이런 기회에 따를 수 있는 중대한 도전에 대해서도 간파하고 있었다. 자신에 대한 큰 기대감의 압박 속에서, 먼로는 예상되는 변화를 관리하고 적절성의 경계를 넘지 않도록 주의해야 할 필요성을 깨달았다. 완성을 눈앞에 둔 레짐의 본질을 수호해야 하는 섬세한 과업이 그로 하여금 국가 전체의 낙관주의에 정치적 기율(discipline)을 결합시키기 위해 주의를 기울이게 만들었던 것이다. "우리에게 아직 남아있는 일을 생각함에 있어서, 우리 정부가 얼마나 완벽에 가까이 다가왔는지 명심해야 합니다."라고 먼로는 모든 이들에게 촉구했다. "다가올 듯한 정상에 도달하려면 무엇보다도 이미 찾아낸 길을… 보존하겠다는 확고한 결의가 필요합니다."[4] 한마디로, 이것이 바로 먼로가 지게 된 짐, 정치적으로 중대한 것들 중 어느 것도 바꾸지 않으면서도 다양한 가능성들로 끓어오르고 있는 레짐을 이끌어야 하는 짐, 기존의 정치를 혼란스럽게 하지 않으면서 국가를 변화시켜야 하는 짐이었던 것이다.

먼로 행정부의 거대한 업적들에 대한 먼로 자신의 역할을 과소평가하고, 너그러운 위임이란 먼로의 호민관적 태도를 제퍼슨주의 레짐의 정치적 해체에 연관시키는 데 익숙해졌기 때문에, 우리는 먼로가 감당하게 된 리더십 과제의 중대함을 간과해왔다. 사실, 먼로는 대통령 행동의 올바른 기준 하에서 대통령직을 수행해야 했고, 이것이 그의 통제력을 심각하게 제한했다. 또한 그가 기대했던 "호감의 시대"(era of good feeling)가 파멸적인 분파적 이익들 간의 대립으로 쪼개져 갔던 것도 사실이다. 그렇지만 먼로가 당시 가장 적극적인 개혁가들을 (퀸시 애덤스, 존 캘훈, 앤드류 잭슨) 가까이 했고, 이들에 대한 헨리 클레이의(전쟁부를 맡아 달라는 대통령의 요청을 자신의 격에 맞지 않는다고 여겼던) 도발적인 혹평에도 불구하고 이 젊은 국가주의자들의 꿈을 확산시키기 위해 다른 어떤 대통령들보다 애를 쓴 것도 사실이다. 1820년대 제퍼슨식 정치의 자살 경로를 변경하는데 아무 것도 할 수 없다고 생각했던 무관심한 먼로(aloof Monroe)도 있었지만, 제퍼슨주의 레짐의 분열을 초래한 중요한 일들을 의도적으로 후원했던 관여하는 먼로(engaged Monroe)도 있었던 것이다.[5)]

레짐 표출가 호민관

먼로의 책임은 제퍼슨과 달랐으며, 이 차이가 대통령이 만드는 정치의 두 번째 원형을 제시한다. 제퍼슨은 잃어버린 원리의 복구를 이전 정치의 거부와 결합시킨 반면, 먼로는 자신의 정치적 정체성과 역사적 상황에 따라 자신의 리더십이 물려받은 원리들의 순전히 건설적인 구현이 되도록 했다. 그의 리더십은 전형적인 정통-개혁가의 딜레마에 관한 것이다. 이전의 것에 대한 정치적 대안을 투사하지 않으면서 어떻게 대통령 권력을 행사하는가, 기존의 정치적 기반들에 의문을 제기하지 않으면서 어떻게 새로운 가능성을 모색하는가, 이전의 합의를 신봉하는 자들 간에 분파적 저항을 촉발하지 않으면서 어떻게 장기간 미제로 남아있던 아젠다들을 완수하는가, 변화가 가져오는 질서-파괴적 충격을 어떻게 완화시키는가 하는 문제들이다. 일반적으로, "이미 찾아낸 길"을 따라 더 멀리 전진할수록, 정통-개혁가의 정체성은 더 심한 시험을 받게 된다. 그의 정치적 권위는 레짐의 본질을 보여주는 것과 새로운 상황에 대한 적실성을 보여주는 것 양자에 똑같이 달려 있다. 정통-개혁가의 문제는 바로 이 두 목적이 예외 없이 서로 충돌한다는 데 있다. 오랫동안 예고되었던 이상을 실현시킬 좋은 기회를 포착했다가, 자신이 서 있는 근거 자체가 의문시되도록 만드는 것이다.

이러한 역사적 위치를 구축하려던 먼로의 시도는 유사한 상황에서 집권한 모든 대통령들의 전형적인 모습을 보여준다. 우선, 정책 프로그램들을 집행하면서 먼로는 체계에 활력을 불어넣었다. 물려받은 기약들과 당시의 가능성을 종합한 비전으로 당을 전진시키다가, 혼란과 비난 속에 당이 휘말리게 되었다. 새로운 정책들을 집행해 나가다가 기존의 규칙들이 얼마나 쓸모가 없는지를 드러내 버렸다. 물려받은 정책기조들을 보다 높은 수준으로 표출하려다가 정치적 일관성을 무너뜨려 버렸다. 이렇게 프로그램들이 붕괴되는 일이 반복되고 반복되었지만, 이것만이 문제가 아니었다. 뒤에서 설명하겠지만, 표출의 정치와 재편의 정치 간의 차이는 다른 어떤 경우보다 먼로와 제퍼슨을 비교할 때 뚜렷해진다.

제퍼슨의 경우와 마찬가지로 먼로의 경우에도 건국 초기 연방정부의 조직 규범과 통치 자원들로 인해 대통령의 권력 행사에 있어서 권위 관계가 실제보다 과장되었다. 호민관적 정서로 인해, 제퍼슨의 정통을 먼로가 표출하는 데 있어서는 정치적 불만과 분열이 극단적으로 부각되고 제퍼슨의 재편에 있어서는 정치적 유연성이 극단적으로 부각되는 것이다. 두 경우 모두에 있어서 워싱턴 정계가 지방의 사회경제적 중심들로부터 비교적 고립되어 있었고 대통령의 권력 행사에 대한 안정적인 제도적 기반이 결여되어 있었으며, 특정한 행동에 대한 대통령의 권한 주장들에 대해 명망가 정부가 대단히 민감하게 반응했었다는 점들이 반영되어 있음을 알 수 있다.

다른 호민관 대통령들과 마찬가지로 먼로는 명성을 이루려는 것이 아니라 명성을 확인하고 장식하기 위해 권좌에 올랐다. 그의 가장 소중한 리더십 자원은 독립혁명을 이끈 명망가들 중 마지막으로 남아 있는 존재이자 제퍼슨과 매디슨의 유산에 대한 부인할 수 없는 후계자라는 위치에 있었다. 정치적 연속성을 주장하는 것이 먼로의 특출한 영역이었고, 변화를 지속성의 모습으로 가리는 것이 그의 장기였다. 먼로가 자신의 겉모습이나 적절한 매너에 너무 집착했을 수도 있으나, 영향력과 통제력을 보여주는데 있어서 더 나은 수가 별로 없었다. 예컨대, 젊은 국가주의자들을 후원하면서 먼로는 혁명 당시의 낡은 복장을 하고 수도와 전국을 순시했다. 그를 본 모든 사람들은 국가에 대한 먼로의 봉사를 기억하게 되었는데, 먼로 행정부의 새로운 프로젝트들에는 이런 식으로 그의 개인적인 경력이 영향을 미치게 되었던 것이다.

그가 지닌 자원이 대단히 개인적이라는 것을 고려할 때, 먼로는 특히 첫 번째 임기 동안 상당히 효과적으로 행동할 수 있었다. 이에 대한 사례로 존 퀸시 애덤스를 국무장관에 임명한 것을 들 수 있다. 이 결정은 정치적 중요성을 지닌 먼로의 첫 번째 결정으로, 헨리 클레이를 적대적으로 만든 것이자, 먼로 행정부의 특징을 결정한 것이었다. 표면적으로 이 결정은 충격적인 선택이었다. 제퍼슨주의 레짐 시기에 국무부는 대통령직에 오르는데 필수적인 것이 되어서, 이 자리에 대한 대통령의 선택은 선호하는 후계자를 지명하는 것으로 널리 알려져 있었다. 국무장관직의 당연한 후보이자 이 자리를 간절히 바랐던 클레이는 가장 확고한 자격을 갖추고 있었다. 반면에 존 퀸시 애덤스는 제퍼슨이 몰아낸 연방파 대통령의 아들이며,* 정치적으로 전향하기는 했으나 공화당 노선의 주변부에 있었다. 먼로는 애덤스를 임명하는 데 따르는 명백한 위험을 받아들였으며, 자신의 개인적 명성이 이 충격을 흡수할 것으로 확신했고, 보다 원대한 자신의 정치적 목적을 처음부터 명확히 하려고 작정했다. 사실, 먼로에게는 연방당의 부활보다 더 시급한 우려가 있었고, 클레이의 야심보다 더 근본적인 걱정거리가 있었다. 먼로의 권위에 대한 가장 큰 위협은 버지니아주 출신이 대통령직을 독점하는 데 대한, 그리고 국무장관이 대통령직을 승계하는 자리인 것으로 당연시되는 것에 대한 분노가 당내에서 쌓여 가는데 있었다. 임명 당시에는 이 신임 대통령은 물론이고 누구도 애덤스가 이런 식의 대통령 집권의 길을 되풀이 할 수 있을 정도로 막강한 지지 세력을 구축하리라고 내다보지 못했다. 실제로 이 선택은 정반대 방향, 즉 클레이와 달리 애덤스는 거론될만한 정치적 기반이 없다는 사실을 가리키는 것처럼 보였다. 해외 경력만 있는 외교관을 끌어들임으로써 먼로는

* 역주: 존 퀸시 애덤스는 2대 대통령 존 애덤스의 아들임.

당내에 재능과 영향력이 널리 분산되어 있음을 자신이 인식하고 있다는 신호를 보냈으며, 차기 행정수반 선출을 일반 당원들의 독립적 판단으로 미루었다. 이로써 먼로는 뉴잉글랜드 공화당도 전국적인 공화당 연합의 온전한 일원임을 인정할 수 있게 되었고, 장래의 대통령 선출 기회를 다른 행위자들에게 열어 주었으며, 당내 지지자들에게 강력히 호소할 수 있게 되었다. 애덤스 임명은 자신의 정당이 절정에 도달했음을 선포하는 호민관식 방식이었으며, 다른 모든 이들에게 기회를 확대시켜 줌으로써 클레이의 분노를 행정부에 전혀 영향을 미치지 못할 하나의 성가신 소란 정도로 만들어버렸다.6)

이 점은 일반화될 수 있다. 임기 내내 먼로는 자신의 독특한 개인적인 지위를 활용하여 공화당 내에서 들끓고 있던 야망들을 포섭하고 이들로부터 일종의 정치적 합의와 행정부 내 단합을 이끌어냈다. 정치적 완벽함의 과시로써 먼로는 임기를 마치며 이를 기념하는 전국 순회 방문을 했다. 조지 워싱턴과 마찬가지로 먼로는 국민들 앞에 직접 나서서 메시지를 전달했다. 그리고 나서 수도에 돌아와서는, 정치적 혼란을 가져올 것이 분명한 거대한 계획들을 가다듬고, 이에 대한 반대세력들을 어루만져 만장일치처럼 보이도록 만들었으며, 새로운 출발을 위협하지 않은 것처럼 보이도록 포장했다. 정통-개혁의 정치적 합의를 모호하게 만드는데 집요하게 노력했던 먼로는 자신의 행정부가 어떤 나쁜 결과에 대한 책임도 지지 않도록 하기 위해 주의를 기울였다. 워싱턴과 함께 먼로가 도전자 없이 재선에 성공한 두 명의 대통령이라는 것은 우연이 아니다. 이런 승리를 준비하기 위해 4년을 보내고 나서 먼로는, 그렇지 않다는 증거가 빠르게 쌓여가고 있음에도 불구하고, 자신의 재선이야말로 그가 만들어놓은 겉모습의 세계에 대한 확인으로, 곧 미국 정부가 실로 "인간이 만든 제도들이 도달할 수 있는 최고의 완벽함"을 실현하기 직전에 와 있다는 틀림없는 증거로 간주했다.7)

그러나 1821년에 이르러 겉모습과 현실은 점점 더 멀어져 갔고, 대통령의 생각들은 신뢰성의 한계를 넘어서고 있었다. 먼로는 변화를 위협하지 않은 것으로 포장하는 데 최선을 다했지만, 이제 개인적 명성은 골치 아픈 도전들에 상대가 되지 못했으며, 정치체의 질서를 잡는데 그가 지닌 제도적 자원의 한계는 이미 뚜렷해지고 있었다. 자신의 권위를 성공적인 합의와 동일시함으로써 먼로는 이미 실제로 벌어지고 있던 거대한 변화들에 대해 어떤 명확한 메시지도 보낼 수 없었고, 그가 그토록 소중하게 여겼던 자세, 곧 모든 싸움의 위에 존재한다는 태도는 정치적 조정을 만들어내려는 노력에 장애가 되었다. 내각 밖에 있는 사람들이 "호감의 시대"가 정처 없이 표류하고 있는 것처럼 느끼기 시작했다면, 이는 이들의 리더가 숨어 있었기 때문이 아니었다. 국가를 어디로 데려가고 있는지 하는 문제에 대해 호민관적 국가 지도자의 원칙으로 인해 먼로가 그간 이루어 온 영광만으로 대응했기 때문이었다. 전국 순회를 하면서 먼로는, "완벽 직전"의 순간을 무한정 연장하다보면 알아차리지 못하는 새에 미래로 나아갈 수 있다는 듯이, 국민들에게 올바른 궤도에 있다고 되풀이해서 말했다.[8] 전쟁과 영토 팽창, 경제적 구조조정, 그리고 민주화의 충격파는 그리 쉽사리 흡수되지 않을 것이었다. 정당 간 분열을 넘어섰다고 먼로가 자부했던 국가 전체 수준의 정치와는 달리, 과거 정당 대결들에 대한 기억이 남아 있던 주들과 지방의 정치에서는 새로운 형태의 정당간 투쟁이 이미 꿈틀대고 있었다.[9]

호민관 정치의 제약은 제퍼슨과는 다른 방식으로 먼로의 리더십 프로젝트에 작동하게 되었다. 두 대통령 모두 중립적 봉사의 규범을 채택했고 국가 이익을 위한 가장 포용적인 경로를 목표로 했지만, 그들의 행동은 완전히 다른 방식으로 정치화되었다. 제퍼슨이 당파성과 호민관적 의무를, 즉 직접적인 정치적 관리와 국가에 대한 존경스런 봉사를 융합시킨데 비해, 먼로는 이 상반된 목적들을 조화시킬 방도를 찾기 힘들었다. 자신의 관점을 실행시키기 위한 구체적인 힘이 부족했던 것이 아니라, 개인적인 외양과 적절한 매너라는 그의 자원들 자체가 자신을 위해 적극적으로 개입하는 것을 가로막았던 것이다. 클레이는 이 약점을 간파했고 무자비하리만치 이용했다. 먼로가 가장 두려워서 막으려 하는 것이 자신의 정통

여부에 대한 논란이라는 것을 클레이는 알았다. 바로 이 문제를 제기함으로써 클레이는 상황에 대한 먼로의 통제를 더욱 의문스럽게 만들었고, 이 이슈에 대한 논란이 커질수록 먼로가 완벽에 보다 가까워진 현재 상태를 국민들에게 보여주면서 국가를 다시 목적지로 조용히 이끌고 가기는 어려워졌다.

여기에서 먼로의 표출의 정치가 지닌 역설이 완전히 드러난다. 먼로의 정통에 대해 클레이 등이 감행한 공격이, 제퍼슨이 후임자들에게 복음이라고 남겨준 유산을 구체화시키는데서 더욱 맹렬해졌던 것이다. 사실, 먼로가 계승하게 된 레짐의 아버지 제퍼슨이야말로 이 충직한 후계자를 궁지에 몰아넣은 존재였다. 먼저, 연방주의 이단에 대해 제퍼슨이 구축했었던 마구잡이식 합의를 고려해 보자. 연방당이 벌인 일들 중 가장 극단적이고 혐오스러운 것들에 대해 공격을 집중하면서 제퍼슨은 당시 가장 중요한 이슈들에 대해 모든 입장들로부터 지지를 끌어 모았다. 공격을 집중할 상대도 없었고 전체를 합쳐 줄 조직도 없었던 먼로의 경우에는, 제퍼슨의 지지자들이 마침내 이 이슈들에 대한 입장 차이를 해소하기 위해 서로에게 달려들려 했다. 따라서 먼로가 어느 방향으로 움직이든, 공화당 신념의 진정한 수호자라고 주장하는 쪽으로부터 배신이라는 신랄한 비난을 불러오게 되었다. 미국 정치가 이미 완벽하다는 수사로 먼로가 자신의 행동을 덮는 동안, 그가 가장 설득시켜야 했던 사람들은 실제로 미국 정치가 향하고 있는 방향에서 자기들 이익이 어떻게 될 것인지만을 따졌으며, 경제와 사회, 그리고 정치체에서 일어나고 있는 엄청난 변화에 대해 자기들 입장에서 대응하는데 대통령이 별 영향을 미치지 못한다는 것을 깨달았다.

둘째로 대통령과 의회 간의 제도적 관계를 살펴보자. 제퍼슨주의자들의 정부 조직 제일 원리였던 의회에 대한 대통령의 존중은 권력을 추구하는 사람을 의심하는 호민관 문화와 잘 어울리는 것이지만, 성숙한 레짐을 관리하는데는 잘 맞지 않았다. 공화당 운동의 구심점으로서 제퍼슨은 연방주의를 행정부 권력의 독재라고 비난하면서도 이와 동시에 정부 전체에 대한 대통령의 통제를 유지하고 강화시킬 수 있었다. 그러나 행정부의 충직한 봉사라는 자기희생적 규범을 신성한 원리의 차원에 올려놓음으로써 제퍼슨은 후임자들에게 엄청난 제약을 부과했다. 의회가 지도부에 대해 보다 확신하게 되고 의회의 조직화가 보다 정교해지면서 이제 의회는 제퍼슨이 맡겨 주었던 그 역할을 시작하게 되었던 것이다.[10] 불만에 찬 헨리 클레이를 문지기로 세워 놓은 하원은 행정부의 의회 존중이라는 격식을 더욱 더 중대하게 여기게 되었고, 대통령이 개입하는 것처럼 보이기만 해도 점점 더 예민하게 반응했다. 1818년의 상황에 정통했던 한 평론가에 따르면, "국가의 모든 효과적인 권력이" 하원으로 흡수되고 있었다.[11] 먼로는 자신의 정책에 대한 지지를 얻기 위해 의회에 연줄이 있는 각료들에 의지해야 했으며, 이 각료들조차 의회의 호감을 얻기 위해 서로 치열하게 경쟁하게 되었다.[12]

마지막으로, 상대조차 없었던 먼로의 재선 승리로 확고해진 일당 체제의 제도적 제약을 살펴보자. 제퍼슨주의자들이 미국 정치에서 경쟁 정당을 없애버리는데 성공하자마자, 정치 엘리트들은 정치적 지위 상승을 위해 실질적으로 대단히 좁은 통로를 통과해야만 했다. 점점 증가하고 있던 수많은 정치지망생들이 위로 올라갈수록 병목현상에 직면하게 되었던 것이다.[13] 먼로가 이끄는데 대해서는 거의 모두가 인정했으나, 이전의 경험과 국가에 대한 봉사만을 근거로 당을 이끄는 것은 먼로가 마지막이 될 것이라는 점도 거의 모두가 이해하고 있었다. 이후에는 남보다 뛰어나다는 똑같은 주장을 하는 정치지망생들이 너무나 많게 될 것이었다. 애덤스를 임명하고 후계자 선정 과정에서 물러남으로써 먼로는 자신의 권위 주장을 뒷받침했지만, 이는 또한 후임을 위한 경쟁을 격화시킨 것이기도 했다. 행정부와 의회 내의 선두 주자들로서는 자신의 추종세력을 본격적으로 만들기 시작할 수밖에 없었으며, 경쟁이 가속화될수록 먼로가 대표한다고 여겨졌던 합의란 것은 조롱거리가 되었다.

이후의 정통-개혁가 대통령들로서는 먼로가 누렸던 것이 부러울 수도 있다. 어쨌든, 먼로는 후계자를 선택하려는 의도만 포기했던 반면, 이후 대통령들은 재선하려는 의도를 포기할 수밖에 없었던 것이다. 더욱이 경쟁자 없이 권좌에 복귀했던 먼로와 달리, 재선에 나섰던 이후의 정통-개혁가 대통령들은 패배했다. 그렇지만 여기에서도 권위와 권력 간의 장단점을 구분할 필요가 있다. 이후의 정통-개혁가들은 통제력을 장악하고 독자적으로 행동하기 위해 훨씬 많은 실질적 자원들을 동원하게 되었다. 그 결과, 이들이 시도한 변혁은 레짐에 더 깊이 영향을 미치게 되었다. 먼로의 경우, 새로운 세대의 지도자들이 야심을 실현하기 위해 대통령직을 이용하기 시작하자, 백악관의 이 충직한 중재자는 더 열심히 합의를 호소하는 것 이외에 다른 방도가 없었다. 제퍼슨주의 정치가 만개하는 것을 기꺼이 후원했던 먼로로서는 그 해체 위협을 마주하여 공개적으로는 찬사를 보내면서 가슴속으로는 비탄해 했던 것이다.

호의로 포장된 공격

먼로식 리더십의 대표적 사례로 1818년 플로리다에서 앤드류 잭슨이 스페인 군사기지를 점거한 데 대한 먼로의 대응을 살펴보자. 먼로 행정부는 잭슨에게 조지아 주 국경을 순찰하고 세미놀(Seminole) 인디언들의 침입을 막는 임무를 맡겼다. 그러나 잭슨은 국경을 넘어 침입자들을 추적하던 중, 문제의 본질을 해결하기 위해 스페인 후원자들을 격파하기로 결정했다. 플로리다 군사기지를 점령한 것은 충동적인 전쟁 행위였고, 스페인 당국을 도발하지 말라는 공식 명령을 위배한 것이었으며, 그 와중에 두 명의 영국 국민을 자의적으로 처형하기도 했다. 이 실질적인 정복은 먼로 임기 중 가장 불길한 국제적 위기를 촉발했다. 그러나 먼로는 이 사태에 대한 암울한 대안들을 끝까지 거부했다. 대신에 그는 이 대안들을 넘어 미국을 승리로 이끌고, 이 행위의 정치적 결과를 면책하여 영광스런 것으로 포장하려 시도했다.

먼로가 거부한 대안들은 그의 최측근 조언자들이 강력히 제기한 것들이었다. 하나는 전쟁 장관 칼훈이 이끄는 내각 다수의 의견으로, 잭슨이 공식적으로 문책받아야 하고 플로리다 영토를 사과와 함께 스페인 당국에 돌려주어야 한다는 것이었다. 먼로는 이를 거부했다.[14] 이런 식으로 잭슨의 행위를 부정하는 것은 가장 완벽한 국가적 영웅을－극히 최근에 뉴올리언스에서 영국을 격파하고 국가의 위신을 복구한 영웅을－이제 거의 완벽해진 정부에 대적시켜서 정치적 폭발에 불을 붙일 것이 뻔했다. 더욱이 플로리다 획득은 원래 루이지애나 구매의 범위에 대한 논의 당시부터 공화당 아젠다의 최우선 순위에 있었다. 제퍼슨의 대표단 일원으로 프랑스에 파견되어 루이지애나 구매를 협상한 것은 대통령이 되기 이전에 먼로에게 가장 소중한 시간이었다. 이것을 완성할 수 있는 기회보다 대통령으로서 무엇을 더 바랄 것인가? 세미놀 침입자들을 스페인이 보호하고 있다고 잭슨만 의심하는 것이 아닌데다가, 스페인 재산의 몰수는 명령 불복종에 해당하는 터무니없는 재량 행위이지만, 먼로에게는 미완성의 중대한 과업 중 하나를 단숨에 완수할 수 있는 거부할 수 없는 (또한 전혀 예상치 못한 것은 아닌) 기회를 가져다주었던 것이다.[15]

다른 하나는 국무장관 애덤스가 강력히 주장한 소수 의견으로, 잭슨의 행동에 대한 무조건적 승인으로 스페인에 대응해야 한다는 것이었는데, 먼로는 이 역시 거부했다.[16] 대통령 자신의 도덕성은 물론 공화주의 원리의 도덕성은 이 보다는 더 조심스럽게 보호되어야 할 필요가 있었다. 먼로가 잭슨에게 확실하게 입장을 밝혔듯이, 이 사실상의 정복 행위에 대해 무조건적인 지지를 보내는 것은 전쟁 권한(war powers)을 찬탈했다는 의회의 비난을 불러올 것이었다. ("내 스스로 결코 공정하다고 받아들일 수 없는 비난은, 나의 순수한 원칙으로 평생을 바쳐 수호해 온 헌법을 내가 위배했다는 것입니다.") 이는 또한 국제적인 대결 국면을 가져올 수 있었다. 유럽이 단합하여 미국에 대항할 것이고 이 약탈행위에 대해 맹렬히 공격하면서 공화정 정부의 우월성을 조롱할 것이라고 먼로는 예측했다. ("왜 이런 위험을 무릅쓰는가?")[17]

사실, 먼로는 이 사태에서 어떤 나쁜 결과도 받아들이고 싶지 않았다. 이 사태에서 해결해야 될 것으로 그가 규정한 문제는 잭슨을 구하고 스페인을 달래고 플로리다를 획득하고 국내의 정치적 논쟁을 중재하며 이 야비한 일 자체를 공화정 제도의 덕성을 확인하는 것으로 끝내는 것 모두였다.[18] 당면한 도전을 이렇게 규정하게 되자 이 모든 문제들을 짜 맞추는 데 있어서 먼로는 무한한 창의력을 발휘했다.

이렇게 유익한 해결을 하는 데에는 이 사태에 대한 몇 가지 사실들이 방해가 되었다. 그러나 고도로 긴장되고 기대도 고조된 이 순간에는 불확실한 현실로 좋은 분위기를 망치기보다는 사실을 바꾸고 적절한 허상을 만드는 것이 낫다고 먼로는 결정했다. 평생을 바쳐 온 순수한 원칙을 일깨워 준 다음 문장에서, 먼로는 잭슨에게 잭슨과 전쟁부 간의 교신을 변조해서 사태의 진상을 모호하게 하고 책임 소재를 스페인 장교들에게 돌려야 할 필요성을 솔직하게 설명해 주었다:

> 전쟁부로 보낸 당신의 서한들은 급히, 그리고 피로가 누적된 상태에서 쓰여진 것이고… 따라서 내용 중 어떤 부분들에 대해서는 충분히 주의를 기울이지 않았습니다. 내가 특히 지적하는 부분은… 적으로부터 우리를 지켜주는 가상의 국경이 불완전하다고 당신이 말하는 부분으로, 이것이 당신의 조치들을 뒷받침해 주는 근거입니다. 이 부분은 당신이 이 이유로 기회주의적인 조치를 통해 스페인 기지를 장악한 것이며 스페인 장교들의 잘못 때문이 아니라는 비난을 불러올 수 있습니다. 이런 부분들은 당신 주장의 근거를 부정하고 적들이 기꺼이 움켜쥘 무기를 주게 되는 결과를 가져옵니다. 만일 당신이 [전쟁] 장관이나 내가 이런 문장들을 고치는데 동의하는 것이 적절하다고 생각한다면, 우리는 조심스럽게 진행할 것이며, 당신에게도 사본이 있다면 당신도 이렇게 하는 것이 좋을 것입니다.[19]

어떻게 보이느냐가 중요하다는 거듭된 주장 속에서 이 서한은 먼로 리더십의 핵심을 부각시켜 준다. 문제는 먼로가 표리부동하다는 것이 아니다. 이런 비난을 피해갈 수 있는 대통령은 별로 없을 것이다. 진정한 문제는, 이 호민관적 정직성의 표상 때문에, 이 사태에 있어서 누구도 어떤 희생을 치르는 것처럼 보이지 않게 하는 동시에 여전히 힘이 가져다 준 과실을 움켜쥐려고 하면서 먼로가 난관에 처하게 되었다는 것이다. 이것은 기회를 빨아들이면서 적절함도 쥐어짜내는 흡수의 리더십(leadership by absorption)이었다.

잘못을 인정하지도 않고 더욱이 은폐하지도 않으려던 잭슨은 먼로의 계획에 동참하는 것을 거부했다. 먼로가 그렇게도 필사적으로 막으려 했던 의회 조사에서 잭슨이 자신의 방식으로 스스로를 변호하게 되었던 것이다. 그러나 그 이전에 먼로가 먼저 나서서 문제된 사실들에 대해 가능한 한 가장 훌륭하게 포장을 했다. 두 번째 국정 연설에서 먼로는 전 국민과 전 세계에 대해 양심과 이득을 가장 매력적이고 효과적으로 병치시키는 견해를 밝혔던 것이다. 사태 전반을 꼼꼼히 살펴본 후 먼로는, 스페인 기지 장악은 잭슨 자신의 책임 하에 한 것이며, 그렇지만 당시 상황과 특히 스페인 장교들의 행동 때문에 잭슨의 행동은 확실하게 정당한 것이라고 주장했다. 그는 또한 기지들은 곧바로 스페인 당국에 반환되었으며, 그러나 이 사태로 보아 스페인 당국이 문제가 된 영토를 통제할 수 있는 능력이 없음이 판명되었다고 주장했다. 미국은 상당한 기간 동안 플로리다에서 상처를 받아 왔고 이제 인내심이 바닥나고 있으며, 스페인이 "정직하게" 상황을 파악하여 "미국에게 공정하고 스페인에게도 혜택을 가져다 줄 수 있는 최선의 경로를 명예롭게 취해야 할" 때가 되었다고 결론지었다.[20]

먼로의 세미놀 전쟁 처리는 성과를 포기하지 않고도 혼란을 가라앉히는데 먼로가 얼마나 민첩한지를 극대화시켜서 보여 준다. 먼로는 미국의 공격을 악하지 않은 것으로 포장했고, 그리고 나서 물리칠 수 없는 과실을 바로 따냈다. 그렇지만 헌법의 모호함 덕분에 제퍼슨이 루이지애나 구입에서 누렸던 면책을 누리지는 못했다. 당시까지 단일한 사안에 대해 가장 오래 지속되었던 한 달 간의 의회 조사는 이후 먼로 행정부가 처하게 되는 패턴이 되었다. 애덤스 임명에 대해 여전히 분노가 끓어오르던 헨리 클레이는 이 조사를 먼로 행정부에 대한 적개심을 터뜨리는 기회로 삼았으며, 1816년 선거에서 실패한 후 다시 대통령직 도전 의사를 보이던 재무장관 윌리엄 크로포드(William Crawford) 추종자들의 지지를 받았다. 이들은 함께 그동안 먼로가 그렇게도 애를 써서 묻어 두려 했던 문제를 수면 위에 뛰어 올렸다. 공개적으로 잭슨의 징계를 요구하는 한편, 이 사태에 대한 행정부 전체의 도덕성에 대한 의혹을 은연중 제기하면서 적절성의 이슈를 거론했고, 군의 불복종을 추인하는 듯한 태도는 공화정 제도를 타락시키는 것이자, 전 세계에 걸쳐 미국적 실험의 명예를 실추시키는 것이라고 주장했다.[21] 이들의 공격은 클레이와 애덤스 간의 간격을 멀어지게 한 일련의 논쟁 중 하나이자, 클레이와 잭슨 간의 최초의 중대한 대립이었고, 크로포드와 먼로 간의 격한 관계의 시작이었으며, 잭슨과 칼훈 간의 관계에서 곧 터지게 될 시한폭탄이었다.

모두가 공화당의 지도부급 인물들이었고 다음 대통령직의 경쟁자들이었던 칼훈과 애덤스, 잭슨, 크로포드, 클레이는 이 사태에 긴박하게 대응했는데, 이들 간의 묘한 관계들은 완벽함에 대한 먼로의 주장에도 해를 끼쳤으나 그 자체가 분열적인 경향을 띠고 있었다. 그러나 현재의 완벽함에 대한 이러한 위협이 무르익기에는 시간이 더 걸리게 된다. 먼로의 임기는 아직 많이 남아있었고, 분파주의의 문을 활짝 열기에는 그가 이길 전망이 너무 밝았다. 클레이의 징계안은 부결되었고 행정부가 승리를 거두었다. 이렇게 해서 잭슨의 충동적인 작은 전쟁을 이용해 먼로는 1803년부터 오랫동안 남아 있던 약속을 단숨에 완수하는 데 성공했다. 1819년 대륙분할조약(Transcontinental Treaty)을 애덤스가 완성시키면서 미국은 플로리다 전체의 관할권을 갖게 되었고, 루이지애나에서 태평양에 이르기까지 미국과 스페인 영토를 나누는 경계선을 설정하게 되었다. 잠시나마 먼로의 업적이 다른 모든 사안을 덮어버렸다. 심지어 대륙분할조약에 의해 텍사스에 대한 권리가 희생되었다는 클레이의 불평도 잠재워졌다.

기약과 가능성

세미놀 전쟁에서 비롯되어 국가의 힘을 과시한 것은 1823년 12월의 먼로 독트린(Monroe doctrine) 선포로 절정을 이루었고, 세계무대 진출로 이어졌다. 플로리다를 획득하고 대륙 전체에 대한 관할권을 주장하고 라틴 아메리카의 신생국들을 승인하고 공화주의 수호를 서반구 전체로 확장하면서, 먼로는 국가적 완성과 정치적 완벽함이라는 자신의 메시지에 의기양양하고 거의 도취될 정도의 내용물을 채워 넣었다. 후일의 정통－개혁가들도 이를 따라 해외에서 힘과 영향력을 과시함으로써 국내의 정치적 합의를 강화시키려 들게 된다. 라틴 아메리카 신생국들의 승인은 특히 이런 측면을 뚜렷하게 보여준다. 이 이슈는 헨리 클레이에게 최우선 과제였고 먼로 행정부가 주저하는 데 대해 클레이는 수년간 행정부를 강력히 비난해 왔었다.[22] 라틴 아메리카 이슈는 먼로도 클레이만큼이나 원하던 것이었으나, 먼로는 애덤스와 공조하면서 다가올 정치적 조화의 큰 그림을 그리고 있었다. 적절한 때가 되자 먼로 행정부는 잭슨 문제와 함께 클레이의 구상까지 처리하여 이 둘을 합쳐 대륙에서의 힘과 국제적인 위신, 그리고 국가적 조화를 과시하는 패키지로 만들었던 것이다.

먼로 독트린에 대한 우호적인 정치적 반응은 국가 전체에 먼로가 일깨울 수 있었던 호의적 감정을 마지막으로 보여주었다.[23] 이미 국내적 어려움들은 훨씬 심각해지고 있었다. 이런 문제들에 대해 의회가 보다 확고한 입장을 지니게 되어서 먼로가 마술사 같은 역할을 하기 어려워진 것만이 아니었다. 이보다 훨씬 혼란스런 적절성의 문제에 대해 이미 폭죽은 터지기 시작했다. 그렇지만 여전히 먼로는 자신의 목적을 추구해서, 대내외적 변화의 충격파를 흡수하고 비판자들의 관심사를 충족시켜줌으로써 비판을 누그러뜨리려 했다. 먼로가 현재의 기회와 레짐의 유지를 조화시키는데 얼마나 몰두했는지, 그리고 정통의 테두리 안에 변화를 가두어두는 것이 그의 리더십에 얼마나 근본적인 것이었는지 이해하기 위해 특히 한 가지 이슈, 곧 국토 개발(internal improvement) 문제를 살펴보아야 한다.

도로와 운하, 교량 등 공공사업에 대한 연방정부의 지원은 먼로의 국내 아젠다 중 가장 미묘한 것이었고, 그가 가장 자부했던 리더십 행사 영역이었다. 의문의 여지없이 먼로는 공공사업에 대해 열정을 가지고 있었다. 취임사에서 그는 새로운 국가주의적 정신을 공개적으로 상기시키며 "자연이 이룬 것을 지금 완성시켜야 할 특히 강력한" 이유들에 주목하라고 말했다. "이렇게 주들 간의 교류를 활성화시킴으로써, 우리 시민들이 훨씬 더 편리하고 안락하게 될 것이고, 우리 국토를 훨씬 아름답게 만들 것이며, 더욱 중요한 것은… 우리 연방을 더욱 긴밀하게 결속시킬 것입니다." 먼로는 첫 번째 전국 순회에서 도로의 중요성을 실감했다. 뉴잉글랜드에서는 청중들이 이 이슈를 제기하자 반겼고, 뉴욕 주 북부를 순회하는 동안에는 엉망이 된 플래츠버그(Plattsburgh) 도로를 보수하라고 즉석에서 병사들에게 명령을 내리기도 했다.[24)]

물론 국토 개발은 먼로가 이 활기찬 나라에 가져오려고 했던 보석함 속의 한 품목에 불과했다. 다른 품목들과 같이 보게 되면—국가 채무의 신속한 변제, 내국세의 추가적 폐지, 호혜 통상조약의 적극적 추진으로 인한 국제 무역의 확대, 국유지 규모와 가치의 급증, 국내 산업의 보호, 군사 방위력의 복구 및 증대, 워싱턴 정부 청사들의 확대와 개선—이는 제퍼슨주의 정통의 경계 안에서 국가주의 정신을 고취시키려는 더 큰 계획의 한 부분이었다.[25)] 이 프로그램은 1812년 전쟁의 와중에서 매디슨이 제퍼슨주의 신념을 확대 해석한 것을 따른 것이었다. 먼로는 심지어 더 적극적인 연방정부의 역할을 원했으며, 이념의 경계에 대한 어떤 의문도 대통령 자신이 지닌 정치적 신뢰에 의해 무마될 것이라고 확신했다.

사실, 국토 개발 이슈가 지닌 특별한 문제는, 연방정부 권력의 제한과 주의 권한 보장이라는 원리를 따르면서도 공화당 내 국가주의자들에 대해 정통의 통제력을 유지하려던 매디슨의 시도 때문에 먼로에게 맡겨지게 되었다. 매디슨은 새로운 연방은행의 설립을 받아들일 정도로 충분히 참아주었고, 실제로 도로와 운하 문제를 의회가 처리하도록 요청하기도 했었다. 그러나 마지막 순간에 매디슨은 생각을 바꾸어, 국토 개발 이슈에 대해 국가주의에 무조건 항복하는 것에 명확한 선을 긋기로 결정했다. 대통령으로서 마지막 결정을 하면서 매디슨은 연방 수준의 국토 개발 체계가 바람직하고 필요한 것이기는 하지만 반드시 명시적인 헌법 수정을 통해서만 승인되어야 한다는 제퍼슨의 입장을 재확인했다. 매디슨의 열렬한 추종자였던 헨리 클레이의 경악과 환멸 속에 "매디슨은 자기 자신의 법안을 거부했다."[26]

따라서 먼로가 취임했을 때 다른 어떤 이슈들에서도 기대와 인내, 그리고 기약과 가능성 간의 긴장이 이 이슈에서만큼 짙게 깔려 있지는 않았다. 문제는 바로 매디슨이 모래 위에 선을 그었는가 하는 것이었다. 의회와의 첫 대면을 준비하면서 먼로는 이 질문의 무게를 충분히 느끼기 시작했고, 취임사에서 국토 개발을 열렬히 옹호했던 것에 대해 점점 더 불편해했다. 곤혹스러워진 먼로는 잠시 공공사업에 대한 국가주의자들의 요구와 레짐의 본질에 대한 자신의 신념 간에 조화를 이룰 방도를 찾아보기도 했다. 이에 실패하자 먼로는 자신이 서명하지 못할 법안을 촉구했던 매디슨의 과오를 되풀이하지 않기로 결정했다. 전임자에게 보낸 서한에서 먼로는 이미 찾아낸 길 안에서 우선순위를 보존하겠다고 확인했다: "이에 대해 모든 것을 다 고려해 보고 이러한 의견을 확정했습니다. 권한이 의회에 있는 것이 아니며, 당신이 이미 거부를 했는데, 내가 서명을 할 것이라는 기대 속에 의회가 이 문제를 논의하고 내게 법안을 가져 오게 하는 것은 부적절하다는 것입니다."[27]

따라서 첫 번째 의회 연설에서 먼로는 취임사에서 그토록 열렬히 옹호했던 프로그램을 빼버렸다. 대신에 그는 정치적 정통의 경계를 다시 수립하고 이 이슈에 대한 분열적 행동이 더 이상 진행되는 것을 막으려 했다.

(이러한) 국토 개발 체계를 수립할 연방 의회의 권한에 대해서는 헌법이 처음 제정된 때부터 지금까지 우리 개명된 시민들 사이에 다른 의견들이 존재해 왔습니다… 이미 지나간 일들이 있는데, 이 권한에 대한 나의 의사가 불확실한 가운데 이 논의가 다시 이루어지는 것은 부적절합니다. 지난번에 남겼던 인상과는 무관하게, 나는 이 문제에 대해 문제의 중대성과 올바른 의무감이 필요로 하는 모든 노력을 다해 숙고했으며, 그 결과 의회가 권한을 보유하지 않는다는 확신이 굳어졌습니다… 이 결과를 통보하면서 문제의 권한을 의회에게 주는 헌법 수정안을 채택하도록 의회가 주들에 제안하는 것이 적절하다고 알려야 할 강한 의무감을 느낍니다.[28)]

이로써 최소한 가까운 시일 내에는 국토 개발에 대한 입법은 끝이 났다. 클레이와 같은 국가주의의 선봉장들은 대통령의 지지 없이 새로운 연방정부 사업들을 위해 다수를 결집할 희망이 없었다. 더욱이 얼마 전까지 국가주의에 빠져드는 것에 대해 분개하며 주의 일들에 연방정부가 끼어드는 것에 점점 더 초조해 하던 "구 공화파들"은 연방정부 행동에 대한 헌법적 선을 명확히 그은 대통령의 결정을 곧바로 환영했다.

그렇지만, 정치적 규정과 입법의 절제를 위한 선제적 공격으로는 먼로의 행동에 모자란 것이 많았다. 문제는 매디슨의 때늦은 양심의 가책 때문에 이미 조롱거리가 되었던 국가주의자들이 의회가 이미 보유하고 있다고 확신하는 권한을 주들의 비준이라는 믿을 수 없고 지루한 과정에 맡기는 위험을 감수하려 들지 않았다는 데 있었다. 하원 국토 개발 위원회를 장악하고 있던 클레이는 헌법 수정 요구를 대통령에게 돌려보냈으며, 의회의 논의가 끝났을 때 제퍼슨주의적 공화주의의 복음 자체는 아니더라도 이 복음을 해석하는 먼로의 권위에 대한 논란이 핵심적인 이슈가 되어 있었다. 핵심적인 문제들은 다음과 같다. 우선, 먼로가 공화주의 정통의 우위를 주장하고 있으나, 입법부의 독립적 숙의를 방해함으로써 이 정통의 중대한 원리를 위배했다는 것이다. 문제가 된 사안에 대한 논란이 정당하다고 인정하면서도 먼로는 이를 입법 아젠다에서 제외시킨 데 대해 어떤 이해할만한 이유나 주장을 제시하지 않았고 다만 "그의 생각이 어떻게 변해 왔는지에 대한 역사적인 서술만을" 제공했었다. 또한, 이 이슈에 대해 의회가 보유한 헌법적 권위의 비교적 명확한 근거에 대해서는 논의하는 것조차 거부하면서, 이에 대한 행정부 권위의 한계에 대해서는 먼로가 이런 식의 주저함조차 없었다는 것이다. 왜냐하면 주 정부에 통보하지도 않으면서 먼로가 플래츠버그 도로를 보수하라고 군대에 지시했었기 때문이다. 마지막으로, 가장 중요한 것은 이전의 많은 연방정부 공사들이 공화당 의회에 의해 승인되고 대통령들에 의해 추인되었다는 사실을 먼로의 입장이 설명하지 못한다는 점이다. 구체적으로, 왜 제퍼슨과 매디슨은 컴버랜드(Cumberland) 도로를 승인하는 법안과 연장하는 법안에 서명했던 것인가?[29]

왜 그랬을까? 이런 공격을 당하자 먼로는 매디슨에게 간절한 편지를 썼다: "컴버랜드 도로를 정당화한 이유를 꼭 자세히 설명해 주십시오."[30] 헌법적 문제에 대한 권위 있는 해석에 먼로가 큰 기대를 걸었던 매디슨은 애석하게도 제퍼슨의 결정 당시 상황을 기억하지 못했다. 매디슨은 다만 몬티셀로의 현자(sage of Monticello)*가 "주저하거나 조급하게" 행동했을지 모른다고 추측했다. 나아가 그 자신이 승인했던 도로 연장에 대해서는 마땅한 주의를 기울이지 않았다는 점을 인정했다. 마지막으로 매디슨은 사실상 "부주의"로 생긴 선례들을 끌어들여서 생기는 "중대한 위험"에 대해 엄중히 경고하면서 문제를 먼로에게 되돌려주었다.[31]

먼로의 리더십과 연관하여 이 응답의 의미는 심각했다. 의회는 대통령 자신의 영역, 곧 적절성을 결정하는 것에 대해 대통령에게 도전하려 하고 또 도전할 수 있음을 보여 주었다. 더욱이 매디슨의 답신은 "이미 찾아진 길"을 대통령이 수호한다는 것은 웃음거리에 지나지 않으며 먼로가 정치

* 역주: 몬티셀로는 제퍼슨의 사저가 있는 곳임. 몬티셀로의 현자는 당시 제퍼슨의 별칭.

적 합의의 근거로 삼고 있는 물려받은 원칙들도 그의 개인적 견해를 포장한 것이고 선례의 권위 역시 이익과 기회 앞에서 무력해졌다는 클레이의 비난을 인정해주는 듯 했다. 상황은 더 악화되어 먼로는 의회가 이 이슈를 묻어두려 하지 않는다는 것을 알게 되었다. 국토 개발에 대해 전쟁 장관(당시 강성 국가주의자 칼훈)과 재무장관(정통이지만 점점 적대적이 된 크로포드)에게 별개 보고서를 요청함으로써 의회가 자기 행정부에 대한 먼로의 통제에 도전했던 것이다.

이러한 도전은 먼로로 하여금 리더십 지위를 수호하기 위해 창의적 에너지를 모두 발휘하도록 만들었다. 정치적 프로젝트가 위험에 처한 상황에서 먼로는 이 이슈에 대해 다시 한 번 전반적으로 검토했다. 과거의 행동에 대해 매디슨이 원칙에 기반을 둔 정당한 이유를 제공하지 못한다는 것을 알고 있었으므로 먼로는 자신의 관점에서 보다 자유롭게 생각했다. 여기에서 먼로의 과제는 자기 자신의 정치적 권위를 되찾는 것일 뿐이었으며, 이를 위해서는 과거의 행동의 불일치를 고치고 전임자들의 평판을 살려내고 이 국가주의 시대에서 공화주의 정통을 다시 수립하면서도, 그 과정에서 기회를 열어줄 수 있는 샛길을 발견하는 것이었다.

이 과제의 중요성을 감안할 때, 그 결과가 먼로 임기 중 가장 길고 가장 고뇌에 찬 국정 보고서였다는 점은 전혀 놀랄 일이 아니다. 이 "국토개발 문제에 대한 대통령의 관점"(Views of the President of the United States on the Question of Internal Improvements)은 지금까지 헌법에 관한 논쟁의 귀중한 사례로 전해 온 것은 아니지만, 먼로가 타협해야 했던 대통령의 리더십 문제들과 그가 만든 정치에 대한 통찰들로 가득하다.[32] 이 보고서는 대통령의 리더십을 주장하는 데 있어서 철저하게 호민관적 입장을 기반으로 했다. 연방정부의 국토개발 정책의 역사를 포괄적으로 분석하면서 이 보고서는 정통-개혁의 정치적 딜레마를 다루었으며, 보고서가 밝힌 의견의 근거는 이 보고서를 작성한 사람의 정치적 정체성과 개명된 국가 지도자에 대한 그의 설득력 있는 설명에 두고 있었고, 몇 가지 쉽지 않은 논리적 과정을 통해 정통의 근거 위에 개혁을 정당화할 통합적 해법을 찾아 갔다.

자신의 행정부를 밀어내고 있는 원심력을 제거하고 자신의 입장을 각료들이 명확하게 이해하기를 원했던 먼로는 각료들에게 70 페이지나 되는 보고서 전체를 읽어 주었고, 이를 세 번째 국정 연설에 포함시키겠다고 밝혔다. 청하지도 않은 오만한 강의를 대통령이 의회에서 또 한 번 하는 것을 우려한 존 퀸시 애덤스가 이때 나서서, 격한 논쟁을 잠시 가라앉혀야 한다고 주장했다.[33] 이제 내각이 자신이 방금 밝힌 견해에 따라 의회에 대응할 것이라는데 만족한 먼로는 더 직접적인 대통령의 대응을 촉발하도록 의회가 행동할 때까지 이 보고서를 보류하는데 동의했다.

먼로에게는 실망스럽게도 1819년의 전국적인 공황과 미주리의 주 승격에 대해 의회에서 벌어진 일련의 까다로운 논쟁들 때문에 문제의 해결은 더 지연되었다. 역설적이게도, 경제 위축으로 공공사업에 대한 의회의 열기는 식게 되었으나, 미주리 논쟁에서 발생한 주의 권리와 연방정부의 권위 문제에 대한 긴장으로 인해 먼로가 보고서에서 그토록 애를 쓰며 조화시키려고 했던 원칙들이 직접적으로 관련되게 되었다. 이제 의회가 먼로의 견해를 배제한 채 의회의 방식으로 이 원칙들에 대해 논의하게 되자, 먼로는 자신이 대통령의 적절한 역할에 대한 규범이란 것의 포로가 되었음을 깨달았다. 먼로는 미주리 논쟁이 새로운 정당을 키우고 국가를 정치적으로 다시 분열시키려는 음모의 일부분이라고 확신했으며, 다른 무엇보다도 이런 사태를 미연에 방지하겠다는 결의에 차서 루이지애나 구입 지역의 북부에서 노예제를 금지하는 타협안을 지지하게 되었다. 먼로는 거부권 메시지를 준비했으며, 만일 미주리와 같은 새로운 주가 자기 제도들을 결정하는데 연방 의회가 개입했다면 확실히 거부권을 행사했었을 것이다. 그러나 노예제에 대한 미주리의 결정권은 인정되었고, 장래에 연방에 가입될 주들이 연방정부가 정한 방침에 따라야 할지 여부는 여전히 모호한 상태로 남게 되어 먼로는 합의가 이루어졌다는 겉모습을 유지할 수 있었다. 이러한 타협*을 지지하는 입장을 먼로는 여러 가지 통로, 특히

* 역주: 미주리 타협(Missouri compromise)은 1820년에 미주리 주의 연방 가입에 관

자기 주 상원의원이었던 바부어(James Barbour)를 통해 전달했다. 바부어는 다시 클레이와 협상에 들어가서 남부 주 상원의원들이 이 타협을 지지하도록 했고, 노예제를 제한하려 한 것 때문에 선거 직전 촉발된 버지니아 공화당의 저항을 먼로가 진압할 수 있도록 도왔다.[34] 의회는 남부의 분노를 잠재우고 북부의 의사를 수용하는 법안들을 먼로에게 보냈고, 곧 대통령은 이에 보답했다. 국토 개발에 대한 보고서에서 이미 그는 유사한 입장에 도달한 바 있었다. 원칙적으로 주의 권한을 지지하며, 실제로는 중앙 정부의 권위를 확인한다는 것이었다.

먼로에게 다행스럽게도 의회 내의 지역갈등 위기는 전국적으로 요란스럽게 퍼져나가지 않았고 타협이 이루어지자마자 노예제 이슈는 가라앉았다. 국토 개발의 이슈는 훨씬 더 긴급하고 사라지지 않는 것으로 판명되었고, 1822년 봄 먼로는 드디어 자신의 의사를 직접적으로 밝힐 수 있는 기회를 얻게 되었다. 경제가 반등하면서 의회가 컴버랜드 도로를 보수하고 이를 위한 재정확보를 위해 매표소를 설치하는 것을 승인하는 법안을 통과시켰던 것이다. 이에 대한 대응으로 먼로는 공공사업에 관한 그 보고서를 다시 꺼내어 공식적으로 전달하기 위해 가다듬었다. 먼로가 행사한 유일한 거부권에 대한 이 메시지는 미주리 가입을 둘러싼 더 큰 이슈들을 먼로가 어떻게 해결했는지를 뒤늦게 보여준다는 추가적인 함의를 지니고 있다.

표면상 이 거부권 메시지는 공화주의 정통에 대한 국가주의자들의 도전을 정면으로 상대하여, 엄밀한 헌법 원리로부터의 일탈을 조목조목 비판하고 이전의 주권주의(states' rights) 신조를 재확인하는 것이었다. 경험 많은 사람의 목소리로 젊은 세대들에게 말하면서, 먼로는 독립혁명과 연합규약(Articles of Confederation) 및 헌법의 진정한 의미를 순서대로 해석하며 국토 개발에 대한 역사적 논쟁의 전 과정을 훑어보는 것으로 시작했다.

해 북부의 자유주와 남부의 노예주 간에 이루어진 타협. 메인 주를 자유주로 하고 미주리를 노예주로 하되, 이후 미주리 주의 남부 경계인 북위 36도 30분 이북에는 노예주를 설치하지 않을 것과 자유주와 노예주의 수를 동수로 유지할 것 등을 타협.

그리고 나서 공공사업 프로그램의 의회 관할권에 대한 헌법적 근거 여섯 가지를 비판해 나갔고, 각각에 대한 느슨한 해석이 가져올 끔찍한 결과들을 상세히 살펴보았다. 연방 우편제도 조항, 국가 안보 조항, 복지에 연관된 조항, 세제에 대한 조항, 주간 통상 조항, 그리고 필요하고 적절한(necessary and proper) 조항들 모두는 그의 시험을 통과하지 못했다. 국토 개발을 위해 이 조항들을 편의적으로 해석하려는 시도의 직접적인 결과는 연방정부의 관할권에 대한 억제되지 않는 주장과 연방 경찰력의 침투가 —한마디로 주들을 연방에 복속시키는데 필요한 모든 권력의 동원이— 될 것이라고 먼로는 비판했다. 신중하게 구성되는 헌법 수정만이 주들의 본질적 성격에 되돌릴 수 없는 피해를 가져오지 않으면서 국토 개발의 전국적 체계가 가져올 확실한 혜택을 실현시킬 수 있다고 먼로는 결론지었다.

이쯤 되자 먼로의 메시지는 첫 번째 국정 연설에서 그가 밝혔던 입장을 확인시켜 주었다. 그러면서 헨리 클레이에 대해서는 국토 개발 이슈에 대한 자신의 생각을 명확히 정리해 주었고, 자신의 출신 주 버지니아와 같이 미주리 논쟁으로 동요하던 주들에 대해서는 안도할 수 있게 해 주었다. 하지만 이제 먼로도 알고 있듯이, 이 자체로는 과거 공화당 대통령들의 행동을 설명할 수 없었고, (연방정부가 자신이 만든 도로의 보수를 어떻게 거부할 수 있는가?) 젊은 세대 공화당원들의 국가주의적 열망에 부응하는 데는 별 도움이 되지 못했다. 더욱이 먼로가 취임사에서 인정했듯이 국토 개발이야말로 국가를 하나로 결속시키는데 최선의 도구이며 이는 미주리 논쟁 이후 더욱 명백해졌다. 이에 따라 과거 공화당 교리에 얽혀 들어가게 한 먼로의 훨씬 포용적인 두 번째 메시지가 등장하게 되었다.

먼로에게 — 그리고 그가 설명을 시작하자 모든 전형적인 공화당원들에게— 진짜 문제가 된 것은 국토 개발 프로젝트 자체에 대한 국가주의자들의 열광이 아니었고, "체계"(system)에 대한 강경 국가주의자들의 (연방파적인) 열망이었다. 먼로가 헌법 수정 없이는 지지할 수 없다고 생각한 것은 바로 전국적 체계라는 의미에 포함된 연방정부의 건설, 운영, 통제권이었으며, 컴버랜드 도로의 매표소를 건설하고 연방정부가 요금을 징수하는 것을 승인하는 당시 법안에서 먼로가 문제가 된다고 생각한 것이 바로 이러한 권한이었다. 바로 이 구분에서 과거 공화주의 원리에 대한 먼로의 강력한 방어가, 애초에 곤경에 처한 듯 보였던 보다 팽창적인 국가주의 비전을 가진 사람들에게 조용히 도움을 손길을 뻗치게 되었다. 헌법 체계 내에서 연방 의회가 국토 개발에 대한 포괄적 권한을 주장할 수 없다는 주장을 굽히지 않으면서도, 연방정부가 기능하기 위해서는 단순히 자금을 조성하고 지출하는 연방정부의 권한은 선출된 대표들에 대한 인민의 궁극적 힘을 제외하고는 제한될 수 없다는 관점을 지지했던 것이다. 따라서 연방정부는 도로와 운하의 전국적 "체계"를 "집행"할 수는 없으나, 여전히 단순한 지출에 의해 수없이 많은 국가사업들이 집행되도록 "할 수 있게" 되었다.

이렇게 구원의 논리를 발견한 후, 먼로는 전임자들이 일관적이지 않았다는 비난을 일축하고, 애초에 컴버랜드 도로를 건설한 것을 공화당 정통과 조화시켰으며, 이제 이 잘 찾아낸 길의 적절한 경계가 재발견되었으므로 이 길을 계속 갈 것임을 선언했다.[35] 의회가 국토 개발을 위한 자금의 세출에만 국한하여 권한을 행사하고 그 외의 일들은 주에 맡겨둔다면, 모두가 만족할 것이고 어떤 중대한 변화도 일어나지 않을 것이었다.

> 국토 개발 체계를 수립하고 집행하는 권한을 주장하는 의회의 권한 모두를 검토하고 또 각각의 경우에서 이를 지지하는 이유를 검토한 결과, 이러한 권한이 부여된 적이 없다는 것이 내 결론입니다. **여러 가지 기존의 권한들, 특히 공적 자금의 세출권을 통해 이러한 체계를 지원하기 위해 많은 일을 할 수 있어 보이며, 또 그렇게 인정됩니다.** 하지만 어떤 기존의 권한들 하에서도 이것이 미국의 체계로서는 실현될 수 없습니다. 이 문제를 원칙 위에서 다룰 수 있는 핵심적인 권한이 결여되어 있기 때문입니다.[36]

의회는 새로운 국토 개발 법안들로 응했고, 각 법안들은 새로 알려진 대통령의 헌법 원리에 위배되지 않도록 신중하게 만들어졌다. 먼로는 확신에 차서 각 법안들에 서명했고, 남은 국정 연설에서 더 많은 국토 개발 법안을 제안했다.[37] 심지어 1824년에는 체계에 대한 준비 작업이라고 밖에 볼 수 없는 전국 측량법(General Survey Act)에 서명하기도 했다. 이렇게 서로 만족스런 교환을 통해서 먼로는 선례의 경계 내에서 중대한 국가적 목표를 추구하는데 필요한 리더십을 제공했고, 어떻게 공화주의 정통이 주들의 자율성이나 제퍼슨주의 레짐의 본질을 위협하지 않고도 연방정부의 힘을 잘 활용해서 좋은 결과를 낼 수 있는지 보여주었다.

그렇지만 먼로의 이런 행보가 가져온 정치적 결과의 전모가 다 드러난 것은 아니었다. 먼로의 메시지는 뿌리칠 수 없이 긴박한 국가적 이슈에 대해 중대한 행동을 하면서 그 정치적 결과는 고려하지 않으려는 용기 있는 시도였다. 그러나 그 정치적 효과는 먼로가 그렇게도 애를 쓰며 보존하려던 레짐의 분파주의적 분열에 그가 더욱 깊이 연루되게 만들었다. 미주리 타협의 진정한 효과를 받아들이고 노예제에 대한 더 이상의 논쟁을 묻어두고 싶어 하던 엘리트들 모두가 국토 개발 이슈에 기를 쓰고 덤벼들며 대통령으로 하여금 비용을 치르도록 했다. 공화주의 정통을 당시의 국가주의적 열망에 일치시키려던 시도에서 원칙과 역사를 모호하게 만든 것은 이제, 정통이 가짜가 아니며 제퍼슨주의적 합의가 가망 없을 정도로 확장된 것이 아니라는 것을 먼로가 설득시키려 했던 모든 사람들이 이용하게 되었다. 구 공화주의자들은 먼로가 무제한적 세출권이라는 이단의 교리를 읽었다고 덤벼들었다. 국가주의자들은 먼로가 연방정부의 관할권에 대한 핵심 원리를 읽은 것에 대해 공격했다. 그리고 마틴 밴뷰렌(Martin Van Buren)의 리더십 하에서 부상하던 새로운 급진적 분파는 그들 나름대로 공황 이후 시대에 절약의 정신이 사라졌다고 주장했다. 이 급진파들은 단념한 채 공공사업들에 찬성표를 던졌지만, 그리고 나서는 먼로가 원리를 타락시킨 것에 대한 유일한 구원책으로 명확한 헌법 수정을 해야 한다고 주장했다.[38]

국내 문제에 있어서 가장 위대한 개인적 승리를 거두었던 그 순간에 먼로는, 자신이 그토록 조심스럽게 구축했던 거대한 역사적–정치적 종합을 깨뜨렸으며, 지속성을 수호하려는 노력을 파괴하려는 공화당 동료들에게 포위되어 있음을 깨달았다. "국토 개발 문제에 대한 대통령의 관점"은 당을 단합시킨 것이 아니라 깨어버렸다. 먼로의 입장은 서로 다른 연합을 결성하게 될 세력들의 방향을 결정하는 피뢰침이 되어, 먼로의 소극성을 참지 못한 클레이와 애덤스 간에 공동 행동의 통로가 열리게 되었고, 먼로의 국가주의에 분노한 밴뷰렌과 크로포드 간에도 공동 행동의 통로가 생겨났다.

이단이 된 레짐 수호자

먼로의 리더십은 그 성취 때문에 자신의 정치적 권위가 약화될 때까지 공화주의 정통을 구체화시켰다. 먼로는 국가의 거대한 목표들을 실현했다. 매디슨에게 먼로는 "연방정부가 할 수 있는 모든 면에서 공공선을 고양했다."라고 자랑했다.[39] 그렇지만 이 레짐은 기반을 무너뜨리지 않고는 나아갈 수 없었으며, 1822년이 되면 어디로 나아가야 할지에 (또는 나아가야 하지 말지에) 대한 먼로의 비전을 지지하는 세력은 거의 없게 되었다. 실제로, 국가가 "이미 찾아낸 길"을 따라 빨리 나아가야 한다고 아직도 믿고 있는 유일한 사람은 대통령 자신만인 듯 했다. 마침내 공화당 이념의 양끝의 지도자 둘, 마틴 밴뷰렌과 헨리 클레이는 대통령을 정치적 이단이라고 비난하고 제퍼슨주의 원리의 타락에 개인적으로 책임져야 한다는 데서 공통의 입장을 발견하게 되었다. 대통령의 리더십을 위한 먼로의 도전은 결국 가장 확실한 실패가 되었던 것이다.

먼로는 물론 자신의 정통에 대해 제기되는 의문들에 대해 억울해 했다. 밴뷰렌 급진파들은 자신이 공화당을 반대파와 합병하고 있다는, 공화주의 원리를 연방파 프로그램들로 오염시켜서 공화주의 옷을 입은 연방당을 부활시키고 있다는 비난을 하고 있었다.[40] 이에 대한 항의로 먼로는 자신은 다만 공화당 충성파로서 연방당이 더 이상 존재가치도 없다는 것을 확인하고 이 기회를 이용해서 공화주의의 굳건한 기초 위에 거대한 국가적 합의를 수립하려 했을 뿐이라고 답했다.

> 정적 상태로 돌아가 진정하라고 연방파들을 매수하지 않았습니다. 그들 중 누구도 고위직에 임명되지 않았고, 아주 적은 수만 하위직에 임명되었습니다. 지난번 전쟁에서 벌인 그들의 실수들 때문에, 그리고 그 전쟁에서 우리의 성공 덕분에, 그들은 정당으로서 끝이 났습니다. 그들을 다시 키워냈다고 나를 비난하고 있습니다… 하지만, 어떻게? … 국민들을 더 밀접하게 하나로 만들고 연방파 지도자들을 지원하지 않는 것이 우리 정부의 원리와 일치하고 국민의 복지를 증진시키리라고 생각해 왔지만, 개인적인 사항들을 고려하지 않아도, 당에 앞서 나간다면 내 목적은 실패할 것이란 걸 알고 있었습니다. 반드시 당에 의지해야 합니다. … 이 원칙을 나는 변함없이 지켜왔으며, 따라서 이에 대해 내가 공치사를 하지도 않을 것이지만, 합병이라는 비난이 내게 제기된 것은 잘못입니다.[41]

사실상, 국민들을 더 밀접하게 하나로 만들고 연방파 지도자들을 지원하지 않으며 모든 행동의 근거를 공화당에 둠으로써 먼로는 전임자들의 업적을 완수하는데 다시 한 번 다가갔다. 제퍼슨의 취임사에서부터 국가적 합의를 이룬 단일 정당이 기대되었었으며, 이 정당을 정점에 올려놓고 국가적 단합을 이룬 유익한 정부로 바꿔놓는 과업을 지휘하는 것이 먼로에게 남겨졌었다. 문제는 이 기회가 이런 목적을 실현시키기 위해 필요한 권력 행사를 가능하게 하지 못했다는 데 있다. 먼로는 제퍼슨의 비전을 구체화하려 했으나, 제퍼슨과는 달리 공격할 적이 없었고, 근절할 재앙이 없었으며, 제공할 대안이 없었다. 이미 수립된 정통의 대변자로서 그는 자신의 개혁이 가져 오는 질서-파괴적 결과를 부인하는 수밖에 없었다. 결국 먼로에 대한 비난이 그의 방어보다 더 옳은 것처럼 들리게 되었다면, 이는 연방파 세력이 실제 부활했기 때문이 아니라 자신이 가져온 변화의 의미를 통제하려던 먼로의 시도가 그 자체의 내적 모순에 사로잡혔기 때문이었다.

먼로는 다른 어떤 대통령들보다 지속성 및 일관성과 합의를 이루려고 노력했다. 하지만 그렇게 하면서 자신의 리더십이 호의적인 것이며 중대한 것이 변할 일은 없다고 우기는 함정에 줄곧 빠져 버렸다. 그는 세미놀 전쟁은 불가피한 것으로 만들었고, 국토 개발은 정치적 일관성의 문제로 만들었으며, 정당 정치를 초월하는 것을 당연한 것으로 만들었다. 그러나 먼로의 메시지들은 그 성취에 비해 너무나 미묘했고, 먼로의 행동들은 정당성 주장에 비해 너무나 중대한 결과를 가져 왔다. 먼로가 이미 찾아낸 길은 과거와 미래가 완벽히 종합되어 섞여 버린 시간 왜곡 상태에 국가를 가두었다. 그가 이단이라는 터무니없는 비난이 무언가 한 것이 있다면, 바로 이 환상의 세계를 허물어뜨리고, 충격적일 정도로 명확하게 변화의 현실을 직시하게 한 것이었다.

결국 거부 없이 개혁하겠다는 먼로의 고집으로 인해, 그가 이끌려던 사람들은 그에게 등을 돌렸다. 대통령 리더십의 질서 교란적 측면, 먼로가 활용하지 못하고 숨겨야 했던 이 측면 자체가 비틀려지면서 그가 보존하려고 했던 모든 것을 분파적으로 와해시키는 결과를 가져 왔다. 먼로의 순전히 건설적이었던 리더십 프로젝트는 권력에 대한 자기 부정적 주장과 자멸적 정책 성공이 뒤섞인 것으로 귀결되었던 것이다.

제3부 존 퀸시 애덤스의 해체

오직 능력과 인품으로

정치적 규정을 통제하는데 먼로가 겪었던 어려움은 그의 최측근이 겪었던 것에 비하면 아무것도 아니었다. 1825년 존 퀸시 애덤스의 당선은 대통령의 권위와 "1800년의 혁명" 사이를 이어주던 낡은 고리를 끊어버렸고, 이 단절과 함께 대통령의 정치적 리더십의 성격은 다시 한 번 근본적으로 변화했다. 변화를 위한 애덤스의 권위보다 더 의심스러운 것이 바로 계속성에 대한 그의 주장이었다. 4연속 공화당 대통령으로서 애덤스는 레짐의 정체성 위기를 그 자신이 개인적으로 구현했던 것이다.

애덤스의 취임사는 대통령의 권력을 행사하는 데 있어서 이러한 역사적 위치를 가장 잘 들어맞는 용어들로 묘사했다. 여기에서 애덤스의 리더십 문제가 바로 명확해진다. 신임 대통령은 자신의 앞길을 두 가지 역사적 추세에 결합시켰다. 첫째, 애덤스는 정치적 분열을 극복하기 위해 국가가 이룬 큰 진전에 갈채를 보내며, 호민관적 정치의 최고 이상을 실현시키는데 필요한 마지막 한 걸음을 뜨겠다고 제안했다. 정당 소속을 완전히 무시하고 행정부를 오직 능력을 기반으로 운영하겠다는 것이다. "편견과 흥분"의 종식을 선언하면서 애덤스는 "정당 소속"이 마침내 "오직 능력과 인품"으로 대체되는 정부를 약속했다. 주제를 정치에서 정책으로 전환하면서, 애덤스는 무당파 정부라는 이 대담한 입장을 정책적 지속성이라는 겸손한 약속과 결합시켰다. "내 전임자의 약속과 업적 속에서 그 후임자의 의무는 명확해졌습니다. 우리의 공통된 상태들을 개선하는데 내 전임자가 제안하고 수립했던 목적들을 완성하는 것이 내 의무의 전부일 것입니다." 이 목적들을 구체화시킬 수 있는 방법으로 애덤스는 공공사업

영역에 주목했고, 아직도 연방정부의 역할에 장애가 되고 있던 헌법상의 반대를 해소할 수 있는 길을 찾으라고 동료들에게 촉구했다.[1)]

먼로의 충직한 측근이었기에 이러한 메시지는 적절할 뿐 아니라 예측할만한 것이었다. 그렇지만 먼로의 리더십을 직접적으로 체험한 사람이자 당시 국무장관으로서, 어떻게 제퍼슨적 국가주의의 이념적 경계를 또 한 번 뛰어넘는 것이 초당적 합의를 증진시키리라고 믿게 되었는지 의문이다. 공화주의 프로그램을 국가주의 노선을 따라 구현해 보려던 먼로의 의도적인 노력들이 이미 당의 단합을 아수라장으로 만들었고, 버지니아 왕조*가 사라진 상황에서 이제 국가주의적 충동은 정치적 정통의 편견 없는 목소리인체 할 수도 없었다. 1819년의 경제 공황이 복구되어 번영을 누리고 있고 미주리 논쟁의 지역주의 갈등이 타협의 정신으로 마무리되었지만, 이러한 경험으로부터 생긴 정치체는 먼로 행정부 당시와는 상당히 달랐다. 이렇게 새로운 상황에서 국가적 단합의 이름으로 이전의 정책 노선을 구현한다는 것은 한마디로 가망 없는 것이었다.

취약해진 레짐의 소속당 대통령으로서 애덤스는 진퇴양난에 빠지게 되었다. 과거를 부정할 권위는 전혀 없었고, 반면에 물려받은 경로를 단순히 인정하게 되면 당대의 가장 중대한 정치적 문제들을 효과적으로 다룰 가망성이 거의 없었던 것이다. 현실적으로 말하자면, 전임자의 약속과 업적위에 무언가를 더 이루려면 애덤스는 실질적으로 완전히 새로운 정치적 대형을 만들어 내야 했고, 새로운 정치적 대형을 만들려면 정책 프로그램을 기반으로 국가를 정치적으로 다시 나누어야 했으며, 국가를 정치적으로 나누게 되면 실질적으로 호민관적 통치와 제퍼슨 공화주의의 핵심 원칙을 위반하고 따라서 물려받은 유산 위에 무언가를 이루겠다는 원래 전제를 약화시키게 될 것이었다. 이 난제를 풀어나가는 동안 애덤스는 지지자들 사이에서 단순한 불평 이상을 초래하게 된다. 체계적인 정치적 해체, 곧 어떤 명확한 정치적 보장도 없는 채 과거의 정치적 기반으로부터 떨어져 나오는 중대한 레짐 변환을 이끌게 되었던 것이다.

---

* 역주: 제퍼슨부터 먼로까지 모두 버지니아 주 출신임.

과거의 자기 아버지와 마찬가지로 애덤스는 정치체에 만연한 혼동을 정리하고 망상을 쫓아내기를 바랐다. 그러나 취임 초 애덤스의 리더십 태세에 담겨 있던 정치적 모순 때문에 명확성이란 이룰 수 없는 목적이 되어버렸다. 이 미국 최고의 외교관은, 일단 대통령직에 오르자, 자신을 이해시키는데 비극적일 정도로 무능력하다는 것을 바로 깨달았다.[2] 그가 대표한다고 주장했던 것은 (정치적 계승 경로와 국가 정책 노선의 연속성) 그가 곧바로 대표하게 된 것과는 (과거의 합의가 붕괴되고 새로운 정당이 부상하게 된 것) 아무런 연관성이 없었다. 애덤스는 레짐을 통제하려던 시도 자체로 인해 레짐이 파탄 상태임을 노출시켰다. 그의 리더십은 신뢰성을 얻기 위한 불행한 투쟁에 사로잡힌 채, 태어나자마자 꺼져버렸다. 그가 대표한다고 주장한 것들의 상징이 된 애덤스는 방대한 반대 운동을 동원하는데 이상적인 표적이자 거부의 근거가 되었다. 권력 행사에 대한 명확한 근거를 확보하지 못함으로써 애덤스의 행동들은 후임자에게 가장 강력한 정치적 근거를 만들어 줄 정도로 미국 정치체를 바꿔놓았다.

새로운 정치적 대형을 향하여

애덤스가 대통령 리더십을 행사하려고 추구했던 경로는 적들에게 힘을 불어넣어 주었을 뿐 아니라 친구들을 무기력하게 만들었다. 이 때문에 애덤스는 실패한 대통령이자 정치적으로 무능력하다는 평판을 받아 왔다.[3] 호민관으로서의 적절함을 고집했던 어덤스는 미국의 확장과 민주화에 걸맞는 새로운 형태의 정당 정치를 개발하려던 주변의 많은 인물들과 뚜렷이 대비된다. 애덤스의 우군들은 애덤스가 권좌에 오르게 된 의미를 살려서 애덤스를 위한 새로운 정치 조직을 만들 수 있게 도와달라고 요청했다. 그러나 행정부 출범 후 애덤스는 당시 당연해 보였던 이 정치적 필요성으로부터 초연하기를 고집했다. 결과적으로 중간선거에서 대통령의 지지세력이 역사상 최초로 양원을 장악하지 못했고, 호민관적 자세를 고집한 애덤스는 이 불가피한 패배를 수용할 수밖에 없었다.

그러나 이런 관점은 너무 단순한 것이다. 애덤스가 정치적으로 미숙했다는 주장은 일단, 그가 대통령직에 오를 때까지 보여준 정치적 지혜와 전략적 기민함을 설명하지 못한다. 이 연방당의 변절자가 공화당의 전통적인 후계 경로를 따라 국가 최고위직에 올랐다는 것은 전혀 우연이 아니었다. 더욱이 일단 권좌에 오르자 당면한 정치적 상황이 어떤 것인지 제대로 파악하는 데 실패한 대통령은 애덤스만이 아니다. 애덤스의 취임사 한복판에서 발견되는 정치적 딜레마를 고려할 때, 레짐에 대해 미약한 소속감만을 지니고 있었고 이미 취약해진 정책 기약들을 인정하는 것을 불편해했던 레짐 말기 소속당 대통령들 모두에 대해 생각해 보아야 한다. 애덤스의 리더십이 실패한 것을 특정한 종류의 실패로—미래에도 벌어질 투쟁의 원형으로—이해해야만, 권력을 장악해 가는 과정에서 그가 보여주었던 정치적 능력을 인정할 수 있고 그의 실제 선택에 담겨있는 정치적 통찰을 파악할 수 있다. 물려받은 질서에서의 위치와 독자적인 리더가 되려는 충동을 조화시키는데서 애덤스가 직면했던 어려움들을 감안하면, 무능력이 아니라 애덤스의 야망이야말로 1820년대 중반에 벌어진 정치적 해체의 추동력이었음을 알 수 있다.[4]

제퍼슨 행정부 시기 대부분 동안 연방당 상원의원이었던 애덤스는 자기들의 앞날이 얼마나 어두운지 최초로 깨달았던 연방당원이었다. 그는 1802년에 다음과 같이 썼다. “(제퍼슨) 행정부의 힘은 헌법 제정 이래 어떤 행정부들보다 훨씬 강력한 국민들의 지지에 있다. 이전 행정부의 잘잘못이 무엇이든 간에, 대중들의 목소리에 의해 이처럼 완전하고 부정할 수 없을 정도로 버려지고 거부된 정책 체계들은 없었다. 다시는 되살아날 수 없을 것이다.”[5] 자신의 주 매사추세츠에서 공화당이 세력을 확장해가는 것을 보면서 애덤스는 또한 제퍼슨의 정책들을 지지하게 되었다. 제퍼슨 행정부의 포용적인 대안들에 이끌려서 애덤스는 특히 루이지애나 구입과 같은 주요 정책 문제들에 있어서 연방당 동료들과 갈등을 빚게 되었다.

이러한 긴장은 1807년에 최고조에 달해서 애덤스는 제퍼슨 행정부의 외교정책을 비난하는 매사추세츠 주의 결의안에 항의하여 상원의원직을 사임하고 제임스 매디슨을 대통령 후보로 선출하는 공화당 의원총회에 참석했다. 애덤스가 공화당 지도부와 곧 가까워진 것은 아니었으나, 제퍼슨의 무역 금수 조치를 지지했다고 자신의 아버지의 정당에서 축출된 것은 확실히 좋은 출발이 되었다. 이 덕분에, 뉴잉글랜드에 여전히 연방당 세력이 지속되고 있는데 질려버린 제임스 매디슨이 애덤스의 경력을 구해주게 되었던 것이다. 매디슨은 국내 정치 지평에서 겪던 어려움으로부터 애덤스를 구해 내어 러시아 대사로 보내 주었다.

먼로가 국무장관으로 지명했을 당시 애덤스는 거의 9년간 외교관으로 봉직하고 있었다. 독자적인 정치 세력이 만들어지지 않으면서 행정부에 능력과 지리적 폭을 더해준 이 지명이 여러 가지 면에서 먼로에게 이익이 되었음은 이미 살펴 본 바 있다. 여전히 행정 수반의 단순한 보좌역을 맡고 있던 애덤스는, 대통령의 호의에 전적으로 의지한 채 더 이상의 경력 상승이 안전하게 봉쇄되어 있는 듯 보였다. 그러나 제1 장관으로서 애덤스는 거의 즉각적으로 추종세력을 일구기 시작했으며, 곧 전국적으로 강력한 정치인으로 부상했다. 먼로 행정부 내에서 급속히 유력한 정치적 지위로 상승했다는 것이 애덤스가 지닌 탁월하고 폭넓은 정치적 능력을 보여주는 전조였다면, 공화당의 전통적인 후계 경로를 없애겠다던 후원자의 계획을 무산시키면서 1825년에 후임이 된 것은 바로 이를 입증한 것이었다.

이런 맥락에서 국무장관으로서 애덤스의 최고의 업적을 살펴보자. 바로 신성동맹(Holy Alliance)의 구상으로부터 라틴 아메리카 신생 공화국들을 보호하자는 목적으로 영국이 제안한 동맹을* 성공적으로 물리친 것이다. 이 특정한 시점에, 이 특정한 목적으로 영국과 동맹을 맺는 것은 먼로뿐

* 역주: 1822년에 아르헨티나, 칠레, 페루, 콜롬비아, 멕시코가 독립을 인정받은 뒤, 프랑스가 스페인을 끌어들여 러시아, 프러시아, 오스트리아의 신성동맹의 후원하에 라틴 아메리카 신생 공화국들에 대한 영향력을 행사하려 했으며, 서반구에 다시 프랑스 세력권이 형성되는 것을 두려워 한 영국이 이를 막기 위한 미영 간 동맹을 제안했음.

아니라 제퍼슨과 매디슨도 개인적으로 지지했다. 그렇지만 전통적인 공화당 노선에서 이렇게 벗어나는 것을 협상하는데 대해 책임을 지는 것은 애덤스였으며, 이런 일이 애덤스의 과거 연방당 경력에 대한 비난을 바로 되살릴 것이고 대통령이 되려는 꿈의 싹을 잘라버릴 것이라는 점을 애덤스는 잘 알고 있었다. 몰락하지 않기 위해서, 그리고 대중 사이에서 너무도 취약한 공화당원으로서의 평판을 보호하기 위해서 애덤스는 정치적 정통을 가리는 이 시험에서 레짐의 도덕성을 지켜야 한다고까지 주장하며 홀로 반영(反英) 성전을 벌였다. 애덤스의 노력이 가져온 직접적인 결과로 먼로 독트린에서 영국과 무관하게 반식민주의 정책이 공포되었고, 애덤스는 자연히 큰 공적을 자신의 선거 캠페인에 더할 수 있었다.[6)]

문제는 대통령이 되기 위해 애덤스가 벌인 이 정치 게임이 전통적인 후계 노선에서 기대할 수 있는 어떤 이점도 약화시켰다는 것이다. 앞으로 보게 되듯이, 먼로 독트린 공포와 연관된 탁월한 정치적 책략으로 인해 애덤스는 자기 행정부의 외교정책에 대해 완전히 통제를 상실하게 된다. 이는 제퍼슨 시대 후기에 애덤스가 대통령 권력을 추구하다가 그 권위를 약화시키게 되는 훨씬 큰 그림의 일부일 뿐이었다. 국무장관으로서 자신이 대통령직을 잇는 것이 규칙적이고 지속적인 것이라는 애덤스의 호소는 무대 뒤편에서 벌어지고 있던 권력 투쟁을 거의 가리지 못했으며, 이 경쟁 속에서 그 자신도 기존 정치 제도들의 허점을 파고들고, "능력과 인품만"이라는 기준을 거부했으며, 부상하는 정치적 분파들을 이용했던 것이다.

먼로 행정부의 마지막 해에 애덤스는 공화당 의원총회에서 부통령 후보 지명을 받아 달라는 요청을 거절했다. 그에게 후보지명 의원총회(caucus)라는 것은, 이 제도 수립 이후 관련 이익들과 인재들이 방대하게 확대된 것을 수용하지 못하는 해묵은 존재였다. 애덤스는 측근들에게 "대통령 후보로 지명된다 해도"[7)] 의원총회의 지명을 거절하겠다고 털어 놓았다. 합의와 지속성과 화해의 입장과는 거리가 멀게도, 애덤스는 공화당 경력을 내세우는 다섯 명의 다른 후보들과 함께 겨루기로 결정했고, 단일한 대통령 후보 뒤에 당의 지지를 동원해 오던 전통적 도구가 붕괴되도록 만들었다. 그럼으로써 애덤스는 이제 그가 소속하게 된 정치 질서이자, 국무장관인 자신이 대통령의 후계자가 되는 것에 정통성을 부여해 온 정치 질서를 전복시키는데 결정적으로 기여하게 되었다.*

국무장관이 후계자가 되는 권리를 지속시키기 위해 정치 행동의 규칙을 위반한 것은 시작부터 애덤스의 리더십을 두 가지 상반된 경로 위에 걸쳐 놓았으며, 그가 한 걸음을 내디딜 때마다 두 경로 사이의 간격은 벌어져 갔다. 1824년 본 선거에서는 여러 후보들의 장단점이 서로 상쇄되면서 누구도 전국적으로 과반의 지지를 확보할 수 없음이 명백해졌다. 실제 후보 지명 의원총회가 지명했었던 윌리엄 크로포드는 유권자 투표에서 4위를 했고 선거인단 득표에서 3위를 했다. 앤드류 잭슨이 유권자 득표 1위였는데, 오랫동안 애덤스가 가장 지지했던 후보도 잭슨이었음을 주목할 필요가 있다. 애덤스의 열성 지지자이자 뉴햄프셔 하원의원인 윌리엄 플러머(William Plumer, Jr.)는 다가올 선거를 앞두고 1823년 12월에 애덤스가 후보들을 평가한 놀라운 대화를 기록한 바 있다. 애덤스가 잭슨을 "강력한" 후보일 뿐 아니라 "훌륭한" 후보로 생각했다는 것이다. 애덤스는 "다른 어느 후보 보다 [잭슨을] 확실히 선호한다고 말하는데 주저함이 없었다.-(의심의 여지없이 자신의 당선 가능성에 대해서는 주저함이 있었다)." 애덤스는 "잭슨이 모든 흥정과 타협과 연합과 부패를 떠나 정부를 온전하고 사심 없이 운영할 것이라고" 믿었으며, "크로포드나 칼훈이나 클레이나 클린턴보다 훨씬 더 그럴 것이라고 강조했다."[8] 이는 플로리다 사태 때 먼로의 내각 중 잭슨을 전적으로 옹호한 유일한 각료였던 애덤스가 밝힌 솔직한 생각이었지만, 1825년의 선거인단 득표에서 2위를 한 후보로서 취한 행동과는 거리

---

* 역주: 1824년 선거에서는 전통적으로 단일 후보를 지명하던 공화당 의원총회의 결정이 무산되어 4명의 후보가 본 선거에 출마했다. (이후 후보 선출은 오늘날처럼 각 주 대의원들이 모인 전당대회에서 하게 되었다.) 본 선거에서는 유권자 득표와 선거인단 득표에서 앤드류 잭슨이 1위를 하지만 선거인단 과반을 획득하지 못했고, 애덤스는 각각 2위를 했다. 결정은 하원으로 이관되어 정치적 흥정의 결과 애덤스가 대통령으로 선출되었다.

가 먼 것이었다. 대통령 선거 결정이 하원으로 이관되자 애덤스는 흥정과 타협과 연합에 대한 혐오를 잃은 듯했다. 그는 자신의 기회에 방해가 되는 유권자들의 선호는 물론 이 장군이 지닌 많은 능력과 인품을 무시했다. 잭슨의 지지자들은 애덤스가 이를 잊도록 결코 놔두지 않게 된다.

기존 절차가 아닌 상황에서 경쟁했던 다수의 후보들 중 누구의 우위도 결정되지 않았고, 하원에서의 결선 투표에서는 정치적 연합들이 곧바로 재조정되었다. 전체 유권자의 3분의 2 이상이 반대했던 애덤스는 뉴잉글랜드 지역을 휩쓸었고 지역 기반을 지닌 후보로 부상했다. 이 힘을 최대한 사용하여 애덤스는 다른 지역들에서의 균열을 틈타 13개 주 중 승리에 필요한 6개 주를 공략했다.[9] 이 주들의 주 의원단들과 흥정하면서 애덤스는 먼로 독트린을 수립하는 과정에서 얼마 전까지 주장해 왔던 공화주의 정통을 갑자기 폐기해 버렸다. 이제 이전의 정체성을 내세우면서 애덤스는 남아있는 연방파들의 압도적인 지지를 받게 되었다. 이들의 지도자급이자 이때까지 애덤스를 그리 탐탁치 않게 여겼던 데니얼 웹스터(Daniel Webster)를 설득한 것이 결정적으로 작용하여 3개 주에서의 승리를 더 보탰다. 연방파들이 애덤스를 특별히 싫어하던 뉴욕 주에서의 승리는 가장 돋보이는 것이었다.

그렇지만 연방파들의 지지만으로는 승리가 확실하지 않았다. 애덤스의 야심을 이루어 줄 승부수는 헨리 클레이와의 오래된 개인적 적대감을 해소하여, 이 켄터키 의원이 결선 투표에서 잭슨을 지지하라는 주 의회의 지침을 거부하도록 만드는 것이었다. 애덤스와 클레이 간의 불신과 시기의 역사는 잭슨에 대한 애덤스의 호감과 뚜렷이 대비될 정도였지만, 사적 감정과는 무관하게, 클레이 없이는 애덤스가 승리할 가망성이 없었고 클레이 역시 애덤스가 없이는 정치적 영향력을 유지할 희망이 없었다.[10] 플로리다 사태 당시 클레이 잭슨을 직접적으로 공격했기 때문에 이에 대해서는 화해 여지가 없었으나, 클레이와 애덤스는 국가 정책의 다른 많은 부분들에 대해 견해를 같이하고 있었다.[11] 애덤스와의 경쟁에서 낙오되자 클레이는 자신이 오랫동안 촉구했던 국가주의 프로그램들에 헌신하는 행정부의 국무장관이 될 수 있다는 기대감을 가지고 애덤스에게 접근했다.[12] 둘 간의 밀약이 구체적으로 무엇이었던 간에, 애덤스는 클레이의 기대를 깨뜨리지 않았고, 먼로주의 정통에 대한 이 가장 치열한 비판자가 애덤스에게 대통령직을 가져다주기에 충분한 제안을 했음이 분명했다.[13]

이러한 정치적 책략 직후에 애덤스의 두 자세 사이의 간격은 급속히 벌어졌다. 정치적 적절성에 대한 확실한 인식 하에 애덤스는 경쟁자들 각각에게 행정부 직위를 제안했다. 하지만 그의 첫 번째 제안은 클레이에게 돌아갔고, 클레이가 국무장관을 맡겠다고 하자 이후 국민적 화합을 위한 모든 제안들은 정치적으로 무의미하게 되었다. 일단 애덤스-클레이 연합이 하원의 대통령 선출 결정을 넘어 행정부 고위직의 구성에까지 확장되자, 국가 권력의 기초가 방대한 규모로 재구성되었다. 단지 이 "연합"에 연루되기를 거부했다는 이유로 잭슨과 크로포드, 칼훈, 클린턴은 공통의 입장을 갖게 되었다. 이런 가운데 애덤스는 첫 번째 임명에 담긴 자신의 메시지를 더 확장하고 깊이 있게 해주는데 도움이 되는 인물들을 기용했다. 서부 지역에서 잭슨에게 가장 강력한 경쟁자였고 펜실베이니아 출신의 열렬한 보호주의자였던 국무부의 리차드 러쉬(Richard Rush)를 애덤스는 재무장관으로 임명했다. 러쉬의 자리에는 자신의 아버지 밑에서 주영 대사를 했던 러퍼스 킹(Rufus King)을 복귀시켰는데, 이는 골수 연방당원들이 더 이상 배제되지 않을 것임을 시사한 것이었다. 얼마 뒤에는 미주리 논쟁에서 반노예제 선동을 이끌었고 뉴욕 주 선거에서 애덤스에게 결정적인 역할을 했던 존 테일러(John W. Taylor)가 하원의장에 당선되었다. 애덤스가 지원했던 인물로서 테일러는 초당적 합의와 화해의 정신을 구현한 인물은 꼭 아니었다.[14] 사실, 어색한 성격의 화해의 정신은 거의 모든 영역에서 사라지게 되었고, 뉴잉글랜드에서 대서양 연안 주들을 거쳐 서부에 이르기까지 국가주의 정서가 강력하게 확산되어 가고 있었다.[15] 실제로 애덤스 행정부는 연방정부 역할에 대한 과거의 제약들을 없애 버리고 경제 발전을 촉진하는데 연방정부 권력을 최대한 활용하겠다고 약속했다. 이것은 사실상 새로운 정치적 대형이었다.

이런 신호를 놓친 사람들을 고려하여 애덤스는 전면적인 국가주의 선언문을 준비했다. 클레이를 포함한 각료 일부가 의회에 대한 첫 번째 국정 연설에서 너무 강한 목소리를 내지 말고 한 번에 너무 많은 것을 제안하지 말라고 조언했지만, 애덤스는 거부했다. 국가주의가 큰 논쟁에 휘말려 있고 자신이 '위험한 실험'에 깊이 간여하고 있음을 애덤스는 잘 알고 있었다. 그러나 애덤스는 국가주의 프로그램을 반신반의하며 간접적으로 인정했을 때 발생한 혼란을 직접 목격했었고, 반대 세력들의 우려를 인정하는 듯한 태도로 새로운 정책들을 추진했을 때 초래된 자멸적 결과들을 보았었다. 이질적인 정치적 입장들을 또 한 번 먼로식으로 조화시키게 되면, 이제 애덤스가 구상하고 있는 경제발전을 위한 연방정부의 개입이 결코 유지되지 못할 것이었다. 더 나아가기 위해서는 국가주의 프로그램들은 통합되어야 하고 체계화되어야 하며 있는 그대로 표출되어야 할 것이었다. 신임 대통령은 "한 차례의 의회 회기보다는 더 긴 기간 동안의 실현성"을 내다보았고, 자신의 실험이 가장 필요로 하는 것은 단도직입적으로 "일반 원칙을 천명하는 것"이라고 결론지었다.[16)]

"자유가 힘이다."(liberty is power)라는 대담한 주장과 함께 애덤스는 국가주의적 정서에 대한 공화당 전임자들의 신중성을 버렸다. 국가 정치 제도에 대한 진정한 시험은 문명의 위대한 기념비를 세우는 능력이라고 주장하면서 애덤스는 기념비적인 국가주의 프로그램들의 대상을 밝혔다. 그는 국토부(Department of Interior)와 해군 사관학교, 연방 대학교, 연방 천문대, 연방 파산법, 연방 민병대법, 연방 도량형제, 연방 특허법, 교통 개선을 위한 연방 체계 등을 제안했다. 원래 공화당을 집권하도록 해 주었던 뿌리 깊은 연방정부 불신은 전혀 찾아볼 수 없었다. 실제로 애덤스는 자신을 따라오기를 주저하는 사람들에 대해 "[자기들의] 유권자들의 의사에 마비되었다."라고 비난했으며, 지역적인 정치적 저항을 물리치고 진정한 세계주의적 기준을 받아들이라고 종용했다. 공공사업에 대한 메시지에서 전임자들이 최근까지도 헌법에 대한 민감함을 언급했던 것은 사라지고 이제 연방정부 권력에 대한 속사포 같은 나열과 함께 단순한 결론만이 남

게 되었다: "만일 실용적이든 근본적이든, 농업과 상업, 공업을 증진시키고 기계공업을 육성하고 장려하며 문학을 발전시키고 과학을 진전시키는 법령들에 의해 이러한 권한이 효과적으로 실행될 수 있다면, 인민들의 이익을 위해 이 권한을 행사하는데 주저하는 것은 우리에게 맡겨진 재능을 땅에 묻는 것이 될 것입니다.–가장 신성한 신뢰를 배신하는 것이 될 것입니다."[17)]

새로운 연합을 결성하고 연방정부 권력의 한계에 대한 기존의 모든 주장들을 일축하는 선언으로 이 연합을 강화시킴으로써 애덤스 행정부는 1801년 이래 어떤 경우보다도 더 결정적인 정치적 이탈을 시작했다. 곧바로 내각 각료들은 전국을 순회하면서 과거의 정치적 성향을 무시한 채 국토 개발과 국내 제조업에 걸린 이익들을 애덤스 행정부에 대한 새로운 정치적 지지 기반으로 만들었다. 1827년 봄에 이르러 클레이는 "지금까지 있어 온 정당 소속을 불문에 부치고" 애덤스 행정부의 지지자들을 함께 모으는 전국 대회를 요구하고 나섰다. 이 전국 대회가 "확고한 목적을 밝히는" 선언을 발표하고 전국적 조직을 위한 "구심점을 결성할 것을" 클레이는 원했다.[18)]

1824년 대통령직에 도전했을 때부터 1825년 말 대통령으로서 첫 국정 연설을 할 때까지 애덤스는 먼로가 8년 임기 전 기간 동안에 한 것보다 전국적인 정치 지형을 더 변형시켰다. 그렇지만 1825년의 혁명은 선언되자마자 붕괴되었고, 이를 이끌었던 지도자는 그 자신의 질서 교란적인 힘에 의해 마비되었다. 애덤스는 후견제와 열성으로 대통령직을 시작했지만, 자신의 행정부가 "능력과 인품만의" 행정부가 될 것이라는 취임 서약을 끝내 고집했다. 연방정부의 역할에 대한 과거의 제약들을 무너뜨려야 한다고 강력히 주장했지만, 애덤스는 자신의 행정부가 전임자들 업적의 연장선에 있을 뿐이라는 억지를 고수했다. 자기 본연의 정치 지도자로 나서자마자 애덤스는 중립적인 관리자의 자세를 취했고, 자신이 시작했던 정치적 재편의 성공에 필수적인 실질적 지원을 제공하기를 시종일관 거부했다. 그가 그토록 적극적으로 했던 것들을 원칙상 부정하면서, 애덤스는 상상할 수 있는 가장 비타협적인 방식으로 초당파성을 옹호한 채 지난 25년간 가장 당파적인 프로그램들을 추진했던 것이다.

기술의 본질화

제퍼슨 역시 중대한 이탈을 정당화시키기 위해 합의를 이용했었다. 그렇지만 앞에서 보았듯이, 이러한 이탈을 해 나가는데 지속성이라는 가치가 결코 연루되게 하지 않았으며, 자신의 목적에 정치적으로 상관없는 행정부를 이끈다는 생각도 전혀 하지 않았었다. 이러한 비교가 이탈을 성공시키기 위해 무엇이 필요한지를 잘 보여준다. 이탈의 성공을 위해서는 새로운 연합이나 헌법에 대한 새로운 비전 혹은 국가 경제를 발전시키기 위한 물질적 지원으로 가득 찬 새로운 프로그램, 여론에 대한 정치적 예민함이나 여론 조작을 위한 기술 이상의 것이 필요하다. 애덤스는 이 모든 것을 지녔었다. 제퍼슨은 지녔으나 애덤스가 결여했던 것은 바로 과거와의 단절을 위한 명확한 권위였다.

물려받은 질서와 원하는 변화 간에 애덤스가 수립한 정치적 관계는 너무나 불명확했다. 사실, 권력을 향해 그가 닦았던 길은 일단 권력에 도달하자 그가 해야만 했던 가장 믿을 만한 주장을 의혹에 빠뜨렸다. 취임사에서 인정했듯이, 먼로 행정부에서 봉직했고 먼로의 내각으로부터 후임자가 되었다는 사실이 상징하듯이 애덤스의 권위는 정치와 정책의 지속성에 결부되어 있었다. 리더십 프로젝트의 질서-파괴적 측면이 여전히 과거 정치의 본질을 인정하는데 결부되어 있었으므로, 애덤스는 변화를 촉발하는 행동을 전혀 정당화할 수 없었다. 애덤스는 광범위한 정치적 변화를 촉발해 냈으나 신뢰받으면서 과거의 정치를 부정할 수 없었으며, 그러면서도 가장 본질적인 정치적 변혁을 적극적으로 추진함으로써 그가 무엇을 지키려고 하는지에 대해 제대로 답할 수 없었다.

따라서 대통령이 되는 길 위의 장애물을 통과하고, 먼로가 남겨 놓은 정치적 진창을 뚫고 나가고, 자신이 원했던 새로운 정치적 근거를 확보하고 나자, 애덤스는 어떻게 더 나아가야 할지를 모르게 되었다. 그의 당선이 가져온 질서-파괴적 효과와 초기 행동들의 질서-창조적 의미는 제퍼슨 레짐에 대해 항상 불안정했던 애덤스의 정체성 문제를 일찌감치 드러내주었고, 그가 과연 누구인가 하는 문제에 대해 어두운 그림자를 드리웠다.

애덤스가 초당파성을 그토록 완강하게 고집했던 것이 이런 면에서 잘 이해될 수 있다. 적절한 행동에 대한 모든 규칙들을 부수고 난 빈 공간을 이 초당파성이 채워주었던 것이다. 이것이야말로 자신의 행정부가 인정하려는 구질서가 어떻게 되었는지에 대해 아무리 어색하더라도 어떤 식으로든 답을 하는 것이 되었고, 따라서 애덤스 리더십 프로젝트의 핵심이 되었다. 애덤스는 자신의 리더십에 존재하던 두 갈래 길 사이의 간극을 호민관적인 기술을 본질화(reification of techniques)함으로써 연결시켰다.

한편으로는 "능력과 인품만으로"라는 기준을 내세우고 다른 한편으로는 자신이 촉발시킨 당파 간 경쟁에 직면해서 모든 대가를 치르더라도 이 기준을 고수한다는 이 뒤틀린 논리가 이제 정치적 신뢰를 확보하려고 애덤스가 치르는 분투의 본질이 된다. 당파성을 초월한 호민관적 국가 지도자의 이상을 구현하려고 한 것은, 자신이 만들어 낸 새로운 정치로부터 멀어진 것이 아니라 정당한 근거 위에 이를 수립하려는 것이었다. 자신의 야망과 자신이 지닌 권위 사이의 간격을 최대한 메울 수 있도록 자신의 정체성을 수립하기 위해 애덤스는 호민관적 통치에 있어서 가장 포괄적이고도 공허한 기준인 "능력과 인품만으로"를 내세웠던 것이다. 자신의 강력한 프로그램들이 능력과 인품만이라는 강직성의 전형이라고 포장하는 것은, 그가 작동시킨 변화들보다도 근본적인 것을 일깨움으로써 애덤스의 리더십 태세를 확대시켜 주었다. 당파성을 반대한다는 애덤스의 입장은 개인적 야심과 권력을 추구하는 것처럼 보이는 것을 뛰어 넘어 자신의 논쟁적인 정책들보다 근본적인 목적을 지닌 것으로 애덤스의 입장을 강화시켜 주었고, 리더십을 위한 투쟁에서 고지를 장악했다고 주장하게 해주었다.

대통령 행동의 질서-파괴적, 질서-확인적, 질서-창조적 차원들을 일관된 리더십 프로젝트로 결합시키는 데 있어서 애덤스가 지녔던 문제를 이해하게 되면, 새로운 정치 대형을 키워나가면서도 이 행정부를 과거와의 단절을 **거부하는** 적절성의 요새라고 옹호하는 애덤스의 대담함을 이해하게 된다. 애덤스가 자신에 대한 개인적인 결과와 상관없이 호민관적 통치 원리를 고수했던 것은 잭슨이 충동적이라는 평판에 응수하려고 한 것이었다. 또 선거운동에 끼어드는 것을 고집스레 거부한 것은, 잭슨이 정치적으로 부상하고 잭슨을 지지하던 선동적인 운동들이 정치적 위협을 제기하는 데 대해 맞서려 했던 것이었다. 계획된 무관심으로 애덤스는 자신을 반대하려고 조직되고 있는 세력들에게 분열의 책임을 지우려 했던 것이다. 실제로 애덤스는 한 세대 전체의 정치 풍토를 부정하기 위해 자기 행정부를 거부하게 될 세력들에도 맞섰던 것이다.

이렇게 말하는 것은, 중대한 정치적 이탈을 후원하면서 동시에 부정했던 이 애덤스 리더십의 이중 궤도가 그에게 성공에 필요한 것들을 가져다주었다는 것은 아니다. 이 양 측면 모두에 있어서 애덤스는 정통성 문제가 논란에 휩싸인 레짐의 수탁자로서 자신의 역사적 위치를 명확히 해야 했고, 각각의 측면은 가장 뚜렷하게 대비되는 정치적 대안들을 제시했다. 그러나 이 두 측면을 함께 작동하도록 만드는 일은 가장 노련한 정치인도 감당할 수 없었을 것이다. 실제로 권력 행사를 위한 정치적 기초를 다지기 위해 애덤스가 취한 극단적 조치들은 권위에 대한 애덤스의 핵심적 주장을 유지하는데 어려움을 가중시켰고, 권위를 주장하기 위해 취한 극단적 조치들은 권력 행사를 하는데 어려움을 가중시켰다. 이처럼 극단적으로 다른 방향을 동시에 쳐다봄으로써 애덤스의 리더십은 어느 쪽으로도 효과적이 되지 못했던 것이다.

1823년 먼로 독트린 수립 당시 공화당 정통을 고수했던 애덤스의 절묘한 책략을 다시 한 번 살펴보자. 국무 장관으로서 이 문제를 능숙하게 다룬 것이 애덤스 행정부의 첫 번째 중대한 논란을 야기했으며, 이 논란은 새로운 정당을 수립해 나가야 할 필요성과 그럼으로써 유발되는 문제들 모두를 애덤스에게 가져다주었다. 취임 직후 애덤스는 영국과의 동맹이라는 위험스러운 문제와 연방당이었던 자신의 과거를 건드리지 않고 라틴 아메리카의 반(反)식민지 정책을 얻어냈던 과거의 성공이 가져온 몇 가지 여파에 시달리게 되었다. 우선, 미국의 태도에 대한 대응으로 라틴 아메리카 신생국들이 애덤스 행정부에게 파나마에서 개최하려는 회의에 대표단을 파견해 줄 것을 요청해 왔다. 애덤스가 이제 전통적인 비동맹 정책을 재확인하고 대표단 파견을 거절할 경우, 라틴 아메리카에서 영국의 지배력이 커지는 길을 열어주게 되고 미국의 지배력을 일방적으로 주장했던 먼로 독트린을 무의미하게 만들 것이었다. 반면에 이 초대를 받아들이면, 애덤스는 과거의 정책을 위배하게 되고, 먼로 독트린이 기반을 둔 합의를 약화시키게 되며, 먼로 행정부 당시 자신이 취약하다고 주장했던 원칙의 일관성에 대한 힘겨운 논쟁에 스스로 빠져들게 될 것이었다. 한편 영국은 영국대로, 자신이 자유방임(laissez faire)에 몰입하고 있는 상황에서 애덤스의 대담한 국가주의 프로그램들이 지니는 의미가 무엇인지 따져보고 있었다. 라틴 아메리카 신생국들이 미국과의 동맹이 가능한지 신호를 보내고 있는 바로 그때 영국은 미국에 대한 자신의 똑같은 신호를 거절당한데 대한 보복을 하고 북미 대륙의 이 신흥 중상주의자에게 누가 세계무대에서 실제로 힘을 휘두르는지 보여주기로 결정했다. 일련의 신속한 조치들을 통해 영국 의회는 수익성 높은 서인도 제도 무역에서 미국을 실질적으로 배제시켰던 것이다.[19]

파나마로 대표단을 보내는 문제는 애덤스의 국가주의적 이탈이 지닌 가장 취약한 약점들을 애덤스의 적들 모두에게 노출시켰다. 대통령은 두 번이나 자승자박에 빠졌고, 지금까지 "구 공화주의"의 무기력한 광신도에 불과했던 존 랜돌프가 이 기회를 틈타 자기 생애에 가장 강력한 공격을 감행했다. 랜돌프는 파나마 대표단을 공화주의 원리와 선례들에 완전히 반하는 것으로 비난하고, 파나마 대표단의 부적절성을 애덤스 행정부 자체의 부적절성에 연관 짓는 미친 듯한 장광설을 늘어놓았다. 그가 말을 마칠 때쯤이 되자 파나마 초대를 받아들이는 것은 애초에 이 새 행정부가 감행했던 원칙 없는 정치적 흥정을 상징하는 것이 되어버렸다. 먼로 독트린을 실질적으로 기획했던 애덤스와 라틴 아메리카의 독립을 지지하는데 주도적이었던 클레이는 "블리필(Blifil)과 블랙 조지(Black George)"의 연합*, 또는 "지금까지 들어보지 못했던 청교도와 흑각병(blackleg)의 결합"**이라고 매도되었다.[20)]

제퍼슨도 일관성과 적절성에 대한 힘든 질문들에 봉착했었지만, 대체로 잘 피해나갔었다. 먼로의 리더십도 이 문제들을 놓고 공화당 동료들과 씨름했었으나 먼로는 자기가 선택한 경로대로 이 까다로운 패거리들을 몰고 갔었다. 그러나 애덤스 행정부는 이 문제들에서 수렁에 빠졌고 꼼짝달싹 못하게 되었다. 되풀이해서 음모와 부패와 타락이라고 공격한 랜돌프의 이 익숙한 비난은 처음으로 애덤스 행정부 반대세력들의 강력한 지지를 끌어들였다. 부통령 칼훈과 상원의원 밴뷰렌은 즉각 이 비난을 이용해서 당파 세력 확장의 기회로 삼았다. 애덤스 반대 운동의 초창기에 이들은 여기에서 위선적인 고상함과 악질적인 사기꾼이라는 충격적인 상징들을 이어받아 활용했고, 이것들을 서인도 제도 무역에서 벌어진 실제 정책 실패에 대한 분노와 능숙하게 결합시켰다.[21)]

이제 대통령과 그의 신중상주의자 참모들의 현안은 어떻게 반격하는가였으며, 공격의 강도를 고려할 때 더 이상 호민관적 기술로 본질화하는 것은 바람직한 답이 되지 않았다. 국가주의로의 대담한 이탈에 대해서는 그만 언급하고, 애덤스는 파나마 대표단 파견의 적절함에 대해 장황하게 옹호해야 했다. 애덤스는 유럽의 강대국과 동맹(alliance)을 맺는 것과 인접국들과 공조(aligning)하는 것을 세밀하게 구분하고 나서, 이를 근거로 동맹에 대한 조지 워싱턴의 경고와 먼로 행정부의 정책, 그리고 파나마 회의

---

* 역주: 헨리 필딩(Henry Fielding)의 1745년 소설 속 악역들.
** 역주: 애덤스는 뉴잉글랜드 청교도 출신이며 흑각병은 당시 유행했던 가축 역병으로 클레이를 비난하는 것임.

에 참석하는 것이 일관된 것이라고 주장했다.[22] 애덤스는 또한 예전에 유행하던 대로 적당한 가명을 써서 자신의 부통령과 신문 지상에서 논쟁을 벌임으로써 더 큰 정치적 소동을 벌이기도 했다. 대통령이 어떻게 해야 자신을 이해시키고 국가정책의 일관성을 재확인시킬지에 대해 어쩔 줄 모르고 있는 동안에, 참모들은 파나마 대표단이란 새 아젠다에 대한 지지를 구축해 보려고 허둥대고 있었다. 애덤스가 칼훈과 담론의 전쟁을 벌이고 있는 동안 그의 "전국 순회 내각"은 실질적인 물질적 이익이 없는 이 프로그램의 장점들을 선전하고 다녀야 했던 것이다.

계속해서 상황은 똑같았다. 적들이 약점을 사정없이 파고드는 동안 대통령은 자신의 가장 유력한 정책을 지속성과 적절성을 방어하기 위한 볼모로 잡힐 수밖에 없었다. 후견제 문제를 살펴보자. 능력과 인품만의 기준을 지킨다는 것은 단순히 몇몇 훌륭한 연방파들을 고위직에 임명하는 (애덤스 행정부의 정당 구축 작업과 상당히 일치하는) 것만을 의미하지 않았다. 부패하지 않았다면 모든 공직자들을 감내해야 하는 엄청난 노력을 의미하는 것이었다. 국민들이 정치적으로 동원되고 애덤스 지지자와 잭슨 지지자로 다시 분열되고 있는 상황에서 애덤스는 임기 4년 동안 단지 12명의 관리들만 해임시켰다. 이로 인해 행정부에 야기된 문제는 특히 다수의 지부들이 있는 부처들에 심각했다. 예컨대 재무부에서는 이전에 크로포드가 임명했던 관료들이 잭슨을 지지하고 있었고, 체신부에서는 먼로 행정부 때부터 장관직을 맡고 있던 존 맥린(John McLean)이, 탁월한 관리 능력을 애덤스가 높이 평가했음에도 불구하고 애덤스 행정부에 대해 노골적으로 적의를 드러내며 잭슨과 칼훈의 지지자들에게 호의를 베풀고 있었다. 1828년 선거에 접어들면서 뉴욕이나 필라델피아 같이 북부의 중요한 도시들에서 우편국들과 관세국들은 극단적으로 애덤스 행정부에 반기를 들었다.[23]

클레이와 여러 참모들은 애덤스에게 정부 부처에서 적들을 일소하고 동지들에게 관직을 베풀어서 정당 구축 작업을 계속하기를 반복적으로 요청했다. 국무장관 클레이의 첫 번째 요청 중 하나는 애덤스의 대통령 당선을 반대한 뉴올리언스 해군 장교에 관한 것이었다. 클레이는 일단 선거 결과가 결정되면 "대통령의 의지에 달려 있는 어떤 관리도 공개적이고 지속적으로 행정부와 대통령을 불명예스럽게 하는 행동을 하면 안 된다."라는 원칙을 주장했다. 애덤스도 이 원칙이 "의심의 여지없이 옳다."라고 인정했지만, 이를 적용하는데 있어서의 "어려움과 미묘함"을 주장했다. 이 관리가 자신의 생각이 실현되도록 했다는 증거가 없으므로 "그를 해임하면 부끄럽게도 내가 진정한 이유를 부여했을 것이라는 추론을 이끌게 되고" 이 이유는 "여론에서 해임을 전혀 정당화하지 못할 것입니다."[24]

첫 번째 국정연설에서 클레이가 자제를 촉구했을 때와 마찬가지로 후견제를 보다 적극적으로 활용하자는 클레이의 요청에 대해서도 애덤스의 반응이 둔감하거나 무관심한 것은 아니었다. 여론에 예민한 것이야말로 연방당을 탈퇴한 결정에서부터 국무장관으로서 영국에 저항하는 결정을 했을 때까지 그의 정치 경력의 상징이었다. 대통령으로서 애덤스는 후견제에 대한 자신의 권력이 현 상황에서 얼마나 가치가 있는지 의심스럽다는 것을 확실히 알고 있었다. 자신의 정치 조직을 확보하는데 어떤 이로운 점이 있다 하더라도, 이미 클레이를 국무장관에 임명할 때부터 행정부에 퍼부어진 음모와 부패라는 파괴적인 비난에 불을 붙이는 효과로 인해 상쇄될 것이었다.

어쨌든, 이것이 바로 파나마 논쟁에서 부패한 흥정을 거론한 랜돌프의 말도 안 되는 장광설에 깔려 있는 메시지였다. 사실, 다른 측면에서 보자면, 애덤스가 독자적인 정치적 기반을 확보하기 위해 해 온 것들이 "능력과 인품만"의 기준을 내세우려는 노력을 무산시키고 있었다. 이 기준은 이 기준으로는 방어할 수 없는 것들을 그저 무시할 뿐이어서, 반대 세력들로 하여금 새로운 정치적 대형의 현실에 대해 그들 나름으로 규정하게 만들었다. 애덤스가 자신을 호민관적 정직성의 전형으로 내세우는 동안, 반대세력들은 애덤스가 구축한 연합을 지적하면서 호민관적 양심에 가장 치명적인 동기가 개재되었다고 비난했던 것이다. 기득 엘리트들의 권력을 지키기 위해 인민의 목소리를 무시한 선거 당시의 음모들과, 클레이를 국무장관으로 임명하는 데 대한 대가로 애덤스에게 국정 최고의 자리를 가져다 준 흥정에 대한 이야기들이 도덕적 고결성을 주장하는 애덤스를 조롱거리로 만들었다. 애덤스 행정부 스스로 취한 정당 구축 작업들마다 반대세력에게는 정부의 음모를 드러내고 행정부의 정당성을 훼손하는데 도움이 되었다. 반대 진영의 신문들은 애덤스 행정부의 "전국 순회 내각"에 대해 선거 운동을 하는 것이고 국가 고위직들을 타락시키고 있다고 비난했다. 마찬가지로 이들은 1827년 해리스버그(Harrisburg)에 소집된 애덤스 지지자들의 전국 대회를 "펜실베이니아를 애덤스 정당에 끌어들이려는 책략"일 뿐이라고 비난했다.[25)]

물려받은 것을 확실하게 거부할 수가 없으면서 정당 건설자의 역할을 짊어진 대통령에게는 이런 비난들에 대해 효과적인 응수가 있을 수 없었다. 실제로 정당 구축을 하면서 애덤스가 설정한 행정부 도덕성의 기술적인 기준들은 행정부의 부조리와 과실에 대한 모든 혐의들이 애덤스의 통치 권한에 대한 도전이 되게 만들었다. 20대 의회에서 다수였던 반대 세력들 역시 이 기회를 활용했다. 이들은 연방정부 부처들을 대대적으로 조사하여, 애덤스 행정부의 부당 행위와 낭비에 대한 다양한 혐의들을 폭로했다.[26)] 잭슨파들이 모든 것을 대통령 탓으로 돌리고 긴축과 개혁을 통해 정부에 원래의 덕성을 복원시키겠다는 명목으로 애덤스에 도전한 것이 얼마나 쉬웠는지를 보면, 무엇보다도 애덤스의 리더십 주장이 얼마나 취약했는지 알 수 있다.

잭슨과 애덤스 간의 대결은 공평하지 않았지만, 이는 애덤스가 과거의 정치를 수호하고 잭슨이 미래의 정치를 대표했기 때문이 아니다. 바로 애덤스가 하던 것을 잭슨이 똑같이 하면서 지녔던 이점, 즉 새로운 정치적 대형을 원래의 정치적 정신의 수호와 결합시키면서 지녔던 잭슨의 엄청난 이점 때문이었다. 만일 근본적 가치를 보존하겠다는 반대세력의 호소가 애덤스와는 달리 그들의 정당 건설 시도를 실제로 정당화해 주지 않았다면, 제퍼슨의 유산을 누가 더 잘 보호하는가(국가 지도자냐 전쟁 영웅이냐), 그리고 누가 더 큰 위협이 되는가 (정치꾼이냐 군벌이냐) 하는 이슈는 무승부로 끝났을 수도 있다. 올바른 정부 운영에 대한 애덤스의 유별난 입장은 새로운 정치 대형 구축을 방해했고, 그의 대담하고 새로운 헌법 해석이 정치 권력으로 연결되는 것을 막아 버렸다. 다른 한편으로 애덤스의 실질적인 정당 구축 작업은 행정부의 도덕성에 대한 주장을 훼손시켰고 지속성에 대한 서약이 정통성으로 연결되는 것을 막아버렸다. 대대적인 정당 프로그램을 행정부의 초당파성과 결합시키는 모순에 대통령이 갇혀 있는 동안, 반대세력은 난감한 정책적 입장들을 피해 가면서 공화주의 덕성의 복원을 이용하여 불만에 찬 이질적인 분파들을 끌어 모아 새로운 반대 운동으로 결집시켰다. 귀족주의 부패의 매듭을 끊고 타락한 기존 질서를 개혁하고 공화주의 덕성을 복원해야 한다는 반대세력의 주장은 대중 동원을 위한 핵심이 되었다.

이제 마지막으로, 애덤스 자신이 거대한 정치적 재편을 이룰 수 있는 수많은 요소들을 모으고 있었다는 역설로 돌아가게 된다. 애덤스는 대통령직에 헌법에 대한 새로운 해석과 새로운 정치 연합, 그리고 근본 원리에 대한 재확인을 불어넣었었다. 그가 가져오지 못했던 것은 재편에 대한 일관되고 강력한 정치적 명분이었다. 그의 리더십 프로젝트들 각각은 서로 메시지를 강화시켜 주고 정통성을 확대시켜 주는 대신에, 애덤스를 불구로 만들고 그의 적에게는 애덤스가 결여했던 재편의 권위를 불어넣어 주었다.

1825년에 경합했던 잭슨이나 다른 후보들이 더 잘 했었으리라고 믿을 이유는 별로 없다. 누구도 과거의 질서와 공개적으로 단절하겠다는 설득력 있는 이유를 지니지 못했으므로, 누구도 애덤스가 씨름했던 수수께끼를 풀 능력을 가지지 못했다. 거부의 권위가 없으면, 파괴에 대해 구원을 연결시키는 강력한 논리가 없으면, 재편의 프로그램들은 적절성을 본질로 만들어버리고 지속성을 단순히 기술적인 것들의 빈 껍데기로 만들어 버린다. 정치적 신뢰를 향한 애덤스의 투쟁은 미국 정치에 중대한 변화를 가져 왔으며, 그가 대표하던 모든 것을 파괴하게 될 정치적 재편으로 가는 문을 의도하지 않게 열어 주었다.

제5장

잭슨주의 리더십: 고전적 형태

대통령이 만드는 정치에 대한 이 두 번째 부분에서는 이전에 희미하게 드러났던 세 가지 리더십 유형이 훨씬 선명하게 나타난다. 각 유형에서 호민관 시기의 정치와 대조되는 것은, 대통령의 행동이 이루어지는 제도들의 세계가 점진적으로 두터워졌고 이와 동시에 대통령직 자체도 강화된 것을 반영한다. 앤드류 잭슨은 제퍼슨 이래 처음으로 재편의 권위를 행사했다. 그렇지만 잭슨이 부정하려던 것들은 스스로 다시 조직화하여 잭슨의 권위에 도전하고 그의 아젠다에 저항했으며, 그러는 동안 잭슨으로 하여금 과거와의 단절을 더 확실하게 하도록 만들었다. 제임스 포크는 잭슨의 아젠다를 다시 표출하여 오래 기다렸던 레짐의 약속들을 추진했으며, 정치적 시간이 같았던 제임스 먼로와는 달리 정당 경쟁이 치열했던 상황에서 이 역할을 수행했다. 대통령이 자기 당의 충성을 확보할 수 있는 새로운 능력을 갖추게 되고 대통령의 역할과 지지에 대한 레짐 구성원들의 요구가 강화된 것이 정통-개혁가가 지닌 문제와 가능성을 명확하게 보여준다. 해체의 정치 역시 존 퀸시 애덤스보다 프랭클린 피어스의 경우에 더 선명하게 이루어졌다. 정당 지도자로서 피어스에게 새로 주어진 자원들이 더욱 미묘해진 당파적 이익들의 배열을 산산조각냈기 때문이다.

제1부 앤드류 잭슨의 재편

밴뷰렌씨, 연방은행이 나를 죽이려 하고 있습니다만,
내가 은행을 죽일 것입니다!

잭슨은 대단히 이질적인 반대 세력 연합을 이끌고 1828년 선거에 나섰다. 고관세에 적대적이었던 남부 농장주들이 보호 무역의 혜택을 누리고 있던 북부인들과 함께 했고, 연방정부의 국토 개발 체계에 적대적이었던 북부 급진주의자들이 공공사업에 막대한 이익이 걸려 있던 서부인들과 손을 잡았다. 또 연방은행에 적대적이던 서부 채무자들이 금융 시장 안정을 원하던 동부인들과 함께 했고, 연방의 강화라면 무조건 적대적이었던 "구 공화파들"이 당시의 경제 팽창이 가져온 기회를 확대하려던 모든 종류의 상업적 이익들과 손을 잡았다. 잭슨의 취임식에서 다니엘 웹스터(Daniel Webster)는 "잭슨의 우군들은 공통된 원칙이 없다. 공통의 연대로 결속된 것이 아니다."라고 진단했다.[1)]

이익 대 이익 간의 대립으로 선거가 치러졌다면, 이 불가능해 보이는 결합은 바로 자멸했을 것이 틀림없다. 잭슨파들이 존 퀸시 애덤스에게 퍼부었던 불만들의 엄청난 힘을 보여주지 못했을 것이다. 불만 세력들이 앤드류 잭슨에게 모여들자 이들의 서로 다른 불만들은 그 단순한 합보다 훨씬 강력한 것으로 변형되었다. 뉴올리언스의 영웅은 이제 구질서의 희생자 중 가장 유명한 존재로 국민들 앞에 섰다. 잭슨의 1824년 선거 패배는 워싱턴에서 권력과 권위 간에 벌어지게 된 간극을 상징하게 되었다. 잭슨에게서 대통령직을 빼앗아 간 "부패한 흥정"의 추악한 이야기는 정치적 특권과 엘리트의 음모에 대한 의혹을 확인해 주는 기반이 되었다. 이러한 의혹들은 "미국 체계"(American System)가 가져다 준 혜택들 대신 이 체계의 수립자와 체계의 성격 자체로 관심을 돌리게 만들었고, 또한 수년간 정부가 제공해 온 물질적 지원들을 잊은 채, 공직에 너무 오래 머문 정치인들의 음모와 이들이 장악하고 있는 정부 제도들이 국민과 유리되어 있다는 사실에 관심을 기울이게 만들었다. 자신들만의 야심을 충족시키기 위해 국민 주권을 짓밟는 정치인들이라는 이미지가 이 정치인들이 그렇게 힘들여 만들어 온 국가에 대한 봉사라는 이미지를 덮어 버렸다.

잭슨이 선출되었던 선거 상황은 그 직전 선거와 확연히 구분되었다. 잭슨파들은 1800년의 드라마를 재연했다. 제퍼슨파들이 존 애덤스의 군주정 같은 구상들을 공격했듯이, 잭슨파들은 그의 아들을 공격했다. 제퍼슨과 마찬가지로 잭슨은 부패한 귀족정의 사슬을 부숴버리고 공화정의 본질을 복구하는데 헌신하려는, 진정하고 입증된 자유의 수호자였다.[2] 투표 결과가 나오자, 제퍼슨과의 비교는 보다 구조적인 유사성으로 바뀌게 되었다. 일단 반대 세력들의 압도적 승리는 연방정부의 모든 기구들에서 국민 공화파(National Republicans)를 몰아냈다. 또한 거의 30년 만에 처음으로, 역사 속 자신의 위치를 만들어가려는 대통령의 목적이 과거의 기약들을 수호해야 한다는 부담에서 풀려나게 되었다. 잭슨의 선거 운동이 주장했던 제퍼슨주의 원칙들의 복구가 어떤 의미가 있었다면, 그것은 당시의 통치 방식을 파괴한다는 것이었으며, 이렇게 거부의 메시지와 질서 교란의 효과가 함께 하면서 대통령의 독자적 행동을 가능하게 해 주는 거대한 권위가 생겨나게 되었다. 정통성에 대한 주장에서 대통령 행동의 질서-파괴와 질서-확인의 차원이 이렇게 잘 조화되면서, 이전에 제퍼슨이 했듯이 원래의 원칙들을 소환한 것은 미국 정치와 정부에 대한 완전히 새로운 기반을 만들 것임을 의미했다. 헨리 클레이는 이런 조짐을 바로 알아차렸다. "이것은 헌법이 과거에 만든 모든 것을 거부하는 것이다… 제퍼슨의 견해 모두를 새로운 교회의 신앙 고백으로 만들기 위해서."[3]

이 부정의 권위는 잭슨이 지닌 가장 강력한 리더십 자원이 되었다. 그렇지만 정치적 시간에 있어서 이 두 시기의 유사성에도 불구하고 잭슨이 제퍼슨의 리더십을 그대로 반복한 것은 아니다. 활용할 수 있었던 변혁의 권위에 있어서 제퍼슨과 잭슨이 다른 대통령들과 달랐던 것처럼, 이 둘도 서로 달랐다. 리더십 유형의 핵심적 요소들이 둘 간의 시간차에서 벌어진 장기적 변화에 의해 달라졌기 때문이다. 잭슨의 초기 행동들을 보면, 그가 원했던 것은 제퍼슨식 리더십을 연장하여 국가적 중재자로서 합의를 구축하는 역할을 하는 것이었다. 그러나 경쟁자들을 무력화시켜 흔적도 없게 만드는 것이 제퍼슨처럼 쉽지 않다는 것을 잭슨은 곧 깨닫게 되었다. 정치적 변화 과정에서 대통령에게 부여되는 통제력의 측면에 있어서 이 두 번째 정권 교체는 첫 번째만큼 확실하지 않았던 것이다. 제퍼슨과는 확연히 다르게, 잭슨은 자신의 권위를 유지하기 위해 싸워나가야만 했다.

그 이유를 파악하기란 어렵지 않다. 이 두 번의 재편 사이의 기간 동안 국가와 사회에는 극적인 변화가 있었다. 제퍼슨을 자유롭게 해 주었던 정부 제도들은 이미 초창기의 불안정성을 벗어나 있었다. 내부적으로 더 잘 조직화되었고 각자의 권력과 권위에 대해 더욱 확신에 차 있었으며, 따라서 대통령의 의지에 더욱 저항적이 되었던 것이다. 이외에도 제퍼슨이 능숙하게 조종했던 명망가 정부 내에서 그간 억눌렸던 시기와 의심들이 이제는 끓어오르고 있었다. 국가적 합의를 이룬 제퍼슨의 단일 정당은 급성장하는 통치 계급의 야심을 충족시키기에 충분한 상승의 통로를 제공하지 못한다는 것이 이미 명백해졌고, 따라서 정치 엘리트들은 잭슨이 또 한 번 같은 일을 되풀이하도록 놔두려 하지 않았다. 마지막으로, 기존의 권력 배열을 공격하는데 연루되는 사회적 이익들이 이제 훨씬 다양화되었다. 초기 잭슨 연합을 살펴보면, 그간 미국 정치체가 새로운 개척지들과 선거권 확대를 통해 확장되었고, 국내 제조업과 상업적 농업에 있어서 경제 발전이 이루어졌으며, 따라서 설령 부패를 일소하고 덕성을 복구하려고 한다 할지라도 하나의 거대한 정치적 합의를 이룰 가망성이 별로 없다는 것이 확실해 보인다. 미국 정부 제도가 두터워지고 이들이 포괄하는 사회적 이익들이 훨씬 다양해진 결과, 대통령에 저항하려는 세력의 힘이 강화되었고, 이는 다시 대통령 잭슨의 거부의 권위가 보다 정밀하고 선별적으로 행사되도록 만들었다.

바로 여기에서, 보다 강화된 정부 제도들과 복잡해진 정치체 위에 군림하는 거부의 권위라는 점에서, 앤드류 잭슨의 두 얼굴이 하나로 합쳐진다. 최종 평가에 있어서 "선동가 잭슨"(Jackson, the demagogue)－행정부 권력에 대한 모든 제한을 무시하고 더욱 더 극단적이고 불합리한 정책으로 돌진했던 독재자－이라는 당시 위그당의 허구나 "해방자 잭슨"(Jackson, the liberator)－엘리트들을 넘어 "보통 사람"에 다가가 참여 정치로 이끈 대중의 지도자－이라는 당시 민주당의 허구 중 어느 하나를 선택할 수는 없다.[4] "보통 사람"의 이름으로 잭슨이 싸운 투쟁들은 상당 부분 자신을 입증하려는 잭슨의 끝없는 갈망으로 인해 벌어진 것이었다.[5] 그렇지만 개인적 입증이라는 것이 모든 대통령들이 리더십을 추구하는 데 핵심적인 것이며, 특히 잭슨은 무시무시한 평판과 영웅적인 위상에도 불구하고 의회와 사법부, 주들, 연방은행, 심지어 자신의 내각으로부터도 공개적인 저항에 부딪혔다는 점을 고려해야, 대중에 대한 잭슨의 호소가 지니는 정치적 중요성에 보다 가까이 다가갈 수 있다.

대통령직에 오른 순간부터 역사 속 자신의 위치에 대한 규정을 통제하려는 잭슨의 노력은 정치적 기약들과 정부 구성에 대한 첨예한 투쟁을 불러 일으켰다. 점점 막강해지는 저항에 대응해 잭슨이 거부의 자세를 확고히 했기 때문에, 정부 제도들 간의 대결이 계속될수록 잭슨이 자신의 입장을 유지하는 것이 점점 더 중요해졌다. 이런 방식으로 미국 정치의 이 두 번째 재편은 고전적인 형태를 갖추어갔다. 사실, 잭슨의 재편은 정부의 기본적인 기약들을 변경시킨 것만큼이나 미국 정부의 운영 풍토를 변형시켰다는 점에서 역사상 독특한 것이다. 잭슨의 재편은 연방정부의 이념적 흐름을 역전시켰고 연방정부의 역할을 재설정했으며, 또한 입법부 우위의 원칙으로부터 대통령직을 구해냈고, 행정부의 정치적 기초를 재수립했고, 관료제의 작동방식을 재설정했으며, 전국적으로 경쟁적인 정당정치가 도래하게 만들었다. 이러한 업적 덕분에 잭슨 이후의 대통령들에게는 독자적 행동을 위한 막강한 자원, 호민관 시대 대통령들보다 훨씬 막강한 자원이 부여되었다.

하지만 이런 결과에 현혹되어서는 안 된다. 제퍼슨과 잭슨을 비교하게 되면, 재편의 리더십이 발전하는 과정에서 작동했던 모순을 발견할 수 있다. 잭슨은 제퍼슨보다 훨씬 더 강력하게 대통령의 권력을 주장했는데, 이는 그의 정치적 권위가 훨씬 더 직접적으로 포위되었었기 때문이었다. 잭슨이 의회 우위의 원칙을 무너뜨리고 대통령직의 공식적 권한을 구체화시킨 것은, 공식적 권한을 무시하고 단순히 개인적인 정치적 영향력과 정치적인 지위만으로는 이끌 수 없었기 때문이었다. 잭슨의 새 레짐은 제퍼슨의 레짐보다 더 경계가 견고한 것이 되어서, 이념적 기약도 뚜렷했고 제도적 기반들도 확고했다. 그러나 그 이유는 잭슨이 제퍼슨처럼 경쟁적인 권위의 근원들을 쉽게 억누를 수 없다는 것을 깨달았었기 때문이다. 잭슨의 놀라운 업적은 새로운 프로그램들과 강력한 정치 조직 형태에 대한 정통성의 기준이 되었으나, 잭슨이 남긴 격렬한 정당 대결과 이념 논쟁들은 대통령의 권위를 가장 강력한 정치적 형태로 만들어 준 제퍼슨의 포용적 방식과 비교된다. 전국적으로 경쟁적인 양당체제의 대두는—이후의 대통령들에게 남겨 준 새로운 권력 및 독자성과 더불어—1830년대 대통령이 주도한 재편이 맞닥뜨린 제도적, 이념적 저항의 가장 오래 남게 될 흔적일 뿐이었다.

관용적인 출발

잭슨의 첫 번째 연두교서는 엘리트의 음모와 국민으로부터 유리된 정부에 대한 단도직입적인 공격으로 선거 당시의 약속을 상기시켰다.[6] "우리 체계의 제일 원칙"을 되찾고 1824년 선거에서 명백하게 나타났던 인민 의지의 왜곡을 막기 위해 잭슨은 하원의 대통령 결선 투표를 폐지하고 대통령의 임기를 단임으로 제한하는 헌법 수정을 제안했다. 그리고 나서 잭슨은 관직에 너무 오래 남아 있어서 직위가 곧 "재산"이 되어버린 행정부 관리들을 공격했다. 그는 행정부 관리들의 해임과 순환 보직을 강력히 옹호하면서, 임명직 임기 제한을 광범위하게 적용하여 이 "공화주의 신조의 최우선 원칙"을 확인해 줄 것을 의회에 요청했다.

워싱턴 기득권에 대한 이 신랄한 메시지와 함께 잭슨은 자신의 선거를 지휘했던 지역 지도자들 앞에 서서 자신이 구질서에 대한 반대 운동 전체의 목소리를 대변한다고 주장했다. 그렇지만 이런 점들을 제외하면, 개혁에 대한 잭슨의 첫 언급들은 온건한 것이 특징이었다. 구질서에 대한 강력한 공격은 1824년 선거 당시 자신의 경험과 행정부를 자신의 충성파들로 채워야 하는 당면 문제를 반영한 것이었다. 연두교서의 나머지 부분에서 잭슨은 물질적 이익과 관련된 이슈들을 보다 직접적으로 거론하면서, 개혁 프로그램 안에 구질서의 상당 부분을 기꺼이 포함시킬 의도가 있음을 밝혔다.

물질적 이슈들에 있어서 반대편 입장에 있던 세력들에게는 잭슨의 절제가 가장 위협적인 것이었다. 동지들과 적들 모두의 구체적인 요구와 희망들을 거론해 나가면서 잭슨은 제퍼슨이 그랬듯이 과거의 잘못을 탓한 만큼 미래의 가능성을 열어두는 개혁 방향을 제시했다. 이 포괄적인 개혁 연합 시도가 성공적으로 유지된다면, 급진파들처럼 보다 논쟁적인 입장을 지닌 세력들은 다시 한 번 고립되고 정치적 대안들은 배제될 것이었다. 따라서 대통령이 포괄하려는 범위를 좁히고 정치적 근거가 제한되도록 만드는 것이 이후 4년간 이들의 근본적인 정치적 동기가 되었다.

사실, 잭슨의 입장에 대해 그 범위와 성격을 압박하려던 시도는 그가 당선되기 전부터 시작되었었다. 백악관에 보다 동조적인 인물이 들어설 것을 기대하면서 조지아와 앨라배마 주는 주 경계 안에 사는 체로키 인디언들의 거주권을 거부하고, 연방정부 조약에 의해 인디언들에게 부여된 땅을 장악하겠다는 계획을 먼저 세웠다. 대법원이 불리한 결정을 할 경우 기꺼이 저항하겠다는 의사를 밝히기 위해 이 주들은 사법부를 통한 연방정부의 우위에 우려를 표명하며, 연방 사법부 권위에 대한 일제 공격이라는 구공화주의자들의 꿈을 다시 불러일으켰다.[7] 똑같은 식의, 오히려 더 암울한 징조는 사우스캐롤라이나 주에서 발생했다. 1828년 관세법에 대한 공식적 저항으로 사우스캐롤라이나가 연방법을 무효화할 수 있는 개별 주들의 권리를 선언했던 것이다.[8]

최근까지의 국가주의적 기조에 대한 남부의 반항에 잭슨은 무관심하지 않았다. 잭슨은 연두교서에서 세심하게 주권(州權) 원칙과 지지자들의 이익에 대해 동의를 표했다. 이미 오래전에 잭슨은 기존 주들 내에서 인디언들의 지위가 가망이 없다고 결론지었었다. 조지아와 앨라배마의 주장을 지지하면서 잭슨은 연방 의회가 관할권을 지닐 수도 있는 미시시피 이서 지역의 새 영토로 인디언들을 이주시킬 것을 촉구했다. 또한 잭슨은 1828년 관세법에도 관심을 보이면서 관세율을 낮추려는 듯한 태도를 보였다. 하지만 이 두 가지 경우에 있어서 잭슨은 급진주의를 피해갔다. 주 경계 내의 인디언들의 장래에 대해서는 제임스 먼로와 존 퀸시 애덤스도 유사한 결론에 도달한 바 있다. 잭슨의 이주 계획이 해당 인디언 종족들에게는 처참한 결과를 가져올 수 있었으나, 정치적으로 이 구상은 관련된 모든 이익들을 충족시키는, 불가피한 것에 대한 호의적인 수용으로 제시되었다. 이런 맥락에서 특히 주목해야 할 것은, 연방 사법부의 권위를 비난하기는커녕 잭슨은 사법 체계의 역할을 효과적으로 전국에 확대시켜 강화할 것을 제안했다는 점이다.[9] 급진주의에 대한 잭슨의 경고는 관세 이슈에 대해 더욱 신랄했다. 어떤 경우의 관세 인하도 점진적이어야 하고 모두가 수용해야 한다고 강조했던 것이다. 그는 보호주의 원칙을 명시적으로 인정했으며, "[관세율 변화를] 현재의 당파적 갈등에 결부시키려는 어떤 시도도" 거부했다.

다른 이슈들에 대해서도 마찬가지였다. 잭슨은 모든 종류의 국토 개발에 대한 연방정부의 지원을 정당화시키기 위해 이용되어 온 헌법적 권위의 "과도한 구축"을 반대한다는 입장을 세웠다. 그는 나눠먹기(logroll)식으로 개발 이익들을 낭비하려는 유혹에 대해 우려했고, 이런 식의 입법들이 연방정부에 부여할 오만한 권력에 대해 염려했다. 하지만 잭슨은 공공사업에 대한 연방정부의 역할을 유지하려는 의도도 똑같이 있었고, 심지어 관세로부터 예상되는 잉여 세입을 이런 목적으로 주들에 나눠주겠다고 제안하기도 했다. 이로 인해 사실상 주들이 제조업의 보호를 지속시키는 데 이해관계가 생기기 때문에, 연방 권력을 왜곡되게 구축하고 값비싼 정책을 추구했다고 국민 공화파를 비난했던 잭슨은 점차 이들의 프로그램을 자신의 것으로 포함시켜가게 되었다. 연방은행도 마찬가지였다. 당시 연방은행은 전국의 신용체계를 지배하고 있었고 주들의 동의 없이 주들 내에 침투했으며, 정치 엘리트들과 광범위한 경제적 이해관계를 유지하면서 정치적 지원을 위해 선거에 적극적으로 개입하고 있었다. 연방은행은 국가적인 공포의 대상이자 제도적 부패, 그리고 잭슨이 관리하려 한 정치적 타락의 모든 문제를 구현하고 있었으며, 잭슨 자신도 이 기관이 "실패"라고 단언했다. 그럼에도 불구하고 개혁에 대한 그의 제안은 대단히 포용적이었다. 잭슨은 단지 의회가 "정부의 신용과 세입에 의해 수립된 연방[은행이] 현재 헌법상의 모든 난제들을 피하면서도 동시에 정부와 국가에 모든 이익을 가져다주고 있는지"에 대한 검토를 시작해 주도록 요청했을 뿐이었다.

모든 면에서 잭슨의 메시지는 새로운 합의에 대한 제퍼슨의 관대한 자세를 되풀이한 매혹적인 것이었다. 거의 모든 면에서 직전의 관행들을 공격하면서도 잭슨은 경로를 성급하게 바꾸겠다고 위협하지 않았다. 대신에 그는 전임자들이 남겨준 상업 공화국의 모습들을—보호주의 관세, 국토개발, 연방은행, 연방 사법 체계—받아들이겠다고 제안했다. 잭슨은 애덤스 시절의 과도한 물질적 야심들을 물리치고 정부에 농본주의 정당적인 정신을 복원시키기 위해 이 틀 내에서 얼마나 이룰 수 있는지 알고 싶어했다.[10] 관직 순환제를 옹호한 것은 정치적으로 균형된 관료제를 주장했던 제퍼슨보다 더 강렬했을 수 있으나, 잭슨은 제퍼슨이 했던 내국세의 즉각적 폐지와 같이 중대한 것은 아무 것도 제안하지 않았다. 첫 시작에 있어서 이 두 대통령들은 정치적 스펙트럼에서 폭넓은 중도를 표방했고 반대의 극단에 있는 세력들을 고립시키기 위해 이들에 대한 반대 입장을 채택했다. 이들 사이의 뚜렷한 차이는 이들의 정치적 목적에 있었던 것이 아니라, 이들에 대한 정치권의 대응에 있었다. 잭슨의 관용적 자세는 모든 측면에서 강력한 저항을 맞이하게 되었던 것이다,

호민관 정치의 붕괴

신임 대통령이 내각 인선을 발표하는 순간부터 잭슨 행정부 내에서는 궁정 암투가 벌어지고 있었다. 잭슨 연합의 승리를 이끌어내는 데 대등한 기여를 했던 부통령 칼훈과 국무장관 밴뷰렌이 전리품 분배에 대한 영향력을 두고, 궁극적으로는 후계 구도에서 유리해지기 위해, 대립하기 시작했던 것이다. 잭슨이 독자적으로 행정부 인선을 해서 이들 간의 대결은 미뤄졌으나, 연두교서에서 밝힌 잭슨의 프로그램들은 칼훈을 궁지에 몰아넣었다. 사우스캐롤라이나 주의 관세 반대 운동을 배후에서 지휘했던 칼훈은 연방정부의 관세 정책에 대한 자기 주의 급진적인 저항을 조절하라는 잭슨의 입장을 결코 받아들일 수 없었다. 잭슨에게 압력을 가하고 잭슨의 진정한 입장을 시험해 보기 위해 칼훈이 벌인 일 년여 동안의 책략은 1830년 4월 제퍼슨 기념일 만찬에서 정점에 달하게 되었다. 칼훈의 측근들은 이 기념행사를 통해 주권주의 원칙을 부각시키려고 기획했는데, 만일 계획대로 이루어졌다면 행사에 참석한 대통령을 주권주의에 연루시킬 수 있었을 것이다. 그러나 잭슨은 타협하기를 거부했으며, "우리의 연방은 보존되어야 합니다."라는 그의 건배사는 연방법 무효화(nullification) 주장에 대한 반대뿐 아니라 개혁과 급진 간에 분명한 선을 긋겠다는 잭슨의 의지를 강조한 것이었다.[11)]

칼훈과 잭슨의 결별은 어떻게 호민관적 통치 양식이 대체되고 개인적 존중에 덜 의존하는 새로운 통치 양식이 대신 형성되었는지를 잘 보여준

다. 과거의 정치 관행들이 무의미해졌음을 보여주고 지역적인 권력 기반을 유지할 필요성을 절실하게 만든 둘 간의 일련의 대결들을 통해서, 전형적인 형태와 작동 방식을 갖춘 정당 정치가 잭슨 시기에 부상하게 되었다. 단순히 칼훈이 구질서에 대한 반대 운동에서 잭슨과 동격이었다고 생각해서 잭슨의 지휘를 존중하지 않았던 것이 아니라, 칼훈의 권력 기반인 사우스캐롤라이나가 중앙 정치에서 그가 달리 움직일 수 있는 여지를 거의 주지 않았던 것이다. 대통령이 행정부 정책을 스스로 통제하기를 고집하자, 칼훈은 덜 중요한 연결고리, 곧 잭슨과의 관계를 끊어버렸다. 그 결과로 초래된 둘 사이의 결별은 최초로 잭슨 세력의 이념적 경계를 획정한 것이었으며, 대통령직 수행이 호민관적 기준에서 정당 정치적 기준으로 이행하게 되는 시작점이 되었다.

부통령 칼훈이 자신을 믿지 않는 것만큼이나 칼훈의 충성심을 모조리 의심했던 잭슨은 칼훈을 시험할 방안을 마련했다. 잭슨은 칼훈에게 1819년 플로리다 침공에 대해 징계를 주장한 것을 설명하라고 요구했다. 이 사태 당시 칼훈의 공식적 권한에 대해서는 의심할 여지가 없었다. 칼훈은 당시 먼로의 전쟁 장관이었고 잭슨의 상급자였던 것이다. 그럼에도 불구하고 설명을 요구함으로써 잭슨은 칼훈으로 하여금 그가 아직도 경쟁자임을 인정하거나 혹은 새로운 연합의 하위 파트너가 되라는 잭슨의 제안을 받아들이도록 압박했다. 칼훈은 먼저 호민관 정치식의 분노를 표출했고, ("당신에게 내 행동을 의문시할 권리가 있다고 인정할 수 없습니다."[12]) 그리고 나서는 그 자신의 당파적 책동을 꾀했다. 칼훈은 세미놀 전쟁에서 자신의 행동을 설득력 있게 옹호하는 글을 발표했으며, 밴뷰렌이 획책한 행정부의 음모를 암시함으로써 잭슨에게 자신의 정치적 지지 없이 정당을 수립해 보라고 도발했다.

세미놀 전쟁 당시의 서한들이 공개되자, 잭슨은 더욱 공공연하게 권력을 행사했고 보다 공개적으로 당파적 역할을 인정했다. 통제권을 다시 주장하면서 잭슨은 자신의 개혁 운동에서 부통령을 지워버렸으며, 칼훈이 지녔던 영향력의 흔적들 모두를 몰아내면서 내각을 완전히 재구성했다.

1831년 초 잭슨 진영 신문에서 터져 나온 메시지는 엘리트 합의에 의한 정부라는 모든 겉치레를 끝내버렸다. "잭슨의 지지자들이 [공화]당이다… 우리는 어떤 계파도 인정하지 않는다."[13)]

잭슨이 의회에서 마주한 저항도 행정부를 장악하는 데서 겪었던 어려움들과 마찬가지였다. 실제로, 선거 승리의 결과 그가 이끌던 반대 운동이 양원을 장악하게 되었으나 그 자신이 양원 중 어느 쪽에 대해서도 백지 위임식의 통제권을 부여받지 않았다는 것을 잭슨은 깨달았다. 보다 대표성 있는 관료 조직이 필요하다는 대통령의 주장에 대해 상원은 잭슨이 임명한 다수의 후보들을 부결시키며 응답했고, 이미 칼훈의 실망을 반영했을 수도 있는 하원은 연방은행 개혁에 대한 대통령의 관심에 대해 연방은행의 업무 수행을 완전히 신뢰한다는 보고서로 응답했다.[14)] 마치 존 퀸시 애덤스가 아직 백악관에 있는 마냥, 국토 개발 법안들이 양원으로부터 쏟아져 나왔으며, 인디언 이주 조치를 둘러싸고 예상치 못하게 격렬한 논쟁이 터지게 되었다.

초반에 이런 도전들에 대해 잭슨은 신속하고 효과적으로 대처했다. 그러나 그러는 가운데, 소란에서 벗어나 있다는 호민관식 겉모습을 포기하게 되었다. 칼훈의 완강한 독자성과 마찬가지로 의회의 독자성은 잭슨으로 하여금 처음부터 더욱 공격적이고 따라서 보다 공개적으로 당파적인 역할을 하도록 만들었다. 인디언 이주 법안을 자신의 행정부에 대한 충성도 시험으로 만들 수밖에 없게 되자, 잭슨은 대통령의 리더십을 따르는 원내 정당을 조직하기 시작했다.[15)] 이 법안을 막을 수 없었던 반대파들은 이러한 중대한 사태 전개에서 기회를 포착했다. "행정부가 장악한 권력의 집중"과 "행정부 독재"의 유령을 비난하면서 이들은 궁극적으로 대안적 정당이 되는 위그(Whig) 조직을 결성할 핵심적 구실을 개발하게 되었다.[16)]

다음으로는 국토 개발 법안들에 대한 잭슨의 일련의 거부권 행사 사태가 벌어졌다. 1830년 5월에 켄터키 주 경계 내에 연방 도로를 연장하는 사업이었던 메리스빌(Marysville) 도로를 시작으로, 잭슨은 이 분야에서 이전까지의 관행에 대한 자신의 비판이 존중될 것을 요구했다. 포용의 문이

닫히지 않도록 조심스럽게 잭슨은 자신이 “도로와 운하로 우리나라를 개발하는데 대해 진심으로 우호적임”을 다시 강조하면서, 이러한 사업을 위해 주들에 연방 보조금을 지원하는 것을 염두에 두고 관세 개혁을 추진할 것임을 확인했다. 하지만 잭슨에게는 다른 우려도 있었고 의회가 이를 무시하도록 놔두지 않을 것이었다. 잭슨은 “주들의 다양한 이익들을 조화시키고”, “순전히 지역적인 성격의” 사업들에 대해서는 선을 긋기를 원했다. 켄터키 도로에 대한 거부권 행사는, 헨리 클레이의 출신 주를 표적으로 삼고 따라서 헌법 해석상의 “편의”(expedience) 원칙*의 배후세력인 클레이를 상징적으로 고립시킴으로써 “신중한 재정 지출 체계”에 대한 대통령의 결의를 과시하는 정치적 영향을 가져올 것으로 계산되었다. 그러나 그 실제 효과는 먼로가 임기 말에 구상했던 연방정부의 역할로 되돌아가는 것이었다.[17] 과도함을 거부하지만, 여전히 연방정부 역할에 대한 광범위한 가능성을 담고 있었던 것이다.

연방은행 문제에 대해 무시되지 않겠다는 결의를 다지기라도 하듯이 잭슨은 두 번째 연두교서에서 연방은행에 대해 더욱 강경하게 반대했으며, 이어서 어쨌든 재선에 도전하겠다는 의사를 밝혔다.[18] 칼훈에 대한 거부와 전면적 개각, 인디언 이주 문제에서의 승리, 국토 개발 법안들의 거부권 행사 등, 놀라울 정도로 빨랐던 이런 변화들은 잭슨의 초기 리더십 태세가 지닌 핵심적인 측면을 보여 준다. 잭슨은 개혁을 확고히, 그리고 자신의 뜻대로 하려고 했던 것이다. 1831년 중반까지 잭슨은 무효화 주장과 국가주의 사이, 칼훈과 클레이 사이의 광범위한 중간층 지지기반을 다지며 이런 의도대로 행동할 수 있었다. 개혁 운동의 지도자로서 자신의 정체성을 확신하고 있었기 때문에 잭슨은 점진적으로 나아가고 있었으며, 마주하는 저항세력들로 하여금 적정한 개혁의 범위를 정하게 해 줌으로써 양 끝의 극단적 반대세력들을 동시에 물리치는 정당을 수립하고 있었다.

---

* 역주: 미국체계를 추진하기 위해 연방정부 역할의 확대를 원했던 클레이 등이 엄격한 헌법 해석에 반대하고 헌법의 유연하고 편의적인 해석을 주장.

개혁에 대한 광범위한 합의를 유지하려는 잭슨의 시도는 세 번째 연두교서에서 정점에 달했다. 여기에서 잭슨은 국가 채무의 변제가 임박했음을 상기시키면서 관세 이슈를 강조했다. 행정부에 대한 칼훈의 직접적 반대에 남부 주들이 많이 가담하지는 않았으나, 분위기는 매우 예민했고 새로운 내각 인선에 대한 불만도 많았다.[19] 잭슨은 자신의 진정한 의도를 정책들로 확신시킴으로써 남부 주들에서 자신의 개혁 의지에 대한 신뢰를 강화시키려 했다. 1833년의 연방법 무효화 위기 속에서 더 급진적 대응이 예고되는 가운데, 잭슨은 재정 흑자를 주들에게 재분배하려는 자신의 계획이 주권주의 정서에 얼마나 위협이 되는지 재평가하고, 보호주의 정책에 주들의 이익이 엮이도록 제도화하려는 시도로부터 관세개혁을 분리하기로 결정했다.* 재정 흑자 재분배에 대해 잭슨이 여러 번 지지해왔었기 때문에, 이런 식의 급작스런 변화는 연방법 무효화주의자들의 영향력을 차단시키려는 의도가 분명했다. 그렇지만 여전히 절제된 입장이 지속되었다. 남부와의 연대를 강화하겠다는 새로운 신호에도 불구하고 잭슨은 국가주의자들과의 타협도 받아들여서 특정한 관세율만을 낮추었다. 이렇게 해서 1832년 관세법은 상당 수준의 보호주의를 유지했고, 단지 1828년 "혐오 관세법"(Tariff of Abominations)의 악취를 씻어내기만 했다.[20] 잭슨은 "국민들은 이제 모든 불만이 해소되었다는 것을 알게 되었습니다. 낙담한 야심가들의 병든 머리 속에만 반대가 존재합니다."라며 만족스러

* 역주: 관세는 건국 초부터 19세기 말과 20세기 초까지도 미국 정치의 최대의 이슈 중 하나였다. 동북부와 상공업 세력은 보호주의적인 고관세 정책을 원했고, 고관세 수입으로 커진 재정 수입을 통해 연방정부가 국토 개발 등 상공업 발전을 위해 적극적 역할을 할 것을 원했다. 반면에 농업 위주의 남부는 보호주의로 인한 직접적 피해자였고, 연방정부 역할 확대에 강력히 반대하는 주권주의와 제퍼슨적 공화주의의 전통에 따라 고관세 정책에 반대했다. 잭슨은 한때, 보호주의에 대한 남부의 반대를 누그러뜨리기 위해 관세 수입 중 일부를 남부 주에 이전해 주는 구상을 했으나, 이는 남부의 주권주의 정서를 자극하여 오히려 급진적인 무효화론자들을 강화시켜 주는 효과를 가져올 수 있다는 판단을 했다. 무효화론자들은 주의 동의없이 연방 의회가 만든 입법은 무효라고 주장했으며, 이는 남북전쟁의 원인이 되었다. 연방을 수호하기 위해서는 무효화론의 영향력 확산을 차단해야 했고, 이를 위해 잭슨이 현실적인 판단을 했던 것이다.

워 했다.[21)]

1832년 관세법은 다가오는 선거 운동에서 어려운 이슈 하나를 성공적으로 해결해 주었다.[22)] 잭슨의 합의적인 개혁 구상이 그토록 유익한 정치적 효과를 가져 온 마지막 사례였다. 실제로, 1832년 관세법은 일련의 새로운 도전들 속에서 이루어졌으며, 이 도전들은 잭슨의 반대세력들이 잭슨의 개혁에 대한 합의를 무너뜨려 그를 보다 논쟁적인 입장으로 몰고 가려는 계산에서 감행되었다.

잭슨이 영국 대사로 마틴 밴뷰렌을 지명한데 대해 상원에서 부통령 칼훈이 결정적인 반대표를 던지면서 선거해가 시작되었다. 밴뷰렌은 전면개각 당시 잭슨에게 자유로운 결정권을 주기 위해 자발적으로 사임했었으나, 당연한 후계자로 여겨지던 칼훈이 물러나게 되자 다시 부상했는데, 그의 부상은 남부와 서부주들에 있던 원래의 잭슨 지지세력들의 열망을 좌절시켰다. 불과 3년 전에 내각 최고 자리에 인준되었던 밴뷰렌에 대해 맹렬한 비난이 쏟아졌던 상원 인준과정에 이러한 좌절감이 반영되어 있었다. 칼훈의 세미놀 문서를 본떠 상원은 밴뷰렌을 잭슨 행정부의 배후권력자로－칼훈과의 결별을 확실하게 만들기 위해 비밀리에 움직였고, 대통령을 조종하여 정치적 전리품들을 통해 자기 정당을 만들게 한 배후로－불렀다. 임명이 거부되자, 선거를 위해 이 논쟁적인 최측근을 나라 밖으로 보내려는 계획이 무산되었을 뿐만 아니라, 오히려 잭슨을 자극하여 밴뷰렌을 재선 티켓의 두 번째 자리에 올려놓도록 만들었다.[23)]

그리고 나서 1832년 3월에, 조지아 주의 인디언 권리에 대해 잭슨과 대법원 간의 대결을 부추기려던 끈질긴 노력이 마침내 결실을 맺게 되었다. 반메이슨당(Anti-Masonic party)의 대통령 후보와 국민 공화당(National Republican party) 부통령 후보가 공동으로 조지아 주에 소송을 제기하고 조지아 주는 사법부의 권위를 따르기를 거부하겠다고 공언하는 가운데, 대법원장 존 마샬이 여기 개입하여 인디언과 연관된 모든 주 법률들을 무효화시켜 버렸던 것이다. 1789년의 사법부법에 의해 기술적으로는 잭슨이 이 판결을 집행할 의무가 없었다. 하지만 잭슨이 이 판결을 무시하고 자신의 인디언 이주 정책을 추진해 나가자, 그의 리더십이 법의 지배에 대한 위협이 된다는 이미지가 더 뚜렷해졌고, 이전보다 더욱 밀접하게 잭슨을 급진적인 주권주의 입장과 연관 짓게 되었다.[24)]

국가주의자들은 잭슨만큼이나 다가오는 선거에서 관세 이슈를 사라지게 만들고 싶어 했으며, 그렇게 된 연후에 최대의 무기를 꺼내들려고 했다. 그러나 1832년 초여름에 연방은행 개혁에 대한 잭슨의 구상을 무조건 거부할 수 있는 상황이 만들어졌다. 하원과 상원 모두가 중대한 변화 없이 연방은행의 면허장을 갱신하도록 법안을 통과시켰던 것이다.[25)] 연방은행장 니콜라스 비들(Nicholas Biddle)이 재촉하고 국민공화당 대통령 후보가 된 헨리 클레이가 주도한 이 법안은 잭슨에게서 대가를 치르지 않고 개혁을 할 수 있다는 모든 희망을 앗아갔다. 연방은행의 실패에 대한 자신의 평가를 입증하기 위해 이제 잭슨은 연방정부와 국가 경제 간의 가장 중요한 제도적 연결고리를 말끔히 청산해야만 할 것이었다. 더욱이 이를 위해 그는 연방은행이 뿌리를 내리고 있는 정부 체계 전체를 거부해야 할 것이었다. 수년 전에 대법원이 연방은행의 합헌성을 인정했고 의회가 만든 연방은행법에 대한 대통령의 거부권을 정당화할 수 있는 근거가 헌법이었으므로, 연방은행법에 대한 거부는 곧 사법부와 의회 권위에 대한 공개적 도전이나 마찬가지였다. 이 과정에서 행정부의 의회 존중이라는 제퍼슨 레짐의 최고의 운영 원리는 조롱거리가 될 것이고, 제일 원칙을 복원하겠다는 잭슨의 사기를 폭로하고 잭슨이 법 위에서 권력을 장악하려 한다는 비난을 확고하게 해 줄 것이었다. 결국 잭슨 리더십의 질서-파괴적인 위협은 가장 확실하게 해소될 것이었다.

잭슨 반대파들의 이런 계산은 대통령의 거부권 메시지에서 제대로 들어맞은 것으로 판명되었다.[26)] 잭슨은 연방은행이 임무에 실패했다는 애초의 주장을 재확인했을 뿐 아니라, 행정부의 사법부 존중 원칙을 합헌성을 근거로 거부했다. 그리고 나서 행정부의 의회 존중 문제에 대해 그는 연방은행이 행정부 소속 기관이며 이 기관에 영향을 미치는 입법부의 행동에 대해 대통령이 권한을 가지고 있다고 주장했다. 사법부와 입법부 양측에 대해 잭슨은 정부 부처들의 동등성을 강조했다. "의회의 견해가 판사들의 견해에 대해 더 큰 권위를 가지지 못하는 것과 마찬가지로 판사의 견해가 의회보다 큰 권위를 가지지 못합니다. 이와 마찬가지로 대통령은 양측으로부터 독립적입니다." 마지막으로 잭슨은 거부권 행사에 대한 근거로 합헌성의 문제를 훨씬 넘어서서 재인가 입법이 가져 올 정치적, 사회적, 경제적 결과에 대한 자신의 독자적 평가를 설명했다.

그렇지만, 이런 식의 폭발적인 정치적 입장으로 잭슨을 몰아넣는 데는 성공했으나, 1832년의 도전은 잭슨 리더십의 가장 강력한 주장에 대해 어쩔 수 없는 절망감 속에서 계산된 것이었다. 특히 연방은행법의 처리는 애초에 이 대통령을 권좌에 앉힌 문제, 곧 가장 강력한 국가기관들의 타락이라는 문제를 상징하는 것처럼 보였다. 한 번의 기회도 놓치지 않고 잭슨은 이 법안 뒤에 숨어 있던 노골적인 정치적 계산을 법안 제안자들에게 되돌려놓았으며, 정치적 이득이 의심스럽던 이 이슈를 그가 워싱턴 기득세력을 비난하면서 제기했던 문제들의 심각성을 상징하는 또 다른 부패한 흥정(이번에는 비들과 클레이 간의)으로 변형시켰다. 잭슨은 연방은행에 대한 모든 의혹을 일소해 주었던 의회의 절차에 경종을 울리면서, 이전의 면허장이 "앞으로 4년이나 남아 있고, 연방은행의 업무를 성공적으로 처리하는데 면허장 갱신이 지금 필요하지도 않은데" 왜 비들이 선거 직전에 면허장 갱신을 고집하는지 잘 따져볼 것을 촉구했다. 클레이의 선거 필요에 의해 이 이슈를 조작했다는 것을 드러나게 함으로써 잭슨은 연방은행 이슈를 확대시켜 워싱턴 기득권 전체를 권력과 특권과 사익의 음모에 연루시켰다. 잭슨은 부유하고 영향력 있는 자들과 연방은행의 연관성을 구체적으로 언급했다. 다수의 이익에서 벗어나 연방은행이 멋대로 구는데 물질적 이익이 걸려 있는 세력들이 허용하고 있는 통제되지 않는 독점으로 연방은행을 묘사하면서, 잭슨은 연방은행이 여러 주들의 권리와 권한을 무시하고 주들을 중앙 통제 하에 철저히 묶어두고 있다고 비난했다. 국가를 단합시키기는커녕 연방은행은 "우리 연방의 기초를 뒤흔드는 공포스런 소동 속에서 지역 대 지역, 이익 대 이익, 사람 대 사람의 대립을 만들어 왔다."라는 것이다.

이렇게 해서, 적들이 잭슨을 끌어내는 동안에도 잭슨은 원래의 리더십 주장을 일관되고 확고하게 했고, 이들이 제공해 준 독자적 행동의 필요성을 단지 확장시키기만 하면 되었다. 잭슨은 대대적으로 새로운 권력을 행사했으나, 그 질서-파괴적인 공세는 계속해서 질서-확인적인 주장과 확고하게 어울렸다. 점점 더 급진적인 주장들을 포함시키기 위해 거부의 입장을 강화했으나, 그러면서도 역사 속 자신의 위치에 대한 일관되고 설득력 있는 주장을 계속했다. 여전히 자신은 이전의 부패를 정부에서 일소하기 위해 싸우고 있다는 것이다. 이기적인 엘리트들로부터 연방정부를 구해내고 국정에 청렴성을 복원하기 위해 권력을 행사하는 데에는 핑계거리가 필요 없었다. 기존 정부 제도들의 파산을 앞두고는 선례란 것들이 중요하지 않았다. 대통령에게 퍼부어진 정부제도들의 도전의 규모는 다만 더욱 과감한 조치들이 필요하다는 것을 입증할 뿐이었다. 실제로, 급진주의는 잭슨의 특권이었고, 이에 대한 저항은 다만 이 특권을 행사하게 해 주는 구실이 되었다. 기득권이 최선의 방어 수단들을 동원하는 동안 잭슨의 거부의 권위는 급진적 변화를 위한 철퇴가 되어 갔다.

분명 1832년에 잭슨에게 퍼부어진 집중 공격으로 인해 피해가 발생했다. 그렇지만 최대의 희생자는 잭슨이 아니었다. 그것은 바로 정부제도들 사이의 숙의(deliberation)에 대한 믿음이었고, 호민관 정치의 상징이었던 엘리트 간 합의의 증발이었다. "우리 정부 제도들을 위협하는 위험"에 대해 국민들에게 경고하면서 잭슨은 연방은행에 대한 기득권의 태도에 도전했고, 자신의 거부권 메시지를 통해 국민들의 판단을 위한 정치적 선언을 제시했다. "이제 국민들의 논의가 이루어져, 새로운 관점들과 중요한 원칙들을 세울 것입니다. 이런 논의 과정에서 선출될 새 의회가 … 여론의 판결을 의사당에 가져다 줄 것입니다." 이 메시지는 경쟁적으로 정당을 수립하려는 노력들을 낳았고, 연방정부의 역할 전반과 특히 대통령의 역할을 두고 지속적인 정책 대립이 일어나는 계기가 되었다.

위대한 거부자

연방은행 법안은 1832년에 잭슨에게 감행된 마지막 도전이 아니었다. 11월, 잭슨이 두 번째로 대통령 선거에서 승리하던 바로 그때, 사우스캐롤라이나 주가 1828년과 1832년의 관세법을 공식적으로 무효화했고, 연방정부가 법 집행을 위해 나설 경우 연방에서 탈퇴하겠다고 위협했다. 차기 의회에서 연방은행 면허장 갱신을 되살리기 위해 비들이 벌인 선거 공작과 더불어 이러한 무모한 반항은 미국 정치의 상태가 아직도 정리되지 않았음을 일깨워주었다.[27] 더 이상 임기응변식의 대응을 계속하려 들지 않은 잭슨은 양 전선에서의 현안들을 최종적으로 해결하기로 결정했다. 자신이 지닌 권위의 한계가 어디까지인지 실험하면서 잭슨은 그가 주도하고 있던 새로운 정치 상황이 정통성을 얻게 될 때까지 국가와 정부를 공포와 혼동의 소용돌이로 몰고 가게 된다.

잭슨은 무효화 사태를 먼저 처리해야 했다. 사우스캐롤라이나가 1833년 2월 1일부터 법령을 집행하겠다고 위협했기 때문이다. 이는 대통령에게는 행운이었다. 무효화론자들은 항상 국가주의자들보다 잭슨에게 정치적으로 더 복잡한 도전을 제기했었고, 잭슨이 독자적 행동을 하기에 더 유리한 이슈가 뒤에 남겨지게 되었기 때문이다. 문제는 무효화론자들이 제기하는 연방정부의 과도한 권위에 대한 불만이 잭슨 자신의 개혁 메시지의 핵심이었다는 점이었다. 주권(state sovereignty) 문제를 두고 벌이는 어떠한 대결도 잭슨 자신의 정치적 정체성을 의심받게 만들 수 있는 위협이 되었던 것이다.

잭슨이 무효화론자들을 거부하는 과정을 살펴보면, 재편의 정치에 내재하는 딜레마가 제퍼슨 때보다 몇 배나 중요해진 것을 알 수 있다. 새로운 공화주의를 수립하려는 제퍼슨의 시도가 1798년의 반대 운동 당시 더욱 급진적 입장을 지녔었던 많은 "구 공화주의자들"의 눈살을 찌푸리게 했음을 상기해 보라. 사우스캐롤라이나의 도전도 이와 유사해서, 원칙의 순수성을 고집한 이들이 대통령의 진정한 색깔을 시험하는 것이었다. 하지만 제퍼슨에게는 존 랜돌프를 쫓아냄으로써 쉽게 피해갈 수 있었던 가정 불화였었던 데 반해, 잭슨에게는 리더십 프로젝트의 모든 측면에 파장을 가져오는 대결이 되었다. 1831년에 칼훈을 몰아낸 잭슨의 시도는 아무 것도 해결하지 못했었고, 잭슨의 영향력이 가장 강했던 남부에서 무효화 위기 동안 칼훈의 정치적 영향력을 제거하려던 노력은 정반대의 효과를 낳았던 것이다.

행동 준비를 위해 잭슨은 선거 이후 첫 번째 기회를 이용하여 국가주의자들의 "미국 체계"와의 단절을 완결 짓고, 과거 질서에서 일어난 일들에 불만을 지닌 모든 세력들을 규합하려 했다. 1832년 12월, 22대 의회의 잔여 회기에 전해진 네 번째 연두교서는 연방은행 법안에 대한 거부권을 행사했을 때의 주장을 확대하여, 행동주의적 연방정부의 남아있는 자취들 모두를 대상으로 했다.[28] 사우스캐롤라이나의 불만이 곧 자신의 불만이라고 하면서, 잭슨은 지난해 여름의 관세 타협을 환영했던 태도를 완전히 바꾸어 보다 엄격한 세입 기준을 세워 보호주의를 모두 포기하게 될 관세율 감축을 제안했다. 나아가 관세 수입이 최소한까지 감축된 상태에서도 연방정부 공공사업들을 위해 국유지 판매 수입을 활용하는데 반대한다고 선언했다. 국유지는 실제 정착민들에게 신속히 처분되어야 한다고 촉구하면서, 관리 비용을 감당하기에 "간신히 충분한" 가격으로 제공되어야 하고 나머지는 주들에게 양도하려 한다고 잭슨은 주장했다. 이외에도 잭슨은 민간 기업에 투자된 연방정부 자산을 모두 처분할 것을 요구했고, 국토 개발에 대한 헌법상의 제약을 반복적으로 강조했으며, 조지아에 대한 대법원의 판결을 완전히 무시한 채 인디언들이 자신의 이주 계획을 따르도록 요구했다.

존 퀸시 애덤스에게 이런 계획은 "연방을 원래 부분들로 해체하는" 위협이었다. 헨리 클레이는 이 계획이 그가 쌓아올렸던 모든 것들과 완전히 단절되는 것이라고 생각했다. "우리에게는 과거도 미래도 없다 … 현재의 헌법 하에서 44년을 보내고 나서도 단 하나의 원칙도 정해지지 않았는가?" 한 기자의 관찰에 따르면, "대통령의 입장이 실행에 옮겨지면 모든 것이 사라진다. 연방정부가 만들어져서 창조하고 보존해야 할 모든 것들이 사라진다."[29] 실제로 대통령의 철퇴는 지나가는 곳에 있는 모든 것들을 파괴하려는 태세였다. 국가주의 프로그램들을 거부하면서 잭슨의 메시지는 어떤 타협 가능성도 언급하지 않았고 어떤 합의도 기대하지 않았다. 단도직입적인 당파적 주장을 하면서, 국가를 분할 점령하게 될 정치 조직을 구상하고 있었다. 대통령은 이제 이견들을 국가 전체적으로 하나로 수용할 수 있는 길을 찾는 전통을 떠나, 국가 전체적으로 대립되는 이슈들에 대해 당내에서의 협력을 찾는 새로운 길을 가고 있었다.

그러나 완전히 이렇게 된 것은 아니었다. 연두교서의 공격적인 어조와 급진적인 내용들에도 불구하고 잭슨은 아직 국가 지도자의 역할을 포기할 준비가 되어 있지 않았다. 잭슨이 무효화론자들을 정치적으로 고립시키는 것만을 원했었다면, 미국 체계에 대한 전면적인 정책 대안들로 충분했었을 것이다.[30] 그렇지만 잭슨의 당면 목표는 남부의 이단자들을 일거에 완전히 궤멸시키는 것이었고, 이를 위해서는 국가주의자들의 지원이 필요했다. 연두교서가 나온 지 채 일주일이 되지 않아 잭슨은 연방의 권위를 거부했던 연두교서만큼이나 강력하게 연방의 권위를 주장하는 성명서를 발표했다. 사우스캐롤라이나 급진주의자들을 직접 겨냥하여 잭슨은 **"한 주에 의해 미 합중국의 법률이 무효화되는 것은 연방의 존립과 공존할 수 없고, 헌법 조문에 명확히 모순되며, 헌법 정신에 의해 정당화될 수 없고, 연방 수립의 모든 원칙에 불일치하며, 연방 수립의 위대한 목적을 파괴하는 것**"이라고 선언했다.[31] 수 주 뒤 잭슨은 무력 사용 법안(Force Bill)이라고 알려지게 된 법안 제안을 의회에 통고하여, 군대를 이끌고 사우스캐롤라이나로 진격하여 주 정부가 무효화 위협을 실행하기 이전이라도 연방법을 강제 집행할 수 있는 광범위한 권한을 부여해 줄 것을 요청했다.[32]

연두교서와 성명서 간의 뚜렷한 차이가 의미하는 바는, 자신의 핵심 지지자들이 정책상의 문제에서 자신을 재신임하게 되면, 궁극적인 이단자들을 섬멸하는데 연방을 지지하는 모든 세력들이 찬성할 것으로 잭슨이 계산했었다는 점이다. 이런 면에서 연두교서는 성명서에 대한 잭슨의 정치적 권위를 강화시키기 위한 것이었다. 이와 같이 고려할 때 이 두 메시지는 또 하나의 거대한 전국적 연합, 곧 칼훈과 사우스캐롤라이나의 반역에 반대하는 전 국민적 합의의 연합을 위한 시도였다. 하지만 이 계산은 역효과를 낳았다. 이에 대한 모든 세력들의 반응이 공포였던 것이다. 중도를 차지하고 극단주의자들을 고립시키는 대신에 잭슨의 이중 메시지는 중도를 포기하고 양 극단을 끌어안은 듯이 보였다. 이런 위치에서 잭슨은 합의를 수립할 수도, 정당을 수립할 수도 없었다. 첫 번째 임기 중에 멋진 조화를 이루었던 합의 수립과 정당 수립은 이제 각각 상반된 목적으로 나아가게 되었다. 주권주의를 신봉하는 만큼이나 연방의 권위를 신봉하겠다는 결의에 찬 잭슨은 연방정부의 완전한 불개입과 연방정부의 비타협적인 권력 행사를 동시에 주장했던 것이다. 이러한 모순은 연방 헌법의 근본적 성격에 대해 의회에서 진행된 논의과정에서 확대되었다.[33] 고통스러웠던 한 동안, 잭슨 리더십의 질서-파괴 충동과 질서-확인 충동은 혼란에 빠졌고, 가장 귀중한 리더십 자원이었던 잭슨의 정치적 정체성이 위험에 빠지게 되었다. 제퍼슨주의 공화국을 구원하려고 나섰던 지도자가 이제 가장 강력한 주권주의자들로부터 연방파 원흉으로 맹렬히 비난받게 되었던 것이다. 무력 사용 법안을 지지했을 수 있는 사람들은 잭슨의 관세 개혁 제안에 경악했고, 관세 개혁을 지지했었을 사람들은 무력 사용 법안에 경악했다. 양 전선에서 조화를 이룬 시도는 중단되었고, 처음으로 잭슨 리더십의 독자성이 정치적 고립을 가져올 수 있는 위협이 되었다.[34]

그렇다고 잭슨이 완전히 목표를 놓친 것은 아니었다. 연두교서에서 밝힌 약속이 있었기 때문에 어떤 주도 무효화 자체를 옹호하고 나서지 않았으며, 다가오고 있는 무력 사용의 위협 속에서 칼훈은 사우스캐롤라이나의 후퇴를 서둘러 진두지휘하기 시작했다. 무력 사용 법안의 통과가 연방의 본질에 대한 시험이자 위기 해결의 협상 불가능한 조건이라는 입장을 고수하면서 잭슨은 뒤이어 벌어진 황당한 협상의 배후에서 두려운 존재로 남아 있었다. 그렇지만, 잭슨이 무효화주의자들을 강압적으로 항복시키기는 했으나, 실제 항복의 조건은 잭슨이 원했던 것의 정반대가 되었다.

칼훈은 완벽해 보이는 대통령의 정당성에 대한 어떤 대안을 찾는 데 필사적이었고, 클레이는 이를 알고 있었다. 선거에서 클레이를 완파하고 칼훈의 주를 제외한 남부 주 모두에서 승리한지 수주도 지나지 않아, 잭슨은 자신이 분명하게 천명한 원칙들 뒤에서 이 두 숙적들이 활동을 재개하고 있음을 알게 되었다. 더 놀라웠던 것은, 국가주의자와 무효화주의자, 둘이 협력해서 잭슨 반대 연합을 결성하여, 행정부의 극단주의에 대항하는 온건 노선과 상호 인정을 표방했다는 점이었다. 잭슨의 우선순위를 뒤집어서 클레이는 무력 사용 법안이 논의되기 전에 의회에서 칼훈과 관세에 대한 타협을 성사시켰다. 잭슨의 관세안과 마찬가지로 클레이의 관세안은 원칙적으로 보호주의를 포기했으나, 잭슨이 제안했던 관세율 수준으로의 인하를 9년간 점진적으로 하도록 했다. 칼훈은 이렇게 자유 무역의 원칙상의 승리를 거두고 나서 클레이와 함께 무력 사용 법안에 대한 반대가 철회되도록 만들었다. 잭슨의 제안보다 덜 급진적인 관세를(실제로 향후 10년간 보호주의가 보장될 듯한 관세) 받아들였지만, 연방에 대한 충성을 시험하겠다는 대통령의 야심찬 시도가 결국 독재자의 충동 때문에 온건 노선이 대가를 치르게 되었다는 논란을 낳았다고 칼훈은 만족할 수 있었다.[35]

잭슨은 의도적으로 관세 법안에 앞서 무력 사용 법안에 서명했다. 그리고 나서 연방을 위한 자신의 승리를 축하하는 동부 지역 순회에 나섰다. 그러나 그가 가장 강력한 지지자들이라고 생각했던 지지층들 사이에서 정치적 혼란은 쉽게 해소되지 않았다. 연방은행 거부권 행사에서 천명했던 원칙들에 대한 국민의 판결을 의사당으로 가져올 것이라고 잭슨이 공언했던 새 의회 내에서 신생 민주당(Democratic party) 내의 혼란은 특히 확실해 보였다. 우선, 첫 번째 임기 동안 대통령에 대한 지지가 흔들렸었던 상원은 1833년 봄이 되면 완전히 잭슨의 통제에서 벗어나 있었다. 하원 역시, 숫자상으로는 민주당이 큰 차이로 다수를 차지하고 있었으나, 대통령에 대한 지지는 위험할 정도로 변덕스러웠다. 연방은행 이슈에 대한 양쪽 진영 모두에게 잭슨의 거부권 행사는 효과적인 선거 운동 소재였으며, 이제 무력 사용 법안 제안으로 남부 전체가 대안적인 정치 세력에 문을 열어 주게 되었었던 것이다.[36]

설사 선거 전 잭슨이 행사한 거부권이 연방은행에 대한 확고한 거부가 아니었었다 하더라도, 잭슨에 대항하여 이루어지고 있는 칼훈과 클레이의 "사생아 연합"(bastard coalition) 때문에 이제 잭슨이 그 정치적 함의로부터 후퇴하는 것은 불가능해졌다. 연방은행 재인가 운동을 무너뜨리고 비들의 은행을 완전히 파괴하는 것의 중요성은 이제 급진적 주권주의를 거부하는 과정에서 겪은 잭슨의 좌절감 때문에 더욱 커지게 되었다.[37] 성명서에서 기대했던 국민적 합의가 이루어지지 못했고 대신에 잭슨의 가장 완강한 적들이 힘을 모으게 되었기 때문에, 4번째 연두교서에서 기대했던 정당 재편은 잭슨 리더십의 성패를 좌우하는 시험이 되었던 것이다.

연방정부의 자금을 연방은행에서 인출해서 재정적으로 건전하고 정치적으로 우호적인 주 은행들을 선정하여 다시 예금하는 방안을 잭슨이 떠올린 것은 무효화 위기가 한찬 진행 중일 때였다. 이 계획에는 여러 가지 이점이 있을 수 있었다. 연방은행의 면허장을 갱신하려는 시도들을 미리 막을 수 있다고 기대될 뿐 아니라, 행정부가 은행업을 보다 직접적으로 감독하고 대통령과 주들 간에 보다 직접적인 제도적 관계를 수립할 수 있게 해 줄 것으로 기대되었다. 과거의 금융 제도들과 완전히 단절하기 위해 잭슨은 새로운 기회를 찾는 상업적 이익들에 대해 연방정부의 지원을 제공하는 대안적인 금융 제도들을 제안하게 되며, 그 대가로 연방은행 반대운동에 대한 지지를 동원하게 될 것이었다. 기존 제도들을 우회하여 잭슨은 자신의 정치적, 제도적 관계를 과시하는 완전히 새로운 금융 제도를 제안했던 것이다.[38]

하지만, 처음에는 찬성하는 사람이 별로 없었다. 법무장관 테이니(Roger Taney)를 제외하고 잭슨 측근 모두가 이 계획에 반대했다. 1833년 봄, 행동에 들어가기 위한 준비로 잭슨은 친연방은행파였던 재무장관 맥레인

(Louis McLane)을 국무장관으로 승진시키고, 반연방은행파 듀에인(William Duane)을 재무장관으로 발탁하여 연방정부 자금 인출 계획을 실행하도록 했다. 하지만 막상 자신에게 부여된 임무를 수행할 때가 되자, 대통령이 인출명령을 내릴 권한이 있는지 듀에인 자신이 의심하게 되었다. 법률에 의해 재무장관은 의회와 특수한 관계에 있고 대통령으로부터 일정한 독립성을 지닌다는 것을 듀에인이 알게 되었던 것이다. 결과적으로 듀에인은 행동을 취하기 전에 이 문제에 대해 의회와 협의를 해야 한다고 고집했다. 두 번째 전면 개각의 혼란 가능성을 무릅쓰고 잭슨은 듀에인을 해임하고 로저 테이니를 그 자리에 앉혔다. 1833년 가을, 인출과 예금 작업이 서둘러 시작되었다.[39]

심지어 의회는 더 비협조적이었다. 잭슨의 두 번째 취임식 전날 밤에 민주당 하원은 연방은행에 예금된 자금의 안전성에 대해 확신한다는 결의안을 통과시켰다.[40] 상원에서는 얼마 전 잭슨 행정부를 지지했던 다니엘 웹스터가(무력 사용 법안 찬성을 이끌었다) 연방은행에 대한 대통령의 더 이상의 공격을 막기 위해 새로운 클레이-칼훈 동맹에 돌아오라고 설득당하고 있었다. 의회의 지지 여부가 불확실하고 이미 듀에인의 항의로 잭슨의 인출 명령 권한이 도전받은 상황에서, 잭슨은 독자적 행동의 정당성에 대해 중대한 변화를 주었다. 여론의 판결을 가져 오는 것은 더 이상 그가 거부권 메시지에서 주장했던 의회가 아니라, 바로 대통령 자신이었다. 잭슨의 인출 명령서는 자신의 재선이 바로 "연방은행에 반대한다는 국민들의 결정"이라고 선언했다. 1832년 선거에서 연방은행이 "**대통령을** 시험에 올려 놓았다."라는 것이다. 대통령의 거부권 행사는 명백한 것이었었고, "이제 국민들이 대통령을 지켰으므로 … 이 문제가 결정되지 않았다고 하기에는 너무 늦었다."[41]

대통령의 권력 행사에 대해 국민들의 위임(popular mandate)을 받았다는 바로 이 주장이 잭슨 리더십에 대한 전혀 다른 종류의 저항을 불러 일으켰으며, 위그당(Whig party)의 이념적 기반을 형성시켜 주었다. 그리고 이 새 정당의 지도부가 인출 명령을 이용해서 행정부 독재의 구체적 상황을 퍼뜨리고 있는 동안, 또 하나의 밴뷰렌 음모가-주 은행(pet banks) 선정을 통해 경제력의 중심을 필라델피아에서 뉴욕으로 옮기려 한다는-잭슨의 지지 기반인 남부를 잠식해 나갔다. 무효화론자들에 대한 잭슨의 위협 때문에 아직도 동요하고 있던 잭슨 추종자들은 급속하게 혼란에 빠진 듯 보였다. 하원의 다수당인 민주당 지도부는 자기 당 다수에 대한 통제력을 상실했고, 수 주 동안 대통령의 권위에 대한 끝없는 논쟁을 끝내지 못하고 있었다. 상원은 대통령이 밝힌 인출 사유를 공식적으로 거부했으며, 권력 남용으로 대통령에 대한 견책 결의를 했다. 그리고 나서는 테이니의 재무장관 임명을 부결시켰다.[42]

23대 의회의 "공황 회기"(Panic Session: 1833-34) 동안 신생 위그 연합이 남부와 서부의 모든 주로 세력을 확장해서 진정으로 전국적인 정치 세력화함에 따라 잭슨은 서둘러 전열을 강화했다.[43] 하지만 전 국민을 경쟁적인 정치 진영으로 나누는 경주가 끝나갈 때쯤에는 대통령의 지위가 지닌 이점이 결정적인 것이 되었다. 이 이점들 중 첫째는 의회에 대해 대통령이 권위를 내세우는 것이, 이에 대해 어떤 반론이 있던지 간에, 연방은행이 국민 전체에 대해 권위를 내세우는 것보다 훨씬 옹호하기 쉬웠다는 점이다. 그 모든 영향력에도 불구하고 연방은행장은 독자적 행동을 위한 권한을 보장받는데 있어서 미 합중국 대통령의 상대가 되지 못했다. 대통령은 헌법 기관이며, 대통령의 독립성에 대한 잭슨의 주장을 둘러싸고 벌어진 모든 논쟁에도 불구하고 이 헌법 기관의 독립성의 이유는 헌법 안에서 찾아질 수 있었다. 반면에 비들은 하급자였고, 정치적 목소리를 내려면 다른 사람들에게 의존해야 했다. 더욱이 자신이 행사한 권력을 적극적으로 옹호해 주던 지지자들이 어려움을 겪는데도 비들이 모른체 하자, 제도의 부패와 엘리트의 무책임에 대한 잭슨의 비난은 더욱 고조되었다.

이 점에 있어서, 대출을 급작스레 감축시키는 것으로 인출 명령에 대응한 비들의 결정은 엄청난 계산 착오였다. 경제 팽창기에 국가를 금융 공황에 몰아넣음으로써 비들은 잭슨의 어리석은 금융 정책을 폭로하고, 국민들은 아니더라도 정부가 재인가의 필요성을 깨닫기를 바랐다. 하지만 잭슨은 비들이 한 일에 대한 책임을 받아들일 의향이 전혀 없었고, 공황에 대한 모든 불만들을 연방은행장에게 돌려보냈다. 그리고 나서도 독립성을 고집하던 비들은 군인연금제도에 대한 관할권을 포기하라는 잭슨의 명령을 거부하고 급작스레 연금 지불을 중단시켰다. 국민의 이익을 거역하는 무책임한 제도들과 권력에 취한 엘리트들에 대해 원래의 사명을 추진하는 데 있어서 잭슨에게 이보다 더 정치적으로 강력한 무기는 없었다. 연방은행에 대해 그가 이제 다시 열거하게 된 수많은 잘못들에 더해져 공황과 연금 지급 중단은 인출에 반대하던 분위기를 바꿔놓는 기적을 가져왔다. 1834년 겨울에, 각 주마다 인출에 대한 정치적 지지가 결집했고, 하원 세입위가 연방은행을 신랄하게 질책했으며, 심지어 다니엘 웹스터는 비들에게 연금을 지불하라고 개인적으로 요청하기도 했다.[44)]

은행 전쟁(Bank War)에서 잭슨이 유리했던 두 번째 요소는 위기를 해소하기 위한 명확한 길을 그만이 제시했다는 점이다. 대통령으로서 잭슨은 주 은행 예금 계획을 자기 주도하에 집행하기 시작했다. 그러는 동안에 의회 내의 반대 세력들은 새로운 은행 면허장의 구체적인 내용에 대해 합의하는 것이 불가능하다는 것을 깨닫게 되었다. 잭슨의 행정부 권위 주장에 대한 집단적 분노에 의해서만 결집되었기 때문에, 정책 집행의 문제에 관한 한 국가주의자들과 무효화론자들의 연합은 당황스러울 정도로 어색했다. 선거를 통해 국민으로부터 위임을 받았다고 주장하는 잭슨을 비난하고 국민의 의지를 대표하는 데 있어서 의회가 우월하다고 주장할 수는 있었으나, 웹스터와 칼훈을 동시에 만족시키는 방안에 도달할 수는 없었던 것이다.[45)] 수개월 동안이나 잭슨은 원내 민주당과 주들에서 지지를 이끌어 낼 시간적 여유가 있었고, 공황에 대해 비들을 비난하는데 집중했을 뿐 아니라, 질서와 안정을 되찾기 위한 유일한 길로 자신의 대안을 제시했다. 점차 각 주들이 대통령의 방안을 지지하게 되었고, 연방은행은 이미 사망했다는 현실이 분명해졌다. 1834년 4월 초에, 민주당 다수를 충분히 믿을 만하다고 생각한 민주당 원내 대표 제임스 포크(James Polk)는, 잭슨의 권위를 인정하고 공황의 진정한 원인을 규명하는 조사를 요구하는

일련의 결의안들을 통과시켰다.46)

그렇지만, 위그당이 대안에 합의하는 데 문제가 있었던 것이나 연방은행의 실수가 다가 아니었다. 가장 중요한 것은 인출 조치와 상원의 견책 결의안으로 인해, 잭슨 개인을 방어하는 것이 신생 민주당의 가장 핵심적 과제가 되었다는 점이다. 개인적으로는 연방은행에 대해 어떻게 생각했던지 간에 1834년 중간 선거를 앞두고 민주당은 이제 대통령을 지탱하고 비들을 무너뜨리고 상원을 무력하게 만드는데 모든 것이 달려 있다는 것을 잘 알고 있었다. 잭슨이 네 번째 연두교서에서 밝힌 거대한 구상에 사로잡힌 사람이라면, 이 메시지에 담긴 구체적 계획들에 관심을 가진 사람이라면, 또 지역 선거들에서 대통령에 대한 지지로 유리해진 사람이라면, 누구나 잭슨의 권위를 지지하는 것 이외에 대안이 없었다.

잭슨은 지지자들이 무엇을 원하는지 알았고, 이에 부응하여 상원의 견책에 항의하는 공식 문서를 제출했다. 하원에 의해 안전이 보장되었으므로, 잭슨은 상원의원들에게 단도직입적으로 왜 자신이 탄핵되지 않았는지 물었다. 잭슨은 헌법상 권한을 중대하게 남용한 것으로 고발되었는데, 견책이라는 이상한 방식을 취한 상원 자체도 헌법을 조롱했던 것이 아닌가? 헌법상 적절한 방식이 탄핵이라는 것은 명백했으며, 헌법은 당사자가 자신을 변호할 수 있는 기회를 보장하고 있었다. 왜 상원은 잭슨에게 이 기회를 주지 않기를 고집했는가? 잭슨이 자기 주장을 입증하는 것이 그렇게 두려웠는가? 대통령 권력에 대한 문제가 이런 식으로 재구성되고 나자, 이제 잭슨은 국가를 구하는 것과 연방은행을 파괴하는 것 사이의 관계를 명명백백하게 하기 위해 단지 짧은 결말만이 필요하게 되었다. 이 항의서의 감동적인 결론은 잭슨의 전 인생에 대한 이야기를 가져와 당면 사태에 연관시켰으며, 연방정부의 도덕적 파산에 대한 대안이 되는 것이 바로 잭슨 개인의 정치적 정체성이라고 주장했다.

> [상원 결의안에] 대해 내 인격과 내 목적을 공식적으로 해명해야 할 필요가 있다면, 나는 인생을 헛되게 살았을 것입니다. 미국의 자유를

위해 투쟁했던 것, 값비싼 대가를 치르고 권리를 보호하기 위해 재산과 명성과 생명의 위험을 감수했던 것, 그리고 이제 개인적 이득에 대한 기대와 야심이 없이 책임과 위험에 직면하고 있는 것, 이 모든 것을 연관 지어 공식적으로 해명해야 할 필요가 있다면, 헛되게 살았을 것입니다. … 아마 이로부터 면제되었을 수도 있습니다. 내게 야심이 있었다면, 심지어 지금도 단일 제국을 노리고 있는 저 강력한 기관과 연합했어야 할 것입니다. 내가 부패했었다면 저들의 계획에 나 자신을 팔아넘겼을 것입니다. 험난한 임무를 수행하는 것보다 개인적인 안락과 쉬운 길을 택했다면 이 기관을 내버려 두었을 것입니다. 아닙니다. 나를 이끌고 있는 포부는 국민들이 내게 맡긴 신성한 신뢰를 손상되지 않게 돌려주겠다는, 헌법의 상처를 치유하고 더 이상의 침해가 없도록 보존하겠다는, 국민들의 행복을 찾고 자유가 보호되는 것은 강력한 독점과 귀족적 기득권에 의해 지탱되는 호화로운 정부에서가 아니라 모두를 보호하고 누구에게도 특혜를 주지 않는 거창하지 않고 단순한 체계라는 것을 국민들에게 설득하겠다는 조바심과 결의입니다.[47]

1834년에 이 메시지에 화답할 수 있었던 사람들은, 잭슨의 규정에 따르자면, 곧 민주당원이었다. 새로운 질서를 확립하는 데 필요한 것은 단지 이 단순한 신념의 선언을 인정하게 만드는 것이었다. 1834년 중간 선거의 추세는 전국 모든 지역에서 위그당의 부상이 지속되고 있었던 것이었으나,[48] 드러난 결과는 대통령의 정당이 6년 연속으로 의석수를 늘려가는 전대미문의 승리였다. 통상적으로 가장 인기 있는 대통령에 대해서도 정치적 통제력의 썰물을 가져다주던 중간 선거가 이번에는 30년 만에 미국 정치와 정부의 가장 급진적인 이탈을 승인해 주었던 것이다. 이 새로운 질서의 정통성에 대한 마지막 승인은 1837년 1월에 주어졌다. 잭슨의 퇴임 전야에 상원은 잭슨에 대한 견책 결의안을 기록에서 삭제하기로 표결했다.[49]

확립된 새 질서

잭슨의 정당성이 확인된 것은 의회와 사법부, 내각, 주들, 정당, 그리고 유권자들과의 관계에 있어서 대통령의 위치를 영원히 재규정한, 미국 정치 전체의 재편을 알리는 것이었다. 백악관은 이전보다 확실히 보다 독자적인 정치적 기반을 지니게 되었고, 정부의 기약과 정치적 우선순위에 대한 새로운 레짐이 지배하게 되었다. 하지만, 이 모든 것에도 불구하고 잭슨은 제퍼슨의 무역 금수만큼이나 어려운 문제를 남겨두었다.

가장 일반적인 문제로는, 네 번째 연두교서에서 제시한 새로운 정통을 어떻게 이루는가 하는 문제가 있었다. 새 연합에는 특수 이익들에 대한 약속들이 가득했는데, 이 이익들 간의 긴장은 여전히 높았다.[50] 당면한 문제로는, 금융 문제에 대한 잭슨의 해결책이 명백히 실패한 데 대해 무엇을 해야 할 것인가 하는 문제가 있었다. 의회도 별다른 대책이 없었고, 잭슨이 지명한 후계자 밴뷰렌의 당선에 민주당이 몰두하는 가운데 주 은행 예금 계획은 휘청거리고 있었으며, 국가 경제는 급속히 악화되고 있었다.

잭슨이 주 은행 예금 계획에 끌리게 된 것은 원칙만큼이나 정치적 필요성 때문이었던 것이 사실이다. 한편으로는 연방은행을 보호하려던 상원 내 정치적 경쟁자들 연합에 쫓기고 다른 한편으로는 연방은행에 대한 명확하고 매력적인 대안을 원하는 지지자들에 쫓기면서, 비들과 클레이에 대한 잭슨의 거부가 모든 형태의 전국적 은행 체계에 대한 반대로 귀결되었던 것이며, 이전에는 주 은행 체계에 대한 실험이었던 것이 갑자기 성패를 좌우하는 일이 되었던 것이다. 불행히도, 선정된 주 은행들에 대한 연방 예치금의 유입은 이미 대규모 금융 붕괴를 위협하고 있던 투기 붐에 기름을 끼얹게 되었다. 이 재난의 물결이 막아지기를 희망하며 잭슨은 경화(hard currency)로의 점진적 전환에 지지를 보냈다. 재무부는 재무부대로 연방 자금을 예치할 은행을 선택함에 있어서 정치적 건전성보다는 금융

건전성을 따지게 되었고, 이들에 대한 통제를 강화했다.[51]

그렇지만 바로 이때 잭슨은 레짐 수립자로서의 성공이 가져 온 암울한 역설에 직면해야 했다. 연방은행을 무너뜨리기 위한 잭슨의 공세 뒤에서 움직이면서 의회는 이 새로운 체계의 특별한 매력을 발견하기 시작했다. 이제 민주당은 연방정부 규제를 통해 주 은행들을 통제하려는 대통령의 노력을 새로운 연방은행을 만드는 것과 마찬가지라고 매도했고, 1836년의 예치법(Deposit Act)을 통해 예치 은행의 수를 늘리고 행정부의 재량권을 명시적으로 제한했다.[52] 이렇게 해서 결과적으로 잭슨은 하나의 무책임하고 통제되지 않는 금융 체계를 또 하나의 똑같은 것으로 바꾸어 놓은 셈이 되었다.

제퍼슨과 마찬가지로 잭슨은 새 질서가 자체의 정치적 삶을 시작하게 되는 바로 그때 백악관을 떠났다. 잭슨이 제시한 기본 경로를 확인하면서 실패한 실험을 처리하는 것은 잭슨이 지명한 후계자에게 남겨졌다. 밴뷰렌 대통령은 미국 최초의 대공황 한복판에서 이 도전과 씨름했으며, 잭슨주의 원칙을 지속시키면서 금융 문제로부터 연방정부를 구원해 내기 위해 4년간의 전투를 벌이게 되었다.

제2부 제임스 포크의 표출

공평하고 정확한 정의

1840년 선거에서 위그당은 재선을 노리던 밴뷰렌을 완파했으나, 백악관에 처음 입성한 것 치고 성과는 별로 없었다. 취임 직후 윌리엄 해리슨(William Henry Harrison)이 사망해서 존 타일러(John Tyler)가 승계했는데, 전쟁 영웅과 불만에 찬 민주당원을 정부통령 후보로 출마시키는 지략을 발휘했던 위그당 지도자들은 곧 자신들이 "잡종"(mongrel)을 들였음을 깨닫게 되었다. 잭슨처럼 결의에 찬 타일러가 독자성을 주장하면서 위그당 프로그램의 실행을 막았던 것이다.

1844년 선거에서 위그당은 잭슨 정당에서 이류급이었던 제임스 포크(James Polk)를 상대로 전설적인 헨리 클레이를 후보로 내세웠다. 그러나 포크가 신승을 거두면서 위그당이 지녔던 정책 대안들에 대한 희망은 산산조각 나게 되었다. 클레이의 패배로 인해 민주당이 연방정부 전체를 완전히 통제하게 되면서 미국은 이제 앤드류 잭슨이 만들어 놓은 길을 따라 나아갈 태세를 갖추었다. 되살아난 민주당은 실제로 이 거대한 "기준의 전쟁"(battle of standards)에서 완전히 구체화된 정책들을 갖추고 있었고, 잭슨주의 정통의 표상과도 같은 포크는 잭슨주의의 흔적을 미국 사회에 영원히 남기려 하고 있었다.

오랫동안 기다렸던 레짐 기약들의 실현이 임박했음을 한 선거가 알렸던 적은 이번이 처음은 아니었다. 잭슨의 과업들을 완수하는 과제를 맡았을 때 포크는 제임스 먼로와 동일한 근본적인 딜레마에 빠지게 되었다. 둘 모두 자기 시대의 정통-개혁가였으며, 정치 이념과 의무에 대한 기존의 틀을 완전히 받아들이고 이미 발견된 길을 따라 전진하는 데 헌신하려는 대통령들이었다. 더욱이 두 대통령들 모두 레짐의 황금기를 목전에 두고 있었다. 엄청난 정치적, 제도적, 이념적 지지를 받고 있는 정치적 기약들 위에서 대통령직을 수행할 가능성이 컸으므로 이들의 입장은 강화되었다. 이들은 공고한 레짐의 정책들을 실행하고, 기존의 정치를 바꾸지 않으면서도 미국을 변혁시키려 했다. 이들은 이전에 수립된 질서를 입증하기 위해 권력을 행사하기를 원했다.

먼로처럼 포크도 과거에서 미래로의 이행을 평탄하게 하려 했고 대담한 기획들이 가져올 수 있는 불안스런 효과들을 잘 관리하려 했다. 먼로처럼 포크 역시 순전히 건설적인 리더십 프로젝트를 구상했고, 자신의 책임 아래 들어 온 모든 이들에게 봉사하고, 중요한 어떤 것도, 어떤 사람도 거부하지 않으려 했다. 포크는 기득 세력들의 이익을 관리하는 데 적극적으로 관여했으며, 먼로처럼 자신이 가져온 진정한 변화를 상대로 헛발질해 왔음을 곧 깨닫게 되었다. 포크도 시간 착오 속에서 생긴 정치적 목적에 철저히 사로잡히게 되었으며, 자신이 이룬 것들이 레짐의 정통성을 훼손시키기 시작하자, 포크 역시 자신이 만들어 놓은 정치적 실타래를 풀기는커녕 이해할 수도 없음을 깨닫게 되었다.

포크와 먼로는 다른 시기이지만 유사한 경력을 쌓았다. 둘 다 레짐 수립자의 대리인(protégé)이었고 (포크는 잭슨 시기에 하원의장이었다), 레짐 수립자의 후계자에 대한 충성스러운 봉사로 가치를 인정받았다(포크는 밴뷰렌 시기에도 다시 하원의장을 맡았다). 좌절을 경험하기도 했으나 (포크는 1841년 선거에서 테네시 주지사 재선에 실패했다), 둘 다 정치권에서의 지위를 유지했다. 이들은 조직의 사람이자, 열성 당원이었고, 레짐을 활성화시킨 존재였다. 그렇지만, 이들 사이에 존재하는 수십 년의 기간 동안 미국 정치 및 정부의 조직과 작동은 근본적으로 변화했다. 잭슨 이후에 정당 조직의 힘과 당파성의 성격, 그리고 대통령의 권력 자원 모두가 크게 달라졌던 것이다. 따라서 표출의 정치에 대한 이 두 번째 관찰에서 우리는 대통령의 리더십을 재구성하는 상당한 장기적(secular) 변화를 발견하게 될 것이다.

가장 분명한 차이는 포크가 먼로처럼 전국적 명성을 지닌 국가 지도자가 아니었다는 점이다. 잭슨의 정당은 제퍼슨의 정당과는 다른 종류의 정치인들을 낳았다. 포크는 남북전쟁 이전 시기에 가장 뚜렷하게 양당간 경쟁이 벌어진 선거에 "다크호스"로 출마했다. 전당 대회에서 민주당 연합의 주요 분파들 간의 타협점이었던 포크가 다양한 분파들을 결합시키고 민주당 선거 조직이 성공적으로 작동하도록 만들 수 있었던 것은 상당 부분 포크의 익명성 덕분이었다. 더욱이 19세기 중반의 열성 당원으로서 포크는 완전히 다른 정치적 기조에 따라 행동했다. 국가의 중재자라는 역할을 즐겼던 호민관으로서 먼로는 국가에 충성하는 리더의 역할이 신중하고 조심스러워야 한다고 이해했었다. 이런 명성을 이미 지니고 있었으므로 대통령직에 오른 뒤에 먼로는 이를 보호하고 유지하기 위해 애썼다. 이와 대조적으로 포크는 대통령직에 오르는 것이 가장 큰 목표였다. 전국적 명성을 얻으려던 포크는 위대한 업적을 이루기 위해 자기 당의 힘을 최대한 적극적으로 사용하려는 결의에 차 있었다. 대통령이 되자 포크는 먼로라면 가장 꺼렸을 법한 방식으로 일체의 타협 없이 업무에 임했다. 아젠다마다 저돌적으로 덤벼들어 최대한 비타협적인 방식으로 완수했던 것이다. 포크는 자기 당 조직의 힘에 의존했다. 위그당 계열의 관리들을 대량 해고하라는 명령을 내리는데 머뭇거리지 않았으며, 자신의 정책 목표를 달성하기 위해 동료 민주당원들에게 무리한 요구를 하는 데 주저하지 않았다.[1] 포크의 정치관은 완전히 당파적인 것이었으며 동료 민주당원들의 충성심과 정치적 기율에 대해 포크는 완전히 신뢰하고 있었다.

포크 행정부 시기가 상당히 격동적이었던 것은 부분적으로, 극심하게 경쟁적이었던 선거 환경 속에서 정치적 관리(political maintenance)의 필요성을 반영한다. 1844년 선거는 두 번째 정당체제 혹은 잭슨주의 정당체제의 절정기이자, 당파적인 정부 운영 방식의 완성을 보여 준다. 민주당이 1840년의 참패를 견뎌내고 1844년 선거에서 권력을 되찾았듯이, 위그당도 1844년의 패배에서 벗어나 1846년 중간선거에서 하원 다수당 지위를 되찾게 된다.[2] 지방 정당 조직들의 이 두 전국적 연합은 포크 행정부를 전후한 시기에 정부의 모든 수준에서 격렬하게 경쟁했으며, 당시까지 대통령 선거에서 가장 표차가 적었던 포크의 승리는 선거 정치의 수준에서는 양당 간의 전국적 세력 분포에서 일시적인 변동일 뿐으로 보였다. 이렇게 새로운 환경에서는 국가 리더십이 당파성을 초월해야 한다는 과거의 호민관적 이상은 사라지고 선거 조직들을 유지하는 데 필요한 실행계획들로 대체될 수밖에 없었다. 위그당이 턱 밑까지 쫓아오고 있었기 때문에, 민주당의 불안스런 전국적 다수를 구성하고 있는 지지층들 각각을 포크가 어떻게 만족시키는가에 모든 것이 걸려있었다. 다음 선거를 위해 조직을 정비하는 데 있어서 낭비할 시간이 전혀 없었으므로 포크는 신속하게 공격적으로 행동해야 했던 것이다.

그러나 포크의 공격적인 대통령직 수행이 단지 정당 경쟁의 심화만을 반영했던 것은 아니며, 대통령의 권력에 대한 새로운 인식도 반영한 것이었다. 어쨌든 포크는 은행 전쟁 동안 워싱턴 정치권에서 성장했었다. 하원 내에서 잭슨의 최측근 심복으로서 대통령직이 제퍼슨주의 정통의 속박으로부터 해방되는 것을 목격했던 것이다. 포크가 먼로처럼 국가에 충성하는 리더의 역할에만 만족하지 못했던 이유는 잭슨이 물려 준 더 강력해진 대통령직을 스스로 행사하려는 결의가 있었고, 1844년 선거에서 위그당이 신랄하게 제기했던 자신의 정치적 위상에 대한 의문에 위대한 업적으로 답하려 했기 때문이었다. 이런 면에서 대통령 권력의 발전이 단지 정치적 관리의 필요성에 맞춰 이루어진 것만이 아니며, 권력 행사와 조직유지 간의 긴장을 더욱 악화시키기도 했다. 표출의 정치가 지닌 독특한 성격이 먼로보다 포크에게서 더 뚜렷하게 드러나는 것이 이 때문이다. 한편으로는 대통령의 독자적 행동 능력이 향상되고 다른 한편으로는 조직을 유지해야 할 필요성이 더욱 커진 것이 바로 포크의 표출에 고전적인 형태를 부여해 준 것이었다.

포크와 먼로의 비교가 표출의 정치에 대한 반복적, 장기적 패턴들을 드러내 주지만, 또한 발전과정에서 또 하나의 역설을 제기하기도 한다. 이 당파적인 직업 정치인이 과거의 호민관보다 전국적인 명성에 덜 의존한 채 대통령직에 오르게 되었지만, 대통령의 능력과 특권이 더 강력하다고 인식함으로써 개인적 욕심이 더 커지게 되었던 것이다. 포크는 먼로보다 원하는 일을 이루어지게 하는 것이 훨씬 쉬우며, 신속하고 효율적으로 할 수 있다는 것을 알게 된다. 그러나 독자적으로 행동할 수 있는 가능성이 커지게 됨에 따라 일을 이루면서 생기는 정치적 결과를 원만하게 하려는 포크의 인내심이 줄게 되었으며, 정치체계가 보다 철저하게 통합되었기 때문에 포크의 행동이 가져오는 질서 교란 효과는 더욱 증폭되었다.[3)]

중립적으로 관여하겠다는 약속

텍사스 병합은 1844년의 중대한 이슈였으나 새로운 것은 아니었다. 제퍼슨이 플로리다 획득에 대해 그랬던 것처럼 앤드류 잭슨도 텍사스 병합을 강력히 원했었다. 실제로, 1819년에 플로리다 문제를 해결하고 대륙분할조약(Transcontinental Treaty)을 협상하면서 존 퀸시 애덤스가 텍사스에 대한 미국의 명백한 권리를 팔아 넘겼다고 잭슨은 믿었다. 그렇지만 임기 말에 이 문제에 대해 결정적인 행동을 할 수 있는 기회가 찾아왔을 때 잭슨은 물러섰다.[4)] 성급한 행동이 그가 이제 막 견고하게 만든 새 정당에 위험을 초래할 수 있음을 감지했고, 지역적으로 당이 분할될 것을 두려워했었기 때문이다. 플로리다 문제에 대해 제퍼슨이 그랬던 것처럼, 잭슨은 텍사스 병합의 꿈을 적절한 시기에 충직한 후계자가 완수하도록 미완의 과제로 남겨 두었다.

텍사스에 대한 잭슨의 악몽은 타일러에게는 정치적 전략이 되었다. 민주당을 떠나고 위그당으로부터도 쫓겨난 후 타일러는 기성 정치 세력들에 도전하고 독자적인 근거를 마련하기 위해 텍사스 이슈를 이용했다. 텍사스를 즉각 병합해야 한다는 타일러의 주장은 1844년 선거에서 양당의 계산을 헝클어 놓았다. 이 주장은 바로 존 퀸시 애덤스가 텍사스에 대한 미국의 권리를 팔아넘겼다는 올드 히커리(Old Hickory)의* 주장에 다시 불

* 역주: 앤드류 잭슨의 별칭.

을 붙였다. 텍사스 열병은 남부 전체를 휩쓸었고, 서부의 팽창주의 정신, 곧 "영 아메리카"(Young America) 운동의 정신을 북돋아 주었다. 또한 당시의 가장 저명한 정치 지도자들에 대해 의혹의 먹구름을 드리우기도 했다. 타일러의 국무장관이었던 칼훈은 이 생각을 모든 이들에게 일깨우면서 텍사스 이슈를 자기 지역의 노예제 확장 욕심에 직접 연계시키는 또 하나의 음모를 획책했다. 그러자 헨리 클레이와 밴뷰렌은 이 이슈에 대한 직접적인 입장을 회피했다. 민주당의 명목상 대표이자 다시 한번 대통령 후보 선두주자가 되어 있던 밴뷰렌은 궁극적인 병합을 지지하면서도 즉각적인 행동은 반대했다.[5)]

제임스 포크는 민주당 내에서 텍사스 병합을 지지하는 소수 중 하나였으며, 1844년 전당대회에서 밴뷰렌이 패배할 때까지 그의 대통령 후보 선출을 지지했다. 포크는 밴뷰렌의 부통령 후보로 선출되기를 원했고, 자신이 뉴욕 출신 밴뷰렌의 지지기반을 넓히고 텍사스 이슈에 대한 어려움을 완화시켜 줄 수 있다고 주장했다. 바로 이러한 이유로, 밴뷰렌 선출이 무산되자 포크는 기존 지도부와 견고한 연계를 지닌 "새로운 인물"로서 대통령 후보로 타협되는데 완벽한 위치에 있었다. 잭슨과 밴뷰렌의 민주당 레짐을 출범시킨 정치 투쟁들에 깊이 개입했고 민주당 정통에 관한 한 흠 잡을 데 없었던 포크의 대통령 적격성은 변해 가는 당의 정체성 속에서 철저하고 안전하게 가려져 있었다. 그가 후보가 되면 지금까지의 연합이 유지되면서 동시에 더 나은 미래로 당을 이끌 수 있을 것이고, 수년간 당내에서 끓어오르고 있던 텍사스 이슈를 제자리로 돌려보냄으로써 타일러의 성급한 도발을 물리칠 수 있을 것이었다.[6)] 민주당이 텍사스 병합을 지지하면서 타일러의 위협은 사라졌으며, 포크가 당의 기약에 대해 순수성과 지속성을 상징하게 되면서 새로운 조직의 필요성은 없게 되었다. 과거와 미래의 융합으로서 포크의 선거운동은 새로운 성취를 위해 민주당의 전통적인 목적을 다시 내세웠다.

"제임스 K. 포크가 누구지?"라는 위그당의 조롱 섞인 질문에 민주당은 전당대회에서 드러나게 된 포크 리더십의 성격을 명확히 보여주는 확실한 대답으로 대응했다. 제임스 포크는 "앤드류 잭슨의 절친한 친구이고, 순수 혈통의 민주당원이며, 널리 알려진 연방은행의 적"이었다. 잭슨 자신의 말대로 포크는 "파나마 대표단 파견 문제에서부터 오늘날까지의 모든 중대한 문제들에 대해 일관되고, 정통을 신봉하며, 진정성이 있다." 포크 스스로는 아무것도 주장하지 않았으며, 다만 "[민주]당의 일반 원칙과 정책을 대표한다는 단순한 입장"만을 취했다.[7)]

이러한 신뢰에 대해 포크는 자신의 행정부가 의존할 정치적 정통성의 근거를 명확히 인정하는 일련의 발언들로 화답했다. 그는 두 번째 임기를 추구하지 않겠다는 선언과 함께 당의 후보 지명을 받아들였다.[8)] 단임 약속은 과거에 잭슨이 했고 잭슨 자신이 곧바로 무시한 것이었으나, 자신을 선출하면 1848년에는 좋은 기회가 올 것이라고 당내 모든 지도부들을 설득할 필요가 절실했던 다크호스 후보에게 큰 도움이 되었다. 이 약속은 행정부에 대한 통제력을 장악하기 위해 포크가 행정부를 정당 정치와 분리시켜야 한다고 주장할 때 다시 등장하기도 했다. 먼로의 강점을 그렇게도 갉아먹었던 분파적인 내적 경쟁을 피하기 위해 포크는 각료 임명자들 각각에게 모든 개인적인 정치적 야심을 포기하고 행정부의 성공에만 매달리겠다는 명시적인 서약을 요구했다.[9)] 그리고 다시 더욱 명시적으로, 포크는 후견제 혜택을 나누어 주는 일에 있어서 "민주당 내 분파들에 대한 안배를 하지 않을 것이며", 후견제 혜택은 중립성을 기반으로 분배될 것이라고 지지자들에게 서약했다. 자신은 당의 모든 이익에 대해 "공평하고 정확한 정의"(equal and exact justice)를 행하겠다는 것이다.[10)]

이러한 선언들 모두가 의미하는 바는 결국 자신의 행정부가 나아갈 방향이 정치적 지지기반들에 대한 호의적 관여라는 것이다. 내각 모두가 공개적으로 한 자기-부정적 서약 위에서 대통령의 권력을 행사하고 후견제 혜택을 당의 모든 구성원들에게 "공평하고 정확하게" 분배함으로써 포크는 국가를 변혁시키면서도, 즉 민주당 정통의 기약들을 정책 성취로 만개시키면서도, 대통령 후보 지명 당시의 당내 세력 균형을 그대로 둘 수 있다고 주장했던 것이다. 포크가 당내 문제들에 대한 중립적 관여와 대통령의 강력한 리더십 사이에 설정한 관계는 직접적이고도 명확했다. 취임 이전의 서한에서 "나 **자신의** 대통령이 되려고 합니다."라고[11] 선언한 것은 그 자신과 행정부를 장래의 모든 정치적 대립에서 벗어나게 하겠다는 결의를 반복해서 밝힌 것이었다. 중요한 것은, 포크가 대통령 권력을 독립적으로 행사하겠다는 주장의 근거로 당내에서의 정치적 중립성을 제시했다는 점이다.

포크가 밝힌 중립적 관여의 가능성을 따져 보자. 처음부터 단임 약속으로 자신이 당내 정치에서 빠져야 한다고 생각했지만 동시에 그는 "공평하고 정확한 정의"라는 서약으로 당 관리에 대해 초인적 성취를 해야 한다고 생각했다. 공평하고 정확한 정의라는 것에 어떤 의미가 있다면, 그것은 결국 중립적인 정치적 관여라는 것이 곧 **총체적인** 정치적 관여라는 것이다. 공평한 정의를 이루기 위해서 포크는 당내 모든 분파들을 만족시키는 풀서비스 행정부를 지휘해야만 할 것이었다. 다른 측면에서 보자면, 포크 자신이 "다크호스"이건 "레임덕"이건 간에, 정치적으로 중요한 모든 분파가 포크가 그들에게 준 것이 무엇이든 정의롭고 공평하다고 받아들여야 할 것이었다. 바로 여기에서, 권력의 적절한 행사 조건으로 포크가 내세운 것들에서, 정통의 포크(the orthodox Polk)와 – 개인적인 자기 희생과 당내 모든 분파들에 대한 부지런한 봉사를 통해 당의 유지에 헌신하겠다는 충성파 – 위선자 포크(Polk the Mendacious)가 – 표리부동한 책략을 쓴다고 모든 분파들이 비난하고 레짐 분열의 책임을 져야 하는 대통령 – 처음으로 만나게 된다. 보존하도록 맡겨진 레짐을 관리하는데 가장 정통 – 개혁가적이었던 포크의 노력은, 해소되려면 내전이 필요할 정도의 불안정과 체계적인 정치적 분열을 가져왔던 것이다.

자신을 내세우는 데 따르는 위험

내각을 구성하면서 포크가 밴뷰렌 급진파를 배신한 것에는 중대한 함의가 있다. 이 최초의 행동이 자유토지당(Free Soil party)이 민주당에서 분열해 나가는 중대한 계기가 되었기 때문만이 아니다. 이 혼란스러운 일이야말로, 대통령 당선인이 겉으로는 자기희생적으로 보이고 정치적 균형을 유지하겠다고 서약하면서도 개인적인 통제력을 장악하는 데 몰두하도록 만들었기 때문이다.[12] 실제로 이 사태는 레짐 소속 대통령이 통제력의 필요성과 정치적 정의의 문제를 조화시키기 위해 벌이는 투쟁의 전형적인 예이다.

내각 구성에 대한 밴뷰렌의 권리는 확실했다. 밴뷰렌은 민주당을 대표하는 인물이었고, 대통령 후보 지명 전당 대회의 첫 여섯 번의 표결에서 1위를 했었다. 밴뷰렌이 지명될 가능성이 사라지자 그의 대의원들은 아홉 번째 표결에서 포크가 선출되도록 했었고, 본 선거에서 밴뷰렌 지지자들은 뉴욕 주 민주당의 분열을 추슬러서 뉴욕 주에서 민주당이 승리하도록 함으로써 포크의 당선을 성사시켰었다. 이러한 엄청난 부채는 포크에게 밴뷰렌에 대한 진실된 의무감을 느끼도록 했으나, 또한 **자기 자신의** 대통령이라는 포크의 결의에는 큰 문제가 되었다. 북부의 노련한 지도자이자 텍사스 병합에 대해 회의적인 밴뷰렌과 젊고 남부 지도자이자 모든 세력들을 포용하려는 포크 간에 긴장이 짙어지고 있던 관계가, 거부하지 않으면서 통제력을 장악하겠다는 굳건한 결의를 이루는데 어려움을 가져왔던 것이다.

시작에는 별 문제가 없었다. 1844년 12월 7일에 아직 테네시에 머무르면서 포크는 밴뷰렌의 최측근인 사일러스 라이트(Silas Wright)에게 재무장관직을 제안했다.[13] 이미 뉴욕 주지사에 당선되었던 라이트는 제의를 거절했고, 이로 인해 포크는 독자적으로 내각을 구성할 수 있게 되었다.[14] 하지만 포크는 라이트와 밴뷰렌의 영향력을 확인시켜 주기 위해 뉴욕으로 서한을 보냈다. 이들에게 막대한 정치적 부채가 있음을 다시 한 번 인정하면서 포크는 다시 추천해 줄 것을 요청했고 이들의 추천 명단에서 요직을 임명하겠다는 의사를 분명히 했다.[15] 실제로, 워싱턴으로 떠나기 전에 포크가 잭슨에게 검토를 부탁한 임명 예정 명단에는 재무장관으로 라이트와 밴뷰렌이 추천한 플래그(Azariah Flagg)가 포함되어 있었을 뿐 아니라, 신중하게 정치적 균형을 이루고 있으면서도 전반적으로는 눈에 띄게 밴뷰렌측에 편향되어 있었다.[16]

워싱턴에 오자 포크는 국무장관직을 펜실베이니아의 제임스 뷰캐넌(James Buchanan)에게 제안했다. 펜실베이니아에서 뷰캐넌의 경쟁자인 조지 달라스(George Dallas)가 부통령에 오른 것을 감안하면, 이 임명은 또 하나의 핵심 주에서 분파들 간 대표성에 균형을 맞춘 것이고, 외교 정책을 총괄하는데 또 하나의 텍사스 병합 지지자를 확보한 것이었다. 그렇지만 이 독자적인 임명권 행사로 인해 이제 최고위직은 하나만 남게 되었다. 재무장관 자리에 대한 정치적 압력이 수도에서 비등하게 되었고, 뷰캐넌을 견제하려는 세력과 밴뷰렌에 대항하려는 세력들이 곧바로 힘을 합쳐 미시시피의 로버트 워커(Robert Walker)를 밀게 되었다.[17] 이런 국면이 되자 포크는 밴뷰렌에게 한 약속이 가져온 어려움을 절실히 깨닫게 되었다. 워커에 대한 지지는 남부(칼훈 계파), 서부(팽창주의 열기가 가장 뜨거웠던), 심지어 동부(워커의 장인인 조지 달라스가 행정부 내에서 임명을 주도하고 있었다)까지 퍼져 있었던 데 비해, 플래그와 밴뷰렌에 대한 반대는 모든 지역에서 뚜렷했고 심지어 뉴욕 주 정당 내부에도 존재했다. 그렇지만 중요한 것은 워커가 전당대회에서 밴뷰렌의 지명을 막는 것을 주도했었고, 포크가 최대한 남부 급진주의와 거리를 두어야 한다는 것을 알고 있었다는 점이다. 구체적으로 포크는 워커를 비교적 위험하지 않은 법무장관직에 임명하고 워커를 지지하는 압력을 이용하여 밴뷰렌과 새로운 구상을 협의하기를 원했다. 이러한 계산으로 포크는 뉴욕에 서한을 보내, 플래그를 재무장관에 임명할 경우 발생한 "막대한 어려움"과 남부의 "탁월한 인사"를 발탁하라는 요구를 그대로 무시할 경우 초래될 "엄청난 불만"에 대해 설명했다.[18]

취임식 열흘 전에 보내진 이 서한에서 포크는 잭슨주의의 부활을 자기 구상대로 지휘하려는 정치 지도자의 자세로 조심스럽게 나아갔다. 그는 밴뷰렌에게 넘겨주었던 통제력의 일부를 되찾아 오고 플래그 임명을 피해가기를 원했는데, 이를 위해 밴뷰렌에게 또 다른 제안을 했고 워커를 제외시키기 위해 고안된 새 계획에 대해 밴뷰렌의 지지를 확보하려고 했다. 포크는 매사추세츠의 뱅크로프트(George Bancroft)를 재무장관직에 대한 타협점으로 제안했다. 뱅크로프트는 밴뷰렌의 측근으로, 원래 포크가 해군 장관으로 기용하려고 했으나, 이제 포크는 뱅크로프트가 어떤 자리에도 맞는다는 밴뷰렌의 언급들을 상기시켰다. 뱅크로프트는 텍사스 이슈에 대해 확실하기 때문에 남부와 서부를 달래고 워커를 미는 압력을 물리칠 수 있다고 포크는 생각했다. 그리고 나서 포크는 전쟁부(War Department)에 대한 뉴욕의 권리를 받아들이기로 하면서 전쟁장관에 만족스런 후보자로 버틀러(Benjamin Butler)와 마씨(William Marcy)를 제안했다. 밴뷰렌이 원래 국무장관으로 추천했었기 때문에 버틀러가 전쟁장관직을 수락할지는 확실하지 않아서 포크는 밴뷰렌에게 그의 임명을 원하면 직접 나서달라고 요청했다. 이에 더해, 밴뷰렌과 마씨의 관계에 대해 뉴욕 사람들로부터 상반된 보고들을 받았으므로 어떤 상황인지 확실한 입장을 밝히고 사실상 두 후보들 중 하나를 결정해 줄 것을 요청했다. 실제로는 밴뷰렌과 라이트 모두 각료 자리와 연관하여 마씨를 언급한 적이 한 번도 없었으며, 포크의 요청에는 보다 안전하고 (보다 보수적이고) 믿을 만한 (텍사스 병합 찬성) 후보로 마씨에게 포크가 끌리고 있다는 것이 암시되어 있었다. 포크는 이 중대한 서한을 즉각적인 회신을 달라는 의미심장한 요청으로 끝맺었다: "시간이 없고, 분명하게 행동할 수밖에 없게 되기 전에 답신을 받기를 고대합니다."[19]

1845년 2월 22일의 이 수정된 계획은 포크 리더십의 일면을 보여 준다. 이 대통령 당선인은 자기 구상대로 행정부를 구성하려는 스스로의 이익을 쫓고 있었으나, 또 다른 핵심적 선택을 밴뷰렌에게 넘기면서 그렇게 했던 것이다. 자신의 야심을 발산한 포크의 거대 계획들 모두에서 드러나

듯이, 뱅크로프트/버틀러 구상은 권력의 추구와 정당성의 확보를 미묘한 균형 속에 묶어 놓은 것이었다. 추상적인 차원에서 이 계획에는 정치적 정의와 정당의 관리를 대통령의 통제력 확보와 결합시키는 데 있어서 어느 정도 완결성이 있었으며, 이런 면에서 자신의 권한에 대한 포크의 이해에 대해 궁극적 결과만큼이나 많은 것을 말해 준다. 그렇지만 실제적인 문제로서, 이 계획은 존중을 위장하기에는 너무나 영악했다. 밴뷰렌에 대한 충성을 이렇게 재확인하는 속에 민주당의 세력 균형을 단번에 뒤흔들고 이런 결정을 한데 대한 포크의 책임을 면해주는 위협적인 대안이 (워커/마씨 조합) 섞여 있었던 것이다. 사실, 밴뷰렌에게 고려해 보라고 한 포크의 이 구상은 위험성이 큰 것이었고, 포크가 실제로는 이 대안적 결과에 대한 책임을 그 최대의 피해자에게 전가하는 듯이 보였다. 실제 의도가 무엇이었던지 간에 정치적 이해득실에 대한 포크의 뻔한 계산은 그의 대통령직 수행과 당에 대한 충성에 대해 심각한 의구심을 불러 왔으며, 애당초 포크를 대통령직에 앉혔다고 생각했던 사람으로부터 차분한 반응을 얻기는 어려웠다.

3월 초 취임하기 전에 내각 구성을 완료하겠다고 스스로 부과한 시한 아래 작업하면서 포크는 밴뷰렌의 회답을 받기 전에 행동에 돌입했다. 2월 15일에 포크는 그가 할 수 있는 가장 안전한 행동을 감행하여 버틀러에게 전쟁부를 제안하는 서한을 보냈다. 그러는 동안 밴뷰렌은 최초로 뉴욕이 재무부에 대한 통제를 잃을 것이고 국무부에 대한 자신의 추천이 전쟁부로 좌천되었다는 것을 깨닫고, 너무나 분노에 차서 편지를 쓸 수도 없었고 바로 답신을 보내지도 않았다. 그 결과, 밴뷰렌의 늦은 답신보다 버틀러의 즉각적인 거절이 훨씬 먼저 도착했고, 포크는 밴뷰렌의 침묵이 그가 편지에서 밝힌 계획대로 조치를 취해도 좋다는 신호로 간주했다. 취임 전 마지막 날이자 뉴욕에서 또 다른 제안이 올 수도 있었던 3월 1일에 포크는 "분명하게 행동할 수밖에 없다."라고 생각했고, 마씨에게 전쟁장관을 제안했다.[20]

마씨에게 임명을 제안하자마자 밴뷰렌의 아들(Smith Van Buren)이 포크의

22일자 서한에 대한 부친의 항의 답신을 전달했다. 이 서한에서 밴뷰렌은 “이기적인 영향력들”에 굴복하고 내각 최고위직 둘 중 하나에 대한 뉴욕의 권리를 무시한 데 대해 포크를 질책했다. 나아가 밴뷰렌은 마씨의 임명이 “치명적인 실수”가 될 것이라고 말하고, 아마 버틀러의 응답을 모른 상태에서, 버틀러가 전쟁부 장관직을 수락할 것이라고 개인적으로 보장했다. 당연히 버틀러에게는 너무 늦은 것이었다. 그러나 포크는 이 일이 전혀 의도적인 것이 아니었다고 주장했으며, 이 불행한 우발 사태를 만회하기 위해 관세, 우편, 검찰 등 뉴욕의 후견제 혜택들을 밴뷰렌과 라이트에게 백지 위임하겠다고 약속했다. 다음 날 밴뷰렌에게서 또 다른 서한이 전달되었다. 이 서한은 첫 번째 서한에 대한 사과였고, 뱅크로프트/버틀러 구상을 지지하는 것이었다. 분명, 포크가 밴뷰렌을 배신하는 것을 꺼려하는 만큼이나 밴뷰렌도 포크와의 관계를 단절하는 것을 주저하고 있었던 것이다. 그렇지만, 마씨 임명의 의미를 따져보는 분노에 찬 연설에서 스미스 밴뷰렌이 명확히 했듯이, 포크가 안도감을 느낄 여유는 없었다.[21)]

밴뷰렌에게 더 많은 결정권을 주어 자신의 결정을 확고히 하려던 이 마지막 노력에도 불구하고 이제 정치적 관리에 대한 자신의 구상이 흐트러지고 있다는 것이 포크에게 명확해졌다. 3월 1일의 불행스런 “사고”로 정치적 손실은 불가피해졌으나, 대통령 당선인 포크에게 독자적 행동을 할 수 있는 여지를 열어주기도 했다. 마씨 임명에 대한 밴뷰렌의 반응으로 볼 때 포크 행정부에 대한 적극적 지원을 할 가능성은 희박해졌으나, 뱅크로프트를 재무장관으로 기용하는 데 대해 뉴잉글랜드가 반대한다는 뉴스에 못지않게 워커에 대한 지지가 상당히 고무적이었다. 포크는 이제, 밴뷰렌에 대해 할 수 있는 것은 다 했고 뉴욕의 후견제를 장악하게 해 주는 것이 현 상황에서는 최선의 정의이며, 민주당 지지층에서 분열의 조짐이 보이는 것을 감안할 때 행정부에 대한 지지를 최대한 동원해야 한다고 확신할 수 있었다. 이렇게 해서 마지막 순간에 워커가 재무부 장관으로 기용되었고 뱅크로프트는 다시 해군부 장관이 되었으며, 뉴욕의 밴뷰렌파들은 내각에서 완전히 제외되었다.[22)]

바로 여기에, 뚜렷하게 밴뷰렌에 편향된 내각 명단으로부터 밴뷰렌의 숙적이 될 것이 뻔한 워커/마씨 팀으로 옮겨간 것을 정당화시키는 위선자 포크가 있다. 정치적 정의의 의미와 대통령의 통제력과의 관계에 대해 계속해서 다시 계산하면서 포크는 결과적으로는 엄청난 기만을 저질렀던 것이다. 포크는 줄곧 밴뷰렌을 거부하기를 거절했다. 실제로 자신의 권력을 주장하려 할 때마다 포크는 일정한 통제력을 밴뷰렌에게 나눠주어야 한다고 생각했다. 하지만 이처럼 자기 주장과 자기 희생이 꼬여버리게 되면서 포크는 자신의 행동이 가져온 결과에 직면해야만 했다. 마침내 밴뷰렌이 자신을 거부하는 것을 속수무책으로 바라보아야 했던 것이다.

밴뷰렌은 뉴욕 후견제 혜택을 백지 위임하겠다는 제의를 일축했고 동료들에게 포크의 제안을 무시하라고 알렸다. 포크가 뉴욕을 방문했을 때 밴뷰렌은 만나기를 거부했으며, 영예로운 주영 대사직 제안도 다시 거절했다. 플래그도 뉴욕항 관세청장직을 거부했고, 뉴욕 남부 지검장직을 받아들인 버틀러는 이 자리를 이용해 포크 행정부를 줄곧 괴롭혔다.

결국 포크는 독자적인 리더가 되는데 필요한 것을, 곧 텍사스 병합을 주저하지 않고 지지하는 새로운 인물들로 구성된 내각을 손에 넣었다. 그렇지만 바로 여기로부터 독자적인 리더가 되는데 어려움을 겪게 된다. 밴뷰렌과 단절하는 순간부터 정치적 정통성에 대한 포크의 주장은 집중적인 공격 대상이 되었다. 의도보다는 결과에 더 예민하게 된 밴뷰렌파들은 이 같은 행정부 구성을, 단임 서약에도 불구하고 1844년 선거에서 다시 지명 받으려는 포크의 비밀스런 음모로 해석했고, 포크가 당을 남부에 외상으로 팔아넘겼다고 비난했다. 포크는 이러한 비난들을 최선을 다해 피해나갔다. 이 뉴욕 급진파들이 1848년 후보지명 전당대회에서 스스로 민주당을 공식 탈퇴할 때까지 포크는 이들과의 관계 단절을 줄곧 거부했다. 뉴욕주 민주당의 분열과 관련해 자신의 행정부는 중립적이라고 계속 주장했으며, 일기장에서 자신에 대한 비난에 대해 점점 더 비통하게 좌절감을 토로했다. 이 일기들은 단임 서약의 딜레마를 부각시켜 주고, 정치적 관리가 대통령 리더십의 핵심 전제가 될 수 있다고 믿은 자기 기만을 뚜렷이 드러내 준다.

> 그들[밴뷰렌파]은 다음 대선을 바라보고 있고 내가 그들과 한패가 되어 민주당 내 다른 계파들을 배척하지 않는 한 그들을 만족시킬 수 없다는 것이 진실이다. 지금까지와 마찬가지로 나는 후견제 혜택을 부여함으로써 밴뷰렌씨 동료들을 정당하게 대할 것이지만, 그들의 호감을 사기 위해 당의 다른 모든 이들을 배척할 수는 없다. 민주당의 어떤 분파나 도당들에 속하지 않고 나의 원칙을 철저히 고수할 것이다.[23)]

이와 상응하는 일이 벌어졌던 먼로 행정부와 비교해 보면 시사하는 바가 많다. 존 퀸시 애덤스를 국무장관에 임명한 것에 불만을 가졌고 전쟁부를 맡으라는 먼로에게 분노했던 헨리 클레이는 밴뷰렌 급진파들과 마찬가지로 대통령의 정통성에 즉각 반기를 들었었다. 포크의 책략이 더 교묘했고 밴뷰렌에 대한 아첨이 비정상적이었던 것이 대통령의 독자적 행동에 대한 체계의 제약이 더 커졌음을 보여 준다는 차이는 있다. 그러나 먼로와 포크 모두 처음부터 자신의 행정부를 최대한 확고한 기반 위에 세우려고 마음먹었고, 자기 레짐의 견고한 정책 아젠다들을 확실히 장악한 채 반대자들에게 기회를 주지 않았다. 문제는 이들이 독자적으로 취한 행동들이 지지자들 사이에서 불안스러운 혼란에 불을 붙였고, 이 혼란이 이들이 천명했던, 신념의 관리자로서의 권위를 갉아 들어갔다는 것이다.

과업의 완수

핵심적인 정치적 지지를 소외시키지 않고 잭슨주의 레짐을 통제하려던 포크의 시도가 부딪힌 문제들은, 잭슨주의 아젠다에 의미와 생명력을 불어 넣은 정치적 담론을 변경하지 않으면서 이 아젠다들에 대한 리더십을 장악하려던 포크의 더 큰 시도들이 부딪힐 문제들에 대한 전조였다. 자신이 레짐을 통제하는 근거를 당내 정의와 정치적 중립에 두었듯이 포크는 정책 리더십의 근거도 정통을 철저히 고수하는데 두었다. 실제로 포크의 프로그램은 공평하고 정확한 정의를 내세우면서, 실현될 경우 정치적 기반을 변화시키지 않으면서 국가를 변혁시킬 수 있는 조치들을 모두 담고 있었다. 포크의 아젠다들은 어떤 대통령도 생각하지 못했던 가장 완벽하고 절묘하게 균형을 이룬 프로그램이었다. 하지만 그렇기 때문에, 제안된 개혁들 각각과 잭슨주의 레짐 자체의 안전까지도 이 구상의 순수하고 완전한 실현에 달려있게 되었다. 공평하고 정확한 정의라는 서약과 마찬가지로, 순수하고 완전한 실현에 못 미치게 되면 총체적인 파국이 확실했던 것이다.

구체적으로 들여다보면 포크의 아젠다는 이상적으로는 도저히 거부할 수 없고 실현 계획에 있어서 너무나 환상적이었던 또 하나의 거대한 구상이었다. 경화로 복귀하고 "재무부의 독립"을 복원한다는 약속은 밴뷰렌 급진파들의 호응을 얻으려 한 것이었다. (밴뷰렌은 주 은행 예치금이라는 실패한 실험에 대한 대안으로 독립적 재무부라는 발상을 했었다. 이 새로운 체계의 실행은 1841년에 위그당이 득세하면서 무산되었었다.) "세입만을 위한 관세" 원칙으로 돌아가겠다는 서약은 잭슨주의 정치경제의 또 하나의 정통 원리로 남부의 호응을 얻으려 한 것이었다. (영국의 곡물법 폐지로 인해 촉발된 관세 인하 조치에 있어서도 북부 제조업자들에 대한 "일시적 보호"는 유지할 것이었고, 궁극적으로는 관세 인하의 불확실성을 완화하기 위해 수입품 물류 저장 체제로 보완하게 된다.) 잭슨주의 원리의 세 번째 원칙으로서 토지 가격의 점진적 인하로 포크는 서부의 호응을 얻으려 했다. (토지개혁의 타당성에 대해 포크가 제시했듯이, "국민들에게 광대한 국유지의 작은 부분을 낮은 가격에 소유하도록 하는 것이 정부의 진정한 정책 의도입니다.") 마지막으로 포크는 "광역 텍사스"(Greater Texas)*를 "재병합"(reannexation)하고 "오리건 전부"(all of Oregon)**를 "재점령"(reoccupation)하는 것을 적극적으로 지지

* 오늘날의 텍사스 주와 뉴멕시코 주를 포함.
** 오늘날의 오리건 주와 워싱턴 주 및 그 북부까지를 포함.

함으로써 서부와 남부의 "영 아메리카" 운동과 팽창주의자들의 호응을 얻으려 했다.[24]

포크의 거대한 구상은 실질적으로 민주당 내의 모든 중요한 이익들을 인정한 것이었다. 하지만 모든 이익을 만족시키겠다는 이러한 명시적인 약속만큼이나 중요한 것은 그 한계에 대한 암묵적인 메시지였다. 첫째로, 모든 이익들을 만족시키고 어떤 것도 배제하지 않겠다는 것은 각각의 이익들이 서로를 지지하는 것이 공동의 이익이라는 것을 강조한 것이었다. 달리 말해, 이 구상이 실행되면 잭슨주의적 국가주의의 핵심 원칙이 다시 강조되면서 당시 노예제 확산을 두고 벌어졌던 갈등들은 진정되어야 할 것이었다. 둘째, 철저한 정통의 원칙 안에서 모든 이익들을 만족시킨다는 것은 정치적 순수성의 검증을 통과하지 못하는 유혹적인 정책들에 대한 경고였다. 예컨대 국토 개발 사업들은 배제되었다. 마지막으로, 모든 이익들을 만족시키는데 필요한 모든 것을 성취한다는 것은 이 목적을 위해 어디까지 이룰 수 있는지에 대해 가능성을 열어 두었다. 이런 면에서 특히 중요한 것은, 포크의 최대의 업적인 캘리포니아와 남서부 거대 영토 획득이 이 구상에서는 단지 "광역 텍사스"에 대한 도발적인 주장의 함의 정도로만 들어있었다는 점이다. 당시까지 분쟁 대상이었던 뉴씨즈(Nueces) 강과 리오그란데 강 사이의 영토를 병합 계획에 포함시키면서 포크는 파탄 상태였던 멕시코 정부가 미국과 오랫동안 다툼의 대상이었던 다른 영토 문제들을 해결할 수 있는 선택지를 실질적으로 없애버렸다. 캘리포니아가 멕시코에게 남은 유일한 양보 대상이 되었던 것이다.[25] 멕시코에게 다른 영토들에 대한 주장도 추구하겠다는 포크의 결의에 이 분명하지만 밝히지 않았던 목적이 포함되어 있었던 것이며, 이 목적이야말로 포크의 리더십에 있어서 가장 중요한 개인적 성취가 된다.

국내적이거나 대외적인 혹은 명시적이거나 암묵적인 이 모든 기약들 속에서 포크의 프로그램은 신중하게 미국의 "명백한 운명"(Manifest Destiny)을 민주당의 역사적 과업의 완수로 포장했다. 잭슨주의 정통이 완전히 새로운 과업들까지 포함하도록 추진할 의향도 있었으나, 포크는 다가올 영광들을 과거의 모든 과업들을 완수하는 과제 속에 담가 두었다. 유서 깊고 명백한 정치적 기약들로부터 미래의 성취가 나오게 되는 방식으로 추진했던 것이다. 심지어 "광역 텍사스"와 "오리건 전부"와 같은 위협적인 주장도 "재병합"과 "재점령"과 같이 궁극적 해결을 기다려 왔던 오래된 주장 속에 담겨졌다.[26] 보다 근본적인 것은, 명백한 운명에 대한 포크의 접근이 과거의 세상 자체를 확고히 하고 영구히 한다는 잭슨주의 신념을 반영했다는 점이다. 프로그램 전체의 일관성은 자유에 대한 요약 부분에서 발견된다. 자신의 정책들 각각은 시민들이 광대한 공적 토지의 "작은 부분"을 독립적으로 소유할 수 있도록 편의를 제공하는데 연방정부의 목적이 있는 "진정한 정책"과 통일한 정책들이라는 것이다. 포크는 과거의 정책들을 공고히 할 뿐 아니라 잭슨주의 레짐을 대륙 전체로 확장시키고 새로운 영토에 대한 무제한적 접근을 통해 잭슨주의 레짐의 영원성을 보장함으로써 이 비전을 실현시키려 했던 것이다.[27]

그렇지만 포크의 이 리더십 프로젝트는 각 정책들의 전개 과정 자체에서 조금 완벽하지 않아도 될 여지를 거의 남겨두지 않았다. 이 프로그램의 성공에는 당에 대한 충성이 핵심이며, 의회 내의 정당 기율(party discipline)이 더 강했던 적이 별로 없었음에도 불구하고 포크의 이 구상은 일련의 우호적 정당 투표(party vote) 이상을 요구했다. 적극적인 정책 리더십을 통해 정치 연합을 유지해 나가려면 각 제안들이 다른 모든 제안들과 맞물려 돌아가야 했다. 각 제안들의 순서와 속도, 그리고 상징성이 꾸준히 관리되어야 하고 외국과의 열띤 협상과도 조화를 이루어, 제안들 각각에 담겨 있을 수 있는 지역주의적 망상과 이념적 이단이 계속해서 통제되어야 할 것이었다. 공동의 이익이 전면에 내세워져야만 당에 대한 호혜적인 의무감이 강화될 수 있었다. 달리 말해, 각 제안들의 의미에 대한 대통령의 완전한 통제가 실패할 경우, 어떤 성취가 이루어지든 그 정통성을 오염시키게 될 사적 이익의 폭발 속에서 정치적 종합의 가능성은 무너질 것이 확실했다. "일관되고, 정통적이며, 진정했으나", 이익들을 조정하는 실제 문제에 있어서 이 프로그램을 지휘해 가는 것은 위선자 포크라는 비난을 하는데 먹잇감이 되었던 것이다.

이 거대한 구상의 붕괴는 서부의 배신이라는 형태로 시작되었다.[28] 포크는 "오리건 전부"(북위 54도 40분까지*)와 "광역 텍사스"(뉴씨즈강에서 150마일 남쪽으로 리오그란데강까지)를 동시에 주장했다. "오리건 전부"를 점령하겠다는 서약은 북서부 일대에서 대중들의 열광적인 호응을 불러왔다. 그러나 불행하게도 영국은 포크의 계획대로 따라주지 않았으며, 밴뷰렌파들이 북서부와 함께 54도 40분을 공격적으로 지지하는 가운데 칼훈이 조종하는 평화 운동이 오리건 영토 때문에 전쟁이 임박했다는 공포심을 남부에 퍼뜨리고 있었다.[29] 포크는 "54도 40분이 아니면 전쟁"(fifty-four forty or fight) 세력의 호전적 태세를 이용하여 평화 운동을 견제하고 영국을 협상에 끌어들이려 했다. 그러나 멕시코와의 협상이 결렬되자 오리건 영토에 대한 포크의 주장을 영국이 거부하는 상황이 벌어졌다.[30] 포크가 영국이나 멕시코 한 나라와의 "피할 수 없는" 전쟁을 받아들이거나 심지어 조장할 수 있었을지는 몰라도, 영국과 멕시코 **모두**와의 전쟁은 이제 시야에 들어왔던 모든 것을 잃게 될 것이었다.

1846년 5월, 리오그란데 강 인근에서 멕시코 군과 충돌한 것은 멕시코가 "미국 땅에서" 미국인들의 피를 흘리게 했다고 주장하면서 "멕시코의 행동으로" 전쟁 상태가 되었다고 의회에 선포하는데 시의적절한 구실이 되었다.[31] 그리고 나서 6월 초에 영국이 마침내 북위 49도로 오리건 국경 문제를 해결하자는 애초의 제안을 다시 해 오자, 포크는 그가 약속했던 것의 절반을 받아들일지, 아니면 두 전선에서 전쟁이 벌어질 위험을 감수하는 주장을 영국에 더 할지에 대해 상원에 조언을 구했다.[32] 비준을 위해 조약을 송부하기 전에 상원에 조언을 요청함으로써 포크는 사실상, 자신의 정치적 어려움을 해소하는 책임을 상원에 떠넘겼던 것이다. 내각 구성의 책임을 밴뷰렌에게 떠넘긴 것과 마찬가지로 이는 순수하고 완전한 성취로부터 너무나 영악하게 후퇴한 것이었으며, 멕시코의 침략에 대해 미국의 명예를 지킨 것이라는 의심스런 주장도 본래의 의도를 다 감춰주

* 오늘날의 알래스카 남단. 이 북부 지역은 러시아의 알래스카 영토였음.

지는 못했다. 멕시코와의 전쟁이 캘리포니아까지 서부로의 팽창을 공표한 것이나 다름없었으나, 실현되지 못한 기대에서 (그리고 애초에 대통령에 이끌려 오리건 "전부"를 주장했던 북서부 정치인들의 당혹감에서) 생긴 분노는 곪아가고 있었다.[33] 공평하고 정확한 정의인지에 대한 인식에 정통성이 위태롭게 달려 있는 상황에서, 북쪽의 전쟁이 남쪽의 전쟁 때문에 희생된 듯이 보였고, 이러한 근거에서 북서부 사람들은 포크 행정부의 악의적인 기만에 대한 밴뷰렌파의 비난에 처음으로 호응하게 되었다.[34] 포크는 영국의 결의와 서부의 자부심 사이에서 우왕좌왕했었던 것이며, 오리건 영토에서 광대한 부분을 얻어냈지만 모두의 이익을 위해 거대한 기획을 지휘한 것이 결국 불길한 불협화음을 내게 되었던 것이다.

국내 정책의 입법에 있어서 순수하고 완전한 성취에서 부족했던 것도 서부의 불만을 증폭시켰다.[35] 포크는 관세율을 인하하면서 예상되는 동부의 반란표를 만회하기 위해 북서부 민주당 의원들을 강하게 독려했다. 그러면서 포크는 토지 개혁에 대한 약속을 유지했고, 남부와 서부 출신 의원들 사이에서 5대호와 미시시피 강 운송 체계를 개선하려는 입법 움직임이 있는 것을 묵인했다. 북서부 의원들은 오리건에 대한 불만을 거두어들였고, 관세 개정을 지지했으며, 남부 의원들과의 수지맞는 정책 연합을 공개적으로 기대했다. 하지만 관세법안이 통과되자 포크는 국토 개발법안에 거부권을 행사했다. 전반적으로 이 법안은 잭슨주의 신조에 대한 명백하고 참을 수 없는 도전이었을 뿐만 아니라, 특히 동부 급진주의자들에게는 모욕이었다. 원래 포크의 프로그램에는 국토 개발에 대한 지지가 확연히 빠져 있었으며, 아마 더 중요한 것은, 이에 수반되는 비용이 정통에 기반을 둔 포크의 재정 및 무역 정책에 이제 직접적인 위협이 되었다는 점이었다.[36] 하지만 말할 필요도 없이 서부 정치인들에게는 포크가 지닌 원칙의 순수성과 일관성보다 더 중요한 것이 걸려 있었으며, 설상가상으로 포크의 토지 개혁은 점점 더 적대적이 되어가던 의회 내에서 통과하지 못하게 되었다. 이익이 걸려 있는 문제에 대해 세 번이나 당하고 난 뒤 서부인들은 상호 절제해야 한다는 충고를 저버리기 시작했다. 포크가 멕시코와의 전쟁을 신속한 승리로 결말짓자, 이를 기회로 이들은 자신들의 정치적 원칙을 선언하면서 자위를 위한 반격을 감행하게 되었다.

전쟁이 벌어진 지 몇 달도 채 안 되었지만 포크는 약속된 결실을 빨리 수확해야 할 필요를 느꼈다. 전쟁에 대한 포크의 목적은 줄곧 구실 속에 감춰졌었다. 겉으로는, 미국이 "광역 텍사스"에 대한 명백한 권리를 가지고 있었기 때문에, 멕시코가 미국 시민들의 권리를 오랫동안 들어주지 않았기 때문에, 또 멕시코가 미국 땅을 침공했기 때문에 전쟁이 벌어지고 있다는 것이었다. 그렇지만 1846년 8월 8일에 포크는 "멕시코 정부와의 모든 어려움들을 해소하고" "두 국가 간의 국경을 조정하는 데 있어서" "멕시코가 할 수 있는 양보"에 보상하기 위한 선불금으로 이백만 달러를 조성해 줄 것을 의회에 요청했다.[37] 이렇게 멕시코 영토에 대해 지불하겠다는 제안은 미국이 남서부에서의 영토 확장을 위해 전쟁을 벌였다는 것이―아마도 의도적으로 도발했다는 것이―명백하다는 것을 포크가 처음으로 인정한 것이었다. 그러자 이제 1844년 선거에서 잠재되었던 이슈가 최악의 상황으로 드러나게 되었다. 점점 커지는 반노예제 소요들과 전쟁에 대한 위그당의 반대에 부딪혀 동부와 서부를 막론하고 북부 민주당 정치인들은 이제 이익들을 처리하는 데 있어서 포크 행정부의 불공평한 대우와 대통령의 행동에 있어서 참기 힘든 이중성, 그리고 국가 정책에 있어서 견딜 수 없는 남부 편향성을 인식하게 되었다. 이들은 지지자들로부터 자기 지역의 이익을 팔아넘겼다는 비난을 모면하고 민주당 레짐을 옹호할 방도를 어떻게든 찾아야 했다.[38] 서로 힘을 합쳐 이들은 남부를 표적으로 삼았고, 당시의 불편한 정치적 현실을 전면에 부각시켰으며, 포크가 했던 과거와 미래의 종합을 폭파시켜 버렸다.

중요한 점은 이들이 포크 행정부나 전쟁에 대한 직접적인 반대를 피해갔다는 것이다. 반대 세력들은 평화와 영토를 사겠다는 대통령의 제안에 대해 조건을 달기만 했다. 서부 펜실베이니아 출신의 밴뷰렌파 민주당 의원인 윌모트(David Wilmot)가 제안한 이 단서 조항은 멕시코로부터 획득한 어떤 영토 내에서도 노예제를 금지할 것을 보장했다. 이 계획은 제임스 톰슨(James Thompson)(또 다른 서부 펜실베이니아 출신 민주당 의원), 프레스톤 킹(Preston King)(뉴욕 주 출신 밴뷰렌 급진파), 존 웬트워스(John Wentworth)(국토개발을 주창하는 일리노이 주 출신 민주당 의원), 제이콥 브링커호프(Jacob Brinkerhoff)(서부에 불리한 관세법안 조항들에 반대했다고 포크 행정부로부터 가차 없이 비난받았던 오하이오 출신 민주당 의원) 등이 주도했다. 윌모트 단서(Wilmot Proviso)를 포함한 세출 법안은 하원을 통과했지만, 이 조항을 삭제하려던 시도가 필리버스터에 의해 막히면서 상원에서 부결되었다.[39]

윌모트 단서 조항은 잭슨주의적 국가주의의 이 위대한 성취를 인정하면서도 잭슨주의 담론에서 물려받은 조건들을 기괴하게 왜곡시킨 것이었으며, 잭슨주의 정치의 기초를 공격하는데 포크가 연루되었음을 직접적으로 보여주었다. 포크는 또 다시 다른 사람들을 자극함으로써, 과거의 기약에 형식적으로 일치하는 개혁을 꾀하면서 포크가 그 속에 가려지도록 시도했던 정치적 변화를 이들이 인식하도록 만들었던 것이다. 추상적인 구상에 있어서는 책략의 대가였지만, 포크는 자신의 행동이 가져 온 실제의 정치적 결과를 마주하고는 다시 한 번 어쩔 줄 몰라 했다. 일기에서 포크는 멕시코와 평화를 이루는 것과 노예제 사이의 연관성을 "찾기 어렵다."라고 고백했다. 그는 윌모트 단서 조항을 "쓸모없는 것보다 더 나쁜 것"이라고 비판했다. 이 조항은 당면한 과제와 "상관없는 것"이며, 극서부 지역에 정착하는 실제 문제에 무관하고, 실질적으로 "민주당을 파괴"하게 될 것이었다. 당시 싹트고 있던 자유 토지 운동의 배후에는 이기적인 야심을 추구하고 있는 교활한 정치인들과 필사적인 대통령 지망생들이 있다고 포크는 인식했다.[40] 그가 인식하지 못했거나, 적어도 인정하지 않으려 한 것은, 그 자신의 구상이 다른 모든 이들의 정치적 계산을 철저하게 변형시켰다는 점이었다.

과거와 미래 사이

1845년 봄에서 1846년 여름까지 포크는 독립적인 재무부, 관세 인하, 창고 저장 체계, 그리고 텍사스와 오리건을 가져다주었다. 멕시코와의 평화를 기다리면서 그는 또한 캘리포니아와 광대한 남서부 지역을 확보했다. 이 구상이 허황된 것일 수도 있었으나, 포크는 거의 해냈다. 민주당 연합의 복원력 위에 거의 완벽에 가까운 잭슨주의적 국가주의의 기념비를 세웠던 것이다.

그러나 1847년에 이르러 정치 만평가들은 "포크가 지은 집"을 카드로 만든 집으로 묘사하곤 했다.[41] 기념비를 세우고 있는 중에도 포크는 기념비 전체를 연결하고 있는 이음새들을 점점 더 약하게 만들고 있었다. 기념비는 서 있었지만, 이전보다 더 많은 것들이 드러나 있었고 더 위태로운 균형 속에 있었다.

포크의 남은 임기 동안에는 정통과 이단 간의 명확한 구분보다는 그의 업적, 곧 영토 확장을 두고 어떻게 할 것인가에 대한 지역 간의 논쟁이 압도적인 상황이 되었다. 1847년의 앨라배마 정강(Alabama Platform)에서는 남부 권리 운동의 신흥세력들이 윌모트 단서 조항에 대한 대응으로 새로운 영토에서 노예제를 금지할 수 있는 연방정부의 권한을 부정한다고 선언했다. 서부의 온건파들은 세 번째 대안으로 인민 주권을 제시했는데, 새로운 지역의 주민들로 하여금 스스로 결정하게 허용하자는 것이었다.[42] 의회는 이 대안들에 대해서는 미적거리면서 새로운 영토에 민간 정부를 수립하는 계획에 대해 무기력한 논쟁에 빠져 있었다. 이처럼 미래의 정치가 과거의 정치를 가리기 시작했던 것이다. 위그당과 민주당은 각 지역과 주들에서 경쟁을 계속해 나가겠으나, 중앙의 정치는 이제 각 지역들을 더 멀리 떨어뜨리고 있었다. 국가 통치의 수단으로 간주되던 두 정당 모두가 당대의 새 이슈에 대해 해법을 제시하지 못했으며, 점점 더 두 당은 문제

의 일부로 인식되고 있었다.[43]

마침내 포크는 자신이 불을 붙인 이 새 논쟁에 끌려 들어가게 되었다.[44] 궁극적으로 그가 취한 입장은, 자신의 행동이 가져온 정치적 결과를 부정하고 자신이 촉발시킨 변혁적인 정치적 변화를 과거의 관행에 일치하는 정책 패턴으로 만들어 버리려는 그의 결의를 보여주는 마지막 증거였다. 영토 문제에 대한 답변을 요구받자 포크는 1820년 미주리 타협(Missouri Compromise)의 입장을 취했다. 다른 두 대안들이 어느 정도 명시적으로 미주리 타협의 정당성에 대해 의문을 제기했던 반면에 포크는 최선을 다해 과거의 미주리 선(Missouri line)을 태평양까지 연장하는 원칙에 근거를 두려 했다.[45]

과거와 일치할 수 있는 개량만을 고집하는 이 입장이 남부로부터 배신이라고 비난받게 된 것은 당연한 일이며, 이제 포크의 적극적인 정치적 관리의 정치를 모든 세력들이 거부하게 되었다. 1848년 대통령 선거 운동을 위해 의회가 휴회하기 직전에 북부 민주당과 북부 위그당은 명시적인 자유 토지 조항이 포함된 오리건 영토 정부 구성 법안을 통과시키는 데 성공했다. 남부 민주당과 남부 위그당은 대통령의 거부권 행사를 요구했으며, 이로써 다음 10년간의 핵심적인 정치적 이슈가 처음으로 정면으로 다루어지게 되었다. 자신의 최대 업적 중 하나가 불확실한 상태로 남겨지거나, 아니면 자신이 이단이라고 간주하는 원칙을 인정해야 하는 선택에 직면한 포크는 법안에 서명하기로 결심했다. 오리건 영토를 정부 없이 남겨 두지는 않을 것이었지만 그렇다고 포크가 자유 토지 원칙을 인정할 것은 아니었다. 마지막까지 정통을 고수하여 포크는 양쪽의 이단들 모두를 비난하기로 했고, 이 때문에 포크의 정치적 근거는 동부와 서부의 반대파들이 거부했듯이 남부의 반대파에 의해서도 거부되었다.

포크는 의회에 특별 메시지를 보내 오리건 법안에 서명한 것을 정당화했고 모든 지역의 반대파들에게 이에 대해 큰 의미를 두지 말라고 경고했다. 자신이 자유 토지 조항이 담긴 영토 법안을 받아들인 것은 이 경우에 있어서 노예제의 배제가 과거 미주리 선을 태평양까지 연장하는 것과 일치하기 때문이라고 포크는 설명했다.[46] 이 메시지는 자유 토지 원칙과의 연관성을 확실하게 피했는데, 그럼에도 불구하고 법안에 대한 대통령의 서명은 분명하게 앨라배마 정강을 거부한 것이었다. 위그당 계열 신문들은 남부 일대에서 민주당에 대한 포크의 최후의 배신을 공격했으며, “위선자 포크”의 함성을 1848년 선거 승리까지 이어갔다.[47]

포크가 가져온 분열 효과에도 불구하고 1848년 선거에서 정당 조직이 보여 준 강인함은 놀라울 정도였다. 포크는 잭슨주의 정통의 풍요로운 땅에서 황무지 같은 새로운 지형으로 정당의 힘을 약화시켰으나, 그가 물러나자 엔진은 이전처럼 뜨겁게 가동했다. 민주당과 위그당 모두 포크의 업적을 이용해 경쟁할 새로운 이슈들을 확산시켰고, 정당조직의 분권적 성격 때문에 각각의 지역들에는 때로 상반될 수도 있는 다른 메시지들이 전달되었다.[48] 자유 토지당의 후보로 밴뷰렌을 지명한 북부 반대파들은 전국적 세력 균형을 기울게 한 것 이상을 바랄 수 있었고, 패배한 민주당에게 자신들이 무시될 존재가 아님을 보여줄 수 있었다.

잭슨주의 정치가 위에서부터 아래까지 해체되는 가운데, 점점 빈사상태에 빠져든 레짐의 작동은 기성 정당 조직의 복원력 덕분에 연장되었다.[49] 1840년대 중반의 지역주의 전환이 반전되지는 않았다. 포크의 국가적인 성취와 정치적인 결핍은 대통령의 적절한 행동에 대한 과거의 규칙을 공허하게 만들었다. 포크가 촉발시켰던 정치와 정당 목적에 있어서의 방향 상실은 임시적인 수선 작업에 들어갔으며, 그의 업적을 처리하기 위해 생긴 새로운 해법들은 국가를 더 깊은 정통성의 위기에 빠뜨리게 된다.

제3부 프랭클린 피어스의 해체

어떤 영광스러운 과업도, 특혜를 약속하는 눈앞의 유혹도 나로 하여금 경험이 안전하다고 입증한 불빛을 무시하게 만들지 못할 것입니다.

대통령 권력에 의해 행사되는 도발적인 힘에는 전략적으로 미세조정을 할 수 있는 여지가 별로 없으며, 상황이 민감할수록 권력 행사가 미묘해지기 어렵다. 자신의 행동이 가져온 질서 교란 효과가 어떤 것인지 설명하려고 애써야 하는 상황에 처한 대통령들은 그 행동의 결과를 겪은 상대방들에 의해 의미가 명확해져 있음을 깨닫게 된다. 여기에 바로 프랭클린 피어스(Franklin Pierce)의 정치적 중요성이 있다. 이념과 이익에 대한 가장 근본적인 기약이 취약해진 레짐 말기에 이 레짐에 강하지 않은 소속감을 지닌 대통령으로서, 피어스의 리더십 근거는 극도로 불확실했으며, 그 스스로 취한 행동들은 곧바로 다른 행위자들에게 국가 현황에 대한 지극히 단순한 해석의 대상이 되었다. 대통령사에 있어서 엄청난 실패였던 피어스의 리더십은 미국 정치 지형의 가장 근본적인 변형을 가져왔다.

우선 피어스는 제임스 포크의 그림자처럼 다가온다. 그는 정당 정치 시대의 또 하나의 다크호스였고, 민주당 정통의 또 다른 알려지지 않은 대표였으며, 대단치 않은 존재였음에도 불구하고 올드 히커리의 권력을 주장한 또 하나의 잭슨주의 대통령이었다. 그렇지만 확실히 민주당의 이류급 지도자였던 포크와 정계의 변두리에 있었던 피어스 사이에는 레짐 소속 대통령의 문제가 너무나 커져서 완전히 다른 종류의 도전이 제기되었다. 일단 과거의 아젠다들이 실행되고 과거의 정당 연합이 새로운 기약들을 떠안게 되자, 민주당 정치에서 정통과 이단을 구분하는 것이 훨씬 어려워졌기 때문이다. 과거의 기약을 지키면서 기존 경로를 계속한다는 레짐 소속 대통령 권위의 근거가 소진되어 이제 더 이상의 변화를 추구할 수 있는 보장이 되지 못하게 된 때 피어스는 권좌에 올랐다. 이전의 현상

(status quo ante)을 유지하는 것 이상의 어떤 것도 레짐 전체를 분파 간 전쟁에 휩싸이게 할 위협이 되었던 것이다.

따라서 피어스는 풀 서비스 프로그램과 연합 내 이익들을 직접 관리했던 포크보다는 한 걸음 물러서서 자신의 역사 속 위치를 만들어가기 시작했다. 리더십을 행사하기 이전부터 도전에 직면했던 것으로, 어떤 행동이라도 하기 위해서는 필요한 신뢰를 어떻게 구축해야 할지가 최우선의 과제였다.

이런 면에서 신뢰를 구축하기 위한 피어스의 4년간의 헛된 노력은 포크보다는 제퍼슨 민주주의 시기 말의 유사한 투쟁들을 떠올리게 한다. 잭슨주의 시기 대통령들의 리더십 정치가 모두 비슷한 것은 아니지만, 그렇다고 완전히 유별난 것은 아니다. 포크와 먼로가 정통–개혁가의 딜레마를 공유했듯이, 피어스와 존 퀸시 애덤스는 전임자가 남긴 부서진 조각들로부터 무언가를 만들어야 하는 불가능한 도전을 공유했다. 피어스와 애덤스 모두 과거의 통치 해법들이 정치적으로 무력화된 가운데 자신들이 이 해법들에 명목적으로 소속되어 있는 상황에 처했음을 깨달았으며, 이 레짐 말기 소속당 대통령들에 있어서는 단지 정치적 통제를 행사하려던 행동 자체가 정치적 통제 체계 전체가 무너졌음을 노출시키게 되었다. 이들에게는 정당화 문제의 근본 구조가 너무나 왜곡되어 있어서 과거를 거부하지 못하는 만큼이나 인정을 할 수도 없었다. 변화를 일으킬 수 있는 권력을 행사하든 말든, 어느 경우나 정치적 자살이 될 것이었다.

중대한 질문은, 잭슨 이후 대통령들의 상당한 독립성과 정당 시대 대통령 권력 자원의 증대가 이처럼 불가능한 상황에서 대통령의 리더십을 어떻게 재구성했는가이다. 분명, 피어스에게는 호민관적 국가 지도자가 되어야 한다는 덫도 없었고, 애덤스처럼 국가에 봉사했다는 명성도 없었다. 그는 단지 그를 지명한 조직의 산물이었다. 하지만 그는 이제 상당한 영향력이 실제로 있는 직위에 올랐고, 이로 인해 이 안에서 위대한 명성을 쌓겠다는 꿈이 생기게 되었다. 피어스가 잭슨주의 시기 대통령의 강력한 힘을 지니고 이 가장 위태로운 상황에 들어서자, 리더십을 행사하려는 충동이 가져오는 정치적 효과는 훨씬 두드러지게 부각되었고, 대통령의 행동이 가져오는 질서 교란 효과가 전형적인 형태를 지니게 되었다. 자신의 정통성에 대한 미묘한 문제에 대해서 피어스는 권력 행사를 위한 더 큰 능력과 더 넓어진 행동반경, 그리고 더 노골적인 힘으로 대처했다. 전례 없는 규모의 정치적 폭발이 다가오고 있다는 것이 확실해지자, 피어스는 완전히 새로운 기반 위로 국가를 안전하게 이끌겠다고 제시하면서 그 한복판으로 뛰어들었다.

민주당의 재조립

1848년 대통령 선거에서 자차리 테일러(Zachary Taylor)와 위그당에 패배한 이후 했던 대응으로 인해 1852년에 민주당 지도부의 정치적 입지는 상당히 좁아져 있었다. 이 패배는 민주당 지도부로 하여금 잭슨과 포크의 강경한 국가주의에 불만을 지니게 된 세력들의 중요성을 깨닫게 해주었고, 그 피해복구를 서두르게 만들었다. 1850년에 민주당 의원들은 흔들리고 있던 위그당 연합을 도와, 포크가 남긴 이슈들을 마침내 해결할 것으로 기대되는 법안들의 통과에 결정적인 표를 제공했다. 합쳐서 "1850년의 타협"(Compromise of 1850)*이라고 불리는 이 일련의 모순된 조치들은 일종의 새로운 정통, 곧 레짐의 유지와 정책의 계속성을 위한 근거를 제공했다. 이 조치들이 자유토지 세력과 남부 주권주의 세력들을 고립시키고 새로운 연합당(Union party)의 결성을 이끌 것이라고 기대되기도 했다. 그러나 민주당 연합을 그대로 유지하려던 세력들이 이런 꿈을 무산시켰고, 이 타

* 역주: 멕시코와의 전쟁으로 획득한 영토들을 주로 편입하면서 노예제 문제가 본격적으로 대두되어 지역 간 대결이 심화되었다. 이 위기를 일시적으로 해소하기 위해 헨리 클레이가 주도하여 양당 간, 지역 간 타협이 이루어진 일련의 법안들이 통과되었다. 주요 내용은, 캘리포니아를 노예 해방주로 하고, 유타 및 뉴멕시코는 주민 투표에 의해 노예제 여부를 결정할 것, 그리고 도망 노예들의 반환을 강화할 것 등이다.

협을 과거 민주당 연합의 깨어진 부분들을 붙들어 두기 위한 계약으로 만들어버렸다. 연방정부를 재장악하고 그 혜택 배분에 참여할 기회를 주겠다며 자유 토지 세력과 남부 주권주의 세력들로 하여금 이 새로운 지역간 타협을 묵인하도록 요청했던 것이다.[1]

이념적 양극단에서 민주당 조직이 재활성화되면서 대통령 권력 행사의 근거로서 잭슨주의적 국가주의는 실질적으로 무력화되었다. 이렇게 재조립된 정당의 명목상 리더로서 대통령은 포크가 떠난 바로 그 자리에서 시작하게 될 것이 확실했으며, 자기 이익과 상호 의심이 끓어 넘치는 가마솥 위에 앉게 될 것이었다. 이런 상황이었기 때문에 1852년 민주당 전당대회가, 새로 실현될 다수당 정부를 실질적으로 책임질만한 영향력을 지닌 누군가를 선출하지 못했던 것은 놀랄 일이 아니었다. 이번에는, 당의 각 분파 지도자들이 후보 지명과정을 48번의 표결까지 교착상태로 빠뜨렸다. 49번째에 피어스에게 기회가 찾아오면서 전당대회는 해산의 위기를 벗어났지만, 아무도, 심지어 민주당원들도 피어스를 잘 알지 못했다.[2]

뉴햄프셔 주의 변호사로 십여 년 간 정치직을 거절해왔던 피어스는 심지어 35번째 표결까지는 후보 명단에도 없었다. 그러다가 경쟁자 카스(Lewis Cass)의 재지명을 막기 위해 필사적이었던 버지니아 주의 뷰캐넌 지지자들이 피어스를 후보로 올렸다. 그런데 그래나이트 힐즈(granite hills)* 출신의 이 "새 인물"은 정말로 귀한 발견인 것으로 판명되었다. 피어스는 잭슨 행정부 때 하원의원이 되었으며 1842년에 상원을 떠나 변호사업에 진출했었다. 가장 인상적인 경력은 멕시코 전쟁 때 준장으로 복무한 것이며, 전쟁 이후 다시 공직에서 물러나 뉴햄프셔 주의 명사로 윤택한 개인적 삶을 누렸다. 그리 비중이 크지 않은 주에서 민주당의 비공식적 리더로서 피어스의 평판은 두 가지 업적에 근거를 두었다. 하나는 1848년 선거에서 자유 토지당의 위협을 물리치고 뉴햄프셔 주에서 카스의 승리를 이끈 것과, 또 하나는 도망간 노예들의 반환 조항에 대한 반대에도 불구하고 주 민주당이 1850년의 타협에 찬성하도록 만든 것이었다.[3]

* 역주: 뉴햄프셔를 상징. 피어스는 그래나이트 힐즈의 젊은 히커리로 불렸음.

이런 경력이 통할 수 있었다는 것이 민주당 연합의 취약한 상태를 말해 준다. 여기 지난 8년간 민주당 레짐을 사로잡아 왔던 정치적 책략들로부터 한참 떨어져 있던 충직한 민주당원이자 어떠한 개인적인 프로그램이나 정치적 목적과도 연관되지 않는 인물이 있었다. 또한 그는 남부를 존중한다는 것을 최근에 보여 주었고, 그러면서도 민주당의 최대 지지기반 지역에 대한 존중을 상징적으로 보여줌으로써 자유 토지당의 복귀를 용이하게 할 수 있는 뉴잉글랜드 출신이었다. 사실상 그는 당의 새로운 타협을 완벽히 대표하는 인물이었고, 노예제 문제에 대한 1850년 타협의 "확정성"(finality)으로 광범위한 유권자 지지를 이끌어낼 수 있으면서도, 다른 모든 세력들에게 영향을 미치지 않으면서 이 타협의 근거가 취약한 것을 참아낼 수 있는 인물이었던 것이다. 볼티모어 전당대회에서 지지를 확보하는 데 활용하라고 동료들에게 써주었던 중요한 서한에서 피어스는 이렇게 누구에게도 피해가 가지 않는 것이 가능하다는 점을 강조했다. 이 서한에서 언급된 약속은 단 하나였다. "시류에 편승하는 어떤 정책"에도 반대하며 1850년 타협의 정신을 고수하겠다는 것이다.[4)]

이렇게 해서 1852년이 되어 모든 면에서 편의가 열정을 덮어버렸다. 레짐과 국민들 간의 결속은 의심스런 타협에 달려 있었고, 다수당과 그 후보 간의 결속은 당 주변부 인물의 호의적인 중재 여부에 달려 있었으며, 후보와 국민들 간의 결속은 이전까지의 미묘한 정치적 국면을 혼란에 빠뜨릴 일을 하지 않겠다는 서약에 달려 있게 되었다. 이런 조건으로 민주당 연합을 재조립하는 데 성공하면서 피어스는 재활된 레짐의 조타수가 되었다. 너무나 근시안적인 분파들을 다시 불러들인 통치권에 이처럼 위태롭게 자리 잡게 된 피어스는 독자적인 결정을 하는 것이 너무나 어렵다는 것을 깨닫게 된다. 어떻게 해서든 그는 구질서 내에서 자신의 어색한 위치와 국가 전체 내에서 구질서의 어색한 위치를 조화시키는 것이 필요했다.

기술의 본질화

겉으로 볼 때 1852년 민주당의 선거 전략은 대성공이었다. 피어스는 31개 주 중 27개 주에서 승리했고 선거인단 296표 중 250표를 획득하여 압승했다. 이 과정에서 민주당은 양원에서도 압도적 다수를 장악했다. 그렇지만 선거인단에서 압승한 많은 경우가 그렇듯이 피어스에 대한 지지는 겉보기에 불과했으며, 그 승리로 대통령이 어떤 행동을 할 수 있는 권한을 위임받은 것은 아니었다. 1850년의 타협을 지지하고 노예제 이슈에 대한 더 이상의 분란을 막겠다고 약속함으로써 피어스는 단지 민주당 활동가들로 하여금 최대한 표를 동원하도록 만든 것이었다. 한편, 위그당 연합은 붕괴되었다. 북부의 반노예제 분파들에 불만을 품었으나 아직 남부 민주당과 손잡을 준비는 되어 있지 않던 남부 위그당원들은 투표소에 가지 않고 "우두커니 집에 남아 있었다."[5] 민주당의 대승은 단지 살아남을 정도의 승리였던 것이다.

피어스가 한 일은 2년 전에 지역 간 타협의 조건을 예견하던 상원 온건파들이 한 일을 추인한 것이었으므로, 선거 직후에 그가 중도파들에게 다시 한 번 몸을 낮추고 대통령직의 모든 권한을 그들에게 맡겨 두었다면 아마 피어스의 앞길이 나아졌을 수도 있다.[6] 서부 출신으로 민주당의 떠오르는 스타이자 1850년 타협을 주도했던 스티븐 더글라스(Stephen Douglas) 상원의원이 그 확실한 대상이었을 것이다. 그러나 피어스는 더글라스에 대한 봉사보다는 스스로 더 많은 것을 가슴 속에 품고 있었다. 그래서 당선되자 피어스는 포크와 같은 방식으로 그 **자신의** 대통령이라는 것을 보여주려 했다. 1852년 선거가 중도의 승리로만 볼 수 없는 측면이 있다는 점을 간과하지 말아야 한다. 실제로 피어스가 받은 표는 유권자 투표의 51퍼센트가 되지 않았었다. 그가 대통령 선거에서 승리한 것은 중도층이 그의 입장을 지지해서가 아니라, 민주당 지도부가 약속했던 표를 가져왔고 당내 극단 세력들을 다시 모을 수 있었기 때문이었다. 이 극단 세력들에게 1850년의 타협은 고무적인 것이 아니라 우려의 대상이었으며, 마지못해 승인한 것에 대한 보상은 아직 이루어지지 않은 상태였다.

자신의 위태로운 지위에 민감했던 피어스에게, 밴뷰렌과 포크를 당선시킨 당에 대한 신뢰가 선거를 통해 회복된 것은 특히 감동적이었다. 이 신뢰가 얼마나 하찮은 것이었던 간에 피어스는 당내 모든 분파들 내의 중도 세력들이 단합하여 연합 정부를 구성할 수 있다는 막연한 기대감 때문에 이 신뢰를 저버리려 하지 않았다. 이제 온건파와 같이 하면서 극단주의 세력을 포기하는 것은 이전의 선거 연합을 재조립해냈던 당 활동가들의 입증된 지혜를 거부하는 것과 같았다. 1848년 선거 패배의 혹독한 교훈을 통해 보았을 때, 1852년의 승리는 피어스의 과제가 무엇인지 뚜렷하게 만들어주었다. 우려와 자부심을 억제한 채 1850년 타협의 새로운 정통에 승복해준 세력들에게 다가가야겠다고 피어스는 결정했다. 이제 그의 첫 번째 과제는 선거 운동에서 시작된 민주당 복원을 완수하는 것이 될 것이었다. 과거의 당 조직을 완성하고, 1848년의 상처를 영원히 치유하며, 이렇게 해서 잭슨주의 레짐의 영원한 생명력을 보여줄 것이었다.[7]

이런 대담한 시도를 하면서 피어스는 상원의 민주당 온건파와 거리를 두었고, 자신의 권한 하에서 잭슨주의적 통치를 위한 정치적 도구들을 확보하려 했다. 이 노력이 성공했다면 신뢰의 문제는 바로 해결되었을 것이다. 작은 주 출신의, 아직도 존재감이 없는 인물이 진정으로 불가결한 인물로—민주당 부활을 배후 조종한 진정한 천재로—새 의회를 마주하고 독자적인 정치 지도자로 국정을 통제할 수 있게 해 주었을 것이다. 계획대로만 되었다면, 피어스는 잭슨주의적 대통령의 권력을 독자적으로 행사하는 근거를 마련하고 1856년 선거에서 자신의 업적을 기반으로 민주당을 전진시켰을 것이다. 문제는 피어스가 이 계획을 성공시킬지 여부에 어떤 주요 세력들도 관심이 없었다는 데 있었다. 피어스는 단지 자신을 당선시키도록 당 지도부에 맡겨 둠으로써 민주당 연합의 전국적 세력과 결집도를 한계까지 끌어냈던 것이 아니었던가? 결과적으로, 이 지도부들이 피어스의 개인적 권위를 증대시키기 위해 자신들이 지닌 상호간의 불신을 유보한다는 것은 순전히 망상이었다. 이들에게는 자기들의 피조물을 따르겠다는 의사가 전혀 없었다. 자신에게는 앤드류 잭슨처럼 대통령직에 대한 독립적인 권한이 없다는 것을 피어스는 곧바로 알아차렸고, 시작하면서부터 독자성을 주장함으로써, 상원 권력자에 대한 겸손한 순응이라는 대안적 접근을 통해 얻을 수 있었던 이점이 모두 사라졌음을 깨달았다.

대통령사에서 피어스의 존재감이 없는 것을 고려할 때, 그의 임기 중에 체계적인 정치적 해체가 일어나게 된 것은 피어스가 리더십을 포기해서가 아니라 리더십을 주장했기 때문이라는 점을 강조할 필요가 있다. 그리고 피어스의 초기의 접근을 살펴보는 데 있어서 두 가지를 비교하는 것이 특히 도움이 된다. 이전의 민주당 조직에 생명을 불어넣기 위한 피어스의 원칙은 당연히 당의 원칙 자체였다. 그는 민주당 내 모든 분파들에게 공평하고 정확한 정의를 제공하려 했던 것이다. 하지만 1845년에 당내 다양한 분파들을 결집시키기 위해 이런 원칙 뒤에 명확하고 강력한 프로그램과 정책 유인들을 제공했던 포크에게도 이는 어려운 일이었었다. 이제 과거의 프로그램은 이미 완수되었고 지역 간 분열이 곪아터지고 있으며 외견상의 합의가 최고 원칙에 대한 투쟁을 가리고 있는 가운데에서 당의 원칙을 호소하는 것은 공허한 울림이었다. 이런 상황에서 과거의 연합을 복원하는 것은 순전히 기계적인 일, 곧 모든 국가적 이슈들에 대한 논쟁이 배제되어야만 작동할 수 있는 일이 되어 버렸다. 과거의 작동 기준을 1850년대의 중대한 정치적 문제들로부터 나오는 정책 내용들과 섞는 것은 분명히 당 조직의 복구를 불가능하게 하고 레짐의 부활을 순식간에 날려버리는 길이었다. 이렇게 해서 피어스는 포크의 후견제 혜택 분배를 되풀이할 수밖에 없게 되었다. 모든 사람들이 당대의 가장 중대한 이슈들을 잊어버리고 자신을 지지하기를 바라는 것이 유일한 희망이었던 것이다.

그렇지만 잭슨 민주주의의 정치 조직들을 완전하게 하려고 시도한 피어스의 노력을 형편없이 잘못된 구상이었던 것으로 무시할 수만은 없다. 정당 정부를 재구성하기 위해 피어스가 "공평하고 정확한 정의"를 불러낸 것과, 호민관적 정부를 재구성하기 위해 존 퀸시 애덤스가 "오직 능력과 인품"을 불러낸 것에는 강한 유사성이 존재한다. 임기 중의 가장 폭발적인 이슈들에 대한 통제를 포기하면서 두 대통령들 모두 이 이슈들로 인해 이미 정치적으로 공허하게 된 행동 기준을 내세웠다. 두 기준들은 사실 대단히 다르고 심지어 상반된 것이었다. 이 둘의 유사성은 당시의 정부 작동에 대한 부정할 수 없는 기준들이었다는데 있으며, 이 기준들을 내세움으로써 이 두 레짐 말기 소속당 대통령들은 내용 위에 기술을 올려놓았던 것이다. 애덤스는 정부 운영에 있어서 순수한 호민관적 기준을 고집함으로써, 행정부 내에서 애덤스의 정적들을 적극적으로 돕는 강력한 세력들에 둘러싸였다. 이제 피어스는 자기 당 지지층들을 사로잡고 있는 핵심적인 이슈들과 완전히 유리된 채 당에 대한 순수한 봉사라는 기준위에서 꼼짝 못하게 된다. 왜인가?

해답은, 프로그램에 대한 합의가 전혀 존재하지 않을 때 레짐 소속 대통령의 권위를 보장해 주는 듯 보이는 유일한 것이 적절한 관리이기 때문이다. 무기력해진 레짐에서는 기술적인 것들을 본질화시키는 것이(reification of technique) 대통령 권력 행사의 통로이며, 마지막으로 남은 행동 근거이다. 모든 본질적인 행동들이 이전의 해법들을 위협하게 되고 전체 정치체를 분파 간 전쟁에 떨어뜨리게 될 때, 대통령의 리더십이 피할 수 있는 마지막 피난처가 기술의 본질화이다. 기술의 본질화는 상반된 행동경로를 요구하는 모든 이익들을 포함시킴으로써 대통령을 마비시킬 수 있으나, 권위의 기반이 취약한 대통령에게 보다 중요한 것은 아무것도 거부하지 않는 것이 된다.

피어스의 경우에 신뢰를 위한 초기의 노력은 뉴욕 주 민주당 분파들을 화합시키는 난제 위에서 무너져 버렸다. 1848년의 상처를 치유하려면 1852년 선거에서 저항을 포기하고 민주당 품안에 돌아와서 민주당 후보를 지지했던 자유 토지파 이단들을 용서해야 한다는 것을 피어스는 알고 있었다. 그래서 피어스는 뉴욕 주 민주당의 모든 분파들에게 대통령이 줄 수 있는 후견제 혜택을 똑같이 제공했다. 그러나 그에게는 실망스럽게도,

1848년에 충성을 지켰던 분파들은 이 배신자들을 용서하고 전리품을 나누기를 거부했다. 동등한 대우는, 이 강경파들에게는 정의가 아니었던 것이다. 뉴욕 주 민주당은 단번에 분해되었고, 1853년 주 선거를 위그당이 휩쓸었다.

뉴욕 강경파들은 자유 토지 분파들에 대한 특혜에 남부가 얼마나 예민한지 잘 알고 있었기 때문에 피어스의 후견제 정책에 대한 거부 입장을 더 확신할 수 있었다. 불공평한 대우에 대한 남부의 의심은 이미 고조되고 있었다. 이들은 1850년의 타협에서 이루어낸 도망 노예 반환법을 북부가 느슨하게 집행하고 있다고 인식했고 이 "부당함"을 바로잡기 위해 1852년 선거에서 피어스를 지지했었다.[8] 뉴욕 강경파들은 당시의 본질적인 정치적 갈등을 정통의 절차 속에 덮어버리려던 피어스의 이 시도를, 상원 내 급진적 남부 주권주의자들에게 자신들의 지역 문제를 호소함으로써 무산시킬 수도 있었다.[9] 돌아온 자유 토지파들을 위해 피어스가 뉴욕 강경파들에 맞선다면, 뉴욕 임명직들에 대한 상원 인준과정에서 자신의 리더십을 위험에 빠뜨리게 될 것이었다.

이 딜레마를 전혀 무시할 수 없었던 피어스는 참고 기다리면 위기가 사라지게 되리라는 희망에만 매달려 있었다. 그러나 뉴욕항 관세청장직을 맡게 된 강경파가 하위직들을 뉴욕 주의 다른 분파들과 동등하게 나누라는 피어스의 직접 명령에 공개적으로 반기를 들게 되자, 피어스는 자신의 결의를 보여주기 위해 완전히 새로운 임명을 하게 되었다. 이 새 인선은 여전히 공평하고 정확한 정의라는 형식적 시험을 통과할 수 있었겠으나, 누구도 검증을 해보려 들지 않았다. 문제는 이 기준의 공허함이란 것이 누구나 볼 수 있게 노출되었다는 것이다. 핵심적인 주에서의 선거 참패와 뉴욕 주 강경파들과 남부 급진주의자들이 결탁하면서, 독자적 행동을 통해 자신을 입증해 보이겠다던 피어스의 결의는 조롱거리가 되었다. 이 불쾌한 사태 전체를 살펴보고 나서 상원이 실제로 대통령의 두 번째 임명에 대한 지지를 철회한다면, 피어스의 리더십에 대한 비난은 치명적이게 될 것이었다.

초기에 피어스의 리더십 행사는 마치 뱀 굴속에 막대기를 집어넣는 것처럼 작동했다. 독자적으로 상원을 상대할 수 있는 어느 정도의 근거를 확보하려고 시도하다가 피어스는 사실상 자신을 상원의 손아귀에 맡겨버리게 되었다. 더 불길했던 것은 그가 상원을 가장 위험스런 독사, 남부 급진주의자들의 손아귀에 맡겨버렸다는 점이었다. 자기 지역에서도 후견제 혜택 배분이 불공평했다고 주장하면서 이 소수지만 강력한 상원의원 무리들은 자유 토지파에 대한 특혜라는 뉴욕 강경파들의 비난을 이어 받았다. 이들은 북부의 후견제 배분이 자신들이 가장 두려워하는 분파에 대한 편파적 지원을 드러내는 것이라고 주장했고, 남부의 온건파들에게는 자기 지역의 이익에 더 헌신하라고 종용했다. 1853년 12월에 피어스가 처음으로 상원과 조우했을 때, 민주당은 이미 만신창이였고, 당의 리더가 되려던 피어스의 노력은 명백히 실패했다.[10] 1820년대 애덤스가 능력과 인품에 대한 의미를 장악하지 못했던 것과 마찬가지로 1850년대에 피어스는 정의의 의미를 통제할 수 없었던 것이다.

적절한 경로의 구상

민주당은 연방은행과의 격전 속에서 잭슨에 의해 만들어졌다. 그리고 연방은행 체계에 대한 잭슨주의 정통의 대안으로 밴뷰렌의 독립적인 재무부 계획을 받아들였고, 이 대안을 포크 행정부 시절 실행했었다. 이제 1850년대의 호황기를 맞아 민주당은 자기 당을 만들어 준 핵심 문제를 마침내 해결한 것처럼 보였다. 무엇을 해야 할지 궁리하던 피어스에게, 자기 정당의 근간을 뒤흔들고 있는 핵심 이슈와는 완전히 거리가 먼 두 가지 이슈가 눈길을 끌었다.

하나는 철도 개발이었다. 미시시피강 서부로부터 태평양까지의 지역에서는 포크의 정복 이후 철도망에 대한 이해관계들이 폭발적으로 형성되었다. 어떤 노선에 대해 연방정부가 지원하는가에 대한 경쟁도 폭발적이었다. 이에 대해 피어스가 관심이 없을 수 없었지만, 정통에 근거를 두려고 하는 행정부로서는 경쟁적인 이익들을 적절성의 기준에 묶어두는 것이 벅찬 과제였다. 피어스는 개척지들에 철도를 건설하는 (혹은 건설을 돕는) 연방정부의 권한이 "주 경계 내에서 제기되는 관할권 문제 때문에 곤란해지는 것은 아니지만" 여전히 "적절성에 대한 의문"이 있다는 견해를 명확히 밝혔다. 그리고 나서 국토 개발에 대한 연방정부의 역할에 대해 전반적으로 검토해 줄 것을 의회에 요청했다. 올바른 행동 경로에 대한 합의가 없이는 "끊임없는 분쟁과, 지방 공공사업권의 중단과, 헛된 기대로 생기는 흥분과, 고대하던 것들에 대한 실망"을 벗어날 수 없을 것이었다. 이 이슈에 대해 관련 이익들 간에 벌어질 제약되지 않는 경쟁이 가져올 정치적 의미, 그리고 이 이익들 중 어느 것을 행정부가 선택할 수밖에 없게 될 가능성이라는 더 중대한 문제 때문에 피어스는 인내와 주의를 당부했다. "어떤 영광스러운 과업도, 특혜를 약속하는 눈앞의 유혹도 나로 하여금, 경험이 안전하다고 입증했고 이제 번영과 헌법의 정당한 진보로 밝게 빛나는 불빛을 무시하거나 그 길을 떠나게 하지 못할 것입니다. 우리는 기다릴 수 있습니다. 그렇지만 안전이라는 방주는 무시할 수 없습니다."[11]

또 다른 가능성은 영토 확장이었는데, 최소한 전자와 비교해볼 때 대통령에게 더 튼튼한 근거가 될 것으로 보였다. 잭슨주의 정치에서 어떤 이슈들은 해결되었고(금융) 어떤 것들은 감당하기 어려운 상태로 남아있었으나(국토 개발), 명백한 운명(Manifest Destiny)이란 이슈는 행정부의 과감한 행동 가능성이 거의 끝없이 열려있는 상태였다. 1852년의 민주당 정강이 멕시코 전쟁과 영토 획득을 분명하게 옹호한 데서 드러났듯이, 포크가 당을 위해 개척한 길을 따라 가겠다는 것은 최소한 외견상으로는 정통에 대한 주장에 도움이 되는 것이었다. 피어스는 이런 주장을 명확한 용어로 선포했다. 취임식 청중들에게 그는 "내 행정부의 정책은 확장에 대한 어떤 소심하고 불길한 예감에 지배받지 않을 것입니다."[12]라고 말했다. 이는 철도 개발에 대한 조심성과 비교해보면 더 이상 대조적일 수가 없었다.

이제 영토 확장이 이미 발견된 길에 진정으로 일치하는 경로가 되었을 수는 있으나, 이것은 포크가 갔던 경로였고, 금융과 재정에서 잭슨이 닦아 놓았던 경로를 이렇게 확장시킨 데 대해 논란도 있었었다. 잭슨의 정당을 재조립해서 포크의 경로에 올려놓는 것은 피어스가 선언한 것처럼 단순한 과제가 아니었다. 실제 피어스는 이 어려움에 대해 토로했다. 그의 취임사가 영토 팽창의 영광에 대한 언급을 마치고, 간신히 빠져 나온 재난을 회고하는 것으로 전환되었을 때, 피어스는 마치 방금 애써 무시했던 "불길한 예감"을 인정하는 듯 보였다.

> 우리는 극도의 위기에서 빠져 나와 안전에 도달했습니다. 우리에게 헌법을 주었던 것과 같은 현명한 조언들이 그렇게 해 주었습니다. 그 시기가 연방의 어떤 지역에서나 장려가 아닌 경고로 기억되어야 합니다. 그토록 공포스런 위험으로 가득 차있는 실험을 하는 것에 대해서 말입니다. 우리의 연대가 아무리 훌륭한 것일지라도 한번 부서지면 다시 재결합시킬 현세의 권력이나 지혜가 없다는 것을 우리 모두 가슴속 깊이 새겨 두어야 합니다.13)

1850년의 타협과 포크식 팽창주의를 되살리는데 들어맞는 경로를 만들어내려던 피어스의 결의는 가장 희박한 권력 행사 근거에 직면했던 그의 대담함을 다시 한 번 보여준다. 당 내의 어떤 분파들도 팽창 자체에 반대했던 적이 없었으며, 포크가 초래했던 "극도의 위기"가 새 영토들이 어떻게 통치되어야 하는가에 대한 합의가 없었기 때문이었다고 피어스는 당당하게 말할 수 있었다. 나아가 멕시코가 양도한 영토에서 주민의 결정권을 인정함으로써 1850년의 타협이 이 문제를 해결했으므로, 피어스는 포크가 만든 길을 계속 가는데 대한 모든 반대가 제거되었다고 주장할 수 있었다. 그렇지만 이런 식의 주장들은 연방 수준에서 새로운 대담한 행동을 하는 것을 지지하기에는 역부족이었다. 모든 것은 피어스의 명목적인 지지자들이 걱정스레 쳐다보고 있는 1850년 타협의 진정성을 강화하는데 달려 있었다. 또한 지금까지 살펴보았듯이, 이 타협의 진정성은 양 극단의 세력들로부터 지지를 얻는 데 목적을 두었던 후견제 정책의 성공에 달려 있게 되었다. 포크의 팽창주의 정책 때문에 악화된 분파 간 불화를 단지 잊기만 하면 된다는 생각이 이전의 정당 조직을 복구하는 근거로 허약한 것이었다면, 이런 근거로 복구된 당이 포크 행정부의 팽창주의 열기를 되살리고 이미 포크 행정부를 무너뜨렸던 이 경로를 무심히 계속할 수 있다는 생각은 더 허망한 것이었다.

초기에 피어스는 자신을 당선시킨 연합을 공고히 하려고 하면서, 다른 한편으로는 스페인으로부터 쿠바를 구입하고 남서부 국경을 멕시코 영토 너머까지 확장하려고 했다. 이 두 시도는 피어스의 권위를 강화시켜주며 맞물려 진행되기는커녕, 바로 상반된 목적으로 진행되어 미국 정치를 지역주의의 혼란 속으로 몰아넣게 되었다. 뉴욕 민주당 보수파들이 후견제 혜택 배분에서 피어스가 자유 토지파들에게 관대했던 것을 남부에 경고하는 동안, 피어스가 당의 독자적 리더십을 장악하려고 시도하면서 힘과 명예가 무시되었던 온건파 스티븐 더글라스는 주멕시코 대사로 피어스가 개드스덴(James Gadsden)을 임명한 것을 주시하고 있었다. 태평양까지의 남부 철도 노선을 적극 지지했던 사우스캐롤라이나 주 출신의 개드스덴은 남부 철도 노선에 필수적인 땅을 포함하여 남서부의 광대한 영토를 구입하라는 훈령을 받았다. 시카고에서 샌프란시스코에 이르는 북부 철도 노선을 주도하던 일리노이 주 출신의 더글라스에게 개드스덴 임명은 실로 불길한 징조였다. 얼마 전 의회는 루이지애나 구입 영토 중 남아있던 지역에 정부를 구성하는 것을 거부함으로써, 이 지역을 포함하여 북부 노선을 확보하려던 더글라스의 시도를 무산시켰었다. 이 네브라스카 영토가 아직 공식적으로 1820년 미주리 타협의 대상이었기 때문에 노예제가 금지된 듯이 보였고, 북부 철도 노선을 위해 자유 주를 구성한다는 것은 남부 주를 끌어들일 수 있는 일이 아니었다. 이런 상황에서 피어스의 멕시코 구상 때문에 더글라스는 네브라스카 법안에 대한 남부의 지지를 획득하는데 더욱 초조해 졌고, 북부의 반노예제 분위기에 더욱 예민해진 남부

는 미주리 타협의 폐기가 없이는 네브라스카의 정부 구성은 있을 수 없다는 입장을 고수하게 되었다.[14)]

1853년에, 피어스가 자신에 대한 정치적 신뢰 입증을 희망했던 의회에서는 일련의 끔찍한 일들이 벌어졌다. 개드스덴은 멕시코와의 협상에서 교착상태에 빠졌고, 이제 자신이 얻을 수 있는 최대한이 남서부 국경지대의 쥐꼬리만한 땅, 한마디로 남부 철도 구간만이라는 것을 깨닫고 있었다. 더글라스는 북부 노선의 가능성을 살리기 위해 네브라스카 영토의 정부 구성 방안을 필사적으로 찾고 있었으며, 이제 미주리 타협의 폐기 이외에 대안이 없다는 것을 깨닫고 있었다. 피어스는 자신의 임명에 대한 상원의 판결을 초조하게 기다리고 있었고, 상원 내 서부 지역 지도자가 남부 지역 지도자와 끔찍한 실험을 흥정하고 있는 것을 초조하게 바라보았으며, 아직도 남서부의 광대한 영토를 이 강력한 상원 앞에 가져다 놓을 수 있기를 초조하게 기대하고 있었다. 한동안 더글라스는 수년 전에 자신이 해소시켰던 이 이슈를 다시 꺼내기를 거부했다. 그는 두 가지 거대한 지역 간 타협이 상이한 문제들에 대한 해법들이라는 해석, 즉 1820년의 타협은 루이지애나 구입에 대한 것이고, 1850년의 타협은 멕시코 양도에 대한 것이라는 해석을 고수했다. 그럼에도 불구하고 더글라스에게는 서서히, 1820년 미주리 타협은 1850년의 타협으로 대체되었고, 주민 결정권이 이제 모든 지역에서 새로운 규칙이며, 따라서 과거의 규제는 어느 곳에도 적용되지 않는다는 남부의 관점에 설득되어야 할 강력한 동기가 생겼다. 1854년 1월 초, 더글라스는 네브라스카 영토가 노예제에 대한 일체의 조건 없이 구성될 것을 제안했다. 이 해법은 기술적으로는 1850년의 타협에 부합하는 것이지만, 1820년의 규제를 확실하게 부정한 것은 아니었다. 남부가 이런 식의 해법을 묵시적으로 받아들여서 1852년에 피어스를 당선시키기는 했으나, 1853년에 피어스의 북부 전략에 분노한 바 있었고, 이제 남부는 더 많은 것을 얻기 위해 버틸 수 있는 위치에 있었다. 1820년의 모욕적인 원칙의 폐기가 트명하게 이루어져서, 노예제가 지금까지 명시적으로 배제되었던 모든 영토에서 이제 허용될 수 있어야 한다고

명확하게 밝혀져야 할 것이었다.[15)]

이 마지막 단계가 자신이 제안한 법안의 입장에 대한 상징적인 변화일 뿐이라고 더글라스가 스스로를 설득시키고 있을 때, 피어스는 당 지도부들의 요구를 지지하는 것과 노예제 이슈를 다시 논의하지 않겠다던 자신의 약속을 지키는 것 사이의 끔찍한 선택을 피해보려 했다. 하지만 피어스는 아무리 과업이 영광스럽고 특별한 혜택이 있어도 안전한 경로에서 벗어나지 않을 것이라고 방금 의회에 알리지 않았었는가? 1854년 1월 중순 한동안 피어스와 내각은 미주리 타협의 폐기에 대해 완강한 반대의 입장에 섰고, 그 대안으로 위헌성에 대한 사법부의 결정을 제시했다.[16)] 그러자 더글라스와 남부 동조자들이 피어스에게 상황을 정리해 주기 위해 백악관을 방문했다.

이 강력한 상원의원들이 미주리 타협의 명시적인 폐기 조항이 담긴 네브라스카 법안에 대해 피어스의 지지를 확보하려고 방문한 것은, 사실상 피어스에게 자기 행정부를 살릴 수 있는 기회를 주기 위한 것이었다. 독자적 리더십을 확보하려던 대통령의 노력은 이미 뉴욕 사태로 무산되었고, 자신을 방문한 이 사람들이 자신을 파멸시킬 수 있는 힘이 있다는 것은 의심의 여지가 없었다. 새로 소집된 상원은 이미 뉴욕의 후견제 분배 정책에 대한 강경파들의 공격을 예의주시해 왔으며, 이 정책의 대변인 격이었던 암스트롱(Robert Armstrong)의 정부 문서 출판국장(public printer) 임명을 거부했었다. 이는 뉴욕항 관세청에 대한 새로운 임명을 조만간 상원이 인준하게 되는 상황에서 좋은 징조가 아니었으며, 첫 번째 임명 사태와 연관된 문서들을 요구하는 것이 이미 의회에서 열띤 논쟁 대상이 되어 있었다.[17)] 이런 수치스런 일에 더해, 남서부 국경 영토 구입에 관한 개드스덴의 실망스러운 조약이 곧 상원에서 검토될 예정이었다. 피어스가 실질적으로 대륙횡단철도의 남부 노선을 후원하면서 북부 노선을 반대한다는 혐의를 견뎌낼 수 있을 것인가? 만일 이 상원의원들의 접근을 거부한다면, 피어스는 자유 토지파에 동조한다는 비난과 남부에 동조한다는 비난 모두에 홀로 맞서야 할 것이었다. 그의 정책은 양 지역 모두에서 거부될 것이고 민주당 내에서 남아 있는 모든 신뢰를 잃게 될 것이었다. 반면에, 미주리 타협 폐기에 서명한다면, 피어스는 비록 이제는 상원의 조건 하에 서지만 여전히 자신이 대통령이라고 주장할 수 있을 것이었다. 아마 새로운 통치 연합의 동업자로 새로 시작할 수도 있을 것이었다.

그렇다면, 대통령에 대한 국민 전체의 신뢰는 어떻게 되는가? "시류에 편승하는 정책"을 거부하고 기존의 지역 간 타협 조건들을 고수하며 노예제 이슈를 배제하겠다는 되풀이된 서약은 어떻게 되는가? 일관된 길이라는 것은 구불구불 돌아서 결국 국가 전체에 대한 대통령의 유일한 서약을 노골적으로 배신할 수 있다는 이 불길한 징조로 돌아갔다. 기껏해야 이 상원의원들은 단지 피어스의 서약에 대한 보충, 원래 교묘하게 세워진 대통령 리더십의 근거 위에 새롭게 몇 층의 미묘한 덧칠을 한 보충 정도를 제안한 것이었다. 그렇지만, 얽혀있는 상반된 이익들의 한복판에서 밖을 내다보게 되면, 이 덧칠은 기적을 가져올 수 있었다. 만일 1850년의 타협이 실제로 모든 지역의 영토 문제에 대한 해결책으로서 미주리 타협을 대체한 것이고, 1820년의 규제가 이미 실질적으로 철폐된 것이라면, 피어스가 네브라스카 법안에 서명을 한다 해도 가장 최근의 해결책이 최종적임을 지키겠다는 대통령의 서약은 문제가 되지 않을 것이었다. 이런 식으로 합리화되면, 미주리 타협의 폐기는 애초에 생각했던 것, 놀라운 새 출발이 전혀 아니었다. 단지 형식적인 것이고, 지난 일을 정리하는 것이며, 기술적으로 과거의 논란을 "다시 시작하는 일"은 없었다. 이런 논리를 통하면 미주리 타협의 폐기가 지닌 실질적인 거부의 힘은 사라지는 듯 보였다. 이전의 해법은 아무런 피해 없이 폐기될 수 있었다. 네브라스카 법안은 직전에 이루어진 것을 지키고 모든 분파들을 지지하겠다는 대통령의 약속을 확인시켜 주는 단 하나의 적절하고 일관된 길로 변형될 수 있었다.

이 논리들이 복잡할 수 있고 적절한 행동에 대한 규칙이 불분명할 수 있으나, 선택은 분명했다. 피어스는 민주당 지도부와 함께 했고, 국민에 대한 서약을 호소하고 당 지도부를 거부하는 대신에 미주리 타협을 거부했다. 이는 미국 정치사에 있어서 가장 중대한 대통령의 선택이었다. 부분적으로 이는 19세기 중반 미국 정치에서 정당 결속감이 지녔던 뚜렷한 힘을 반영한다. 다른 면에서는, 1850년의 타협을 주도했던 더글라스의 위상과 1854년 초에 피어스가 처했던 혹독한 정치 상황의 현실을 반영한다. 또한, 어려운 선택을 감당할 수 있는 잭슨 민주주의 시기 대통령직의 가능성에 대한 피어스의 믿음, 그리고 잭슨이 일군 위대한 정당을 새로운 근거 위에 다시 세우겠다는 피어스의 꿈을 반영하기도 한다. 이런 것 모두를 고려할 때 이 선택은 홉슨의 선택(Hobson's choice)*처럼 보인다. 뉴욕항 관세청의 재임명은 인준되었고, 분파적 이익들의 이 근시안적인 공동체에서 동업자로 재탄생한 대통령은 자신의 흔적을 남길 수 있는 두 번째 기회를 갖게 되었다.[18]

새로운 정치 대형으로

정당화 문제에 대한 영향과 미국 정치 전반에 미친 결과 모두에 있어서 피어스와 더글라스 간의 흥정은 존 퀸시 애덤스와 헨리 클레이 간의 흥정과 놀라울 정도로 닮아 있다. 각 경우에 있어서 대통령 리더십의 두 요건－권력의 행사와 정통성의 유지－사이의 극심한 불일치가 미국 사회를 고통스런 정치적 해체로 몰고 갔으며, 순식간에 워싱턴 전체가 체계적 부패와 도덕적 파산이라는 비난에 취약해지게 되었다.

그러나 잭슨 민주주의 시기의 차이점을 놓치면 안 된다. 애덤스－클레이 연합과 달리 피어스와 더글라스는 자기들 흥정의 정치적 의미 때문에 마비상태에 빠지지 않았다. 정당 국가 안에서 대통령의 모든 권력 자원들을 동원하면서 이들은 자기들의 프로그램을 밀고나갔다.

캔자스－네브라스카 법안(Kansas-Nebraska bill)**을 통과시키기 위한 4개월

---

* 역주: 선택의 여지가 없는 선택. 17세기에 영국의 홉슨이라는 말 대여업자가 손님에게 말의 선택을 허락하지 않은데서 유래.

간의 전투는 미국 의회의 가장 격렬했던 투쟁 목록에서 상위를 차지한다. 오하이오 출신 민주당 자유 토지파 새먼 체이스(Salmon Chase)가 피어스 행정부의 권위를 거부하는 충격적인 비난으로 상원의 논의를 개시했다. "의회의 중립적 민주당 의원들이 전 국민들께 드리는 호소"를 발표하면서 체이스는 네브라스카 법안이 "신성한 서약에 대한 중대한 위반"이자 자유노동자들을 미국 땅에서 몰아내려는 노예 권력의 "끔찍한 음모"라고 고발했다. 그는 철도 이익 때문에 모든 원칙을 포기했다고 더글라스를 책망했고, 행정 수반으로서 임기 중 지역 간의 우호를 깨뜨리지 않겠다는 약속을 저버린 데 대해 피어스를 질책했다. 체이스는 연방에 "임박한 위기"를 경고하고 "무엇이 되었던 유용한 방법으로" 이 "거대한 범죄"에 저항하자고 국민들에게 호소했다. 이렇게 해서, 노예 권력의 음모가 연방정부를 장악했다는 생각이 순식간에 전국적으로 중대한 이념적 힘을 갖게 되었다.[19] 첫 번째 입법을 통해 피어스는 이전의 민주당 정당 조직을 완성하는 대신에 정치 혁명에 불을 붙였던 것이다.

피어스는 곧바로 캔자스-네브라스카 법안이 "행정부의 정책"이며 이에 대한 반대가 용납되지 않을 것이고 후견제 혜택이 이에 대한 지지에 달려 있음을 분명히 했다. 상원의 논의는 수주간 격렬하게 진행되었으며, 3월 3일에 37 대 14로 더글라스-피어스 연합의 압승으로 끝났다.[20] 그러나 하원 내의 민주당 자유 토지파는 동요하지 않았다. 실제로 하원 내 압도적 다수(159 대 76)였던 민주당이 이 법안을 논의하면서 분열되었으며, 이 법안을 영토 위원회(Committee on Territories) 대신 전체 위원회(Committee of the Whole)로 이관시킴으로써 실질적으로 법안을 폐기하려는 안건이 3월 21일에 110 대 95로 통과되었다.

대통령의 권력이 돌파구를 찾기 위해 투입되었고, 3월과 4월 내내 피어

** 역주: 1854년 더글라스 주도 하에 통과된 법안. 캔자스 영토가 미주리 타협의 노예주 경계 북부에 있음에도 불구하고 주민 투표로 노예제 여부를 결정하도록 하여 실질적으로 미주리 타협을 무효화시킴. 대신에 서북부의 네브라스카를 노예 해방주로 연방에 편입하여 일리노이 주 출신의 더글라스가 원했던 북부 대륙횡단철도를 가능하도록 함. 정당체제가 붕괴되고 남북전쟁으로 가는 도화선이 됨.

스와 더글라스는 법안을 구하기 위해 지칠 줄 모르고 움직였다. 네브라스카 법안을 재심의하기 위해, 전체 위원회를 개회하기 위한 첫 번째 기명투표(rollcall)부터 시작해서 이 법안의 앞에 있는 모든 법안들에 대한 심의를 위원회 입법력(calendar)에서 연기시키기 위한 기명 투표까지 총 19번의 기명투표가 있었다. 후견제를 통한 압박과 신문을 통한 선전, 그리고 원내 지도부의 통제와 같은 잭슨 시대 대통령의 자원들이 서서히 영향력을 발휘하게 되었다. 처음에는 90명의 북부 출신 민주당 의원들 중 66명이 이 북부 출신 민주당 대통령에 반대했었다. 그러나 5월 8일이 되자 기명투표를 진행시키기에 충분할 정도로 지지세가 강화되었으며, 5월 말에 113 대 100으로 법안이 통과되었다. 처음에 반대했던 민주당 의원들 중 20명 정도가 품에 돌아와서, 44명의 북부 출신 민주당 의원들이 찬성했다. 남부의 지지가 확고했기 때문에 이 정도면 충분했다. 42명의 북부 출신 민주당 의원들은 공개적으로 반대 입장을 유지했다.[21)]

잭슨주의 대통령이 지닌 권력의 승리는 잭슨주의 정치체계를 회복 불능의 상태로 무너뜨렸다. 피어스의 성공적인 권력 행사는 그의 신뢰성을 증명하기는커녕, 그의 리더십이 전국적인 정통성 위기의 초점이 되게 만들었다. "노예 권력"에 대한 북부의 혐오에 더해, 후견제 혜택을 휘두르는 정치인들에 대한 전국적인 혐오가 생겨났다.[22)] 더 중요한 것은, 네브라스카 논란이 피어스 행정부가 강력히 추진했던 명백한 운명을 오염시켰다는 점이다. 개드스덴 조약(Gadsden treaty)은 다양한 세력들의 희한한 조합에 의해 훼손되었다. 권력에 굶주린 남부에 분노한 자유 토지 세력과, 이 거래의 보잘 것 없는 규모에 실망한 남부, 연방정부 토지 불하의 구체적 조건에 분개한 도처의 이익들이 그들이었다. 원래 조약이 압도적으로 부결된 이후 상원은 남은 기회를 위한 타협으로, 멕시코가 양도하기로 한 9천 평방 마일의 작은 영토를 실질적으로 포기해버렸다.[23)]

쿠바에 대한 대담한 시도도 재연된 분파 갈등 속에서 무산되었다. 그해 2월 말에 스페인이 블랙 워리어(Black Warrior)라는 미국 화물선을 포획했는데, 피어스는 이 기회를 틈타 전국민의 분노를 미국의 명예를 지킨다는 길로 연결시키려 했다. 의회에 대한 간결하지만 확고한 메시지를 통해 피어스는 이 긴장이 해소되어야 한다고 요구했다. 그가 요청한 것은 임시적인 전시 조치들이 취해져야 한다는 것이었고, 미국이 더 이상 참지 말 것과 미국의 경제적 이해에 쿠바가 얼마나 중요한지를 덧붙였다.[24] 그리고 나서 네브라스카 논란의 놀라운 충격 속에서 피어스는 갑자기 입장을 후퇴했다. 북부 민주당이 쿠바에 대한 구상을 남부의 이익과 결부시키게 되면서, 명백한 운명은 새로운 네브라스카 정통을 수호한다는 핵심 과제에 밀려 뒷자리를 차지하게 되었던 것이다. 의회에서 스페인의 위협에 맞서자고 선동하는 남부 열혈주의자들을 저버리고 피어스는 자신의 제안에서 사실상 실질적인 것을 빼버렸다. 그리고 캔자스-네브라스카 법에 서명한 날 그는 후일 대통령의 성명으로 이어지는 강력한 경고를 발표했다. "쿠바를 자유화"시킨다는 명목으로 루이지애나에서 조직되고 있던 민간 필리버스터(filibuster)*에 대한 경고였다.[25]

피어스가 쿠바를 평화적으로 구입하는 협상 테이블로 돌아가고 필리버스터에 대해 강력한 경고를 선포한 것은 네브라스카 법안에 대한 국민의 심판, 곧 중간선거가 다가오고 있었기 때문이었다. 1월에서 5월 사이에 피어스는 자신의 신뢰성을 전 국민들 앞에서 시험에 들게 했었고, 1854년 가을에 국민들은 판결을 내렸다. 1852년의 서약을 깨뜨린데 대한 국민들의 응징으로, 민주당은 북부에서 뉴햄프셔와 캘리포니아를 제외한 모든 주에서 패배했으며, 하원에서 민주당의 압도적 다수는 사라졌다. 그리고 이번 경우에 의회를 장악하게 될 세력은 위그당이 아니라 기존 정치적 배열에 아무런 관련이 없는 낯선 세력들이었다. 자신이 지닌 리더십의 신뢰성에 대한 대통령의 두 번째 도전은 이처럼 무참하게 끝이 났다. 피어스는 자신의 의지대로 상원에게 신뢰성을 입증하는 데 실패했었고, 이제 상원의 의지에 따라 국민들에게 신뢰성을 입증하는 데에도 실패했던 것이다.

* 역주: 남부 노예주의자들이 자발적으로 조직해서 멕시코 등 라틴 아메리카를 자유화시키고 그 이주민들을 받겠다는 개별적 군사 행동. 지휘부가 있는 용병(mercenary)이 아님.

자신의 행동에 일관성이 있다는 모든 복잡 미묘한 주장들이 무너지면서, 피어스 행정부가 제시했던 모든 것들도 무너져 내렸다. 지역 간 우호는 미주리 타협의 폐기를 견뎌내지 못했고, 명백한 운명은 재연된 지역 간 갈등 사태들을 넘어서지 못했으며, 북부에서의 민주당 세력은 연방정부를 장악한 남부의 음모라는 비난을 버틸 수 없었고, 구질서가 깨어지는 가운데 피어스는 자신이 공모했다는 비난을 피해갈 수 없었다. 피어스가 촉발시킨 이 사태는 이 중간선거에서 자체적으로 전개되기 시작했다. 캔자스-네브라스카 법 자체만으로 공화당(Republican party)이 과거 정치 연합들의 파괴 속에서 압도적인 우위로 올라서지는 않았겠으나, 새로운 공화당 지도부는 피어스 행정부 기약들의 취약성을 공략하면서 미래에 대한 권리를 확보하게 되었다.[26)]

중간선거 결과가 속속 나오는 가운데, 쿠바에 대한 새로운 정책을 피어스의 유럽 주재 대사들이 공표했다는 소식이 언론에 제보되었다. 호전적인 접근으로부터 후퇴한 피어스에 반격이라도 하듯이, 피어스의 대사들은 쿠바의 노예들이 선제적으로 해방될 수 있다는 남부 열혈분자들의 우려를 이용하며, 미국 안보에 대한 임박한 위협을 근거로 스페인에게 쿠바를 팔던가 아니면 미국이 점령하겠다는 도발적인 요구를 했다. 비록 승인되지 않은 것이었고 피어스 행정부가 곧바로 부인하기는 했으나, 대사들의 이 선언, 곧 오스텐드 선언(Ostend Manifesto)은 피어스 행정부의 팽창주의적 기약의 취약점을 그대로 노출시켰다. 명백한 운명이 지닌 국가주의적 호소력을 뒤집어버려서, 노예제 이익을 위한 노골적 침략이라는 타락한 원리로 만들어버렸던 것이다. 새로운 공화당 운동은 이에 대한 징계와 철회를 요구하며 더욱 기세를 올렸다.[27)]

더 극적인 것은 소위 캔자스-네브라스카 법의 정통성에 대한 분명한 도전이었다. 새로운 영토에서 주민의 결정 원칙이 피어스에 의해 입법화되자, 명목상 노예제 이익과 자유 토지 세력을 자처하는 토지 투기세력들이 캔자스로 몰려들어 대치하게 되었다. 캔자스 접경의 미주리 사람들이 침입하여 피어스의 주지사에게 급진적으로 친노예제적인 주 헌법을 강요했다. 자유 주 세력들은 이 정부를 인정하지 않았고 자기들 정부를 세우게 되었다. 미주리 세력들이 자기들이 세운 정부를 보호하기 위해 두 번째 침입을 준비하면서, 이제 주민 결정권이 무정부 상태를 불붙이고 있음이 명확해졌다. 피어스의 기준으로는 대립하는 세력들 중 어느 것도 정당성을 지닐 수 없었다. 이렇게 해서, 새로운 영토의 통치에 대한 피어스 행정부의 새로운 해법이 명백히 파탄나면서 생긴 공백으로 공화당 운동이 급격하게 확산되었다.[28]

공화당 운동이 전국적인 대안으로 떠오른 것이 피어스 임기 말의 뚜렷한 현상이었다. 오스텐드 선언에 대한 분노와 "유혈의 캔자스"(Bleeding Kansas)의 무정부 상태로 인해 자유 토지 운동은 이제 단순히 또 하나의 이익이 아니라, 국가의 명예 회복과 정치 제도의 진정성이 걸려 있는 최우선 원칙이 되었다. 존 퀸시 애덤스와 마찬가지로 피어스의 새로운 처방은 문제를 더 키운 것으로 보였다. 자신들이 촉발시킨 변화를 통제할 수 없었던 이 대통령들은 그 가장 큰 희생자가 되었던 것이다.

하지만 애덤스와는 달리 피어스는 끈질기게 반격했다. 중간선거에서 자신의 리더십이 실질적으로 붕괴되었다는 점을 끝까지 인정하지 않은 것은 앤드류 잭슨의 권위를 주장하려는 피어스의 지칠 줄 모르는 결의를 보여준다. 이제 "법의 권위에 … 직접적으로 적대감을 지닌 이단들이 만연한 것"을 표적 삼아 피어스는 두 번째 대통령 후보 지명에 도전했다.[29] 지지를 위한 세 번째이자 마지막인 이 시도에서 피어스는 자기 당이 파산한다는 공포를 적극적으로 물리치려 하고, 기성 권력을 대담하게 옹호하며, 자기 자신의 잘못의 흔적들을 필사적으로 지우려 들게 된다.

1855년에 처음으로 피어스의 목적 의식이 다른 정치인들의 영향을 벗어나 분명하게 드러났다. 피어스는 자신이 선택한 경로를 유지하는 것이 국가에 얼마나 중대한 것인지 환기시키면서, 이제 실질적으로 새로운 민주당으로 변해 가고 있는 당의 임무를 규정했다. 미주리 타협은 1850년의 논의에서 "모든 도덕적 권위를" 상실하게 되었다고 설명하고, 캔자스－네브라스카 법이 헌법의 근본적인 원칙을 수호하는 것이라고 선언했다. "미국의 어떤 부분도 연방정부의 권력을 장악해서 다른 부분들의 사회 제도를 강요할 수 없다." 이 원칙에 따라 캔자스에 들어선 정부는 연방정부 권력을 법과 질서를 위해 불러들일 것이었다. 이 정부는 자유 토지를 빙자한 반역자들은 물론 미주리의 침입자들까지도 거부할 것이었다. 결론적으로 피어스는 자신의 행정부를 법치의 정부로 포장했고, 캔자스-네브라스카 법을 만든 정당을 "헌법의 진정한 친구들"의 근거지라고 옹호했다.[30]

민주당은 이 메시지에 따라 1856년 선거를 위한 정강을 만들었고, 향후 75년간 이런저런 형태로 이를 불러내게 된다. 피어스의 가장 건설적인 업적일 수도 있는 이 메시지를 고려하면서 이 "헌법의 친구들"이 누구였는지를 기억하는 것이 중요하다. 우선, 이들은 앤드류 잭슨의 친구들과는 완전히 달랐다. 올드 히커리의 북부 근거에 남아있던 일부 세력에 의지한 채 이 새 민주당은 남부 세력에 완전히 인질이 되었고 전국적으로 다수당의 지위는 상실했다. 둘째로, 이 "헌법의 친구들"은 프랭클린 피어스의 친구들은 아니었다. 북부가 피어스를 저버리게 되자 남부도 그에게서 쓸모를 찾지 못했고, 피어스가 그렇게도 필사적으로 이끌려던 당은 점점 더 그를 버리지 못해 안달하게 되었다. 정치적 신뢰를 보여주려던 4년간의 피어스의 노력은, 애초에 그를 권좌에 올려놓았던 사람들이 그의 임기에 대한 모든 기억을 묻으려고 하면서 끝이 났다. 1856년 민주당 전당대회는 "피어스 말고 누구라도"(anybody-but-Pierce)의 행사였다.[31]

제6장

공화당 리더십: 상충하는 추세들의 강화

대통령이 만드는 정치에 대한 이 세 번째 분석은 역사적 시간과 정치적 시간의 변화에 따라 일어난 상반된 추세들이 강화된 것으로 특징지어진다. 장기간의 공화당 시대는 정당 정치의 전성기로부터 시작해 산업 시대의 보다 다원주의적인 정치의 출현까지를 아우른다. 지금까지 추적해 온 대통령 리더십의 각 유형들은 이제 권력 행사의 범위를 재형성하는 새로운 조건들로 인해 보다 복잡하고 내적으로 모순된 듯 보인다. 링컨(Abraham Lincoln)의 재편은 지금까지 가장 파괴적이고 광범위한 영향을 미쳤으나, 근본적인 이념과 이익의 기약을 재구성하는 데 있어서 링컨은 19세기 정당 정치의 조직 형태들과 제도 작동이 지닌 질긴 지속성과 씨름해야 했다. 씨어도어 루즈벨트(Theodore Roosevelt)는 이념과 이익에 대한 물려받은 기약을 인정하고 산업화 시대의 엄청난 경제적, 국제적 변화를 마주하여 이 기약들에 활력을 불어넣으려 했으나, 공화당 레짐을 새로운 성취를 통해 재표출하면서 기본적인 정부 작동방식을 재구성하게 되었다. 산업화 시대에 공화당 이익을 관리하는 데 보다 적합한 관료정치를 통해 이전의 정당 정치를 대체하기 시작하면서 루즈벨트는 자신의 정치 연합과 격렬한 대결에 휩싸이게 되었다. 공화당 레짐의 가장 근본적인 이념과 이익의 기약을 무너뜨린 경제적 대참사에 빠지게 된 대통령 허버트 후버(Herbert Hoover)를 분석하면서 이 장은 끝난다. 하지만 후버는 산업화된 정치체에서 정책 리더십의 근원이 되어야 한다는 대통령의 새로운 역할에 대해 확실하게 준비되어 있었다. 정책 결정의 새로운 경로를 열 수 있는 후버의 능력이 그가 할 수 있었던 최대한 보다 훨씬 컸던 셈이다.

제1부 에이브러햄 링컨의 재편

우리의 상황이 새롭기 때문에, 우리는 새롭게 생각하고 새롭게 행동해야 합니다. 우리는 우리 자신을 해방시켜야 합니다. 그리고 나서 우리 조국을 구할 것입니다.

링컨의 리더십 정치에는 흥미롭게도 웅장함과 평범함이 교차되어 있다. 한 각도에서는 독립 혁명 이래 가장 근본적으로 과거와의 단절을 확고히 했던 국가 지도자의 경이로운 모습을 보게 되고, 다른 각도에서는 후견제 혜택을 분배하는데 재능이 있던 19세기 중반의 정당 정치인을 보게 된다. 더할 나위 없이 낭만적인 존재에서 잔인하리만치 현실적인 존재로 눈 깜짝할 사이에 변해 가는 대상을 어느 하나로 규정하는 것은 쉬운 일이 아니다. 그래서 지금까지 링컨 연구자들의 대응은 이 인물과 그 시대를 자욱한 안개로 뒤덮어 묘사하는 것이었다. 그렇지만 우리 목적은 좀 다르다. 링컨이 리더십 정치를 어떻게 재구성했는지 이해하기 위해 우리는 전기 작가들이 대단히 미묘하게 섞어 놓은 요소들을 추려낼 필요가 있다. 새로운 패턴과 반복적 패턴이 발견되고 이 둘의 교차점이 지니는 함의가 나오게 되면, 링컨의 리더십은 정치적 가능성의 변화하는 모습을 가리키는 믿을 만한 표지판이 된다.

새로운 패턴: 현실주의자들이 19세기 중반의 맥락에서 링컨에 대해 하

는 묘사는 이전의 재편 리더들과 실질적으로 전혀 닮은 점이 없다. 링컨은 정당 정치 시기의 전형적인 정치인, 기존의 통로를 통해 스스로를 만들어간 자수성가형 정치인으로 등장하는 것이다. 링컨이 각광을 받도록 만든 극단적으로 다른 제도적 환경이 19세기 전반부의 정치 대가들과 그를 나누어 놓는 역사적 거리를 말해주며, 바로 여기서 재편의 정치의 새로운 패턴이 명확해지기 시작한다.

초라한 집안 출신의 대평원 지대 변호사로서 링컨이 친구들에게 가장 인상 깊었던 것은 그의 끝없는 야망이었다.[1] 이 야망을 펼치기 위해 그는 일리노이 주의 위그당 조직에 투신했고, 선거 승리와 관직 배분에 몰두하면서 이 주에서 주도적인 위그당 지도자가 되었다. 초창기에 한 뜻깊은 연설에서 링컨은 앞 세대들이 정치에서 했던 전례들을 따르지 말라고 동년배들에게 경고했던 바 있다. 여기서 그는 혁명과 제도적 재편의 길을 거부하고, 대신에 혁명 이후 시대의 정치 문제를 다루는 데 있어서 "냉정하고 계산적이며, 감성에 치우지지 않는 이성"을 촉구했다. 새로운 정치 계급의 사명은 선조들이 세워 놓은 제도적 틀을 보존하고 존중하는 것이라고 링컨은 주장했다. 당대 세대의 가장 중대한 의무는 미래에 있을 수 있는 "경이로운 천재"가 "실패한 길을" 경멸하고 "[과거의 제도들을] 과감하게 무너뜨리게 되는 것을" 미연에 막는 것이라고 링컨은 믿고 있었다.[2]

자신의 소명에 대한 이러한 이해에 걸맞게 링컨은 1832년, 1834년, 1836년, 1838년, 1840년에 위그당 의원 후보로 나섰다. 1840년과 1844년에는 위그당 대통령 선거인단이었고, 1846년에는 위그당 하원 의원 후보 지명자였으며, 1855년에는 위그당 상원 의원 후보였다. 링컨은 1844년에는 자유당(Liberty party)과 거리를 두었고, 1848년에는 자유 토지당을 멀리했으며, 이미 괴멸된 위그당 조직에 마지막 남은 당원으로서 공화당에는 뒤늦게 가담했다.[3] 공화당 고위층으로부터 링컨이 처음 주목받게 된 것은 1858년 선거에서 상원에 두 번째 도전하여 패배했을 때였다. 1860년 공화당 대통령 후보 지명에서 자신을 타협 가능한 선택으로 내세우면서 링컨은 세 번째 표결에서 후보로 지명되었고, 유권자 총 득표의 과반 이

하로 대통령에 당선되었다.

이런 맥락에서 링컨은 포크와 피어스의 위그—공화당 판으로 보인다. 링컨은 정당 정치인들에 의해 작동되는 정치체의 직업적 정당 정치인이었다. 이들은 지지층에 대해 봉사하도록 고안된 조직들을 관리했다. 이 조직들 자체는 독자적 행동에 대한 견제 장치로 가득 차 있었고 개인적 권위에 저항했다. 포크나 피어스와 달리 링컨이 새로운 정당을 이끌고 대통령직에 오른 것은 사실이나, 제퍼슨이나 잭슨 같은 (또는 이런 면에서 워싱턴이나 윌리엄 해리슨 같은) 모습은 아니었다. 제퍼슨과 잭슨 모두는 당의 목표를 구현한 국가에 대한 봉사 경력을 지니고 대통령직에 올랐고 바로 이것을 자유라는 목적과 일치시켰다. 이와 대조적으로 링컨의 국가에 대한 봉사 경력은 19세기 중반의 다른 대통령들과 비교한다 해도 뒤처진다. 포크의 의정 경력이나 피어스의 군 복무 경력에 상대가 되지 않는 것이다. 다른 다크호스 후보들과 마찬가지로 링컨의 정체성은 자기 당의 집단 정체성 속에 완전히 묻혀 있었고, 심지어 대통령에 당선된 뒤에도 자기 당 내에서 약간의 인정 이상을 얻지 못했다.[4]

좀 더 비교를 해보자. 제퍼슨과 잭슨은 대통령에 당선됨으로써 이전에 지배적이었던 정치 조직들에게(각각 연방당과 국민 공화당) 사형 선고를 내렸다. 이와 대조적으로 링컨을 반대했던 정당은 그가 당선되었음에도 불구하고 살아남았을 뿐 아니라, 링컨 행정부 임기 내내 꾸준히 복구되었다.[5] 실제로 링컨에 대한 첫 번째 국민적 심판이었던 1862년 선거에서 민주당은 링컨 행정부에 대해 충격적인 일격을 가할 수 있음을 보여주었다. 링컨을 폐지론자 독재자이자 전범으로 매도하면서 민주당은 인구가 가장 많은 5개 주에서 공화당의 다수당 지위를 빼앗았고, 뉴욕과 뉴저지 주의 주지사직을 장악했다.[6]

정당 정치 시대의 대통령직의 상태를 더 잘 나타내주는 것은 링컨이 공화당 내에서 받은 대우이다. 제퍼슨과 잭슨 모두 당 내에서 경쟁적인 분파들과 한 판의 대결을 벌였고 사실상 적수가 없는 조직을 만들었는데, 링컨은 자신을 권좌에 앉힌 세력들로부터 무자비한 공개적 비난을 감내

해야 했다. 공화당 내 일부 세력은 민주당보다도 더 악의적으로 자기들의 첫 번째 대통령을 독재자, 절망적으로 무능한 자, 완전한 실패작, 그리고 정치적 부채라고 불렀다. 링컨은 청하지 않은 조언들로 둘러싸였고, 새로운 제도와 조직들에 쫓겨다녔다. 헌법이 대통령에게 부여한 전쟁 권한(war powers)에 대해 누구도 신경 쓰는 것 같지 않았다. 공화당 주지사들은 자신들의 전쟁 권한을 주장하며 1862년에 "대통령에게 영향력을 발휘하기 위해 공동으로 행동하려는" 조직을 결성했다.[7] 공화당 의원들은 의회가 "전쟁 권한의 중재자이자 결정자"라고 선언하면서 링컨의 전쟁 수행을 감독하기 위해 특별 위원회를 구성했다.[8] 1864년 전반기에는 공화당 대선 후보에서 링컨을 낙마시키려는 공동의 시도가 벌어졌었고, 이것이 실패로 끝나자 1856년 공화당 후보였던 존 프레몬트(John Frémont)를 내세우고 급진 민주당(Radical Democrats)이라는 새로운 정당이 결성되었다.

지금까지 보아 왔듯이, 대통령이 정한 방향에 저항할 수 있는 길들은 19세기를 통해 꾸준히 증가했고, 저항의 자원들도 증대되었다. 링컨 이전 20년간에는 자기 당 대통령에게 등을 돌리는 것이 당연한 일이 되었었다. 링컨에 대한 현실주의적 평가들은 전쟁의 위기도 이 새로운 패턴을 깨지 못했다는 사실을 강조한다. 오히려 이 패턴을 확대시키고 가속화시켰다는 것이다. 전형적인 정당 정치가 링컨 하에서도 여전했기 때문에 링컨이 정치적 어려움으로 그렇게도 시달리게 된 것은 놀랄 일이 아니다.[9] 그의 재편은 이때까지의 재편 중 가장 제도에 얽매인 것이 된다.

그렇다 해도 여전히 의문은 남는다. 단순한 정당 활동가가 어떻게 포크와 피어스의 성취뿐 아니라 제퍼슨과 잭슨의 업적을 능가할 수 있었는가? 19세기 미국의 정당 정치 속에서 대통령직의 운영상 지속성과 조직상 진화가, 누가 보아도 미국사에 있어서 가장 경이로운 이 행정부를 어떻게 설명해 주는가? 이처럼 당연한 점들에 대해 오도하고 있다고 현실주의적 평가들을 기각하기 전에, 몇 가지 중대한 연결점들을 고려해야 한다.

첫째는 바로 분리(secession) 자체의 특수성에 있다. 링컨의 당선 직후에 급박하게 다가 온 분리 위기는 정당 정치 시대에 있어서 대통령의 개인적 권위가 사라졌음을 입증했고, 대통령이 정한 방향에 저항하려는 세력들의 자원이 얼마나 증대되었는지를 여실히 보여주었다. 헌정 과정에 의해 한 국가의 지도자로 정당하게 선출된 사람에 대해, 1860년 가을과 겨울에 링컨이 남부로부터 받았던 것보다 더 심한 공개적 굴욕은 없었다. 링컨은 "멍청이", "침팬지", "폭도", "폐지론자"로 불렸다. 또한 "맹목적인 정당 추종자"이며 "흑인 공화당" 거대 조직의 재앙이자, 남부의 이익에 완강히 적대적인 지역주의 행동대원으로 간주되었다. 그는 너무도 비인간적으로 매도되어 단지 정치 조직의 일부분, 남부의 가장 근본적인 제도를 파괴하려는 기계장치의 부속쯤으로 보였다.[10] 연방정부에 대한 영향력의 상실에 대해 계산하면서 최남단(Deep South) 주들은 링컨이 취임하기도 전에 스스로 결정적인 행동에 돌입했다. 이들은 선제적으로 연방에서 탈퇴했고, 자기들의 연합을 결성했으며, 취임하는 대통령에게 자기들 제도에 대해 효과적으로 도전해 보라고 덤벼들었다. 최선을 다해 안심시키려 했으나 링컨은 국가의 절반에서 전혀 대통령으로서의 지위를 지니지 못했던 것이다.

비참할 정도로 결여되었던 링컨의 개인적 권위와 그가 촉발시킨 경이로운 변혁 간의 두 번째 연관성은 첫 번째의 반대 측면이다. 이 위기에서 가장 역설적이었던 점은 의회에서 남부 의원들이 철수함에 따라 공화당의 상대적인 힘과 입장이 강화되어 가장 세력이 강했던 지역에서 독점적인 통치력을 갖게 되었고, 선거 결과 자체와 달리 의회에 대한 통제력을 지니게 되었다는 점이다.[11] 공화당은 링컨과 같은 정당 활동가들 집단을 완전히 갖추고 다시 태어났다. 과거 민주당과 위그당에서의 경험으로 잘 닦여진 동원 기술과 링컨 취임 당시 이미 완비된 정당 조직을 통해 공화당 지도부는 내전의 필요에 맞게 북부의 우월한 물질적 자원을 동원할 준비가 잘 되어 있었다. 자원 동원에 있어서 공화당 지도부가 얼마나 집요했는지는 군의 상태가 믿을 수 없을 정도로 엉망이었던 상황 속에서 더욱 입증되었다. 결과적으로 순전히 이 집요함으로 전쟁터에서 남부를 항복하도록 몰아넣었던 것이다. 1864년 12월에 링컨은 의회에서 호언장담했다. "국가의 자원들은 고갈되지 않았고… 고갈될 수 없습니다. 우리는 힘이 계속 강

해지고 있고, 만일 필요하다면 이 전쟁을 끝없이 계속할 수 있습니다."[12]

북부의 동원은 통합된 정치 조직의 집단적 노력이었다. 실제로, 인력과 물자를 전개하면서 공화당 정당 조직은 계속해서 링컨이 전쟁에 대해 "책임"지도록 하면서, 남부와 다르지 않게 링컨의 권위를 조직의 한 부분으로만 포함시켰다. 북부 공화당 조직 중 하나가 밝혔듯이, "그에게는 육군도 없고, 해군도 없고, 국민들이 준 것 말고는 어떤 자원도 없다. … 원칙과 실제와 모든 당원들에 의해, 공화당은 연방의 보존과 반란의 진압에 헌신한다. 이것이 바로 국가의 힘이고 국민의 힘이다."[13]

개인적 권위의 결여, 그러나 경이로운 체계의 힘, 이것이 바로 순전히 19세기 중반에 정치가 작동했던 맥락에서 만들어진 링컨 리더십의 모습이다. 이 양면의 통찰은 링컨 행정부의 엄청난 성공과 고통스런 고난 모두를 둘러싸고 있는 수수께끼를 풀어주며, 보다 일반론적으로는 대통령 리더십의 정치적 발전과정에 대한 필수적인 지침을 제공해 준다. 이처럼 현실주의적 평가들은 통찰력을 제공해주기도 하지만 그 한계도 있다. 이 한계를 이해하기 위해서는 이런 묘사가 링컨 자신에 대해서는 무엇을 묻고 있는지 고려해야 한다.

링컨 리더십에 대한 현실주의적 평가의 핵심은 후견제 혜택 배분에 대한 그의 특별한 재능을 강조한다는 점이다. 도널드(David Donald)는 다음과 같이 주장했다. "링컨의 성공 비결은 간단하다. 그는 기민하고 능란한 정당 조직 운영가였다."[14] 사실, 19세기 중반의 정치적 맥락에서 파악한 이 평가가 제시하는 유일한 고려 사항은 바로 19세기 권력 게임에서의 상대적 수완이라는 것이다. 링컨이 19세기 중반의 대통령들 중 단연 돋보이고, 또 후견제 분배가 이 대통령들 모두에 공통되었던 조직상 요건이었기 때문에, 이 점에 있어서 링컨의 재능은 자명했었을 것이다. 따라서 이 차이는 설명되었다기보다 더 뚜렷해지기만 한다.

한 가지 예를 들자면, 링컨이 캐머론(Simon Cameron)을 전쟁 장관에 임명한 것을 포크가 윌리엄 마씨를 임명한 것과 어떻게 비교할 수 있을까? 일단, 이 두 전시 대통령들에게 핵심적이었던 두 임명 모두는 심한 역효과를 낳았다고 볼 수 있다. 포크는 원하던 인물을 임명하기 위해 자기 당 동료들에게 적극적인 책략을 썼고, 그 결과 당 연합에 균열이 생기는 사태를 맞이하게 되었다. 링컨은 정반대 방식을 취했다. 애써 피하려고 했던 인물을 당내 균열을 막기 위해 받아들였던 것이다. 실제로 캐머론은 각료 후보에서 물러나 달라는 링컨의 요청을 거절했고, 결국 그의 임명이 불가피하다고 받아들인 링컨은 자신의 행정부에 무능력하고 복종하지 않으며 스캔들로 얼룩진 인물을 앉히고 말았다.[15] 그렇다면, 어느 대통령이 더 능숙한가? 누가 더 큰 통제력을 얻었을까? 19세기 중반 리더십에 공통되었던 이 조직 관리에 있어서 상대적 재능이라는 것을 좀 더 들여다보면, 링컨의 특성은 쉽게 설명되지 않는 것, 곧 불가피한 좌절로 인해 좌우되지 않았다는 것과 후견제 게임의 본질적인 한계 같은 것으로 바뀌게 된다.[16)]

그렇다면, 결국 링컨에 대한 현실주의적 묘사는 그에 대한 낭만적인 묘사들의 핵심적 통찰, 즉 정당의 후견제를 조작하고 일상적인 권력 정치를 하는 데 있어서의 상대적 재능을 넘어서는 무언가 종류가 다른 차이가 링컨에게 있다는 통찰에 대해 아무런 해답을 주지 못하게 된다. 링컨은 정당 지도자로서 빠지게 되는 함정을 초월하지도 못했고, 19세기 중 후반의 대통령 권력을 취약하게 만들었던 위선과 배신이라는 비난을 피해가지도 못했다. 그렇지만 링컨은 국가 정책의 급진적인 변화를 지휘하면서도 당시 대통령직의 운영상 한계에 굴복하지 않았다는 점에서 이 정당 정치 시기 대통령들 중 특별한 존재이다. 그는 자신의 리더십을 경멸하는 정치체에서 스스로를 지탱했을 뿐 아니라, 연방을 보존하겠다는 북부의 합의를 국가의 총체적인 변혁을 위한 혁명적 힘으로 변화시키는 데 성공했다. 이 점에 주목한 낭만주의자들은 우리에게 링컨이 지닌 영혼의 위대함과 그가 던진 메시지의 순수성, 그리고 그가 제시한 원칙의 근본적 영원함을 일깨워준다.[17)] 반면에 후견제 재능 이외에 무엇인가를 찾을 수밖에 없게된 현실주의자들은 결국 실용주의(pragmatism)라는 전가의 보도에 의지하게 된다. 그렇지만 실용주의가 한 시인이 말한 "부정 능력"(negative capability)*, 곧

* 역주: 19세기 초 낭만파 시인 존 키츠(John Keats)가 말한 용어.

불확실성과 신비로운 것과 의심스러운 것들을 "사실과 이성을 짜증스럽게 추구하지 않고" 받아들이는 능력까지 포함한다면, 현실주의와 낭만주의 간의 차이는 희미해지기 시작한다.[18]

어떤 관점에서건, 링컨의 리더십에 대해 무언가 근본적인 것이 이해되지 않고 남아있다. 지금까지 우리는 개인적 성격의 영향만큼 분명하지는 않지만 후견제의 영향보다는 더 강력했던 링컨의 정치적 통제력, 우군과 적군이 미지의 세계를 가로질러 밀고 당기는 가운데 링컨을 우군과 함께 하고 적군의 위에 서게 했던 그의 정치적 통제력을 구분해 내기는 했으나 깊이 있게 분석하지는 않았던 것이다.

반복적 패턴: 정치 권력의 역사적 재구성이 정치 지도자로서 링컨의 특별함을 설명하지 못한다면, 제도적 권위의 정치적 조건에 보다 주의를 기울이면 설명이 가능할 수도 있다. 실제로 개인적 권위의 결여와 경이로운 체계적 권력이라는 현실주의적 묘사는 링컨이 도대체 어떤 종류의 권위를 행사했는지 분석할 필요성을 제기한다. 권력 구조가 진화해 가는 역사적 시간 속의 정치에 대한 현실주의적 이해에 더해, 권위 구조가 반복되는 정치적 시간의 관점을 추가하면 이에 대해 진전을 이룰 수 있다. 이 대안적 접근에 있어서 링컨의 리더십은 재편의 정치의 모든 특징적 요소를 구현하고 있으며, 현실주의적 해석에서 했던 비교는 반대가 된다. 즉, 백악관 내에 카리스마적 인물이 없었고 정당 국가 내에서 조직된 권력들이 존재했던 어려운 현실에도 불구하고, 링컨이 지녔던 리더십 권위의 근본적인 정치적 구조는 제퍼슨이나 잭슨과 같은 것이며, 포크나 피어스와는 종류가 달랐던 것이다.

취임 후 링컨의 리더십을 복잡하게 만들게 되는 모든 정치적, 제도적 장애들에도 불구하고, 대통령직에 오르는 과정에서 링컨이 가장 강력한 리더십 태세에 대해 명확하게 설명했던 데에는 묘한 역설이 존재한다. 이렇게 양면이 공존했던 것은 우연이 아니다. 반대 정당 리더가 리더십을 주장하는 근거를 솔직하고 철저하게 제시하는데, 즉 재편의 정치의 핵심 주장을 말로 제시하는데, 1850년대 후반에서 1860년대 초반보다 조건이 유리했던 적은 없었다. 제퍼슨과 잭슨은 자신들의 정치적 목적을 보다 상세하게 제시하는 것이 불필요할 정도의 전국적 명성을 지니고 대통령직에 올랐다. 포크와 피어스는 자기 정당의 역사적 정체성을 동원함으로써 정치적 목적을 상세히 설명하는 데 따르는 확실한 위험을 피해 갔다. 하지만 카리스마적 인물이 없던 정당 내에서 앞길을 헤쳐 가던 직업 정치인 링컨에게는 제퍼슨과 잭슨이 개인적으로 보여주었던 것을 설명하는 재능이 있었다. 링컨은 1854년에서 1860년까지 175번의 연설을 통해 이 재능을 발휘했다.

선거 토론들을 통해 링컨이 공화당 내에서 무명의 상태로부터 전국적 명성을 얻게 되었다는 사실 자체가 당시 상황을 말해 주는 중요한 단서가 된다. 1858년 일리노이 상원 선거에서 스티븐 더글라스에 대항하여 출마한 링컨은 지배 연합의 "작은 거인"에게 도전한 약자의 입장이 되었다. 비교할 만한 업적이나 경력이 없었던 링컨은 당시 미국의 상황을 초래했던 더글라스에 대항하여, 자신이 대표하겠다는 새로운 정당의 임무를 설명했다. 전형적인 공화당 주장을 강력히 제시한 링컨의 메시지는 유창하면서 특이하지는 않다는 평가를 받으며 전국적으로 공화당원들의 주목을 받았다. 1860년 공화당 대선 후보 지명전에 뛰어든 후보들 중 유일하게 링컨만이 특별한 이념적 정체성을 지니지 않고 시카고 전당대회에 참석하게 된다.[19)]

1858년 상원 선거에서 한 링컨의 연설 중 가장 중요한 것은 후보지명 수락 연설이었다. 여기서 그는 "우리가 어디에 있고, 어디로 가고 있는지" 구체적으로 묘사하며 역사 속 위치를 설명했다. 링컨은 캔자스-네브라스카 법을 통과시킨 피어스와 더글라스에 대한 비판을 시작으로, 노예제라는 혐오스러운 제도의 확산을 막는 모든 제약들을 피해가려는 노예 권력의 음모에 대한 새몬 체이스의 비난을 인용했다. 미주리 타협 폐기의 심각성은 드레드 스콧(Dred Scott) 재판에서 로저 테이니(Roger Taney)가 내린 판결과 뷰캐넌 대통령이 캔자스 주의 친 노예제 헌법을 지지함으로써 더욱 악화되었다고 링컨은 주장했다. 결국, 민주당은 노예제에 대한 모든 제약을 무너뜨리고 궁극적으로 연방 전체에 확산하기 위한 "거의 완벽한 법적 구조물, 말하자면 일종의 기계장치와도 같은 것"을 구축해 왔다. 이것이 민주당의 구상, "처음부터 당 지도부들 사이에서 공모된 것"이라는 증거가 있다고 링컨은 주장했다. "다른 때 다른 장소에서 다른 인부들이-스티븐, 프랭클린, 로저, 제임스 등-만든 많은 목재 조각들을 보게 되고, 이 조각들이 서로 조립되어 딱 들어맞는 골조가 되는 것을 본다면, **이런** 경우에 스티븐과 프랭클린, 로저, 제임스 모두가 처음부터 서로를 이해하고 있었고 첫 도끼질을 하기 전에 이미 짜여진 공동의 계획이나 **초안**에 따라 작업했다는 것을 **믿지** 않기가 불가능하다는 것을 알게 됩니다."[20]

공화당의 비판을 피하기 위해 더글라스가 뷰캐넌과 다른 입장이 된 것을 이용할지 모른다는 우려 때문에 링컨은 더글라스를 과거 정책 공약의 포로로 묘사하는 데 애를 썼다. 캔자스 이슈에 대해 더글라스가 뷰캐넌 행정부와 결별한 것은 전혀 중요하지 않다고 링컨은 주장했다. 피어스 행정부 하에서 노예 권력 음모가 작동하는 데서 맡았던 역할 때문에, 더글라스는 이후 전개되는 일들에 대해 "우리에 갇혀 이빨 빠진" 반대자가 되었다.[21] 노예제 확산을 막고 자유 노동 원칙의 궁극적 승리를 확보하는 데 헌신하는 정치적 반대 세력만이 1854년의 수치로부터 국가를 구원하여 선조들이 개척한 길 위로 올려놓을 수 있을 것이었다. 링컨이 보기에 공화당은 "서로 다르고, 조화되지 않고, 심지어 적대적인 세력들이" 하나의 위대한 목적을 위해 합쳐진 것이었다. 더글라스와 그 동조자들의 정책을 뒤집고 국가를 올바른 경로 위로 되돌려놓는 것이 그것이다. 민주당은 국가의 진정한 목적을 너무나 타락시켜 왔기 때문에, 이에 대한 전면적 공격만이 원래의 원칙을 되찾을 수 있는 길이었다.[22]

링컨이 당시 상황에 대해 내린 규정에 의해, 물려받은 경로에 대한 거부가 곧 국가의 진정한 원칙에 대한 궁극적 확인이 되었다. 대통령 리더십의 질서-파괴적 효과를 질서-확인적 외양과 완전히 일치하게 만들었던 것이다. 미주리 타협의 폐기에 대해 들었을 때부터 이것은 링컨의 주장이 되었다. "우리의 공화주의 외투는 먼지 속에서 더럽혀졌습니다. 독립 혁명의 피까지는 아니더라도 그 정신으로 우리는 이 옷을 다시 깨끗하게 만들고 하얗게 되도록 빨아야 합니다. … 독립 선언서를 다시 한번 채택하고, 이것과 조화되는 정책과 행동을 해야 합니다. … 이렇게 한다면 우리는 연방을 구할 뿐 아니라, 영원히 구할 가치가 있는 것으로 만들고 보존할 것입니다."[23]

이 과업을 수행하기 위해 1860년대의 공화당은 이름이 같았던 1790년대 공화파의 메시지를 되풀이했다. 곧, 기성 권력 장치들이 원래 목적에 대한 중대한 왜곡을 보여주는 것이고, 지배적 조직의 변절자들은 (1850년대 후반의 스티븐 더글라스와 1790년대 후반의 존 애덤스) 이 조직에 참여했었기 때문에 절망적일 정도로 무력해졌으며, 일상적인 이해 충돌은 중단되어야만 하고, 제일 원칙이 내세워져야 하며, 현재의 경로는 중지되고 되돌려져야 한다는 것이었다. 이런 역사적 비교가 링컨에게는 좋은 소재였다.[24] 1859년 제퍼슨의 날 기념 만찬에서 연설을 해 달라는 보스턴 공화당원들의 요청을 고사하는 서한에서 링컨은 두 명의 주정뱅이가 싸우다가 간신히 자기 외투를 벗어 던지고 상대방 외투 속으로 기어들어가는 이야기를 연관시켰다. "오늘날의 두 주요 정당이 제퍼슨과 애덤스 시절의 두 정당과 정말 똑같다면, 이 두 주정뱅이가 한 일과 똑같은 일을 해 왔습니다." 과거 연방파 제국의 중심이었던 지역이 제퍼슨의 "자유로운 정부"에 대한 비전을 기릴 준비를 하는 동안, 제퍼슨의 세력이 가장 강했던 지역은 "독재의 귀환을 위한 전위대"로 부상하고 있다는 것이다. 역설적이게도 "오늘날의 소위 민주주의"에 대한 투쟁에 걸려 있는 것은 "이 나라에서 제퍼슨의 원칙이 완전히 전복되지 않게 구해내는 것"이었다. "우리는 저들을 물리쳐야 합니다. 그렇지 않으면 저들이 우리를 지배할 것입니다."라고 링컨은 선언했다.[25]

좀 더 널리 알려지게 되면서 링컨은 자신을 반대 운동 분파들 중 하나와 동일시하려는 시도들을 적극적으로 물리쳤다.[26] 공화당 연합 내에서 급진파나 온건파 혹은 보수파에 너무 가까워지는 것을 피하는 것은 다크호스 후보에게는 분명히 전략적 이점이 되었으나, 링컨은 이보다 훨씬 많은 것을 얻었다. 긍정적인 면에서 보면, 링컨은 공화당 운동 내의 서로 다른 이념들을 결합시킴으로써 권위를 확장할 수 있었다. 그의 논조는 공화당의 상이한 이념들을 서로 보완하는 것으로 활용했고, 다른 어떤 분파들보다도 더 유연한 입장을 취할 수 있었다. 링컨은 기존 레짐에 대해서는 급진파적인 비난을 퍼부었다. ("노예제 **반대** 운동이 장래의 노예제 확산을 막지 않으면 … 노예제 **주창자들**이 노예제를 밀어붙일 것입니다 … 새로운 주든 아니든, 남부든 북부든, 모든 주에서 합법화될 때까지 말입니다."[27]) 반면에 노예제 제한에 대해서는 보수적 입장을 제시했다. ("우리는 우리 정부를 고안한 선조들이 채택했던 바로 그 정책을 고수하고 있고 이를 위해 싸우고 있는데, 당신들은[남부와 민주당은] 협약을 거부한 채 이 정책을 무시하고 침을 뱉으면서 이제 무언가 새로운 것으로 대체하기를 고집합니다."[28]) 마지막으로 링컨은 온건한 개혁, 즉 노예제가 존재하는 주들에서는 노예제에 대한 헌법상의 권리를 인정하고 더 이상의 확산을 막는 개혁을 제안했다. ("나는 기존 제도와 그 확산 간의 구분을 명확히 하며, 정직한 사람이라면 나를 오해하지 않을 것입니다."[29]) 링컨은 국민들에게 자유로 가는 길을 가리킬 것만을 고집했다. 노예제의 "최종적인" 종식과 자유 노동 원칙의 "궁극적인" 승리만을 약속했던 것이다. 링컨은 노예 권력 음모를 타도하고 독립 선언서의 원칙을 재확인하겠다고 다짐했으며, 후자는 전자를 이루는지 여부에 달려있음을 명확히 했으나, 그 정확한 의미는 사태 전개에 따라 변할 수 있게 열어두었다. 제일 원칙을 다시 실행하면서 어디까지 갈 것인지는 얼마나 큰 저항에 부딪히는지에 따라 결정될 것이었다.

링컨은 새롭게 강력해진 반대 운동의 심장에 재편의 문양을—재확인으로서의 거부—새겨 넣었다. 이것으로부터 그는 독자성을 얻게 되며, 이것에 의해 대통령의 결정적인 권력을 행사하게 된다. 낭만주의자들이 링컨의 리더십에서 특별한 것이라고 평가하는 메시지의 순수성과 원칙의 일관성은, 링컨의 정치적 입장에 있어서 질서—파괴적, 질서—확인적, 질서—창조적 요소들이 근본적으로 공명하고 있는데서 나온 것이었다. 정통성 있는 질서를 복원하기 위한 필요성에서 변화를 구체화시킬 때, 저항이 링컨의 자원이 되고, 급진이 링컨의 특권이 된다.

마찬가지로 링컨 리더십의 전설적인 "실용주의"가 여기에서 정치적인 대비책으로 등장한다. "내 정책은 아무 정책도 없다는 것입니다."(My policy is no policy)라는 링컨의 유명한 말은, 만일 기존의 권력 배열을 부수기 위해 가능성을 열어 둔다는 의미와 연관되지 않았다면, 정치적 통제력의 능숙한 행사라기보다는 정처 없는 표류를 의미했었을 것이다. "평온했던 과거라는 교리"(dogmas of the quiet past)에서 완전히 벗어나기 위해서는－전개되는 상황이 요구하는 대로 생각과 행동을 끊임없이 재조정하기 위해서는－대통령은 이전의 현상(status quo ante)에 대한 지속적이고 가능성이 열려있는 공격을 통해서 독립적인 행동 근거를 지니는 확장된 권력을 보장받아야 한다. 링컨이 실용주의적일 수 있었던 것은 정통성 있는 질서와 급진적 변화가 그의 근본적인 입장에서는 거의 동의어였기 때문이다. 실용주의는 대통령에게 있어서 정치적으로 적절한 행동이 무엇인지에 대한 링컨의 비밀스런 통찰이 아니었다. 이보다는, 실용주의가 링컨에게 효과적인 책략이 될 수 있었던 것은, 실용주의가 가장 적절했던 구조, 즉 물려받은 통치 해법으로부터 대통령의 독자성을 극대화시켜 주는 구조 안에서 그가 행동했기 때문이었다. 거부하는 권한이 링컨이 실용주의를 적용할 수 있는 폭넓은 범위와 힘을 주었던 것이다.

연방의 구원과 노예제 파괴

1862년 8월 20일 뉴욕 트리뷴(New York Tribune)에 게재된, 그릴리(Harace Greeley)에게 보낸 서한에서 링컨은 노예제 이슈를 다루는 데 대한 비판에 응답했다. 이 서한만큼 링컨의 절제와 실용주의를 보여주는 사례로 인용된 것이 없을 정도지만, 이 서한이야말로 링컨의 재편의 입장에 담긴 급진적인 독자성과 변혁의 논리를 가장 잘 보여 준다.

이 투쟁에서 나의 최고의 목적은 연방을 구하는 것이지, 노예제를 파괴하는 것이 아닙니다. 노예를 해방시키지 않고도 연방을 구할 수 있다면, 그렇게 할 것입니다. 모든 노예를 해방시켜서 연방을 구할 수 있다면, 그렇게 할 것입니다. 어떤 노예들은 해방시키고 어떤 노예들은 남겨두어서 연방을 구할 수 있다면, 그렇게 할 것입니다. 노예와 유색 인종들에 대해 내가 어떻게 하든, 그것은 연방을 구하는 데 도움이 된다고 믿기 때문입니다. 내가 어떤 일을 하지 않으려 하는 것은 그것이 연방을 구하는데 도움이 되지 않기 때문입니다.

여기서 밝힌 목적은 나의 공식적 의무에 대한 관점에 따른 것입니다. 모든 인간이 어디에서든 자유로워야 한다는, 여러 번 밝힌 나의 개인적 소망을 바꿀 의향은 없습니다.

반역의 근본 원인에 대한 이 실용주의적 접근은 몇 가지 점에 있어서 흥미롭다. 첫째, 노예제 문제에 대한 링컨의 이전의 접근은 대단히 다른 것이었다. 실제로, 남부에게 연방을 파괴하겠다는 위협을 재고해 달라고 요청했던 취임식 쯤에 링컨은 이미 연방을 구하는 것 이상을 하겠다고 결정했었다. 연방은 공화당의 조건대로, 즉 "영원히 구할 가치가 있게" 만드는 조건으로 구해져야 하며, 이를 위해서는 최소한 1854년의 수치로부터 구원하겠다는 확고한 결의가 따라야 했다. 대통령 당선인으로서 링컨은 의회 잔여 회기 동안 공화당 의원들에게 분리 위기를 해소하기 위한 연합당(Unionist)* 존 크리텐든(John Crittenden)의 타협안이나 노예제 확산에 대해 당의 입장을 양보하는 어떤 제안에도 확고하게 반대하라고 지시했다. 링컨은 공화당이 "'속을 빨아 먹혀서 껍질만 남고 속이 빈 달걀–모든 것이

* 역주: 1850년의 타협을 지지하면서 생긴 일시적 정당. 북부와 남부 사이의 경계주들(border states)을 중심으로 연방을 수호하고 남부의 분리주의에 반대하지만 공화당과 거리를 두었던 정당. 이후 1864년 선거에서는 남북전쟁에서 북부를 지지하던 전쟁 민주당(War Democrats)과 공화당을 합쳐서 연합당의 이름하에 링컨이 재선에 출마했음.

빨려 나간 원칙'이 되는 것"을 용납하지 않을 것이었다. 극명하게 다른 선택이 주어진 순간에는, 노예제의 "최종적인" 폐기를 위한 경로를 설정하는 것이 내전을 막기 위한 모든 다른 방편들에 우선했다. "결정의 순간이 왔습니다. 지금 오는 것이 나중보다 낫습니다."[30]

둘째, 노예 문제에 대한 링컨의 실용주의가 전쟁에 대한 정책 범위를 결정하기보다는 거의 모든 가능성을 열어 둠으로써 대통령의 권한을 확장시켰음을 쉽게 알 수 있다. 의심의 여지없이 1862년 8월에 링컨은 전략적으로 생각하고 있었다. 그는 좌와 우의 극단주의자들로부터 자신이 독자적이라는 것을 명확히 하고 절제된 중도적 입장을 수립함으로써 자신의 입장에 대한 국민적 지지를 동원하려 했다. 그렇지만 놀랍게도 뉴욕 트리뷴지 서한은 중도 입장을 전혀 결정되지 않은 어떤 것으로 만들어 놓았다. 보수적 복구와 급진적 혁명 사이를 잇는 선 위에서 중앙의 입장임을 밝힌 것이 아니라, 링컨은 이 선상의 모든 점을 장악했고, 정치적 중앙을 언제 무엇이 구해져야 하고 파괴되어야 하는지에 대한 자신의 공식적 판단에 대한 신뢰로 규정했던 것이다.

링컨이 노예제 폐지에 주저한다고 수개월 동안 비난하고 있던 공화당 내 급진적 반노예론자들에 대해 링컨은 "모든 인간이 어디에서든 자유로워야 한다는, 여러 번 밝힌 개인적 소망"에 따라 노예제의 운명을 결정할 수는 없다고 암시했다. 이보다 자신은 "공식적 의무에 대한 관점에 따라" 대통령으로서 결정해야 했다. 그리고 나서 "공식적 의무"가 급진적 행동을 제약하는 것은 아니며 실제 이를 승인할 수도 있는 것이라고 선언함으로써 링컨은 급진과 보수 사이의 구분을 없애버렸다. 이렇게 해서 링컨은 헌법상 행위자로서의 자신의 역할을 노예제 문제의 도덕성에 대한 자신의 견해 앞에 설정함으로써 반노예제 비판자들로부터 벗어나면서, 동시에 노예제 폐지 반대론자들이 제기하는 위헌성 주장에서도 벗어났다. 연방정부가 노예들을 해방시키려는 어떠한 시도도 헌법에 대한 반역이라는 보수주의자들의 근거와 "과거 상태의" 연방을 복구하기 위한 전쟁은 "현재 상태의" 헌법을 통해서만 합법적으로 수행될 수 있다는 이들의 결론 모두를 링컨은 거부했다. 대신에 링컨은 연방을 복구하기 위한 자신의 헌법상 책임이 헌법 자체의 급진적 변화를 가능하게 한다고 주장했다. 사실상 8월의 이 진술은 대통령이 모든 노예를 해방할 수 있는 권위를 실제 지니고 있으며, 따라서 대통령이 그렇게 선택한다면, 연방을 구한다는 명목하에 연방을 근본적으로 변혁시킬 수 있다는 것을 처음으로 공식적으로 선언한 것이었다. 달리 말하자면, 링컨은 자신이 헌법에 대한 거리낌 없이 혁명을 할 수 있다는, 언젠가는 혁명이 실제로 대통령의 헌법상 의무가 될 것이라는 주장을 했던 것이다.[31]

마지막으로, 이 능란한 이념가가 1860년－61년 겨울에 노예제에 대해 타협보다는 갈등을 선택해 놓고도 1862년 여름에는 이미 정해진 이 결론과는 무관하게 가능성을 열어 두겠다고 선언하는 것을 보게 된다. 사실, 공화당 급진파를 멀리하고 연방을 구원하는 것이 유일한 목적이라고 선언한 그때, 링컨은 이미 급진파의 요구를 받아들이고 남북전쟁을 혁명 투쟁으로 만들기로 결심했다.[32] 링컨이 노예제 문제에 대해 공식적으로 무관심한 체하며 "최고의 목적"을 발표하기 수주 전에 이미 노예 해방 선언(Emancipation Proclamation) 초안이 만들어졌고 내각에서 승인되었었다. 분명히 링컨은 군 통수권자라는 헌법상 지위에 의해 보장되는 대로, 군사적 필요에 따라서만 부분적으로 노예 해방을 추진할 수도 있었다. 트리뷴지에서 밝힌 세 번째 선택지에 따라 연방정부에 공개적인 저항을 계속하는 지역에서만 노예를 해방시킬 수도 있었다. 그럼에도 불구하고 이제 그는 자신의 군대를 남부의 아성으로 진군시키고, 헌법에 의해 보장된 두 개의 경제 사회 체계들을 사생결단의 투쟁으로 몰고 갈 것이었다.[33]

이런 면에서 트리뷴지 기고에서 노예 해방이 정당한 전쟁 수단이라고 선언하고 "연방을 구하기 위한" 군사적 필요에 따른 노예 해방 가능성을 언급한 것은 연방의 복구로부터 남부의 전면적인 재편으로 가는 이행에서 충격을 완화시키려는 (나아가 애매하게 만들려는) 교묘한 의도가 있었던 것으로 보인다. 전쟁 목적의 이 근본적인 변화에 국민들이 대비하도록 8월에 링컨은 그간 이런 정책을 주장해 온 분파에 대해 우위를 점했고 이들의 정치적 기반을 넘어섰으며, 이들의 급진적 입장을 완화시켰던 것이다. 전략과 전략이 쌓여 가면서 경이로운 정치적 설득 기술을 보여주었던 셈이다. 실제로 링컨은 노예제에 대한 진짜 의도를 발표하기 전에 상당한 군사적 승리를 거두는 것이 가장 좋겠다는 계산을 했다. 전장에서 우위에 있는 입장에서 저 사악한 제도에 덤벼들 수 있을 때까지 기다리면서, 링컨은 최고의 목적에 대한 자신의 진술에서 진정한 의도를 가렸을 뿐 아니라 군사적 필요성에 대한 주장들에 대해 의문을 제기하기도 했던 것이다.[34)]

이 모든 것들을 고려할 때, 연방을 구하기 위한 실용주의라는 것은 전략적이었던 것으로 보인다. 모든 색깔의 도전자들을 대통령의 거미줄 안에 끌어들이고, 구하는 논리와 파괴하는 논리로 빈틈없이 짜여진 망 속에 이들을 가두었던 것이다. 링컨 리더십의 기본적인 태세는 보수와 급진의 양극단 모두가 동시에 될 수 있다는 단호한 주장을 통해 이 둘을 물리치는 것이었다. 제퍼슨과 잭슨 리더십의 기본 태세도 똑같았음을 기억해야 한다. 이 대통령들은 반대자들에게 반격을 가했고, 이들의 공격을 무력화시켰으며, 대통령의 행동에서 본질적으로 모순적인 것에 영향받지 않는 담론을 구축함으로써 정교한 정치적 설득의 기술을 발휘했다. 이 대통령들 각각에게, 거부는 인정**이었고**, 붕괴는 복구**였으며**, 파괴는 구원**이었다**.

링컨의 경우, 이에 대해서는 아무런 의문의 여지가 없다. 처음부터 링컨은 남부에 대해 그들의 의도가 엄청난 역효과를 낼 것이라고 경고했다. 공화당의 선거 승리로 제기된 질서－파괴의 위협에 대한 반격으로 분리를 위협하는 것은 위협을 막기는커녕, 그 파괴력에 불을 붙일 뿐이라고 링컨은 주장했다. 취임사에서 링컨은 "지금 불만스러워 하는 여러분들에게는 아직도 원래대로의 헌법이 있고, 민감한 점이기는 하지만, 헌법 아래 여러분들이 만든 법률이 있습니다. 새 행정부는, 하려고 해도, 이 둘을 변경시킬 즉각적인 권한이 없습니다."라고 말했다. 분리는 (연방정부에 백지위임의 통제권을 줌으로써) 반노예제 정당의 힘을 강화시켜 줄 것이고 (연방을 지키는 초당적 보호자로 만들어줌으로써) 반노예제 대통령의 힘도 강화시켜 주게 될 것이었다. "당신들은 연방정부를 파괴하겠다고 하느님께 선서하지 않았습니다. 하지만 나는 '연방을 보존하고, 보호하고, 수호하겠다'는 가장 신성한 서약을 할 것입니다."라고 대통령은 경고했다. 더욱이, 이어질 내전의 엄청난 긴장 아래서 "원래의 헌법"이 어떻게 될지 누가 알 수 있겠는가? 이 점에 대해 링컨은 불만에 찬 남부인들에게 한 가지는 확실하게 해 줄 수 있었다. "여러분이 향해 가는 확실한 고난이 여러분이 떠나 온 모든 고난들보다 훨씬 클 것입니다*."35)

독자적인 대통령 링컨을 알아보지 못한 것이 남부에게는 실로 치명적인 실수였다. 취임식에서의 이 요청을 뿌리친 것은 분명히 링컨의 권위를 완전히 무시한다는 것을 보여주었으나, 취임사는 또한 대통령직 자체의 엄청난 카리스마를 보여주었던 것이다. 링컨이 혁명을 하겠다고 작정한 조직의 앞잡이에 불과하다는 생각에 따라 행동함으로써 분리주의자들은 링컨에게 스스로의 의도대로 혁명을 할 수 있는 권위를 주었다. 대통령직 선서를 입증해 보이라고 링컨에게 도전함으로써 남부는 링컨에게 혁명을 꿈꾸는 공화당의 야심을 국가가 나아갈 유일하고 적절한 길로 만들 수 있는 독자적인 권한을 제공했던 것이다.

공화당이 백악관에 앉힌 대단치 않은 사람에게 돌아간 독자적 권위라는 이 횡재가 없는 상황에서, 남부의 분리로 인해 정치권력의 장악이란 횡재가 공화당에게 돌아갔다면 어떻게 되었을지 상상해 볼 수 있다. 활용할 수 있었던 모든 조직적 자원에도 불구하고 공화당은 이제 막 권력을 장악한 정당이었다. 의심스런 개인적 명성을 지닌 보통의 직업 정치인이 공식적으로 이끌고 있었고, 인종적 정의를 외치는 데 대해 북부 자체가 저항심을 갖고 있는데도 이에 전혀 개의치 않는 완강한 도덕주의자 집단에게 이념적인 인질이 되어 있었다. 이런 조직에게 형식적인 권력을 장악한 것 자체는 기껏해야 저주스런 은총이었을 수 있다. 이런 상태에 링컨이 무언가를 더 주게 되었던 것이다. "필요한 모든 수단을 통해" 반역을 분쇄하려는 링컨이 공화당이 지닌 힘을 미국 대통령의 헌법적 권위 위에

* 역주: the certain ills you fly to are greater that all the real ones you fly from. 셰익스피어 <햄릿>의 구절을 인용한 것.

올려놓아 주었던 것이다.36) 공화당 운동의 이러한 재구성은 점차 "연합당"(Union party) 명칭을 채택한 데에 반영되었다. 그리고 이러한 변화를 통해 정당 활동가 링컨은 제퍼슨이나 잭슨과 같은 정당 건설자의 모습을 갖추게 되었다.37) 연합당 명칭은 링컨이 자신을 당선시킨 조직과는 별개의 리더십 역할을 지니고 있으며 더 폭넓은 정치 운동을 거느리고 있다는 것을 암묵적으로 인정하는 것이었다.

더욱 폭넓은 이 정치 운동을 염두에 두고 이제 질서의 파괴가 질서를 구하는 것과 같다는 논리를 국민들에게 설파한 링컨의 집요함을 검토해 보자. 1860년에 국민들 앞에 섰던 리더는 1864년에 다시 국민들의 승인을 원했던 리더와는 완전히 달랐다. 링컨은 처음에는 메인 주 출신 급진파와 같이 대통령 선거에 출마했었다. 그 당시에 링컨은 확실한 반노예제 정당의 후보였었고, 그렇기 때문에 경계주와 남부의 노예소유주들에게 그들의 헌법상 권리를 보장해 줄 것이라고 설득하는 데 애를 먹었다. 4년 뒤, 링컨은 "연합당" 후보였고, 테네시 주 출신 민주당원을 부통령 후보로 택했다. 그렇지만 이렇게 보다 포용적인 입장 때문에 링컨은 헌법 수정에 의해 노예제를 폐지하겠다는 훨씬 급진적인 정강을 확보하는 데 어려움을 겪게 되었다. 이렇게 변해 가는 과정에서 링컨이 확실하게 이슈를 결정했던 적은 찾기 힘들지만, 그가 직면했던 저항은 그의 변혁적 권위를 강화시켜줄 뿐이었다. 반대에 부딪힐 때마다 링컨은 더욱 급진적이 되었고, 더욱 독자적이 되었으며, 그의 입장은 보다 포괄적이면서 막강해졌다.

1861년 3월: 링컨은 취임 당시에 남부의 노예제 문제에 대한 보장을 반복했다. "나는 직접적이든 간접적이든, 노예제가 존재하는 주들에서 이 제도에 간섭하겠다는 목적이 없습니다. 그렇게 할 합법적인 권리가 나에게 없다고 믿으며, 그렇게 할 의향이 없습니다." 남부는 그의 말을 무시했고 전쟁이 발발했다.38)

1862년 7월: 링컨은 경계주 출신 의원들에게 점진적이고 자발적이며 보상을 해주는 노예 해방 계획을 받아들여 달라고 요청했다. 연방군은 가는 곳마다 노예제를 무너뜨리고 있다고 링컨은 알려 주었다. 이 제도는 오직 “마찰과 마모”가 될 운명이었다. 경계주들이 이처럼 “전례없이 심각한 사실”을 파악하고 전쟁의 의미를 새겨달라고 링컨은 촉구했다. 나아가 그는 노예 재산권의 정당성이 지푸라기에 매달려 있는 원칙이며 “**점진적으로** 해방시키겠다는 즉각적인 결정”이야말로 손실에 대해 보상받을 수 있는 유일한 희망이라고 설득했다. 경계주 의원들은 이 요청을 무시했으며 이 프로그램을 거부했다.[39]

1862년 9월: 링컨은 아직 반란 상태에 있는 지역에 대해 3개월 후 노예를 해방시키겠다는 의향을 공표했다. 연방정부가 실제적인 통제력을 확보하지 못한 지역에 대해서만 결정적 행동을 취한 이 조치에 미묘한 정치적 메시지가 담겨있었더라도, 이는 민주당 때문에 사라지게 되었다. 대통령의 독재에 대항하여 동원된 북부 반대파들이 중간선거에서 링컨 행정부에게 심각한 패배를 안겨주었던 것이다.[40]

1863년 1월: 최종적으로 흑인들을 연방군으로 소집하는 조항이 포함된 노예해방령이 공포되었다. “유색인들은 연방을 복구하기 위한 병력에, 지금까지 가능하지 않았지만 이제 가능해진 큰 자산입니다.” 그러나 북부 도시들에서 이민 노동자들이 징집에 반대했고, 니그로 자유를 위한 링컨의 전쟁을 비난했으며, 북부 흑인들을 무차별 공격했다. 민주당 지도부들은 전쟁을 종식하고 궁극적으로 링컨 독재를 무너뜨릴 수 있는 길을 열어줄 평화 운동을 개시했다.[41]

1864년 6월: 링컨은 노예제를 폐지하는 헌법 수정을 공약한 연합당 후보로 지명되었다. 수일 뒤 하원은 노예제 폐지 수정 조항을 부결했다.[42]

이 모든 저항과 좌절로부터의 수확은 링컨이 연합당 후보로 재선되는 순간 명백해졌다. 거의 모든 정책 전환 때마다 거부되었지만, 링컨은 자신의 노예해방령을 선포하기 이전에 공화당이 더 확고하게 의회를 장악하는 것을 기다리지 않았다. 그는 자신의 연합당 정강을 즉각적인 행동을 위한 국민들의 위임이라고 간주했고, 의회 잔여 회기 중에 의회로 하여금 이전에 하원이 부결했던 노예제 폐지 수정 조항을 다시 심의하도록 만들었다. 한 손에는 후견제를 쥐고 다른 한편으로는 상투적인 말("내 주목적은 전쟁을 신속하게 끝내는 것입니다")을 건네면서 링컨은 필요한 민주당 표를 회유했고, 1865년 1월 31일에 근본적 문제에 대한 가장 급진적인 해결책에 대한 심판을 뒤집었다.[43]

이 기념비적인 업적에 대한 링컨의 단계적인 접근은 정당 정치 시기의 조직상의 특성과는 크게 연관되지 않으며, 그보다는 링컨을 대통령직에 오르게 만들었던 국가적 동요와 정치적 혼란에 더 연관된다. 공화당 조직은 전례 없이 집중된 권력을 품고는 있었지만, 공화당이 가장 강력해진 것은 사태의 진전에 따라 대통령의 리더십이 연방 전체로 더욱 확장되도록 공화당이 변형되면서였다. 은행 전쟁 당시 잭슨의 1인 정당과 마찬가지로 연합당이란 링컨의 유령 정당은 링컨이 마주쳤던 저항으로부터 행동의 정당성을 부여받았고, 나아가는 길 위에 뿌려진 장애물들을 계속 부숴버렸다. 휘두르는 범위가 전례 없이 넓어진 링컨의 철퇴는 잭슨과 마찬가지로 마침내 구질서의 철옹성을 무너뜨렸다. 수정 13조의 통과 전야에 링컨은 다음과 같이 평가했다. "강 건너 사람들이 조심했었더라면, 나는 이를 이루지 못했을 것입니다."[44]

재건

지금까지 링컨의 리더십 정치를 구조화시켰던 새로운 패턴과 반복적 패턴을 검토했다. 그러나 아직 두 패턴의 교차가 갖는 의미를 완전히 살펴보지는 않았다. 질서-파괴적 충동과 질서-확인적 충동이 맞물려 있었다는 점에서 링컨의 재편은 전형적인 것이었지만, 링컨이 질서를 새로 창출하려고 시도했을 때 그 독특한 형태와 성격이 전면에 드러났다. 남부 복구의 조건들을 통제하려던 링컨의 노력에서, 우리가 미국 정치의 순차적인 재편들을 통해 추적해 왔던 점진적 변화 패턴들이 부각되었던 것이다. 제퍼슨이나 잭슨과 같이 변혁적 자세를 공유하고 있었고, 혁명적 행동을 하는 데 있어서 이들보다 더 나은 체계적 권력 자원을 지녔음에도 불구하고, 링컨의 재편은 정당 국가에서 질서를 재구축하는 데 대한 장애들로 더욱 지장을 받았다. 정부가 국민들의 삶에 그토록 깊이 침투한 적이 없었고, 독자적인 생명력을 지닌 조직들에게 권력이 그토록 밀접히 얽매인 적이 없었으며, 재편의 권위가 대통령 개인과는 그토록 무관하게 작동한 적이 없었던 것이다.

한 번도 완전히 통제하지 못했던 조직들 사이에서 링컨이 움직여야 했다는 것은 이미 분명해졌을 것이다. 재편의 권위를 행사하는 근거가 한정되어 있다는 것은 링컨을 둘러싼 두터워진 제도들 세계의 본질이었다. 자신의 의지를 관철시킬 수 있는 개인적 권위가 결여되었기 때문에 링컨은 잭슨보다도 더욱 자신의 헌법상 지위에 의존했다. 링컨은 자신의 권위를 주장하기 위해 지속적으로 취임 선서를 상기시켰고, 자신의 행동을 정당화하기 위해 군 통수권자의 역할에 크게 의존했다.[45] 링컨의 경우 이렇게 상대적으로 형식성을 띠게 된 것은 이전의 재편에서는 볼 수 없었던 것으로, 대통령의 의지를 제도가 매개하는 정도를 보여준다. 처음부터 끝까지 수많은 정치 행위자들 속에서 링컨이 누릴 수 있었던 자유의 정도는 대부분 링컨의 통제 범위 밖에 있던 장군들의 실수와 전투 결과에 의해 제약되었다. (좀 다른 상황에 대해 링컨은 다음과 썼다. "내가 상황을 통제하지 못했고, 상황이 나를 통제했다고 고백하겠습니다."[46]) 이처럼 링컨의 의지를 실현시키는 데 군이 영향을 미치고 있는 동안에, 링컨은 또 하나의 조직, 곧 애초에 그를 대통령직에 올려놓았던 강력한 정치 조직을 상대해야 했다. 그가 할 수 있는 가장 효과적인 방식으로 링컨은 공화당을 관리했다. 당이 맞닥트리는 사태와 당이 취하는 행동에 자신이 의미를 부여하면서 공화당의 힘을 조절해 나갔던 것이다. 그럼에도 불구하고 공화당은 링컨이 상대해야 하는 독자적인 세력으로 남아 있었다.

1860년대에 정치 제도들의 밀도가 상대적으로 높아진 것은 링컨의 재편 과정에서 여러 측면에 영향을 미쳤다. 그 영향이 가장 컸던 것은 공화당이 장악한 의회의 독자적 운영과 조직적 효율성이었다. 물론, 링컨은 위그 혈통에다가 공화당 신조와 연합당의 기대까지를 자부했었고, 그렇기 때문에 공화당 의회가 선택한 것들 대부분을 승인하는 데 있어서 절차나 내용 모두에 완전히 만족스러워했다. 그렇지만, 종종 묘사되듯이 링컨을 "백악관의 위그"로만 보게 되면, 링컨의 재편 동안 의회가 한 일들의 정치제도 발전상의 의미를 놓치게 된다.47) 정말 놀라운 일은, 이 시기의 의회가 대단히 능숙하게 필요한 것들을 제공했고, 새로운 질서가 실질적으로 의회의 작품이었다는 점이다. 의회는 백악관의 적극적인 개입이 거의 없이도, 다가오는 새로운 공화당 레짐의 가장 지속적인 요소들을 만들어 냈다.

전쟁 비용을 조달해야 하는 압박 속에서 의회는 잭슨주의자들이 연방정부에 부과했던 엄격한 재정 규율을 폐기하고, 전국적인 금융과 국채 발행, 전국적 통화 및 보호 관세의 새로운 체제를 수립했다. 그리고 링컨이 남부의 전장에 매여 있는 동안 의회는 계속해서 북부에서 공화당 우위를 확대해 나갔다. 연방정부의 주관 하에 새로 제공되어 큰 호응을 얻은 공공 정책들이 북부 연합에 국가 발전의 기대를 고취시켰다. 농무부법(Department od Agriculture Act), 대학에 국유지를 불하하는 모릴법(Morrill College Land Grant Act), 홈스테드법(Homestead Act), 유니언 퍼시픽 철도법(Union Pacific Railroad Act) 등이 연방정부가 제공하는 완전히 새로운 서비스의 도래를 알렸다. 전쟁에 필요한 긴급 입법들과 함께 이 조치들은 상업과 금융, 산업 및 농업에 있어서 미국 사회와 연방정부 간의 관계를 대폭 변화시켰다. 이런 변화들이 대통령 리더십에 가져 올 영향은 좀 더 있어야 알게 될 것이었으나, 공화당 의회는 진정으로 전국적인 경제가 이루어지도록 촉진했으며, 궁극적으로 정당 정치 자체를 붐비게 만들 조직상의 발전을 가속화시켰다. 민간 부문 지도자들이 정부 지도자들과 함께 국가 정책에 대해 흥정하는 것보다 다원주의적인 새로운 정치 형태를 만개시킬 씨앗이 여기서 뿌려졌던 것이다.48)

물론, 이 재편 과정에서 의회가 동등한 파트너가 되면서, 의회와 대통령 간의 협력이 혁명적이었던 것만큼이나 의회 권위와 대통령 권위의 범위를 둘러싼 갈등 가능성이 짙어졌다. 링컨은 상호간에 공유하는 목적을 위해 의회의 주도권에 의지할 수 있었으나 이 목적들이 항상 일치하는 것은 아니었으며, 공화당 의회는 대통령의 역할을 축소하고 이에 도전함으로써 재편의 정치를 변형시켰다. 실제로, 연방정부의 두 독립적인 제도가 각자의 적절한 영역에서 행동하면서 서로를 존중한다는 위그의 원칙은 책임이 서로 중복되는 현실에 바로 부딪히게 되었다. 더욱이 자제해야 한다는 조언은 최소한 의회에게는 펜실베이니아가(街) 반대편*에나 해당되는 것이었다.

예컨대 노예 해방 이슈에 대한 대통령과 의회의 협력을 살펴보자. 드레드 스콧(Dred Scott) 판결**을 뒤집는 법안을 의회가 통과시키자 링컨은 이에 서명했다. 반역자의 재산을 몰수하는 긴급 전쟁 법안을 의회가 통과시키자 링컨은 이에 서명했다. 수도에서 노예제를 폐지하는 대단히 급진적인 법안을 의회가 통과시키자 링컨은 몇 가지 세부 사항들을 협의한 후 이에 서명했다. 하지만 전쟁의 의미에 대해 링컨이 권위를 세우려하자, 의회는 제동을 걸었다. 남북전쟁 첫 해에 벌어진 두 가지 사태가 선례가 되었다. 첫째는 민주당원인 매클랠란(George McClellan)을 포토맥 군 사령관으로 승진시킨 것이며, 둘째는 공화당원 존 프레몬트(John Frémont) 장군의 미주리 군구 노예해방령을 번복시킨 것이다. 매클랠란 임명은 공화당 내에서 링컨이 믿을 만하지 않다는 비난에 불을 붙였고, 프레몬트 포고령을 번복시킨 것은 링컨이 독재자라는 비난에 불을 붙였다. 그해 말이 되자 공화당 의원들은 링컨 행정부에 대한 민주당의 공격을 따라 했을 뿐 아니라, 실질적으로 매클랠란을 몰아내고 그 자리에 보다 급진적인 인물을 앉히려는 시도를 하게 되었다.49)

---

* 역주: 미국 의회의 의사당과 백악관은 펜실베이니아가의 양 끝에 위치함.

** 역주: Dred Scott v. Sanford. 1857년 로저 테이니 대법원의 판결로, 흑인은 미국 시민이 아니기 때문에 연방 법원에 제소할 권리가 없다고 결정. 또한 연방정부가 노예제를 금지할 권한이 없다고 판결. 남북전쟁의 간접적 원인이 되었으며, 대법원 역사상 최악의 판결 중 하나로 평가됨.

매클랠란과 프레몬트 사례에서 드러나듯이, 링컨과 공화당 의회 간에는 단순한 헌법상의 관할권 이상의 문제가 있었다. 이 갈등들은 사실 질서-창출에 있어서 가장 중대한 문제, 곧 남부의 재건(reconstruction) 문제를 두고 벌어질 딜레마의 초기 징조였다. 핵심은, 이 대통령을 당선시킨 이 지역적 정당과 대통령이 자기 의도대로 만들려던 전국적 정당 사이의 어색한 관계였다. "링컨은 당선된 그 순간부터 1860년에 존재했던 모습대로의 공화당을 파괴하려 했다."라는 역사학자 홀트(Michael Holt)의 주장은 조금 과장되었을 수 있다.[50] 하지만 공화당 조직과 연합당 간의 모호한 경계선을 넘어 상호간에 호혜적인 이득이 있었다는 점을 인정하더라도, 이 재편의 정치에서 근본적인 무언가를 홀트는 파악했다. 이전의 재편 대통령들과 마찬가지로 링컨은 대통령직의 독자적 권력과 특권을 사용하여 정치적 대안들에 대한 이전의 견해들이 거의 예상하지 못하는 방식으로 역사 속 자신의 위치를 구축해 나가려 했다. 하지만 이 경우에는 과거와 다른 것이 수반되어야 했다. 가동 중인 변화의 동력을 바꾸어야 했던 것이다. 재편의 정치에서 새로 발견된 이 한계는 링컨이 겪은 어려움들에서 가장 명확히 드러난다.

연합당의 성공이 기존의 공화당 조직을 대단히 심각하게 위협했을 것으로 평가한다고 해서, 공화당과 연합당의 이익이 일치한 수많은 영역이 있었음을 부정할 필요는 없다. 또한 암살 이후 링컨을 승계한 연합당의 앤드류 존슨(Andrew Johnson)이 추구한 경로와 링컨의 경로 간에 엄청난 차이가 있었음을 부정할 필요도 없다. 이 문제는 되풀이되어 온 것이지만, 새로운 공화당의 성격에 대한 제퍼슨과 랜돌프 간의 대결이나 새로운 민주당의 성격에 대한 잭슨과 칼훈의 대결과 같은 이전의 선례들에서는 근본적 문제가 이처럼 점진적으로 확대된 경우가 없었다. 모든 재편의 대통령들은 애초에 당의 성공에 필수적이었으나 이제 실망하게 된 세력들을 다루어야 한다. 하지만 제퍼슨이 괴팍한 개인을 상대했고 잭슨이 자신의 연합에서 상당한 권력을 행사하던 지역 리더를 상대했던 반면에, 링컨은 자신을 대통령으로 만들어 준 조직을 상대해야 했다. 자기 이익이 위협당했을 때 민주당과 남부 주들이 그랬던 것과 마찬가지로, 공화당은 대통령의 독자적 행동이 자기 조직을 변형시키려 위협했을 때 참으려들지 않았다. 자신의 의도대로 공화당을 다시 만들려고 하면서 링컨은 어쨌든 자신의 대통령직에 불가결한 요소였던 것과 엄청난 대결을 벌여야 하는 위험을 안게 되었다. 이전의 정치적, 제도적 배열들을 부수기 위한 확장된 권위가 이 대결에서 링컨에게 유리한 점이었다면, 권력의 조직적 기반에 의존한 것이 링컨이 나아갈 수 있는 한계를 설정했던 것이다.

공화당의 지원이 없었다면 링컨은 살아남지 못했을 것이지만, 그것에 만족하기만 할 수는 없었을 것이다. 한마디로 그것이 문제였다. 실제로 1860년 선거에서 유권자의 40 퍼센트 미만으로 당선된 대통령을 위해 확실한 정치적 기반을 만들어 내는 것이 연합당의 당면 목표 중 하나였다. 이전 정치 연합들의 주변부에서 벌어지고 있는 혼란과 분열을 틈타 링컨의 연합당은 처음에는 공화당 세력이 약했던 경계주들로, 나중에는 북부군의 진군에 따라 공화당 세력이 전무했고 가능성도 전혀 없었던 남부로 지지기반을 확대하려 했다. 군 통수권자로서 대통령의 헌법상 지위가 이 새 정당의 생명선이 되었다. 연합당의 기함(旗艦)은 링컨의 혼성적인 내각이었고, 그 정치 조직은 북군이었으며, 이미 살펴본 바와 같이 그 이념은 구질서의 제도적 방벽이었던 노예제를 무너뜨리고 그 위에 신중하게 세워진 연합주의(unionism)를 세우는 것이었고, 무엇이 다가올지에 대해서는 가능성을 열어두고 있었다. 한편, 공화당의 정치적 기반은 노예제에 대한 반대와 국가 발전의 새 시대에 대한 기대가 가장 뜨거웠던 북부 지역에 묶여 있었다. 공화당은 남부와 민주당에 완강하게 적대적이었으며, 전쟁은 상호간의 적대감을 강화시켰을 뿐이었다. 만약 링컨이 자신을 당선시켰던 정당의 자리에 자신의 연합당을 제도화시키는데 성공했었다면, 아마 당시 존재하고 있던 공화당 조직의 이념과 이익을 상당히 변화시켰을 것이다. 그러나 그들이 가진 제도적 권력의 중심인 의회를 통해 공화당은 링컨을 공화당의 기준에 붙들어두려고 끈질기게 투쟁했으며, 성과를 거두기도 했다. 공화당은 링컨이 북군의 정치 조직들을 통제하는 것에 도전했으며, 링컨이 남부의 연합당 세력들과 전쟁 민주당(War Democrats)*의 호응을 얻으려는 것에 저항했다.[51)]

하나는 조직화되었고 강력했으며, 다른 하나는 초기 단계에 있었고 거의 상징적인 정도였던 이 두 사촌 정당 간의 긴장은 노예 해방의 속도를 결정하려는 대결에서 처음 드러났다. 이 문제에 대해 링컨은 오직 도덕성에 근거를 둔 행동을 거부하고 완만한 속도를 유지하려고 했다. 그러나 1863년에 노예 해방령이 선포되고 북군이 계속 진격하면서, 이 대립의 근거가 바뀌고 여러 가지 곤란한 문제들이 얽히게 되었다. 남부 주들의 복구 조건이 주의를 끌게 되면서 링컨은 보다 신속히 이 문제를 처리하고 점령지에서 연방에 대한 지지를 확보하려 했다. 1863년 12월에 링컨이 선포한 사면 및 재건 포고령(Proclamation of Amnesty and Reconstruction)은 몇 가지 이전의 논쟁점들을 해소하고 새로운 이슈들을 제기하면서 이러한 전환을 가속화시켰다. 6개월 전의 기준으로 볼 때 이 포고령은 급진적인 것이었고, 6개월 후의 기준으로 볼 때는 더 진전된 공화당 관점과는 확실히 동떨어진 것이었다.[52)]

링컨의 12월 포고령은 이미 북군이 점령했기 때문에 이전의 해방령에서 제외되었던 지역에서 노예제가 부활하는 것을 막으려 한 점에서 급진적인 것이었다. 링컨은 노예제 폐지를 남부 주 복귀의 절대적 조건으로 만들었고, 그러면서 공화당과 연합당을 연결시켰는데, 이 방식은 이후 직면하게 되는 난관들에 중대한 영향을 미쳤다. 이러한 상황 전개를 반기기는 했으나 공화당 의원들은 대통령의 복귀 조건에서 문제를 발견했다. 링컨은 반역의 최고위층이 아닌 모든 사람들에 대해 헌법과 연방에 충성 서약을 하고 전쟁 중 연방정부가 선포한 노예에 관한 포고령과 법률을 지키는데 동의하면 사면하려 했다. 나아가 링컨의 계획에서는, 1860년 선거에서 투표했었던 유권자 수의 10분의 1만이 동일한 충성 서약을 하고 노예

---

* 역주: 민주당에서 북부 연합과 링컨을 지지했던 세력. 민주당 내에서 남부 분리주의에 반대했던 세력은 전쟁에 반대했던 평화 민주당(Peace Democrats; Copperheads)과 전쟁을 지지했던 전쟁 민주당으로 나뉘었다.

해방을 인정하는 주 정부 구성에 참여하는 경우, 주 정부가 완전하고 동등한 지위로 연방에 복귀할 수 있었다. 마지막으로 대통령의 직접적 권한 하에 있는 군사 정부가 이 이행과정을 감독하게 될 것이었다.

링컨은 보수적인 남부 연합당과 공화당 의원들을 모두 의식하면서 신중하게 이 메시지를 작성했음이 확실하다. 한편으로 링컨은 해방된 노예들이 겪게 될 사회경제적 혼란을 경감시켜 주기 위해 새로운 주 정부들이 이들에 대한 정책을 독자적으로 수립할 수 있다고 제시했으며, 다른 한편으로는 남부 주들의 재가입을 통제하는 의회가 연방 복귀 조건에 대해 영향력을 행사할 것이라는 점을 관련된 모든 이들에게 상기시켰다. 이런 면에서 12월 포고령은 가능성을 열어 둠으로써 정치 변동 조건을 통제하려는 링컨의 결의를 보여주는 또 하나의 징표이다. 그러나 링컨이 정치체를 재구축하는 문제에 더 깊이 뛰어들수록, 정치적, 조직적 덤불은 더 거칠어져 갔다. 남부 사회의 심장으로 북군을 진격시키는데 있어서 공화당은 링컨에게 핵심적인 지지를 제공했었는데, 이제 광적으로 공화당에 반대하는 남부에서 연합당에 대한 지지를 구축하기 위해서는 이 군대에 의존해야 했고, 이에 대한 지지는 광적으로 남부를 반대하는 공화당 의회에 의해 받아들여져야만 했다. 이 구상 중 몇 가지 점에 대한 반대가 전체 계획을 무산시키는 위협이 되었고, 링컨의 리더십 주장이 가장 포괄적이 되어갔던 때에 그의 통제력이 가장 의문시되었다. 사면령이 여러 층의 제도들의 영향을 거치게 되면서, 그 의미와 효과를 통제하는 것이야말로 링컨의 재편의 권위에 대한 가장 어려운 시험이 되었던 것이다.

북군이 점령한 루이지애나 주에서 벌어졌던 정치적 소란이 링컨이 마주했던 도전을 잘 보여준다.[53] 1863년 여름과 가을 동안 루이지애나 자유주 위원회(Louisiana Free State Committee)가 주도적으로 주 정부를 재건(reconstruction)하지 못하고 있는데 대해 링컨은 점점 불만스러워졌다. 이 주의 신속한 재건이 남부 연합 남은 지역들의 사기를 꺾고 내전을 빨리 마무리 짓는데 핵심이라고 링컨은 믿고 있었다. 더욱이 루이지애나 점령 지역의 보수적인 대농장주들이 워싱턴에는 충성을 서약하지만 노예제는 유지하게 될 정부를 세우려고 했기 때문에 정부 구성 지연에 대한 우려는 더욱 커지게 되었다. 자유 주 위원회의 행동을 촉구하는 대통령의 압력은 실패로 끝났고, 농장주들의 계획을 불신하게 만들려는 노력도 실패했다. 마지막으로 링컨은 공식적으로 개입하여 뉴올리언즈 지역의 사령관인 나타니엘 뱅크스(Nathaniel Banks)에게 "모든 권한"을 주고, 신속하게 루이지애나를 자유 주로 재조직하도록 명령했다. 사면과 재건에 대한 계획을 밝힌 12월 포고령을 선포했을 때 링컨은 루이지애나 사례를(또한 농장주들의 계획을) 염두에 두고 있었으며, 루이지애나의 새 정부를 자신의 전반적인 프로그램의 모델로 제시하기를 희망했다.

뱅크스는 링컨이 가장 원했던 것, 곧 노예제 없는 정부를 가져다주었다. 하지만 링컨에게 가장 필요했던 것, 곧 남부의 연합당 세력과 공화당 의원들 사이를 벌어지게 하는 이슈들을 통제할 수 있는 자유를 가져다주지는 못했다. 뱅크스에게 "모든 권한"을 준 링컨의 명령을 뉴올리언즈의 급진파 지도자들은 불만스러워 했고, 이들의 좌절감은 재무장관 체이스(Salmon Chase)를 통해 워싱턴에 전달되었다. 체이스는 1864년 대통령 후보 지명전에 출마할 채비를 하고 있었고, 이를 위해 의회 내 급진파들의 링컨에 대한 불신과 모든 항구에서 재무부가 관장하고 있는 막대한 후견제 혜택을 이용하고 있었다. 자신의 구상에 대해 공화당 의원들과 남부 연합당 세력들의 지지를 구축하기는커녕, 링컨의 루이지애나 실험은 한 지역에서 저항을 촉발시켰고, 그 반향이 다른 지역으로 이어지게 되어 각 지역에서 분열이 깊어졌다. 뱅크스는 자유주 정당(Free State party) 지도자들이 정한 주 헌법 제정회의 개최일에 대한 승인을 취소하고 대신에 노예 해방 찬성 세력의 힘을 과시하기 위해 구 헌법 하에서 선거를 치르게 함으로써 상황을 더욱 악화시켰다. 뱅크스는 군령으로 구 헌법의 노예제 조항을 무효화했었으며, 만일 친노예제 세력이 선거에서 승리했더라도 선거 결과를 무효화했었을 것이다. 그렇지만 공식적으로 노예제를 폐지하고 해방된 노예들의 정치적, 시민적 권리를 구체화시킬 헌법제정회의 개최를 연기하기로 결정한 것은 자유 주 운동의 급진파들에게는 보수적 농장주들에 대한 우호적 태도이자 공화당 신념에 대한 배신으로 보였다. 이전에 뱅크스는 해방된 노예들의 시민권을 심각하게 제약하는 계약 노동 체제를 승인한 적이 있었기 때문에 이런 의심에 대해 이미 취약한 상태였다. 조기 선거 결정으로 인해 급진파들은 자유 주 운동을 둘로 분열시켰고, 다가오는 선거에 대해 독자적으로 후보들을 내게 되었다. 뱅크스의 지지를 내세운 온건파들이 승리하고 급진파들이 농장주들의 후보들 다음으로 3위에 그치게 되자, 워싱턴의 의사당에서는 경고음이 요란하고 또렷하게 울려 퍼졌다.

남부에서 연합당의 운명을 결정지을 수 있는 모든 문제들 중 가장 취약했던 것은 바로 링컨 행정부 조직이었다. 아무런 직접적 감독을 할 수 없는 상태에서 수백 마일 떨어져서 정치적으로 가장 예민한 문제를 다루었던 이 하급자들의 손에 대통령의 운명이 달려 있었던 것이다. 그리고 군의 통제와 당내 갈등 속에서 지역의 선거 정치는 복잡하게 얽혀갔으며, 대통령의 진의에 대한 해석이 제멋대로 영향을 미치게 되었다.[54] 뱅크스의 정치적 판단이 서툴렀음에도 불구하고 그는 여전히 신속한 재건을 위해 최선의 선택이었고, 전쟁이 아직 벌어지고 있는 상황에서 속도야말로 대통령에게는 최우선의 관심사였다. 그래서 링컨은 뱅크스가 가져다 준 백인 충성파 정부의 편에 섰다. 한편, 자유 주 정당의 급진파 리더였던 윌리엄 듀란트(William Durant)는 현장에서 계속해서 보고서를 올리면서 대통령의 재건에 대한 의회의 우려를 키워나갔다. 이 보고서들을 통해 공화당 신조에 대한 어마어마한 위협이 자리 잡기 시작했다. 자유로운 선거란 군사 독재를 위장한 것에 지나지 않으며, 순수한 공화주의 정부를 구성한다는 약속이 과거의 오염된 노예제 헌법하의 행동을 위한 정치적 편의에 불과한 듯 보이며, 과거의 대농장주 계급이 다시 일어서는 듯하고, 현지의 자유 주 운동이 새로운 연합당 구성 과정에서 배신당한 듯하며, 공화당의 숙적들이 어떤 대가를 빼앗아 가든지 간에 대통령은 자신이 구성할 수 있는 연합당 정부의 표만을 얻겠다고 하고 있다는 것이었다.

링컨이 루이지애나에서 보수주의자들의 반혁명을 실제로 사전에 막으려 했다는 반증도 확실히 있었다. 링컨은 농장주들의 구상을 막으면서 노예 해방을 살려냈었고, 이후 비록 멀리 떨어져 있었으나 주 헌법 제정회의에서 흑인들의 참정권 조항을 통과시키기 위해 애를 썼었다(결과적으로 소용이 없었다). 그러나 1863년 겨울과 다음해 봄 동안 링컨에 대한 공화당 내 반대는 공개적이 되었으며, 대통령의 재건 구상에 대한 의심이 이미 확산된 상태에서 현지 상황 전개에 대한 듀란트식의 보고가 남부 복귀의 조건에 대해 의회의 권위를 행사해야 한다는 공화당의 결의를 더욱 북돋아주었다. 선거가 다가옴에 따라 링컨을 버리려는 시도들이 여러 진영에서 표면화되었다. 급진파들의 상징적 존재였던 재무장관 새몬 체이스는 마침내 그늘에서 나와 링컨의 재지명에 대해 직접 도전하기 시작했다. 남북전쟁 첫 해에 링컨이 취소했던 해방령을 선언했었던 존 프레몬트는 제3당 후보로 나서서 링컨을 좌익에서 공격했고, 민주당은 링컨을 우익에서 공격했다. 그리고 벤자민 웨이드(Benjamin Wade)와 헨리 데이비스(Henry Winter Davis)는 대통령의 재건에 대한 의회의 대안이라며 링컨 행정부에 확실하게 반대되는 프로그램을 제시했다.

7월 의회 회기 마지막 날에 링컨에게 송부된 웨이드－데이비스 법안은 단기적으로는 링컨이 복귀시킨 주 정부들을 다가오는 선거에서 배제하려는 목적이 있었고, 장기적으로는 남부와의 재통합이 공화당의 안전을 보장할 수 있도록 하는데 필요한 시간을 벌기 위한 것이었다. 링컨이 계획했던 대로 군이 정복하고 나면 바로 재건이 이어지도록 하는 대신에 의회는 장기간의 연방정부 지배를 원했고 이 평화기 동안 개혁을 확장시키려고 했다. 구체적으로, 새 정부를 구성하는 기본 조건으로 1860년 투표자의 50 퍼센트에 (대통령의 10 퍼센트 요구 대신에) 달하는 충성스러운 시민이 있어야 한다고 요구했고, **반역 당시 충성했다는** “확고한” 서약을 할 수 있는 사람들만이 주 헌법 제정회의의 대의원을 선출하도록 했다. 과도기 동안에는 링컨이 제시했던 군정이 아니라 민간인 임시 주지사를 통해 연방정부가 상황을 관리하게 되며, 해방된 노예들의 기본적인 민권이 보장되도록 했다.

루이지애나 경험 이후, 의회가 연합당 구상에 대해 실질적으로 반대하는 선을 그었던 것이며, 링컨이 웨이드-데이비스 법안에 대해 거부권을 행사하자 공화당의 최악의 우려가 확인된 듯 보였다. 거부권 행사로 인해 공화당 내에서 비난이 고조되자 이를 우려한 링컨은 당내 분열을 막아보고자 최선을 다했다. 자신의 행동에 대해 뒤늦게 설명하면서, 링컨은 이 법안이 몇 개 주들은 채택하기를 원할 수도 있는 좋은 계획이라고 인정한 후, 다만 자신은 하나의 고정된 계획에 얽매이지 않기를 원한다고 말했다. 대통령을 고정된 계획에 얽매는 것이야말로 당연히 의회가 원했던 것이며, 일정 기간 동안 이 전형적인 링컨식 리더십은 상황을 악화시킬 뿐이었다.[55] 더욱이 항상 행동의 근거를 헌법 안에서 찾으려 했던 링컨은 거부권 행사의 이유를 노예제 폐지에 관한 몇 가지 조항들에서 찾았으며, 의회가 이러한 권위를 가지고 있지 않으며 헌법 수정이 되지 않는 한 오직 군 최고 통수권자만이 이러한 행동을 승인할 수 있다고 주장했다.[56] 재건에 대한 대통령의 이러한 헌법적 주장은 급진파들이 참기 어려운 것이었다. 공화당 의원들의 분노에 불을 당겨서 링컨에 대한 총 공세로 나아가기 위해 웨이드와 데이비스는 "독재적 권력 찬탈"에 반대하는 혹독한 성명서를 발표했다. "정부의 지지자들"에게 호소하면서 이들은 대통령이 세운 루이지애나 정권이 "선거 형식을 취했지만 장군들과 헌병 대장들, 병사들, 병영 종사자들이 좌지우지한 선거를 통해 군령에 의해 주민들에게 강요된 과두제일 뿐"이라고 비난했다. 링컨의 대통령직은 "입법권에 대한 계획적인 폭거"가 되었다고 이들은 결론지었다.[57]

링컨 암살 당시에도 이 상처들은 아물지 않았고, 대립하던 이슈들은 거의 해결되지 않았다. 연합당은 정강에서 재건 이슈를 피해 갔다. 링컨은 연방을 구하고 노예제를 폐지하겠다는 결의에 차서 국민 앞에 나섰다. 사실, 웨이드-데이비스 법안 거부권 행사에 대한 링컨의 설명에서 한 가지 잘한 것이 있다면, 노예제를 영원히 폐기할 헌법 수정을 자신이 확고하게 지지한다는 것을 공화당 의원들에게 정확히 일깨워 준 것이었다. 재건 정책에 대한 당내 반란을 링컨이 헤쳐 나갈 수 있었던 것이 바로 연방을 구하고 노예제를 폐지한다는 입장에 있어서 그가 전혀 흔들리지 않았기 때문이었다고 보는 것이 지나친 것은 아니다. 선거 운동 중 양측은 이 공동의 목적을 위해 재건 이슈에 대한 교착상태를 받아들였다. 이런 면에서 웨이드－데이비스 성명은 실제로는 도움이 되었다. 이 성명서가 나오자마자 공화당 의원들은 자기들 스스로가 민주당의 주장을 해왔으며 링컨의 독재적 권력 찬탈에 대한 이 성명서의 비난이 "평화 민주당(Copperhead)* 선거운동 문서 중 가장 잘 만들어진 것" 같다는 점을 바로 깨닫게 되었던 것이다.[58] 구질서를 파괴하는데 있어서 민주당 후보 조지 매클랠란보다 링컨이 낫다는 데는 의심의 여지가 없었으며, 선거 막판을 위해 정치적 휴전을 확실히 할 수 있도록 링컨의 북군은 시의적절하게 대승을 거두며 루이지애나에서의 죄를 만회했다. 정치적으로 곤란하게 만들었던 여름 동안의 포위 이후 1864년 9월 2일 마침내 애틀란타(Atlanta)가 항복하자, 민주당의 평화 정강은 쓸모없게 되었고, 이제 북군의 승리가 확실해지면서 "급진파 민주당" 존 프레몬트는 반노예제 표를 분산시키지 않기 위해 후보에서 사퇴했다.[59]

만일 링컨이 두 번째 임기를 다 채웠다면 무슨 일이 일어났을지 추측하는데 있어서는 조심하는 것이 최선이다. 나중에 공화당 의회와 앤드류 존슨 간에 벌어진 재난 같은 대립은 피할 수 있었다고 믿을 만한 이유는 충분히 있다. 실제로 두 번째 임기 초 수주 간 링컨은 스스로 속도를 조절해 가면서 급진파들에게 다가갔었다. 사망하기 수일 전에는 보다 완만한 속도의 재건과 제한적인 흑인 투표권의 장점을 고려하고 있었다. 링컨과 공화당 의원들 간의 균열은 원칙과 연관된 것이 아니라 전략적 계산에 관한 것이었으며, 다가올 일들의 정확한 성격을 열어 둠으로써 링컨은 변화의 적절한 범위와 속도에 대해 유연한 자세를 견지했다. 민주당의 전국적 연합을 재구축하려던 앤드류 존슨의 시도와 링컨 행정부의 이 마지막 나날들 간에는 실제로 아무런 연관이 없었던 것이다.[60]

반면에 이러한 관찰로 인해, 1864년에 재건 이슈를 두고 공화당과 연합

* 역주: 남부와의 휴전을 주장한 북부 민주당 분파. 남북전쟁 당시 이들의 주장이 너무나 위험하다고 맹독성 독사(copperhead)라고 비난받음.

당을 교착상태에 빠지도록 만든 복잡한 조직 및 운영상의 문제들을 무시할 수는 없다.[61] 남부의 재건이 성공적이기 위해서는 최소한 19세기 중반에 지배적이었던 것과는 전혀 다른 정부 운영 방식이 필요했었으며, 이념과 이익에 대한 연방정부의 근본적 기약들을 혁명적으로 만들려고 한 모든 일에도 불구하고 링컨이 국정을 조직하는 핵심적 도구로서 정당 자체에 도전하려 했다는 증거는 없다. 따라서 1864년 선거에서 링컨이 민주당의 앤드류 존슨을 연합당의 부통령 후보로 선택하자고 촉구한 것은 정당국가의 도구, 곧 정당을 통해 남부의 재건을 해 나가는데서 생기는 문제들을 해소했다기 보다 더 악화시킨 것이었다. 지역 균열 위에 올라탄 새 연합당이라는 유령이 1864년에 핵심적인 공화당 기약들과 충돌했던 것과 마찬가지로, 이 유령은 1865년에는 존슨의 리더십 아래 있던 민주당의 기약과도 충돌하게 되었다. 두 경우는 연합당이 전쟁으로 생긴 일탈에 불과했으며, 재건을 안내하고 이후 새로운 질서를 안착시킬 가능성이 거의 없었다는 것을 시사한다. 연방을 구하고 노예제를 파괴하는 힘으로는 무적이었으나, 파괴한 모든 것을 재구성할 수 있는 권력과 권위는 없었던 것이다.

링컨 훨씬 이전의 재편의 정치와 링컨 훨씬 이후의 재편의 정치를 비교하면, 링컨 행정부가 임기를 채웠을 경우 재편이 어떻게 되었을까 하는 문제가 보다 쉬워질 수 있다. 앤드류 잭슨은 자기 정당을 자신이 원하는 존재가 될 수밖에 없게 만들었던 반면, 프랭클린 루즈벨트는 좌절감 속에서 재편의 정치적 기초로서 정당 조직 전체를 포기할 수밖에 없었던 것이다. 링컨과 공화당 간의 밀고 당긴 관계는 그 모든 시너지와 적대감과 상호 수용의 가능성을 지니고 이 두 극단 사이에 위치하고 있으며, 정치적 가능성의 변화되어가는 모습을 제대로 보여주는 이정표이다.

제2부 씨어도어 루즈벨트의 표출

낡은 정당을 혁신하기

씨어도어 루즈벨트는 대통령 리더십의 "잭슨-링컨 전통"에 자신을 자랑스럽게 올려놓았었지만, 이 비교에서 자신이 뒤처진다는 점을 처음으로 시인하기도 했었다.[1] 부가 넘쳐나고 제국주의적 승리로 의기양양하며 공화당이 확고한 우위를 점한 국가의 선장으로서 루즈벨트는 국가적 혼란과 정치적 분열을 앞두고 자리에 올랐던 대통령들과는 비교가 되지 않는다는 것을 알고 있었다. "엄중한 사태가 있지 않으면, 위대한 국가 지도자도 없다. 링컨이 만일 평화로운 시기에 살았었다면 지금 아무도 그 이름을 모를 것이다."[2]

대공황과 2차대전을 겪은 후에 학자들은 더 혹독한 평가를 내렸다. 1950년대 초반에 역사학적 해석은 이 "첫 번째" 루즈벨트의 대통령직에 대해 "시끌벅적하지만 의미는 별로 없는" 것으로 격하시켰다. 모리슨(Elting Morrison) 같은 권위자는 역사학자들이 마침내 루즈벨트를 또 하나의 "호감의 시대"를 대표하는 인물로 평가하게 되었다고 진단했다. 먼로 때처럼 루즈벨트의 시기는 삶의 즐거움에 바빠서 미국 역사발전에 있어서 진정으로 의미 있는 출발점이 되는 "거대한 구상과 위대한 선언"이 결여되었었다는 것이다.[3]

모리슨의 말은 루즈벨트 리더십의 근본적 성격을 포착한 것이기는 하지만, 후대의 평가에 대한 그의 예측은 크게 빗나갔다. 씨어도어 루즈벨트는 뉴딜 기준의 위대함에는 못 미칠지 모르지만, 그렇다고 쉽게 무시될 수도 없다.[4] 분명히 루즈벨트식 재편은 20세기 초에 이루어지지 않았다. 그러나 루즈벨트식 출발은 있었고, 오늘날 우리는 이 출발을 "현대 미국의 탄생"만큼이나 중대하다고 평가한다.[5]

루즈벨트 스스로의 평가는 말할 것도 없고 루즈벨트에 대한 해석이 이처럼 다른 것은 우리로 하여금 공화당 시대의 리더십 정치를 재구성한 질서와 변화의 상반된 추세들에 다시 한 번 주의를 기울이도록 만든다. 링컨의 경우와 마찬가지로 루즈벨트가 만든 정치는 눈 깜짝할 사이에 기념비적인 것에서 평범한 것으로 전락할 수 있다. 한 가지 각도에서 보면, 루즈벨트 행정부와 그 이전 및 이후 행정부들은 본질적으로 지속적이라고 파악할 수 있다. 그러나 다른 각도에서는 평가의 기준 자체를 재설정해야 할 만큼의 변화들을 보게 된다. 더 흥미로운 점은, 이 두 대통령들에 대한 평가들이 다른 이유이기도 하지만, 이들의 리더십이 전개된 과정이 전도되어 있다는 것이다. 링컨의 리더십은 정당 정부의 조직적 형태와 제도적 운영을 거의 변화시키지 않은 채, 이 틀 내에서 이념과 이익에 대한 정부의 근본적인 기약을 재설정했고 완전히 새로운 레짐을 일구었다. 반면에 루즈벨트는 기존 레짐의 기약을 확인하고 수호하는데 헌신했고, 그 틀 내에서 미국 정당 정부의 제도적 형태와 일상적인 작동으로부터 처음으로 벗어났다. 링컨이 기존의 정치 조직 형태 내에서 새로운 정치 질서를 구축했다면, 루즈벨트는 새로운 시대의 초입에서 기존 레짐의 기약들을 권력관계의 조직화를 통해 구체화했던 것이다.

오직 앤드류 잭슨만이 질서와 변화의 조직적 시간대와 정치적 시간대 모두를 깨끗하게 단절했다. 오직 이 경우에만 기본적인 통치 양식의 완전한 변화와 이념과 이익에 대한 정부의 근본적인 기약의 변화가 일치했다. 요점은 단순히 잭슨 민주주의 시기 동안 그렇게도 명확하게 구분되었던 대통령 리더십 유형들이 이후 복잡해졌다는 것이 아니라, 대통령들 사이의 확실한 차이점들도 사라지게 할 만큼 변화되었다는 것이다. 앞에서 보았듯이 링컨은 급격하게 두터워진 제도들의 세계 때문에 이전의 재편 대통령들보다 더 큰 방해를 받았었다. 반면에 루즈벨트의 경우, 국가 내의 장기적 변화에 힘입어 이때까지 가장 공격적으로 정치적 관리를 시도했다. 루즈벨트는 새로운 통치 제도를 구축하고 대통령 권력의 범위를 확장하게 해 주는 산업화 시대의 잠재력을 활용하여 기존 레짐의 기약들을 더 높은 수준의 성취로 재표출시키려 했다. 결과적으로 루즈벨트는 국가 행동의 새로운 근거를 주장하는데 성공하면서 더욱 대담해져서 정당 건설자의 역할까지도 장악했고 자신이 구상한 완전한 정치적 재편을 기도했다. 그렇다면 이 경우에 있어서는, 역사적 시간대를 따라 이루어진 새로운 권력 구조들의 변화의 영향이 정치적 시간대를 따라 발생한 반복적 권위 구조의 변화를 상쇄하게 된 셈이다.

이러한 관찰들이 앞으로 전개될 분석의 흐름을 나타내 준다. 루즈벨트의 리더십은 대통령이 만드는 정치에 있어서 정치적 시간의 제약이 약해졌음을 밝혀 준다. 따라서 이 경우는 현대성(modernity)의 영향을 보여주는 전형적인 사례이다. 하지만 20세기의 보다 복잡한 사례들을 마주하게 되면서, 실제로는 대통령이 만드는 정치의 서로 다른 층위들을 분류해 내는 것이 더욱 도움이 된다. 루즈벨트 시기의 두 가지 투쟁만큼이나 – 첫째는 대통령 재임 시절 레짐의 충직한 수호자로서 부단한 노력을 했던 것이고, 둘째는 퇴임 후 평생 동안 가졌던 소속당의 족쇄를 던져 버리고 위대한 거부자로서 독자적으로 투쟁한 것 – 리더십 정치를 재구성하는데 작동하는 상반된 압력들이 극적으로 드러난 적은 없었다. 루즈벨트가 이렇게 리더십의 외투를 바꾸어 입은 것이 보여 준 바는, 가장 인기가 많은 정통–개혁가조차도 마음대로 자신의 리더십 프로젝트를 개조할 수는 없다는 점이다.

루즈벨트 리더십의 이야기는 정통–개혁가와 위대한 거부자 사이의 구분을 무너뜨린 이야기가 아니다. 이와 반대로, 이 구분을 짓는 것의 정치적 중요성에 대해 루즈벨트가 얼마나 민감했는지, 그리고 그가 마침내 선을 넘어서기로 선택했을 때 얼마나 좌절했는지에 대한 이야기이다. 루즈벨트는 독자적 행동을 할 수 있는 여러 가지 새로운 길을 열었지만, 산업화 시대에 정부 능력을 확장시키면서 그가 성취한 것이, 공화당 레짐 소속이기 때문에 그에게 부과된 리더십의 조건들을 없애주지는 않았다. 변화의 정치적 시간대와 역사적 시간대를 따라 직면하게 된 기회와 제약들이 여전히 사뭇 달랐던 것이다. 따라서 개인적 권위가 거의 없었던 링컨이 가장 확대된 독자적 행동의 보장을 요구했듯이, 앤드류 잭슨 이래 가장 카리스마적 인물이었던 루즈벨트도 독자적 행동에 대한 원래의 보장을 뛰어넘어 링컨식의 자세를 취함으로써 정치적 자살을 감행하게 되었다.

이런 면에서 20세기 초 또 하나의 호감의 시대에 대한 모리슨의 언급을 상기하는 것이 유용할 수 있다. 루즈벨트에 대한 분석에서 흔히 그와 비교하는 인물을 바꾸어 주어서, 루즈벨트가 마주했던 독특한 정치적 문제들에 비추어 그의 리더십을 살펴볼 수 있게 해 주는 것이다. 또한 루즈벨트의 (또는 제임스 먼로의) 업적을 무조건 무시하는 것이 아니라 정치적 시간의 조건들에 주의를 기울이게 해줌으로써, 루즈벨트의 리더십을 무언가 모자란 것이 아니라 무언가 다른 것으로 이해하게 해 준다.

루즈벨트를 현대판 제임스 먼로의 이미지로 떠올리게 되면, 앤드류 잭슨이나 링컨 또는 프랭클린 루즈벨트와 비교하면서 놓치게 되는 다양한 방식으로 루즈벨트를 조명할 수 있다. 우선, 루즈벨트는 레짐 부흥가였다. 먼로와 마찬가지로 루즈벨트도 당시의 지배적인 연합 속에서 정치적으로 성장했다. 대통령에 취임하자, 먼로와 마찬가지로 루즈벨트도 미국 정치발전 과정에서 가장 건실했던 시기에 열린 큰 가능성에 대한 인식과 정치적 관리의 필요성에 대한 예민한 인식 사이에서 갈등하게 되었다. 먼로와 마찬가지로 루즈벨트도 변화하는 조건들에 대한 순전히 건설적인 대응들을 통해 기존 연합의 압도적 우위를 지키려 했다. 이 한계 내에서 루즈벨트도 또 하나의 "미국 국가주의의 각성"을 주도했고, 이 과정에서 자기 레짐의 정치적 합의를 한계점 너머까지 확장시켜 버렸다. 왜 그랬을까? 대통령의 권력을 행사하면서 먼로와 마찬가지로 루즈벨트도 상반된 목적 사이에 사로잡혀 있었기 때문이다. 이 대통령들 둘 다 기존 정치 질서의 기약에 대한 변함없는 신념과 독자적인 대통령이 되겠다는 확고한 결의를 양립시켜야만 했다. 이들은 줄곧, 중대한 어떤 것을 파괴하지 않고도 어떻게 하면 무언가 새로운 것을 만들어낼 수 있을지, 물려받은 기약들을 거부하지 않고도 어떻게 하면 개혁할 수 있을지, 중대한 새 출발을 해 나가면서 어떻게 하면 과거와의 지속성을 유지할 수 있을지, 정치를 변화시키지 않으면서 어떻게 하면 국가를 변혁할 수 있을지 하는 문제들에 부닥

치곤 했다.

이런 딜레마를 해결하기 위한 모든 노력에도 불구하고 먼로처럼 루즈벨트도 평생의 정치적 동료들로부터 배신과 이단이라고 비난받게 되었고, 학자들도 그를 "회피와 절충"이라고 비난하게 되었다.[6] 그렇지만, 이런 비난은 이 대통령들이 이끌려고 했던 상황에 전형적인 것이다. 진짜 흥미로운 것은 확실하게 유능한 정치인들이 그들에게 제기된 도전을 극복해 가는 노력들이다. 대통령 재임 시절에만 국한시켜 보면, 씨어도어 루즈벨트는 정통-개혁을 수행하는데 있어서 대통령사에 맞수가 없다고까지 말할 수 있다. 먼로보다 훨씬 큰 권력을 지니고 루즈벨트는 자신의 전국적 명성을 적극적으로 활용하여 그가 보존하려 했던 기존 정치질서를 보다 높은 수준으로 올려놓으려 했다. 대중적 인기를 지닌 대통령이 어떻게 재활성화된 아젠다들을 통제하는 행위자가 될 수 있는지를 루즈벨트는 보여주었다. 또 다른 정통-개혁가 제임스 포크와 비교해서 루즈벨트는 보다 신중했고 자신감이 있었다. 그는 추상적인 계획과 경직된 구상의 위험을 인식했고 대신에 "실용성"과 "효율성"을 지닌 개혁 프로그램들을 역설했다. 가장 공격적이었을 때에도 루즈벨트는 포크만큼 자신을 입증하려는 욕망에 따라 행동하지 않았고, 협력과 점진적 조정에 대해 열려있는 태도를 취했다.

대통령직 자체에 새로운 자원을 구축함으로써 루즈벨트는 표출의 정치에 있어서 먼로나 포크보다 앞서 있었다. 정당 조직이 가져다 준 권력에 더해 루즈벨트는 새로운 시대의 사회 경제적 조직이 제기하는 이슈들에 보다 잘 반응할 수 있는 초당적 통치 양식을 추가했다. 연방 관료 조직을 구축하고 민간 부문 리더들과 직접 협상하면서 루즈벨트는 먼로나 포크와는 달리 정통-개혁의 문제들을 다루어 나갈 여지를 지니게 되었고, 이런 자유를 현명하게 이용하여 레짐 유지에 대한 변함없는 헌신과 리더십 행사에 대한 열정을 조화시켰다. 루즈벨트는 대통령의 관심 영역을 확대시켰고, 연방정부 역할의 근거를 독립적이고 확장적으로 만들었으며, 권력과 책임이 상당히 재구성된 대통령직을 그가 선택한 후계자에게 물려

주었다. 퇴임하면서 루즈벨트가 자신이 처했던 리더십 상황의 모순을 성공적으로 해소했다고 생각했던 것도 무리가 아니다.

뒤에 밝혀지듯이, 이 점에 있어서 루즈벨트는 틀렸다. 적극적인 권력 행사에 따르는 파괴적 효과를 통제하기 위해 충실하게 애를 썼던 다른 대통령들과 마찬가지로 루즈벨트도 결과적으로는 그토록 애써 피하려 했던 대폭발에 불을 붙였다. 권력의 정점에서 재선 출마를 사양하고 그와 친했던 태프트(William Howard Taft)에게 자리를 물려주었을 때 루즈벨트는 영웅적으로 자기 희생을 다짐하면서 자신이 출범시킨 대담한 개혁을 물려주려 한 것이었으나, 이것으로 충분하지는 않았다. 루즈벨트의 개혁이 흩트려 놓은 것들 모두를 다시 모을 수 있는 사람은 없었으며, 태프트가 머뭇거리게 되자 루즈벨트는 기존의 해법 하에서 자신이 이룬 모든 것들이 위태로워지는 상황에 직면하게 되었다.

바로 그때 루즈벨트는 원래의 리더십 자세를 넘어서야겠다고 결정했다. 정통-개혁을 포기하고 위대한 거부자의 역할을 맡겠다는 루즈벨트의 결정은 기존 레짐에 대한 충성과 존중에서 정부 운영의 조직상의 전환을 끌어내려 했던 그의 고통스럽고 자기부정적인 노력들과 동전의 양면과 같은 것이었다. 반대당 건설자라는 어울리지 않는 역할에서 루즈벨트는 우리가 먼로와 포크의 경험으로부터 도출했던 다음과 같은 추론들 전부를 너무나 명백하게 해 주었다. 얼마나 정통과 일치하든지 간에 개혁이라는 것은 불안정한 것이고, 순수하게 건설적인 리더십 프로젝트라는 것은 환상에 불과하며, 소속당 대통령은 궁극적으로 이단의 역할을 하지 않고는 독자적 근거를 지닐 수 없고, 독자적인 대통령이 되는 유일한 길은 위대한 거부자가 되어 물려받은 권력의 방책들에 직접적으로 대항하는 것이며, 정치적 질서 교란이 대통령의 위상과 같이 간다는 것이다. 루즈벨트가 깨달은 것은 단순히 새로운 성취들이 기존의 근거 위에서 확고하게 자리 잡게 되지 않는다는 것이 아니라, 그의 업적을 구하기 위해서는 그 정치적 기초를 재편해야 한다는 것이었다.

이런 통찰에 따라 행동하겠다는 루즈벨트의 결정은 대통령의 정치에 대한 최초의 진정으로 현대적인 관념이었다. 강해져가는 대통령의 권력이 원래의 역할들과 부딪히면서 서로 다른 리더십 유형들 간의 경계를 허물기 시작한 것이 바로 현대였기 때문이다. 비록 증대된 권력을 지닌 현대 대통령들이 의문을 제기하게 되었으나 먼로와 포크는 암묵적으로 받아들였던 대통령 권력 행사의 근거는, 대통령이 자기 뜻대로 리더십 유형을 변화시킬 수는 없다는 것이었다. 자신은 할 수 있다는 생각을 따름으로써 루즈벨트는 보다 완강해진 현실을 명확하게 보여주었다. 엄청난 대중적 인기에 따라 더 대담해지고 대통령의 독자적 행동 영역을 확장시킨 이전의 재능에 힘입었지만, 결국 루즈벨트의 마지막은 20세기 전환기에 대통령의 리더십 자세를 택하는데 있어서 개인적 능력에 따른 선택의 한계를 노출시켰다. 정통-개혁에 내재된 정치적 딜레마는 미국 정치사의 이 단계에서 해소되지 않았다. 극복되기는커녕 더 폭발적으로 드러났던 것이다.

충직한 선동가

루즈벨트는 공화당 조직가들이라면 화려한 고립 속에 남겨 두고 싶어하는, 그런 종류의 스타 기질을 가지고 있었다. 그가 1900년에 부통령 후보로 지명되게 만든 것은 그를 알바니(Albany)의 뉴욕 주 청사에서 몰아내고 싶어 안달이었던 뉴욕 공화당 머신 정치인들이었다. 이 거래를 받아들이는 쪽은 맥킨리(William McKinley) 대통령과 그의 정치 참모 마크 한나(Mark Hanna)였는데, 이들은 "미치광이"를 권좌에 가깝게 두는 것을 전혀 반기지 않았고, 한동안 이를 거부했다.[7] 여전히 개혁을 주창하고 있던 루즈벨트는 무작정 끌어안기에는 너무 독립적이었고, 여전히 미서 전쟁 당시 쿠바에서의 전공으로 명성을 누리고 있어서 견제하기에는 너무 대중적 인기를 누리고 있었다.

맥킨리를 존경하는 사람들은 루즈벨트가 대통령으로서 실제로 이룬 많은 것들이 전임자가 구상했던 것들이며, 암살당하지 않았으면 맥킨리가, 그 방식은 아닐지라도 내용에 있어서는, 모두 이루었을 것이라고 쉽게 주장하곤 한다. 그렇지만 이 우연히 권좌에 오른 대통령은 전임자의 정책들을 "절대 훼손하지 않고 이어나갈" 것이라는 서약을 지키면서도, 전임자들과는 전혀 달랐던 공화당 내에서의 경험을 대통령직에 불어넣었다.[8] 루즈벨트는 당 조직을 국가의 도덕적 증진을 위한 근거로 삼으려는 공화당의 원래의 여망을 여전히 품고 있었으며, 공화당의 근본적 목적의 핵심으로서 변화를 수용했던 것이다.

보다 중요한 것을 우선하는데 신중했던 루즈벨트는 정상적인 경로에서 벗어나지 않았다. 그는 공화당 조직의 본질에 대한 존중심을 지니고 당내에서 자신의 길을 열어 나갔으며, 당에 대한 충성심이 그의 경력의 반석이었다. 1884년 대통령 선거에서 공화당 도덕주의자들이 당의 후보로 지명된 제임스 블레인(James Blaine)을 저버리고 민주당 개혁파 후보 그로버 클리블랜드(Grover Cleveland)를 지지했을 때, 루즈벨트는 합류하기를 거부했었다. 마찬가지로 1900년 선거에서 자신의 미래가 불투명할 것임을 알면서도 루즈벨트는 뉴욕 주에서의 확실한 권력을 포기하고 부통령이라는 고립되고 무능력한 자리를 수락하기로 결정했다.[9]

그렇지만 아무리 공화당의 본질을 존중했다 하더라도, 산업화 시대에 정당 정부가 맞닥뜨린 한계가 자신의 가장 중요한 정치적 관심임을 루즈벨트는 깨닫게 되었다. 이러한 관심을 루즈벨트는 조심스럽게 넓혀가면서 개혁가로서의 명성을 쌓아갔으나, 이런저런 방식으로 남들에게 루즈벨트는 항상 골칫거리였다. 예컨대 벤자민 해리슨(Benjamin Harrison)은 루즈벨트가 독립적인 생각을 가진 공화당 충성파라는 점을 인정하여 인사위원(civil service commissioner)에 임명했으나, 루즈벨트는 후견제를 조작하는 부패를 적발하겠다는 성가신 결정으로 이에 보답했다. 뉴욕 머신의 보스 플랫(Thomas Platt)은 뉴욕 주지사 선거에서 루즈벨트를 지지했는데, 공화당의 부패 문제들을 극복할 수 있는 존경받는 후보이면서도 당 조직을 존중한다고 믿을 만한 유일한 후보가 루즈벨트였기 때문이었다. 루즈벨트는 플랫의 기대를 충족시켰고 공화당 머신들을 공격하지 않았다. 그러나 다른 영역들에서 개혁을 추구하는 루즈벨트의 열정 때문에 플랫은 좌불안석이었다. 맥킨리가 암살된 후에도 상황은 변하지 않았다. 대통령직 승계 후 루즈벨트는 공화당 지도부의 우려를 불식시키고 자신이 권력 행사에 대해 책임을 진다는 것을 입증하기 위해 열심히 노력했다. 그러나 1904년 선거에서 루즈벨트가 공화당 후보로 지명되는 것을 막기 위해 마크 한나가 공작을 벌이는 상황이 벌어졌다. 루즈벨트가 효율적으로 한나를 제압하고 그 스스로 선거에서 완승을 거두는 것을 보고, 이런 결과를 의심했던 모든 사람들에게 루즈벨트는 자신이 조직을 이용할 줄 아는 것은 물론 전문가들을 활용할 줄도 아는 "야생마"임을 보여 주었다.

루즈벨트는 공화당과 국민들 전체 간의 변화하는 관계에 초점을 두고 자신의 리더십을 역사적으로 설정했다.10) 그는 맥킨리가 암살되던 시점에 공화당이 가장 견고한 근거 위에 서 있었음을 인식하고 있었다. 공화당은 제퍼슨 시대 이래 본 적이 없을 정도로 국가 권력을 장악하고 있었다. 루즈벨트가 보기에, 반대당은 도전하려고 시도했던 모든 중대한 이슈들에서 —노동조합, 노예제, 통화 정책, 산업 발전, 국제적 팽창 등—"완전히, 절망적으로 틀렸음"이 판명되었다. 그가 곤혹스러워 했던 것은 1890년대에 공화당이 그 태생적 권리였던 "급진적" 자세를 포기해 버린 것이었다. 민주당과 인민주의자들(populists),* 그리고 사회주의자들의 "어리석고, 무분별하고, 엉터리인 급진주의"가 공화당으로 하여금 위험스러울 정도로 보수적이고 방어적인 입장에서 싸움을 하게 만들었던 것이다. 이제 권력과 성공을 완전히 누리면서 공화당은 루즈벨트가 말한 "화석화"(fossilization)의 위험, 곧 원래 링컨을 지지했던 평범한 사람들을 적대하는 반동 세력과 위험스러울 정도로 일치할 위험에 처해 있었다. 통치로부터 얻는 헤아릴 수 없이 많은 혜택들을 지키고 키우면서 동시에 불가결한 통치 수단으로 남

---

* 역주: 중서부 농민들을 중심으로 벌어진 급진적 개혁 운동. 독점 규제, 자유무역, 통화량 증대 등 당시의 핵심적 경제 이슈들을 제기했음. 인민당(People's party)을 수립하고 상당한 지지 기반을 구축했으나, 1896년 선거에서 민주당에 사실상 흡수되어 사라짐.

기 위해서 공화당은 어떻게 하든 공세적인 자세를 다시 취해야 했다. 경제가 전국적으로 조직화되고 미국이 세계적 강국으로 부상하면서 제기된 통치 필요성들을 감당해야 했다. 달리 말해 공화당은 자신의 정책이 가져다준 과실들 자체가 제기하는 새로운 이슈들에 창조적으로 대응해야 했다. "나는 혁명적인 것을 주장하는 것이 아닙니다. 혁명적인 것들을 막을 수 있는 행동을 하자는 것입니다."라고 루즈벨트는 강조한 바 있다.[11)]

후일에 자신의 임기를 되돌아보면서 루즈벨트는 자신의 대통령직 수행이 "낡은 당을 다시 혁신적으로" 만들려는 시도였다고 요약하게 된다. 이는 만만한 도전이 아니었다. 루즈벨트가 취임했을 때에는 변화를 갈망하는 당내 분파도 없었고, 오랫동안 실행되기를 기다려 온 레짐의 중대한 기약들도 없었다. 그토록 보수적인 기득권에 다시 활력을 불어넣는다는 것은 특히 위험한 일이었다. 이 레짐을 공격적으로 수호하려는 것과 노골적으로 공격하려는 것을 구분하는 것이 루즈벨트의 동료 공화당원들에게는 쉽지 않은 일이었던 것이다. 공화당을 다시 움직이게 하려던 루즈벨트의 결의는 그가 "지도부"(the leaders)라고 부른 사람들이 지녔던 "현상 고수"(stand pat) 정통에 정면으로 부딪혔고, 이들은 레짐의 이익과 이념을 재표출하려던 루즈벨트의 노력을 명백히 공격적인 것으로 규정해 버렸다. 유례없는 번영과 제국주의적인 대외적 승리에 힘입어서 이 "현상 고수파들"은 판을 뒤흔들 필요성을 거의 느끼지 못했고, 이들이 장악한 의회 권력을 통해 심지어 이처럼 레짐에 동조적이던 개혁가조차 자신들에게 가치 있는 모든 것을 무너뜨리려는 적수로 간주하겠다고 위협했다.[12)]

그렇지만, 루즈벨트의 입장이 처음에 그래보였듯이 위태롭기만 한 것은 아니었다. 공화당 급진주의의 잊혀진 전통을 되살리자는 그의 호소가 원로들(Old Guard)에게는 무시되었지만, 애초에 이 호소는 그들을 향한 것이 아니었다. 이 메시지는 레짐에 대한 신념이 강화될 필요가 있던 사람들을 목표로 한 것이었다. 1860년대에 공화당이 급진주의로 창당되던 때부터 1890년대에 보수주의로 변태가 이루어질 때까지 사실 경제적, 사회적으로 극심한 변혁이 있었고, 이와 함께 기존 질서에 대한 온갖 종류의 이단적 공격이 나타나게 되었다. 선거 결과가 예측하기 힘들었고 정부 내 양당 간 힘의 분포가 확정되지 않았던 1896년 이전 시기에는 당시의 중요 이슈들에 대한 연방정부의 창조적 대응은 막혀버렸고, 이에 대한 불만은 곪아터지기 직전이었다. 따라서 마침내 공화당이 적수 민주당을 전국적 통치에 대해 무기력하게 만들게 되자, 자신들이 중요하다고 간주하는 거의 모든 것들이 대중적 논란에 휩싸이게 되었다는 것을 공화당은 깨달았다. 특별히 어떤 것을 해야 할 당면한 정치적 압력이 있을 때마다, 이런저런 것을 해야 한다는 엄청남 대중적 관심이 존재했던 것이다. 이런 맥락에서 이 정통－개혁가는 연방정부의 새로운 행동을 주도하면서 동시에 개혁의 적절한 경계를 통제하는데 있어서 상당한 여지를 갖게 되었다. 약간의 개혁이 "화석화"의 유령을 물리치고, 기존 질서에 보다 큰 유연성과 반응성을 부여하며, 안정과 정치적 지속성의 목적을 달성해 가는데 출발점이 될 수 있었다.

루즈벨트는 개혁에 대한 발상에 등을 돌리지 않았고, "존중되어야 할 것"으로 만들기 시작했다.[13] 이는 루즈벨트가 "지도부" 측에게는 가시 같은 존재가 되는 것을 의미했지만, 그렇다고 새로울 것은 없었다. 공화당 지도부가 약간의 예방주사를 맞을 수 있을 정도로 견고하다는 것은 분명했고, 루즈벨트는 이들이 저항하면 언제라도 대중적 지지를 동원해서 반격할 수 있었다. 결국, 올바르게 이해되고 주의 깊게 관리되기만 하면 루즈벨트의 이 공격적인 자세는 당사자 누구에게도 정치적 손실을 주지 않으면서 국가 정책의 중대한 새 출발을 할 수도 있었던 것이다.

루즈벨트가 자신의 입장으로 삼고 공화당 레짐 전체를 위해 설정하려 했던 "혁신주의 입장"은 그렇다면 "보수주의적 급진주의"였던 것이다.[14] 윌리엄 제닝스 브라이언(William Jennings Bryan)*이 정의를 추구하는 데 있어서 "반쯤 옳았다고" 믿었던 루즈벨트는 또한 정의에 대한 추구를 보수

* 역주: 민주당의 진보적 정치인으로 1896년의 대통령 선거에서 인민주의자들과 민주당의 연합 후보로 나섰으나, 공화당의 맥킨리에게 패배함. 1900년 대통령 선거에서도 민주당 후보로 지명되었으나 다시 패배했고, 1908년 선거에서도 패배함. 우드로 윌슨 행정부에서 국무장관으로 기용됨.

주의자들이 주도해야 한다고 믿었다. 급진주의자들이 이 과정에서 기존 레짐이 성취한 것들 모두를 보존하리라고 신뢰할 수 없었기 때문이었다.[15] 여기서부터 여러 가지 익숙한 난제들이 따라 나오게 되었다. 방어를 부수지 않고 과연 어떻게 공격을 할 수 있는지, 기성 권력의 본질에 도전하지 않고 과연 어떻게 그 외형을 바꿀 수 있는지, 정통을 강화한다는 목적을 위해 과연 어떻게 지금까지 이단이었던 발상들을 주장할 수 있는지 하는 문제들이었다. 권력 때문에 연합한 정치인들이 고차원의 목적과 서로 다른 우선순위 사이를 미묘하게 구분하며 같이 갈 수 있을 것인가? 루즈벨트는 에드문드 버크(Edmund Burke)로부터("개혁해야 할 국가가 있듯이 보존해야 할 국가도 있다."고 말하곤 했다) 자신의 입장을 세웠고, 바로 이러한 구분의 정신으로 행동하면서, 모든 정통-개혁가들의 상징과도 같은 이 미묘한 구분을 자신의 리더십 프로젝트의 핵심에 올려놓았다.[16]

기반 다지기

개혁안을 제시할 때마다 루즈벨트는 "건설적인" 행동과 "파괴적인" 행동을 구분했다. 자신은 "부정하고, 비판하고, 방해하는" 쪽이 아니라 "성취하려는" 쪽에 서 있다는 것이다. 루즈벨트는 "무너뜨리기 보다는 세우기를" 원했다. 그의 목적은 상부구조를 보다 우뚝 세우면서 "기반을 튼튼히 하는 것"이었다.[17] 이런 식의 구분을 하는 수사의 중요성은 루즈벨트가 다룬 거의 모든 이슈에서 나타나지만, 공화당 레짐의 초석이었던 보호주의 관세에 대한 루즈벨트의 접근에서 가장 뚜렷하게 부각되었다.

공화당은 처음 집권했을 때부터 미국 경제에 관세 장벽을 세웠었고, 특히 지난 20여 년간 보호주의 관세가 번영의 열쇠였다고 장담해 왔다. 관세는 또한 산업계와 노동 간의 선거 연합을 이루는데 기반이 되었으며, 이 연합은 북동부의 부유하고 인구가 많은 주들에서 공화당에게 필수적인 표를 가져다주었다. 그러나 세기 전환기가 되어서 공화당의 이 성공담은 그 근거가 되었던 정책 자체에 새로운 정치적 압력을 가하기 시작했다. 우선, 급속하게 확장되고 있던 미국 경제의 생산 능력 때문에 새로운 해외 시장을 개척해야 할 필요성이 점점 커지게 되었다. 이 시장들을 위한 경쟁에서 잠재적 무역 상대국들은 관세 양보를 요구했고, 미국이 관세 양보를 거부할 경우 미국 상품에 대해 차별 대우 하겠다고 위협했다. 이러는 동안에 중서부 공화당은 산업계의 기업 합병이 가져오는 부정적 효과를 인식하고 이에 저항하게 되었다. 이들은 트러스트들의 지나친 권력에 보호주의 관세를 직접 연관짓는 "아이오와 관점"(Iowa idea)을 신봉했고, 관세 개혁을 독점 자본이 가져온 새로운 문제들에 대한 해결책으로 간주했다.[18]

루즈벨트는 관세 문제에 연관된 이익들과 관념들에 대해 7년간 별다른 변화를 꾀하지 않으면서 다루다가, 이 이슈가 다루기 힘들 정도로 뜨거워지자 뒤로 물러나서 관세 개혁 이슈를 자신이 선택한 후계자에게 떠넘기게 된다. 과거에 자유무역주의자로 자처한 적은 있으나 루즈벨트의 관세 정책은 골수 보호주의자였던 전임자 윌리엄 맥킨리의 선례를 따르고 있었다. 맥킨리는 의회에서 관세 장벽 구축의 주역으로 명성을 떨쳤었고, 대통령이 되어서도 생각을 바꾸어 관세율을 상당히 낮추려는 의도는 보이지 않았었다. 이 이슈에 대한 온갖 불평에도 불구하고 미국 제조업의 상당 부분은 여전히 내수 시장에 전적으로 의존하고 있다는 것을 맥킨리는 잘 알고 있었다. 그러나 미서전쟁 이후 맥킨리는 새로운 해외 시장을 찾는 생산업자들이 직면한 어려움에 보다 공감하게 되었다. 그래서 마지막 몇 년간 맥킨리는 잠재적 무역 상대국들과의 특수 호혜 협정들을 활용할 것을 주장했다. 루즈벨트는 무역 문제에 대해 이 해결책을 선택했고, 특수 관세 협정들을 이루려고 다방면으로 노력했다.

성과는 별로 없었다. ("한두 번 이런 시장 개방을 만들어내려고 시도했었습니다… 내가 보낸 조약들을 심의라도 하게 만들기 위해 민주당이나 공화당 상원의원들과 필사적으로 싸워야 했습니다. 저들은 대체로 거부했습니다."[19]) 보호주의 원칙을 훼손하지 않고 무역을 확대할 수 있는 길이라고 이 방식을 인정했을 수도 있던 공화당 보수주의자들은 아이오와 관점을 너무도 우려해서 호혜 무역 방식이 곧 구조적 개혁의 길을 여는 틈새라고 생각했다. 더욱이 호혜 무역에 농산물 수입이 포함되게 되자, 남부와 서부의 열렬한 자유무역주의자들도 갑자기 보호주의에 앞장서기 시작했다. 첫 임기 동안 루즈벨트가 이룬 것은 카리브 해와 태평양에 있는 보호령들로부터의 수입품에 대한 관세를 기껏 20 퍼센트 감축하는 것뿐이었다.[20]

레짐에 대한 루즈벨트의 충직성이 가장 과감하게 드러난 것은 이런 조약안 비준 실패들과 절충안들에 대한 그의 반응이었다. 루즈벨트는 레짐의 "초석"을 옹호했을 뿐 아니라, 이 초석의 주요 수호자들을 자신의 개인적 추종자들의 공격으로부터 옹호하기까지 했다. 예컨대 당시 필리핀 총독이던 태프트(William Howard Taft)가 필리핀 무역 협정이 상원을 통과하지 못하게 되자 원내 보호주의자들을 주도했던 로드 아일랜드 출신 상원의원 넬슨 알드리치(Nelson Aldrich)를 비난한 데 대해 루즈벨트는 상당히 놀라운 항의 서한을 보냈다.

> 당신은 알드리치 상원의원에게 잘못 했습니다. 지난 일 년 반 동안 경험한 바에 따라, 차기 하원의장 조 캐넌과 함께 의회에서 가장 강력한 세력인 앨리슨, 한나, 스푸너, 코네티컷의 플랫, 롯지 등 상원의원 그룹의 일원으로서 알드리치에 대해 존경하게 되었습니다. 이 사람들 모두와 나는 때로 중요한 문제들에 대해 상당히 다릅니다. 그렇지만 이들은 지도자들이고, 이들은 대단한 지성과 권력, 그리고 정부에 최선이 되는 것을 이루려는 열망을 지니고 있기 때문에, 이들과 함께 일하는 것이 반드시 필요할 뿐 아니라 바람직하기도 합니다. 이 지도자들 중 몇몇은 혜택을 주고 싶어 하는 특별한 친구들이 있고, 자신이 연관되거나 섬기고 싶어 하는 특수 이익들이 있기도 합니다. 그렇지만, 하나의 집단으로 볼 때, 이들은 현명하고 능숙하고 굳건할 뿐 아니라, 너그럽고 애국적이기까지 합니다.[21]

이 경우에 있어서는 알드리치가 실제로 루즈벨트 행정부를 지지했었다. 필리핀의 수출품들은 동부 제조업계에 별 위협이 되지 않았고, 알드리치는 저관세를 원한다던 서부가 법안을 부결시키는 데 앞장설 수밖에 없게 된 상황을 너무나 즐겼던 것이다. 그렇지만 전반적으로 볼 때 알드리치를 호혜 무역의 적으로 규정한 태프트가 옳았다. 앞으로 보게 되겠지만, 보다 혁신적이라는 루즈벨트가 덜 개혁적인 듯한 자기 후계자에게 당의 골수 보수주의자들을 존중하라고 촉구한 것은 이번이 마지막이 아니었다.

그 자신이 "지도자들"을 존중하긴 했으나, 루즈벨트는 개혁에 대한 압력을 무시하기만 할 수는 없었다. "당 전체의 성향을 감안해야" 하는 일인 행정 수반으로서 루즈벨트는 공화당 내에서 알드리치 등의 보호주의자들과 아이오와 관점의 개혁가들 사이에 위험스런 균열이 생기고 있다는 "추악한 사실" 때문에 고민스러워 했다.[22] 1904년 공화당 전당대회를 준비하는데 중대한 영향이 있던 서부를 방문하기 전날 저녁에 루즈벨트는 알드리치와 공화당 지도부급 상원의원들을 오이스터 베이(Oyster Bay)의 사저에서 만났다. 루즈벨트가 가장 염두에 두었던 것은 아이오와 관점에 대해 서부의 관심이 높아지는 것을 어떻게 다룰 것인지였다.[23] 인디애나주에서 한 연설에서 루즈벨트는 타협안의 윤곽을 제시했다. 보호주의를 강력히 옹호하는 한편, 필요한 경우 점진적인 관세율 조정을 제안할 수 있는 전문가 위원회를 구성할 것을 제안했던 것이다.

> 내 생각에 국민 전체가 이제 전반적으로 받아들이고 있는 보호주의 관세 정책을 유지하면서, 변화하는 조건들 때문에 발생하는 비정상적인 것들을 전체 구조를 무너뜨리지 않고 수정할 수 있는 어떤 기구를 고안할 필요가 있습니다. 이런 기구는 궁극적으로는 입법적, 행정적 사안으로 처리되어야 할 특정 품목에 대한 관세율 변화를 제공하면서 우리가 확실하게 안정된 관세 정책을 유지하게 해 줄 것입니다. 이것이 우리 산업의 성공을 이끈 가장 중요한 요소인 경제 정책의 안정을 확보해 줄 것이며, 어떠한 화석화 경향도 없애줄 것입니다.[24]

이것이야말로 정통－개혁가의 리더십 자세에 대한 전형적인 진술이었을 뿐만 아니라, 정통－개혁가의 문제에 대해 제시된 루즈벨트식 해결책에 대한 전형적인 진술이었다. 새로운 행정부 기구를 설치함으로써 루즈벨트는 당내에서 끓어오르고 있는 갈등을 행정부 내의 새로운 제도적 포럼으로 가져 오고 거기에서 전문가들과 함께 필요한 어떤 변화들을 모색하면서 혼란스런 정치적 결과를 통제하자고 제안했던 것이다. 관세 위원회는 사실 1890년에 맥킨리가 의회에서 상당히 보호주의적인 관세법안의 입법을 주도하면서 구상했었다. 알드리치와 다른 공화당 지도부들도 분명히 이를 기억하고 있었다. 더욱이 루즈벨트는 대중들에게 직접 다가가서 그들의 우려에 대해 무언가 새로운 것이 실제로 만들어질 수 있다고 말했다. 분명히 중서부 공화당원들은 이를 감사하게 여겼을 것이다.

이 구상이 기발한 것이긴 했으나 연설이나 호의만으로 관세 이슈를 사라지게 할 수는 없었으며, 1904년 선거가 다가올수록 루즈벨트는 행동을 취할 경우의 위험에 대해 점점 더 우려하게 되었다. 이제 루즈벨트는 초조해하며 다음과 같이 썼다. "변경할 필요가 전혀 없다."

> 향후 4, 5년간 어떤 경우에도 변경이 없으며 따라서 우리의 정책은 절대로 안정적이라는 점을 명확히 하는 것이 기업들에게 좋을 것이라고 믿습니다. 그렇지만 변경을 원하는 강한 여론이 있습니다. 마찬가지로 변경을 반대하는 강한 여론도 있습니다. 관세를 변경하려는 시도가 공화당을 완전히 분열시키고 패배를 확실하게 할 수 있습니다. 이런 시도를 하지 못하는 것이 마찬가지로 패배를 확실하게 할 수도 있습니다… 우리는 이번에 관세 이슈에 대해 제대로 싸워야 합니다. 우리는 변경을 약속할 수는 없습니다. 우리가 말할 수 있는 것은 내가 말했듯이, 필요할 때마다 변경될 것이며 우리 공화당이 이를 해야 한다는 것입니다.[25)]

결과적으로 루즈벨트는 “보호주의 체계를 근절하려는” 세력들을 비난하면서 1904년 대통령 후보 지명을 수락했다. 그는 보호주의가 국가 정책으로 “확립되었다는 것”을 확고하게 믿는 사람들에게만 관세 변화를 믿고 맡길 수 있다고 다시 한 번 주장했다.[26)]

그렇지만, 그렇게 믿는 사람들이 과연 변화를 시도할 것인가? 대승을 거둔 직후 루즈벨트는 관세 개혁에 대해 당 지도부들의 의중을 떠 보았다. “확실히 말하지만, 나는 임계점까지는 바로 갈 것이지만 그 너머로 가지는 않을 것입니다.”[27)] 1904년 12월에 루즈벨트는 전 국민들에게 약속한 관세 개혁 프로그램을 준비하면서 “관세 문제에 대해 큰 어려움을” 겪고 있었다. “내가 지금 맞닥뜨리고 있는 것은 물질적인 요구가 아니라 정신적인 태도입니다. 내가 가장 주의를 기울이고 있는 것은 관세 문제를 고려해야 한다는 여론의 기대를 충족시키고, 공화당이 이 문제를 감당하지 못할 정도로 무기력하지 않다는 것을 보여주는 것입니다.”[28)] 그렇지만, 무기력함이야말로 루즈벨트가 마지막에 보여준 것이었다. 오랫동안 기다려 왔던 철도 규제에 대한 보수파의 지지와 교환해서 특별 위원회 제안을 철회했던 것이다.[29)]

초석을 뒤흔들겠다는 위협을, 초석 위에 쌓을 수 있을 다른 개혁에 대한 보수파의 지지와 맞바꾼 것은, 근본적인 것을 바꾸지 않으면서 거대한 새 출발을 하려던 대통령의 또 하나의 기민한 수였다. 루즈벨트는 이 곤란한 이슈를 최대한 유리하게 이용하여 공화당 원로들에 대해 대단히 필요했던 영향력을 가지게 되었고, 이제 이 영향력을 활용해서 여러 가지 덜 위험한 방식으로 서부를 레짐에 묶어둘 수 있었다. 더욱이 이제 루즈벨트는 향후 “4, 5년간” 관세에 대한 어떤 행동도 회피함으로써 애초에 그가 진정으로 원했던 바를 달성하게 되었다.

그 과정에서 당연히 이 이슈는 계속 곪아갔다. 1907년 가을, 다른 여러 가지 개혁에 대해 공화당 원로들과 상대할 것을 준비하면서 루즈벨트는 다시 한 번 관세를 생각하게 되었다. 관세율을 문제 삼지 말라는 이유가 이번에는 경제적 번영이 아니라 경기 후퇴의 조짐이었다. 이때까지 가장 급진적인 메시지를 밝히려 하면서도 루즈벨트는 여전히 관세 개혁에 대한 논의는 다음 선거 이후가 최선이라고 생각했다.

> 최악의 상황을 맞이할 것이 확실한 한 가지 방법은 공화당으로 하여금 다음 겨울에 관세를 수정하도록 하는 것입니다. 이전에 우리가 관세에 간여했었더라면 벌써 최악의 상황을 맞게 되었을 것입니다. 바라건대, 또 믿건대, 우리가 이제 경제 공황을 빠져나가게 되면, 지금 안 한 것이 결과적으로 혜택이 될 것입니다. 그리고 나서, 다음 선거 직후에 공화당이 수정에 착수해야 할 것으로 생각합니다. 반드시 필요해서가 아니라, 여론이 원하기 때문입니다.[30]

그렇다면, 루즈벨트가 할 수 있었던 최선은 정돈이었다. 루즈벨트는 한 발을 뺄 수 있을 때까지 관세에 대한 행동에 있어서 우왕좌왕했고, 마침내 자신의 이슈로 삼게 되자 태프트의 대통령 후보 지명을 띄워주는 모양으로 삼았다. 태프트야말로 관세 개혁에 대한 공화당의 가장 확실한 약속이라는 것이 루즈벨트의 주장이었다. "공화당은 바로 관세 개혁에 착수하겠다는 신뢰할 만한 약속을 가지고 다음 선거에 돌입해야만 하고, 그렇게 될 것이라고 나는 믿습니다. 만일 반동 세력들이 녹스나 캐논, 휴즈 같은 훌륭한 사람들을 자기들 대표로 삼을 수 있게 되면, 관세 개혁에 대해 이별해야 할 것입니다. 아무리 개인적으로 훌륭하다 하더라도 이런 사람들은 태프트와 내가 대표하던 정책들을 되돌리기 원하는 이익들에 의해 지명될 것이기 때문입니다."[31]

하지만 원로들과의 정치적 관계가 깨진 이후, 이 마지막 시기에도 루즈벨트는 태프트에게 1903년에 했던 조언을 되풀이했다. 후계자의 당선이 확정된 이후 루즈벨트는 태프트에게 공화당 기득권의 핵심을 차지하고 있는 보수적 보호주의자들에게 대항하지 말고 이들과 협력하라고 촉구했다. 자신의 개혁을 지속하겠다는 약속의 핵심 사항으로 태프트가 관세를 내세운 것을 지지했었으나, 캐논의 하원의장 경선을 두고 벌어질 다가오는 싸움에서 서부 혁신주의자들을 지원해서 관세개혁을 위한 싸움을 시작하겠다고 태프트가 밝히자, 루즈벨트는 뒤로 물러섰다. 실제로 루즈벨트는 엘리휴 루트(Elihu Root)와 제휴해서 대통령 당선인을 무력화시켰고, 원로파들과의 어떠한 결별도 막아섰다. 루즈벨트는 태프트와 캐논 간의 회합을 주선했고, 여기에서 신임 대통령은 관세 개혁을 지지하겠다는 약속과 교환해서 이 반동적인 하원의장을 지지하는데 동의했다. 이와 유사한 거래가 상원의 알드리치와도 이루어진 것으로 보인다.[32)]

1908년에 이르러 원로들을 통해 개혁을 한다는 전략을 루즈벨트 자신이 이미 소진해 버렸으며 루즈벨트적인 계획들을 지속하겠다는 약속을 지키기 위해서는 다른 방도를 취해야 한다는 것을 태프트는 체험으로 알고 있었다. 루즈벨트의 조언에 따라, 그러나 자신의 직관에는 반대되게, 마침내 태프트가 보수파와 평화를 이루게 되었을 때, 태프트는 자신을 너무 싸게 팔아 버렸다.[33)] 공화당내에서 떠오르고 있던, 루즈벨트에 의해 고취되었던 혁신파의 대표임을 포기해버렸던 것이다. 그리고 마침내 루즈벨트의 절충주의적 손에서 풀려난 혁신주의자들은 태프트의 배신을 규탄하며 강력히 저항했다. 그럴 만했던 것이, 보수파의 관세 법안은 엉터리 개혁이었던 것이다. 그렇게도 우려했던 당내 분열은 마침내 현실이 되었으며, 이후 태프트가 루즈벨트를 마주하게 되었을 때 태프트는 실제로 반동 세력의 리더가 되어 있었다.[34)]

상부구조 쌓아올리기

공화당 레짐의 초석을 돌본 루즈벨트의 정통 수호는 다른 영역에서의 광범위한 개혁과 적극적 행동을 위한 전제 조건이었다. 루즈벨트가 이해했던 미국 헌법에 따르자면, 대통령직은 유럽의 어떤 제도들보다도 독자적 행동을 할 수 있는 권위와 기회가 큰 제도였다. 대통령으로서 그는 자신이 국민을 대표하는 관리자이며, 법에 의해 명시적으로 금지되지 않는 한 국민을 대신하여 거의 어떤 것이나 할 자유가 있다고 생각했다. 국가를 위해 대통령직의 잠재력을 완전히 사용하는 것은 루즈벨트에게 선택이 아니라 의무였다.[35]

루즈벨트는 자신이 이 “관리자 이론”(stewardship theory)을 발명했다고 주장하지는 않았다. 그에게 이는 잭슨이나 링컨 같은 대통령들이 지녔던 자세를 구체화한 것뿐이었다. 그렇지만 루즈벨트의 경우에 경탄스러운 것은 그가 권력 행사에 따르는 정치적 책임에 대단히 민감했다는 점이다. 루즈벨트는 정치적 변혁을 가져오게 할 수 있는 자신의 잠재력과 그 변화가 “질서 있는” 방식으로 진행되도록 보장해야 하는 자신의 책임감 사이에 균형을 맞추기 위해 항상 조심스러웠다.[36] “나는 월 스트리트에 대해 직, 간접적으로 대응하는 사람들이 충분히 행동하도록 하는 데 어려움을 겪고 있지만, 선동가들이 너무 지나치게 구는 것을 막는데도 마찬가지로 큰 곤란을 겪고 있습니다.”[37]

루즈벨트는 잭슨의 충동적인 측면은 경멸했으며, 링컨의 “고난 속의 리더십”과 “모든 일이 번창할 때”의 자신의 리더십 사이에 차이가 있음을 솔직히 인정했다.[38] 통상적으로 공화당이 링컨을 연방의 구원자이자 레짐의 수립자로서 칭송하는 것을 넘어서서 루즈벨트는 링컨에 심취했다. 그의 눈에 링컨은 리더의 전형이었지만, 너무 가까이 따라 하지는 않아야 할 사례였다. 루즈벨트의 마음속에서 링컨은 대통령 리더십의 가능성이 얼마나 맥락에 따라 달라지는지, 그리고 대통령 행동의 정당성이 얼마나 역사적 맥락에 좌우되는지를 끊임없이 일깨워주었다. 최악의 상황 속에서도 무엇을 성취할 수 있는지를 보여 준 링컨의 사례는 루즈벨트에게 자신이 “더 작은”, 혹은 “더 가벼운 과제”를 부여받았다는 것을 알려주었다. 옳은 것을 위한 싸움의 중요성을 보여 준 링컨의 사례는 루즈벨트에게 선동적인 자기도취에 대해 강력한 경고를 보내주었다. 대통령직의 막강한 파괴력이 진정으로 영웅적인 방식으로 전개될 수 있는 독특한 상황을 강조해 준 링컨의 사례는 루즈벨트에게 인내와 절제와 자제를 보이도록 촉

구했다.[39)]

마치 자신에게 끊임없이 일깨우기라도 하듯이 루즈벨트는 올바른 봉사의 경계는 맥락이 결정한다는 경고를 거듭했다. "때로 엄청난 위기가 찾아오고, 아마도 위대한 사람에게 이끌려 위대한 국민들이 정의를 위해 섬광과도 같은 결정타를 날릴 수도 있습니다. 정의와 질서 있는 자유의 길을 따라 단번에 먼 거리를 갈 수도 있습니다. 그렇지만 일상적으로는, 올바른 원칙의 진전을 위해 우리가 무언가를, 우리가 바라는 모든 것이 아니라 무언가라도, 할 수 있다면—이것이 바로 진정으로 위대한 국가, 문명, 그리고 자유에 바탕이 되는 것입니다—, 우리는 만족해야 합니다.[40)] 그 순간에 적절한 것만을 하는 데 대해 이렇게 예리하게 의식하고 있었다는 것은 루즈벨트가 스스로를 제약된 거인으로 간주했음을 암시한다.[41)] 그렇지만 자신이 보호했던 레짐과 더불어 루즈벨트가 대단한 성공을 거두었음은 부정할 수 없는 사실이다. 더 높은 수준의 성취로 변화하는 것을 주저하는 사람들을 어르는 것이 그가 가장 잘한 일이었던 것이다.

이전의 위대한 정통—개혁가들처럼 루즈벨트도 국제 정치에서 미국의 힘을 행사했을 때 가장 효과적으로 기존 레짐의 힘을 끌어냈다. 스페인을 상대로 힘자랑을 한 결과가 1900년 선거에 의해 승인되자, 최소한 루즈벨트에 관한 한, 당시까지의 중요한 정치적 문제는 이제 완전히 해결되었다. 미국의 운명은 다시 한 번 명확해졌던 것이다. 미국이 강대국 정치에서 중요한 행위자가 될 것이라는데 더 이상 어떤 의심도 있을 수 없었다. 당면한 건설적 과제는 모든 당사국들에게 미국이 제 역할을 효과적으로 할 것임을 보여주는 것이었다.[42)]

이 목적을 위해 루즈벨트는 자기식의 근육 자랑을 하려고 작정했다. 포크와 다르지 않게 루즈벨트는 북쪽과 남쪽 양방향으로 동시에 움직였다. 미국과 캐나다 간의 국경 분쟁을 해결하도록 영국을 압박하면서, 라틴 아메리카에서 미국의 이익을 보호하기 위해 서반구의 패권을 다시 주장했던 것이다. 후자에 대해 루즈벨트는 원래 먼로가 제기했고 후에 포크가 재설정했던 주장을 더 확대시켰다. 먼로 독트린에 대한 자신의 추론

(corollary)은* 남쪽의 이웃들이 자유롭게 "계속, 더 높은 수준으로" 발전할 수 있도록 "점점 더 변화하는 조건들"에 과거의 원칙을 맞추려고 구상된 것이라고 루즈벨트는 말했다. 미국의 라틴 아메리카 이웃들은 중남미에 대해 미국이 특별한 감독권을 가지고 있다는 주장을 반기지 않았지만, 루즈벨트는 이 주장을 통해 국제정치의 세력 균형에 있어서 미국의 핵심적 지위를 분명히 했던 것이다.[43)]

루즈벨트는 미국을 세계적 강국으로 만들겠다는 비전을 실현시키기 위해 대담하게 행동했다. 그는 파나마 혁명을 완성시켰고, 고대하던 파나마 터널에 대한 미국의 배타적 통제권을 확보했으며, 엄청난 규모로 이 지역의 "건설적인" 개선을 시작했다. 자신의 메시지를 전 세계가 알아듣지 못할까봐 루즈벨트는 운하 공사와 함께 평화기에 유례가 없는 "해군력 증강" 사업을 벌였고, 나중에 이 성취를 과시하기 위해 대백색함대(Great White Fleet)**를 보내 전 세계를 순항하도록 했다. 국가의 부를 군사력으로 지지하는데 주저하게 되면 "파괴를 부를 것이다."라고 루즈벨트는 경고했다.[44)]

파나마 운하를 건설하고 세계 수준의 해군을 육성하는 것과 같이 콘크리트와 철강으로 무언가를 지을 때는 공화당 레짐의 경제적 이해관계와 대통령의 주도권 사이에 비교적 단순한 관계가 설정되었다. 파나마 혁명을 마무리하고 더 많은 전함을 요구하며 이 함대를 전 세계에 순항시킨 것이 물론 논란을 부르지 않은 것은 아니었다. 그렇지만 밖을 향한 대통령의 권력 행사는 국내에서 공화당을 상대로는 비교적 무사히 넘어갈 수 있었다. 더욱이 이 당은 언제나 거대한 공공사업에 대해 약점을 지녀왔었다. 이런 식의 호응은 대외적인 것은 물론 루즈벨트의 국내적인 아젠다에 대해서도 확실했다. 운하를 건설하고 해군을 육성하는 것과 함께 루즈벨트는 서부를 개발하기 위해 대규모 관개 사업을 벌였던 것이다.

---

* 역주: Roosevelt Corollary(루즈벨트 추론) – 라틴 아메리카에서 급박한 사태가 일어날 경우 미국이 정당하게 개입할 수 있다는 루즈벨트의 주장. 먼로주의의 확대해석임.

** 루즈벨트가 육성한 신형 함대. 전함 16척으로 구성되었고 선체를 흰색으로 도장하여 이런 애칭이 붙었음.

그렇지만 국내 아젠다에 있어서 루즈벨트의 야심은 공공사업을 훨씬 넘어서 있었다. 자신에게 주어진 가장 중요한 도전은 새로운 경제의 규모와 범위에 상응하는 연방정부의 관리 능력을 구축하는 것이라고 루즈벨트는 믿었다.[45] 편집자 앨버트 쇼(Albert Shaw)에게 말했듯이, "새로운 기업 환경이 전개됨에 따라 당연히 정부의 규제 수단이 단계적으로 마련되어야 합니다."[46] 루즈벨트의 관점에서 볼 때, 경제 활동의 도덕적 기준을 "끌어올릴" 연방정부의 상부구조를 구축하는 것은 기존의 권력 근거들을 지지하는 것과 양립할 수 있을 뿐만 아니라 이를 보호하고 보존하는데 절대적으로 필수적인 것이었다.

바로 이러한 노력을 하는 과정에서 루즈벨트는 19세기의 보다 협소하고 정당에 기반을 둔 대통령 리더십 형태에서 벗어나서, 20세기에 지배적이 되는 보다 광범위하고 다원주의적인 리더십 구조를 이루게 되었다.[47] 이쪽에서는 정당 조직을 보완하고 저쪽에서는 이를 대체하면서 그는 권력 행사의 새로운 여러 길을 개척했다. 루즈벨트는 대통령과 대중 사이에 보다 직접적인 관계를 수립했고, 민간 영역의 전국적인 집단(기업과 노동) 지도자들과 대통령 간에 보다 직접적인 관계를 수립했으며, 확대된 행정부 조직을 통해 국가 정책을 공표하고 관리하는데 있어서 대통령의 역할을 보다 직접적으로 만들었다.[48] 대통령직은 대통령이 주도하는 이슈들에 대한 대중적 지지를 동원하는 "훌륭한 연단"(bully pulpit)*이 되었다. 대통령직은 전문가들의 지식과 확대된 행정부 조직의 능력을 끌어들여 보다 자율적인 통치 중심이 되었다. 또한 대통령직은 공적 영역과 민간 영역의 다른 제도들의 지도자들과 복잡한 협상을 벌이는 새로운 장이 되었다. 이러한 새로운 상황을 루즈벨트는 임기 중 첫 번째 큰 도전이었던 1902년 무연탄 탄광 파업을 해결하면서 사방에 선포했다. 최초로 산업계와 노동계와 연방정부를 함께 모으고 루즈벨트는 산업 문제들에 있어서 동등한 행위자들 중 대표로 자리매김을 했다. 이 파업은 이제 상호의존적

---

* 루즈벨트의 표현으로, 대중과 직접 소통하는 대통령직의 이점을 의미. "bully"는 당시에는 wonderful과 같은 긍정적 의미로 쓰였음.

인 경제적 이해를 지니게 된 국가에 만성화된 분규들을 해결하는 데 있어서 대통령직이 얼마나 효용이 있게 되었는지를 대중들에게 제대로 알리는 계기가 되었다.[49)]

이러한 개혁들은 정부 조직과 정치과정에 있어서 잭슨 시대 이래 가장 중요한 혁신이었으나, 단지 새 시대의 통치 필요에 대한 기능적 적응만은 아니었다. 산업화에 대해 루즈벨트가 한 대응의 의미와 내용은 불가분하게 **공화당적** 대응의 모색과 결합되어 있었다. 루즈벨트는 그의 이중의 목적, 곧 변화의 요구에 대한 대응**과** 기존의 정치적 기약을 지속하는 것에 부합하는 혁신을 만들어내려고 했다. 이런 면에서, 훌륭한 연단에서 외친 고함은 이념과 이익에 대해 루즈벨트가 직접 공들여 관리했다는 사실을 가리고 있었다. 루즈벨트는 줄곧 "국민들"에 대한 "지도자들"의 메시지에 대해 "지도자들"에 대한 "국민들"의 메시지로 균형을 맞추었다. 이 각각을 조합해서 자신의 것이라고 부를 수 있는 프로그램으로 만들었던 것이다.

이는 단순히 다듬기에 불과한 것이 아니었다. 루즈벨트가 관세 위원회를 잠시 지지했던 것은 여러 가지 연관된 이슈들에 영향을 미친 훨씬 미묘한 정치적 관리의 하나였다. 아이오와 관점은 관세 개정을 반트러스트 정서에 결부시켰었다. 1902년에서 1903년 사이 겨울이 되면 루즈벨트는 이미 트러스트에 대한 대책을 추진하고 있었다. 루즈벨트는 신설된 상업 노동부(Department of Commerce and Labour)의 핵심에 기업청(Bureau of Corporations)의 설치를 강력히 요구했고, 스탠더드 오일사가 이 제안에 반대하는 것을 널리 알리고 또 공화당 의원들에게 기업 권력에 대한 대중의 적대감을 직시하라고 압력을 가하면서 승리를 거두었었다. 기업에 대한 수사권을 지니고 대통령의 재량에 따라 부패한 기업 관행들을 폭로할 수 있는 기업청은 루즈벨트 개혁 초기의 자랑거리였다.[50)] 따라서 루즈벨트가 서부를 방문해 최근 오이스터 베이에서 회동했던 "지도자들"의 메시지를 국민들에게 전달하면서 루즈벨트는 단순히 보호주의 관세에 대해 확고하게 옹호하거나 필요한 경우 관세를 조정할 수 있는 관세 위원회를 제안하기만 하지 않았다. 자신이 트러스트 문제에 대해서도 리더십을 지녔음을 분명히 했던 것이다.

우선 루즈벨트는 아이오와 관점이 연결시켰던 것들을 분리했다. "관세라는 수단으로 트러스트 문제를 접근"하려는 시도의 "혁명적이고 파괴적인" 의도를 비난했던 것이다.[51] 그리고 나서 트러스트 규제에서 "반"(anti)을 빼버렸다. "나는 이 법들을 반-트러스트 또는 반-기업법이라고 부르는 것을 항상 싫어합니다. 이 법들은 어떤 기업들을 해치도록 고안된 것이 아니고, 부정한 일을 저지르는 것을 막기 위한 규제와 통제로 고안된 것이기 때문입니다."[52] 마지막으로 루즈벨트는 연방정부가 "여러 주들에 걸쳐 영업을 하고 있는 모든 기업들에 대한 감독권과 규제권을 행사할 것이라는" 약속을 반복하고, 다른 무엇보다 기업청의 설립을 그 증거로 들었다.[53]

이념과 이익에 대한 이와 같이 세심한 관리, 이에 더해 초석을 보존하는 것과 보다 효과적인 상부구조를 구축하는 것 사이의 핵심적인 구분이 바로 루즈벨트 리더십의 특징이다. 관세 위원회 구상이 보호주의 원칙을 보존하려는 것이었던 것처럼, 루즈벨트의 기업청도 기업에 대해 **반트러스트적**이 아닌 통제를 할 수 있는 도구를 제공했다. 두 제안 모두 과감하고 실질적인 행동을 약속했으나 예상되는 변화는 전적으로 긍정적일 것이었다. 연방정부 행정 능력의 확대를 통해 이제 레짐은 그 근본 기약들 중 어느 것에도 해를 끼치지 않고 시대의 이슈들에 결정적으로 대응할 수 있는 능력을 갖게 될 것이었다. 트러스트와 관세, 철도, 천연 자원 등의 이슈에 있어서 루즈벨트식 국가 건설(state building)은 한편으로는 국민들에 다가가면서 (국민들의 관심사에 정부가 주목하고 있다는 뚜렷한 신호를 제공하며), 다른 한편으로는 (공화당 연합 내에서 끓어오르기 시작한 갈등들을 해소하겠다는 약속으로) 당 지도부에 다가갔다. 행정부 전문가 위원회들과 충직한 공화당원인 대통령의 정치적 판단을 통해 과감한 행동이 안정과 조화를 이루게 되고, 구질서가 새 시대에 적응하게 될 것이었다.

그러나 이 프로젝트를 실행하는 데에는 분명히 몇 가지 긴장들이 존재하고 있었다. 그리고 자신이 내세운 조건들 위에서 얼마나 많은 것들이 성취될 수 있는지를 보여주면서 루즈벨트는 이 긴장들을 미국 정치의 핵심으로 끌어오게 되었다. 자신의 권력을 확장하고 이익과 이념의 재구성에 있어서 상당한 자율성을 지니게 될 국가 기구들을 구축하면서 루즈벨트는 "지도자들"과 "국민들" 모두에게 신뢰를 요청했다. 따라서 공화당의 보다 높은 목적을 이루기 위해 루즈벨트가 시도하고 있던 탈당파적(extrapartisan) 정치는 당내 일부 불만 세력들에 의해 대통령직 자체의 권력을 증대시키기 위한 독자적이고 개인적인 정치로만 해석되기 쉬웠다. 루즈벨트가 위에서 이념과 이익을 상당히 재조정해 나간 것은 불가피하게 공화당 연합의 모든 세력들에게 정치적 압력을 가하게 되었고, 따라서 공화당 패권의 이 위대한 관리자가 이임할 때가 되자 혁신적 개혁의 기치 아래 당이 다시 활성화될 것을 바랐던 그의 꿈은 엄혹한 현실을 맞게 되었다. 관료적으로 관리되던 합의는 무너졌고, 정치적 대결과 분파적 분열이 만연하게 되었던 것이다.

심지어 1905년에서 1906년 사이에 루즈벨트의 권력이 정점에 있었을 때에도 공화당 지도부와의 협상은 상처를 남기곤 했다. 특히 피해가 컸던 것은 주간통상 위원회를 통해 철도 규제를 강화하겠다는 선거 공약을 실행하려는 시도였다. 앞에서 보았듯이, 1905년에 루즈벨트는 관세 개혁을 "편의적인 일"로 처리하면서, 철도 규제에 대한 보수파의 지지를 받기 위해 기꺼이 포기했었다.[54] 이 협의는 하원에서는 잘 지켜져서 하원의장 캐논이 대통령이 원하는 대로 법안을 처리했으나, 상원에서는 넬슨 알드리치가 대통령에게 망신을 주고 루즈벨트의 리더십 프로젝트가 엉터리라는 것을 알리려고 작정한 듯 보였다. 우선 알드리치는 철도 법안에 대한 심의를 남부 민주당에 넘김으로써 원래 루즈벨트가 제안했던 것보다 더 급진적인 안을 받아들일 수밖에 없도록 루즈벨트에게 압력을 가했다. 그리고 나서 알드리치는 루즈벨트가 급진파들을 포기하고 공화당 지도부를 따라 원래 지지했던 것보다 더 보수적인 타협안을 지지하지 않는 한 법안이 폐기될 것이라고 위협했다. 이 타협을 받아들이면서 루즈벨트는 양 극단에 대한 중도의 위대한 승리라고 주장했다. 그렇지만 알드리치는 의도하던 것을 이루었다. 개혁가들 스스로가 당의 보수파들에게서 너무 급진적이라는 비난을 받게 만들었고, 루즈벨트는 개혁가들로부터 너무 보수적이라는 비난을 받게 되었던 것이다. 전자는 당의 지도자로서 루즈벨트의 신뢰에 의문을 제기했고, 후자는 "특수이익들"에 대한 국민의 관리자로서 그의 신뢰에 의문이 제기되게 만들었다. 공화당 혁신파의 리더로 떠오르던 로버트 라 폴레트는 루즈벨트의 우왕좌왕을 혐오스러워 했고, 루즈벨트 자신은 당 원로파들에게 분노하게 되었다.[55)]

그리고 1907년 상반기에 서부가 루즈벨트의 관리자적 태도에 공세를 가하기 시작했다. 문제가 되었던 프로그램인 천연자원 보존은 루즈벨트의 개혁 노력 전체를 상징하는 핵심이었다. 보존 정책은 제한받지 않는 천연자원의 파괴를 끝내고 연방정부 전문가들의 권한 하에서 장기적 생산성 확보를 위해 자원의 건설적 관리를 시작하는 것이 목표였다.[56)] 이 프로그램의 성패는 대통령이 적극적으로 재량권을 활용하여 지역 수준에서 일어나는 천연 자원에 대한 치열한 이익 갈등을 가로막는데 달려 있었다. 루즈벨트는 이 권위를 그 한도까지 사용했다. 그는 행정 감독 위원회(Commission on Department Method)를 통해 구태의연한 국유지 관리청(land office)의 비효율성을 조사하도록 했고, 경호실(Secret Service)로 하여금 국유지 판매의 사기와 정치적 부패를 밝히도록 했으며, 국유지 판매를 더욱 더 줄여나갔고, 신설한 산림청(National Forest Service)의 엄격한 감독 하에 국유림을 더 확대해 나갔다. 연방정부의 이런 새로운 통제에 대해 끓어오르던 서부의 증오는 1906년 중간선거 이후 행정부와 의회 사이의 대치 국면에서 정점을 치달았다. 1907년 초에 의회는 농무부(Department of Agriculture)의 세출법안에 부가조항을 첨가하여 의회가 결정하지 않는 한 새로운 국유림 설립을 금지했고, 루즈벨트는 그의 서명을 기다리고 있는 이 법안을 책상 위에 두고 21개의 국유림을 새로 만드는 행정 명령을 내렸다. 법이 명시적으로 금지하지 않는 한 자신이 어떤 일이라도 할 수 있다는 루즈벨트의 주장은 여기에서 노골적인 상호 불신의 행동으로 귀결되었고, 이 때문에 상당한 서부 세력들이 이미 "행정부 독재"를 비난하던 상당수의 동부 세력들에게 합류하겠다는 신호를 보내게 되었다. 이에 대한 보복으로 의회는 루즈벨트의 상부 구조를 표적으로 삼아, 행정 감독 위원회와 내륙 수로 위원회(Inland Waterways Commission), 농촌 발전 위원회(National Country Life Commission)의 역할을 제한했다. 나아가 의회는 공식적으로 루즈벨트의 경호실 활용을 제약했다. 이임 전날 밤에 루즈벨트는 이에 대해 의회가 범죄자들을 보호하는 것이라고 비난했는데, 캐논은 하원내 압도적 다수의 지지로 법안을 통과시키며 공개적으로 루즈벨트를 규탄했다.[57]

마지막으로, 루즈벨트의 정치적 프로젝트는 이 레짐의 경제적 성과에 위태롭게 의존하고 있었다. 루즈벨트는 급진적 개혁들을 구상하기 전에 국민들에게는 "번영을 맘껏 느껴보라고" 했었고, "지도자들"에게는 개혁의 안정화 효과를 받아들이도록 촉구했었다. 1907년 가을의 경기 후퇴는 이 양 메시지를 동시에 무색하게 만들었고, 루즈벨트의 정통－개혁의 근거 전체를 무너뜨려 버렸다. 기업계는 루즈벨트를 강력하게 비난했고, 그의 개혁과 개혁이 불붙인 확대된 운동들이 경제 공황을 야기했다고 주장했다.[58] 경제 상황에 대해 진정으로 염려하면서 자신을 국가 경제의 "파괴자"로 지목한 공격에 상처를 입은 루즈벨트는 마침내 개혁 선동가로서의 정치적 명성과 레짐 부흥가로서의 정치적 의도 사이에 이을 수 없는 간극을 마주해야 했다. 경제 공황 한복판에서 루즈벨트는 다음과 같이 말했다. "사람들로 하여금 풍문에 대해 올바르게 이해하게 만드는 것이 얼마나 어려운지 잘 알고 있습니다. 사이비 언론들은 내가 부정직한 부자들을 공격하는데 충분히 나서지 않았다고 나를 잘못 알려 왔습니다. 그런데 내가 너무 멀리 갔다고 나를 잘못 알려 온 것은 소위 보수 언론, 자본주의 언론입니다."[59]

의회와의 협력 가능성은 공황과 함께 사라졌다. 이 위기 동안 기업에 대한 루즈벨트의 대우에 환멸을 느낀 캐논은 마침내 대통령을 포기했다. 그리고 그에 대한 보수파의 공격에 분노한 루즈벨트는 기업들 탐욕에 타격을 받는 "무고한 사람들"에게 다가섰다. 이 국면에서 그가 내세운 사회정의와 기업 규제와 사법부 자제에 관한 제안들은 초창기 혁신주의 운동에 불을 붙였고 공화당 보수파들을 더 큰 분노에 휩싸이게 했다.[60]

자신의 성취가 가져온 정치적 효과에 대해 루즈벨트가 확신을 가지지 못했다는 것은 개인적 서한에서 그가 자신의 대응 공격에 대해 규정한 방식에서 드러난다. 경제 공황에 대한 책임을 무책임한 금융 투기꾼들에게 돌리면서도 루즈벨트는 자신의 개혁이 경제 불안정을 1, 2년 앞당겼을 수 있다는 우려를 표명했던 것이다.[61] 나아가 개혁의 확대를 두고 벌어진 정치적 대치 국면에서 루즈벨트는 재계 지도자들과의 협상에서 상당히 관대해졌다. J. P. 모건(Morgan) 대표와의 여러 번의 협상을 통해 루즈벨트는 예금주들의 요구에 대한 뉴욕 은행들의 입장을 바로 강화시켜 주었다. 또한 인터내셔널 하베스터(International Harvester)에 대한 기업청의 조사 내용을 수사하던 법무부(Justice Department)를 저지했고, 테네시 석탄 철강사(Tennessee Coal and Iron Company) 구입을 둘러 싼 의혹으로부터 유에스스틸(U. S. Steel)의 기소 면제를 보장했다. 그의 임기 중 마지막 의회에서 루즈벨트가 정말 만족했던 단 하나의 입법적 성공은 (루즈벨트가 보낸 개혁안들 중 의회가 어떤 행동이라도 취한 몇 안 되는 제안들 중 하나였다) 향후 경제 공황시에 보다 탄력적인 통화정책을 운용할 수 있도록 해 주는 알드리치-브릴랜드 통화법(Aldrich-Vreeland Currency Act)이었다. 이 이슈에 있어서 루즈벨트는 당내 혁신파들의 맹렬한 공격에 맞서 알드리치 편에 섰다.[62]

시종일관 루즈벨트는 자신이 “공화당이 소위 월스트리트 사람들에게 과도하게 영합하게 되었다는, 대중들 사이에 퍼져가는 그럴듯한 소문을” 잠재울 수 있는 대통령이라고 생각했다.[63] 그러나 그의 임기 내내 루즈벨트는 문제의 얼마까지가 단순한 태도 때문이고 얼마까지가 실질적인 것인지 하는 문제에 대해 입장이 흔들렸다. 루즈벨트는 현실을 교란시킬 정도로 너무 많이 가지 않는 한 그가 원하는 만큼 갈 수 있는 것처럼 행동했으며, 그가 떠날 때가 되자 미국 정치는 그가 혼동했던 목적들 속에 완전히 갇혀버렸다. 역설적이게도, 경호실을 남용했다고 하원이 루즈벨트를 견책한 바로 그날, 더 보수적이었던 상원은 테네시 석탄과 유에스스틸의 합병을 승인한 것이 반트러스트법 위반이라고 루즈벨트를 공개적으로 비난했다.[64]

헌신과 배신

루즈벨트의 임기 마지막 한 달 동안 공화당을 사로잡았던 정치적 분노와 개인적 비난 때문에, 이 모든 것의 근저에 한 가지 반전이 있었음을 잊기 쉽다. 충격적일 정도로 자기희생적인 행위이자, 자신이 대표하는 레짐에 대한 책임을 명확히 인식하고 있음을 보여 주는 행위 위에서 루즈벨트는 개혁을 시도했었다. 1908년 선거에 출마하지 않겠다고 서약했었던 것이다. 1844년에 포크가 했던 것과는 달리 루즈벨트의 서약은 취약한 위치로부터 전략적으로 나온 것이 아니었다. 오히려 이 서약은 당시까지 최대의 압승을 거둔 선거 직후에 선언되었다. 이 차이는 상당하지만－루즈벨트가 단지 당 조직의 피조물이라고는 결코 생각할 수 없었다－그렇다고 보다 근본적인 점이 모호해져서는 안 된다. 리더십을 행사하려는 정통－개혁가에게 있어서 퇴임할 것이라는 약속은 여전히 자신의 권위 주장에 대한 최고의 정당화 수단이었던 것이다.

퇴임 이후 혁신주의 지도자가 된 루즈벨트의 비극에 비추어 학자들은 물러나겠다는 이 서약을 최대의 실수로 간주하곤 한다.[65] 그러나 대통령으로서 그가 추구했던 리더십 프로젝트의 관점에서 보면, 이는 독자적 권력 행사를 위한 명석한 정치적 움직임이었던 것으로 평가될 수 있다. 레짐의 유지를 위해 진정으로 헌신하면서도 압도적인 선거 승리를 이용하여 자신이 보기에 적절한 변화를 이끌려고 했던 레짐 소속 대통령으로서 루즈벨트는 그가 권력 행사를 하는 것이 레짐에 대한 선의에서라는 것을 보여주기 위해 반드시 해야만 했던 것을 한 것이었다. 퇴임 서약은 불가피하게 제기될 권력 남용이라는 비판에 대한 살아 있는 반증이었고, 이와 동시에 대통령의 권력을 단호하게 쓸 수 있는 자격증이었다. 이 서약은 또한 적극적으로 관리하려는 의도에 대해 자기희생을 한다는 무게감을 실어주었고, 기존의 근거들을 대체하는 것이 아니라 보존하기 위해 상부

구조를 수립하겠다는 비전을 개인적인 야심보다 앞세워 준 것이었으며, 레짐을 이끄는 기회보다 레짐의 본질을 보존하겠다는 약속이었다.

선거를 통해 취임한 임기가 흘러가면서 루즈벨트는 마음을 바꾸어 (잭슨이 그랬듯이) 두 번째 후보 지명을 요청할 수도 있었다. 물론 루즈벨트는 자신이 두 번의 임기 동안만 재임하는 전통을 지킬 것이라고 말했지만, 기술적으로는 맥킨리의 두 번째 임기 3년 반 동안 재임했던 것을 루즈벨트의 첫 번째 임기로 간주할 이유가 없었다. 이보다는 더 중요한 것이 있었다. 놀라운 선언을 하면서 루즈벨트는 다음과 같이 생각했다.

> 우리 정부에 세 번째 임기라는 전통이 없는데 세 번째 임기에 반대할 (내가 보기에) 타당한 이유가 없다고 가정해 봅시다. 그래도 1908년에는 내가 나 자신을 이어받는 것보다는, 태프트나 루트 같은 이가 내 뒤를 이어 대통령과 공화당 최고 자리를 물려받는 것이 낫다는 것이 옳습니다. 모든 핵심적 정책들에 있어서 이들은 나처럼 생각합니다. 그렇지만 이들은 이들 나름대로의 사고방식과 표현방식이 있으며 내가 따라할 수 없는 신선함이 있습니다. 그리고 이들은 지금까지 내가 축적해 온 적대감과 의심으로부터 자유로울 것이고, 새로운 시작을 할 수 있을 것이며, 이들에게는 훌륭한 일을 성취할 기회가 더 클 것입니다. 대통령으로서 8년이 지난 후 어떤 다른 이유 때문에 또 이 사람을 재선시키는 것은 현명하지 않을 뿐 아니라, 권할만한 것도 아닙니다. 동일한 원칙을 지닌 다른 누군가를 발견할 수 있고, 다른 사람이라는 이유 하나로 이 원칙을 실행하는데 더 성공적일 수 있다는 것이 거의 확실하기 때문입니다.[66]

이 진술은 자신의 리더십이 초래한 정치적 혼란에 대해 루즈벨트의 해결책이 어디에 근거를 두고 있는지 보여 준다. 이로부터 또한, 가장 급진적인 개혁안을 가지고 선동하면서 의회 지도부와 잭슨식의 대결을 벌이다가, 태프트에게 공격을 계속하지 말고 물러나서 원로파들과 화해하고 개혁에 대해 가장 완강한 적들과 협력하면서 개혁을 이어가라고 설득을 한, 1908년에 루즈벨트가 추구한 이 이상한 경로를 어느 정도 이해할 수 있다. 분명 루즈벨트는 후계자가 자신의 프로그램을 보호하고 빛내주기를 바랐지만, 누군가가 자신이 물러선 그 자리에서 자신의 싸움을 단지 대신하는 것을 원하지는 않았음도 확실해 보인다. 이끌던 레짐을 너무나 보호하고 싶었기 때문에 루즈벨트는 당내 혁신주의 계열의 반대파 지도자들 중 하나에게 자신의 과업을 계속시킨다는 생각은 해 본 적이 없었다. 대신에 그는 공화당 권력의 과실을 보존하고 정치적 실행가능성에 맞추어 개혁을 할 것으로 믿을 수 있는 두 명의 보수주의자, 루트와 태프트를 선택했다.[67] 태프트는 원래 루즈벨트가 지녔던 원칙을 공유하고 있었고 "새로운 시작"(new start)으로 이 원칙을 되살릴 수 있는 사람이었다. 따라서 루즈벨트는 태프트에게 자신이 원래 시작했던 지점으로 돌아가서 똑같은 이익들을 똑같은 방식으로 다루기 시작하라고 촉구했던 것이다. 바로 이런 면에서 루즈벨트는 태프트 행정부가 자신의 세 번째 임기보다 나을 것이라고 계산했다. 태프트는 루즈벨트가 할 수 없는 것, 곧 루즈벨트가 해온 것을 반복하는 것을 할 수 있었다. 더욱이 이런 사람이 옆에서 대기하고 있는 동안, 루즈벨트는 자신이 촉발시킨 "적대감과 의심"에 대해 우려하지 않고 말년을 보낼 수 있었다. 원로파와의 대결에서 소란을 벌일 수 있었고, 실행될 가능성이 전혀 없다고 알고 있는 개혁 프로그램들을 밀고 나갈 수 있었으며, 대통령직을 그만두고 나서도 위상이 위축되지 않은 채 혁신주의 세력들의 지도자로 활동할 수 있었다. 루즈벨트가 이 모든 것을 할 수 있었던 것은 태프트가 상황을 바로 잡고 자신이 했던 그 과정을 새로 시작할 것이라는 확신이 루즈벨트에게 있었기 때문이었다.

이런 관점에서 루즈벨트 리더십의 연장전을 살펴보면, 주의를 끄는 것이 두 가지가 있다. 첫째는 자신이 거두었던 성공들을 태프트가 모두 누리기를 바랐을 것이 분명하지만, 그만큼 분명한 사실은 바로 루즈벨트가 태프트를 추락하게 만들었다는 점이다. 루즈벨트가 태프트가 하기를 바랐던 것은 루즈벨트 자신이 이미 실패한 것이었다. 즉, 대통령으로서 자신이 마주한 정치적 도전들을 제대로 의식하고 있었지만, 루즈벨트는 공화당 레짐의 기반에 변화를 촉발시키지 않으면서 레짐의 상부구조를 변혁시키지는 못했다.[68] 공화당 내에서 선동과 혼란을 조성하여 극적인 상태까지 몰고 간 후 단지 물러나서 자신의 행동의 원래 근거들을 되살릴 수 있는 누군가에게 그 자리를 물려줌으로써 레짐을 온전한 상태로 전해줄 수 있다는 것은 마음 편한 생각이었다. 이는 터무니없는 생각이기도 했다. 루즈벨트가 점점 더 과격하게 개혁을 주장한 것의 정치적 효과는 그리 쉽게 해소되지 않았다. 공식적으로 루즈벨트는 원로파들에 대한 반대운동을 거의 승인했다. 누구보다도 루즈벨트 자신이 "혁신주의" 신흥 개혁 세력들에게 정치적 정통성을 부여해 주었었다. 의도하지 않게 루즈벨트는 레짐의 방어막을 해체시켰고 그 정치를 풀어버렸던 것이다. 따라서 태프트가 멘토의 조언을 받아들이고 "실행성"에 주의를 기울이면서 개혁을 추진하자, 이는 루즈벨트로 하여금 그 자신의 구상이 지닌 이 한계에 직면하도록 만든 셈이었다.

이렇게 된 데에는 핵심적으로 루즈벨트가 지녔던 링컨에 대한 비교 기준이 작용했다. 루즈벨트는 링컨에 비해 자신의 과제가 "작은" 것이며 "평범한 정도의 성공"을 거두었다고 확신했다. 그는 자신이 한 일이 하려고 마음먹으면 "우리들 대부분이 할 수 있는 일" 이상이 아니라고 생각했다.[69] 태프트의 당선이 확실해지고, 온전한 상태의, 건설적인 행동에 다시 헌신하려는 정당을 물려주고 나자 루즈벨트는 자신이 대통령직에 따르는 정치적 도전을 극복했으며 태프트에게 똑같은 일을 하라는 것이 특별한 것을 요구하는 것이 아니라는 확신을 갖게 되었다. 이러한 확신은 다시 더욱 위험한 망상들을 불러일으켰다. 특히 원로파들과 연합하여 개혁의 동력을 이어가려던 태프트의 시도가 당내 깊은 분열 앞에 무산되면서 이 망상들이 커지게 되었다. 이런 망상들 중 하나는 이 사태의 책임이 태프트에게 있다는 것이었다. "우리가 하고 있었던 것 그대로를 실제로 계속하는 것을 보장하는 상태에 공화당이 있었다고 나는 확신합니다. 과거에 이루어졌던 것들에 충성을 선언하고 일이 이루어지는 것을 가능하게 했던 유일한 방법을 저버리는 것은, 내 관점에서는 만족스럽지 않습니다."[70] 루즈벨트의 망상 중 또 하나는 바로 그가 모든 것을 되돌릴 수 있다는 것이었다.

1910년에 다시 정치에 들어서면서 애초에 루즈벨트가 지녔던 동기는 파멸이 확실한 공화당을 구해내는 것이었다. ("태프트 행정부는 공화당을 단합시키는 데 완전히 실패했습니다. 내가 가장 우려하는 바는 지도자들 뿐 아니라 대중들 사이에서 반란이 일어나고 있다는 것입니다."[71]) 공화당을 구하는 것은 처음에는 여러 분파들을 다시 모아 1912년 선거에서 태프트를 다시 지지하도록 하는 것을 의미했다. 공화당에 대한 지지를 동원하기 위해 루즈벨트는 서부를 순회하면서 중도주의를 주장했고 다시 동부로 돌아와서는 개혁의 장점을 설파했다. 이 전국 순회는 루즈벨트가 여전히 대중적 인기를 누리고 있음을 보여주었으나, 중간선거에서 공화당에게 밀려든 재난의 물길을 막아주지는 못했다. 이후 공화당 구하기는 태프트의 재지명에 도전하고 1912년 선거에서 우려되는 민주당 승리의 전조를 차단하는 것이 되었다.

이 목적을 위해 루즈벨트는 자신의 지명에 대한 당내 지지를 동원하기 위해 예비선거에 출마했다. 그리고 나서 엘리휴 루트가 태프트를 대신하여 공화당 전당대회를 주관하는 것을 보게 되었다. 루즈벨트가 예비선거들을 휩쓴 것의 의미는 간과되었고, 자신의 도전은 무시되었다. "국민들"의 의지를 거부하고 "지도자들"에 의해 자신이 거부된 것만큼, "공화당이 거의 희망이 없게 되었다."라는 확신을 루즈벨트에게 준 것은 없었다.[72] 이제 그는 자신이 당을 배신한 것이 아니라 당 지도부가 자신을 배신한 것이라고 생각하게 되었다. 이번에는 루즈벨트가 마침내 이 조직을 직접 공격하게 되었다. 당을 파괴하고 그 자리에 자신의 건설적 개혁 구상을 펼칠 수 있는 정당을 건설하겠다는 것이다.[73] 바로 여기에, 파괴해서 구한다는, 진정 경이로운 무언가를 할 수 있는 기회가 있었고, 루즈벨트는 이 기회를 움켜쥐었다.

루즈벨트의 반란에서 두 번째로 중요한 점은, 그가 당 내에서 공화당을 회생시키는 데 실패했었던 바로 그 이유 때문에 공화당을 대체하는 데 실패했다는 점이다. 적절한 행동에 대한 루즈벨트의 관점은 너무나 개인적인 것이었고, 적절한 것과 적절하지 않은 것의 구분이 너무나 미묘했으며, 전통적인 공화당의 기약에 너무나 철저히 묶여 있었기 때문에, 이 선거의 중요성에 대해 다른 사람들이 루즈벨트처럼 생각하는 것이 거의 불가능했다. 한번은 루즈벨트가 캐논에게 "심지어 가장 큰 차이가 나는 것도 보통 사람들이 구분해 내는 것이 얼마나 어려운지" 일깨워 준적도 있었다.[74] 이제 그는 자신이 대통령이던 시절에 개척해 놓은 건설적인 길로 국가를 되돌려 놓을 것이며, 자신이 구축한 건설적 성취들의 기초를 스스로 파괴함으로써 민주당의 파괴적 충동을 막겠다고 제안하고 있었던 것이다. 정통-개혁가의 옷을 벗고 위대한 거부자의 옷을 갈아입게 되면서 루즈벨트는 새 정당을 만들려고 자신이 하고 있는 일이 공화당 수립자들이 했던 것과 똑같다는 생각을 품게 되었다. "1856년에 낡은 위그당을 깨고 공화당 조직으로 마침내 민주당을 패배시켜야 했던 것과 실제로 똑같은 이유로 우리는 새로운 정당을 만들어야 합니다."[75] 링컨처럼 자신이 마침내 미국 정치의 교차로에 도달했으며 거대한 위기가 불가피하고 중도를 위해서 진정으로 영웅적인 행동을 해야만 한다고 루즈벨트는 스스로에게 다짐했다. 그렇지만, 그가 "아마겟돈에 서 있고" "주님을 위한 성전을" 준비하고 있지만, 루즈벨트는 이런 비유가 취약한 것임을 알고 있었다. 한 법무부 관리에게 보낸 편지에서 그는 "이에 대해 나는 아무런 환상도 없습니다."라고 썼다. 자신의 성전에 합류하지 말고 직장에 남으라고 조언하면서 루즈벨트는 다음과 같이 고백했다. "이것은 허망한 바람입니다… 아마도 이 싸움에서 나와 함께 하는 사람들은 나와 함께 있기 때문에 고생스러울 것이고 얻는 것은 아무 것도 없을 것입니다. 그나마 다행인 것은, 나야말로 가장 고생하고 가장 덜 얻을 것이라고 양심껏 말할 수 있다는 점입니다."[76]

1856년 당시의 공화당 식으로 새로운 정당을 구축할 전망에 대해 루즈벨트가 절망적이었던 데는 충분한 이유가 있었다. 루즈벨트의 주도 하에 지배 연합 내의 분파 간 분쟁들로부터 떨어져나와 끼워 맞춰진 혁신당

(Progressive party)의 일관성은 모든 수준에서 절망적으로 손상되어 있었다. 위로부터 아래에까지, 이 새 조직의 나름의 정체성은 적절한 변화에 대한 루즈벨트의 개인적인 비전에 달려 있었다. 근본적인 기약들이 배신당했다는데 모두가 동의하는 듯 했지만, 각 조직들마다 어떤 근본적 기약들이 다른지에 대해서는 거의 합의가 없었다. 루즈벨트에게 태프트의 최종적인 배신 행위는—마침내 루즈벨트가 공화당 후보 지명에 도전하도록 만든 행위는—자신이 불문에 부쳤던 유에스스틸에 대한 반트러스트 기소를 태프트가 밀어부친 것이었다. 태프트는 이 기소를 자신이 혁신적이라는 부정할 수 없는 증거로—루즈벨트조차 주저했던 거대 기업들에 기꺼이 대항하는 증거로—간주했으나, 루즈벨트는 이를 참을 수 없는 개인적 모욕으로 받아들였다. 태프트는 자신을 등 뒤에서 찔렀을 뿐만 아니라, 유에스스틸 건에서 자신이 힘들여 그어놓았던 건설적 행동과 파괴적 행동의 구분선을 존중하는 데 완전히 실패했다고 루즈벨트는 생각했다.77) 태프트의 입장에서 루즈벨트의 최종적인 배신행위는 사법부 소환제(judicial recall)를 지지한 것이었다. 무엇보다도 이런 식의 "선동"이 태프트로 하여금 가망이 없다는 것이 명백함에도 불구하고 루즈벨트에 대항하여 대통령 선거전에 남아 있도록 만들었다. 태프트가 보기에 공화당 기득권에 대한 루즈벨트의 공격은 법의 지배 자체에 대한 공격을 가져온 것이었다. 태프트에게 문제는 루즈벨트가 혁신주의자라는 것이 아니었다. 루즈벨트에 대한 태프트의 비난은 태프트에 대한 루즈벨트의 비난과 똑같았다. 둘 모두 상대가 건설적 행동과 파괴적 행동 간의 중대한, 그러나 눈에 보이지 않는 선을 넘어 섰다고 주장했던 것이다.78)

목적들에 대한 혼동은 루즈벨트가 혁신주의 세력을 끌어들이면서 더욱 뚜렷해졌다. 엉터리 관세 개혁안에 서명함으로써 태프트가 혁신주의자들을 배신했었을 수 있지만, 루즈벨트 역시 이들을 배신했다. 루즈벨트는 태프트의 관세법을 비난하면서 쓸데없는 말만 늘어놓았고, 혁신당 정강에 강력한 반트러스트 조항을 넣는 것을 거부했으며, 이 두 가지 중대한 개혁 이슈들을 어떻게 다룰지 애매한 자세를 취함으로써, 이 이슈들은 민주당이 장악하게 되었다. (루즈벨트의 선거 운동 비용은 모건 은행(J. P. Morgan)이 지원했는데, 후보들 중 그가 유일하게 기업에 대한 반트러스트법 공격을 하지 않겠다고 했고 규제받는 독점을 열렬히 옹호했기 때문이다.) 루즈벨트가 이전에 인정하기를 거부했던 혁신주의 세력을 선제적으로 장악하고 그리고 나서는 이들의 입장을 훼손시키는 것을 보고 로버트 라 폴레트와 같은 혁신주의 주요 지도자들은 분노했다. 이들은 우드로 윌슨을 지지함으로써 진정한 변화에 헌신했었음을 보여주었다. 한편 아이다호 주의 윌리엄 보라(William Borah)와 같은 다른 혁신주의 지도자들은 루즈벨트로 하여금 후보 지명을 위해 태프트에게 도전하게 만들어 놓고는 공화당에 대한 충성을 계속했고, 새로운 정당 창당을 지지하지 않음으로써 루즈벨트가 배신감을 느끼도록 했다.[79]

그렇게 해서 선거 운동이 본격화될 때쯤에 혁신당은 순수하게 건설적인 행동이 실패할 것이 자명한 상황에서 루즈벨트가 좌절감을 분출하는 개인적 조직이 되어버렸다. 그 덕분에 후련함이 있었을지는 모르지만, 그 결과는 자멸적이었다. 선거 운동을 통해 루즈벨트는 “가슴 속 깊숙이 있었던, 그간 말할 기회를 전혀 갖지 못했던 일들을” 말할 기회를 갖게 되었지만,[80] 이것이야말로 그가 평생 동안 거부해 온 정치적인 방종이었다. 루즈벨트가 엄청난 개인적 인기를 과시하기는 했으나, 공화당의 패배와 민주당의 압승이라는 부정적 결과는 혁신주의 리더십으로서 원했던 모든 것에 배치되는 것이었다.

아마도 루즈벨트가 이룬 가장 큰 정치적 성취는 1912년 선거에서 세 후보 모두가 혁신주의 개혁가라고 주장했다는 점일 수 있다.[81] 그가 1901년에 현상 고수 보수주의 분위기에서 대통령에 취임했었던 것을 감안하면, 이는 미미한 성과가 아니었다. 그렇지만 루즈벨트 자신은 이를 성과라고만 생각하지 않았다. 선거가 끝나고 패배를 되돌아보면서 루즈벨트는 생각했다. 모든 정당들이 똑같은 근거를 내세우고 있는데 그가 어떻게 새로운 정당을 만들 수 있는가? 그가 그 자신의 목소리로, 그 자신의 리더십 태세를 제시했었지만, 루즈벨트는 자신이 제시한 것이 적수들이 제시한 것과 그리 다르지 않았음을 인정해야 했다. 대통령으로서, 그리고 정당 건설자로서 했던 모든 일에도 불구하고, 루즈벨트는 거부할 것이 아무 것도 없는 반대 세력을 구축했었던 것이다.

> 안타깝게도 1856년 패배 이후 공화당에게 있었던 것이 지금 우리에게는 없습니다. 우리가 한 편을, 상대방이 다른 편을 취하는 명확한 이슈가 우리에게는 없습니다… 결과적으로 우리의 원칙을 따르는 많은 사람들을 낡은 정당들로부터 털어낼 수가 없습니다. 윌슨과 태프트 모두가 스스로를 혁신주의자라고 기를 쓰고 선언하고 있고, 우리 원칙들 대부분을 자신들의 것인 양하며, 단지 실행 방안에 대해서만 동의하지 않는다고 합니다.[82)]

루즈벨트의 재편 실험은 단명으로 끝났다. 루즈벨트는 바로 혁신당을 포기하고 적절한 시간이 흐른 후 공화당으로 돌아갔다. 그렇지만 그를 실패한 재편 지도자로, 링컨과 프랭클린 루즈벨트 사이의 희미한 등불 정도로 보는 것은 잘못이다. 레짐의 목적을 다시 표출시키는 것과 레짐 전체를 재편하는 것의 경계에 대해 그가 가한 압력은 대통령 리더십의 정치에 대해서 많은 것을 알려준다. 표출의 정치의 한계를 넘기 위해 투쟁한 정통-개혁가로서 루즈벨트는 제임스 포크와 린든 존슨 사이의 중요한 지점을 차지하고 있다. 거기에서 그는 정치적 가능성의 변화하는 모습을 보여주는 믿음직한 이정표로 서 있는 것이다.

제3부 허버트 후버의 해체

전례 없이 맹렬한 폭풍을 맞아 전례 없는 조치들을 취하는 것을 우리는 두려워하지 않습니다. 그렇지만 우리나라의 영원한 원칙들을 지금까지 지켜 왔기 때문에, 미국 정부의 이상은 국민들이 내게 대통령직을 맡겼던 때와 똑같습니다.

자신의 임기가 우연히도 국가의 경제적 재난에 연관되었던 허버트 후버는 미국민들이 그에 대해 다른 기억이 없을 것이란 생각에 안타까워했다. 자신의 회고록에서 사실을 바로 잡으려고 작정한 후버는 이 연관성을 중대한 개혁이 되었을 것들을 탈선시킨 거대한 불운으로 규정했다. 후버는 대공황을 극복하기 위한 조치들로부터 "개혁과 발전을 위한 정책들"을 조심스럽게 추려냈다. 후자에 있어서 그가 지녔던 놀라울 정도로 폭넓은 관심들을 열거하면서 후버는 그의 노력이 그처럼 비극적으로 "중단되지" 않았더라면 어떤 일이 이루어질 수 있었을지 암시했다.[1] 후버는 독특한 경험을 지니고 있었고, 대단한 성취를 이루었으며, 국가에 대한 폭넓은 비전을 제시했고, 다른 상황이었다면 아마 그가 개혁의 영웅으로 간주했던 씨어도어 루즈벨트의 수준에 올랐을 인물이었다. 또한 대통령이 된 지 채 일 년도 되지 않아 공직자로서의 거대한 기대를 잔혹하게 무너뜨려버린 어쩔 수 없는 위기 속에서 관리자 역할을 해야 했던 애처로운 운명을 지닌 인물이기도 했다.

이러한 평가에 대해 어떻게 생각하던지 간에, 그 함의를 따져 보는 것은 대통령 리더십을 전반적으로 이해하는 데 있어서 가치 있는 일이다. 씨어도어 루즈벨트가 역사 속 자신의 위치에 대해 정반대의 불만을 토로했음을 돌이켜 보자. 그의 관점에서 거대한 야심과 폭넓은 비전을 지닌 사람에게 진정으로 불행한 것은 "모든 일이 번창하고 있을 때" 리더가 되는 것이었다. 위대한 대통령의 리더십은 거대한 국가적 위기 속에서만 피어날 수 있다고 믿었던 루즈벨트는 이런 도전이 없지만 않았다면 **그의** 영웅 링컨의 수준에 자신이 올랐을 것이란 생각에 시달렸었다. 이와 더불어, 당연히 후버의 후임 프랭클린 루즈벨트의 경우도 비교해보아야 한다. 후버와 프랭클린 루즈벨트는 동일한 위기와 씨름했었지만, 루즈벨트는 이 위기를 정치적 이점으로 만들 수 있었고 이를 통해 20세기의 위대한 정치인으로 등극했다. 그렇다면 왜 대공황의 엄습이 후버에게는 엄청난 기회가 되지 않고 엄청난 불행이 되었는가? 거대한 국가적 위기와 위대한 대통령 리더십 간에는 어떤 관계가 있는가?

후버의 의도와 행동에 대한 최근의 재해석들은 이런 질문들에 대해 우리가 보다 신중하게 답할 것을 요구한다. 이 수정주의적 해석들은 후버가 무능력하다는 대중적 이미지를 직접 표적으로 삼아서, 후버가 기업 이익에 인질로 잡혀 미국민들의 고난에 무감각했던 완고한 자유방임주의 이념가였다는 허구를 무너뜨렸다. 오늘날 우리가 알게 된 후버는 회고록에 나와 있는 후버와 유사하다. 그는 실제로 1920년대 정치 개혁가들 중 선두주자였고, 루즈벨트와 윌슨의 혁신주의 유산을 물려받은 후계자가 될 만했다.[2] 후버는 신의 섭리처럼 자연 법칙이 시장을 지배한다고 믿는 "숙명론자들"을 가까이 하지 않았고, 미국의 정치경제에 대해 "새 시대"(New Era)를 열고자 한 유망한 개혁가였다. 상무부(Commerce Department) 장관 재임시에 후버는 새로 대두되던 경제 관리에 관한 이론들을 확산시켰고, 비록 운명이 그를 저버리기는 했으나, 호황과 불황의 순환을 통제하기 위해 정부가 긍정적 역할을 할 수 있다고 믿었다.[3]

이러한 새로운 평가는 후버의 대통령 이전 경력만이 아니라 대공황 자체의 영향을 극복하기 위해 그가 취한 전례 없는 조치들에까지 적용되었다. 경제 위기가 재임 시기 전체를 삼켜버렸지만, 후버는 계속 적극적이었고 다양한 대응책들을 효과적으로 실험했다. 상황의 심각성을 무시하기는커녕, 후버는 대공황을 전시에 비유했고 경기 주기의 하강 국면에 정부의 강력한 개입으로 대응한 최초의 대통령이 되었다. 충격에 빠져 마비되기는커녕, 후버는 자신의 주요 제안들 거의 모두를 입법화했고, 이 중에는 과거의 정책들에 대한 중대한 수정들이 포함되어 있었다. 개혁에 반대해 버티고 서기는커녕, 후버 행정부는 뉴딜 초기에 이루어지게 되는 많은 것들을 미리 시도했다.[4]

마지막으로, 주지하듯이 후버의 정책이 경제 복구를 이루지는 못했지만, 그의 후임자도 마찬가지였다. 한 위대한 개혁가는 그토록 비참하게 실패했는데, 왜 다음 후임자는 그처럼 빛나게 성공했는가?

후버에 대한 수정주의적 해석들이 “거대한 불행” 주장에 신뢰도를 높여주게 되면서, 후버 시기는 대통령 리더십의 가능성을 설명하는 데 있어서 정치적 시간의 중요성을 보여주는 강력한 사례가 된다. 씨어도어 루즈벨트가 원했던 것이나 프랭클린 루즈벨트의 실제 사례에도 불구하고, 후버가 겪은 경험은 거대한 국가적 위기가 위대한 정치 지도자를 낳는다는 통설이 반만 맞는다는 것을 보여준다. 후버 사례는 위기가 이중적으로 움직인다는, 곧 재임 대통령은 짓밟고 후임 대통령은 띄워주는 경향이 있다는 것을 상기시켜줄 뿐만 아니라, 이런 결과가 기존 레짐에 대한 현직 대통령의 정치적 정체성에 직접적으로 결부된다는 점을 강하게 암시한다. 상당한 노력들과 분명한 업적들에도 불구하고 후버는 리더십에 있어서 제임스 뷰캐넌보다 더 성공을 거두지 못했다. 뷰캐넌과 마찬가지로 후버도 벌어지고 있는 사태 때문에 의혹의 대상이 되고 있는 기약들에 불가분하게 연결되어 있었기 때문이었다. 행동의 의미를 통제하는데 전적으로 부적절한 정치적 보장만 지닌 채 후버는 기존 레짐 전체를 거부하려는 반대세력의 먹잇감이 되었다. 위기를 해결하기 위한 행동들, 심지어 과거 정책들과 극적으로 달라진 행동들조차 낡은 질서의 정치적 파산을 상징하는 것으로 전락했다. 취약한 레짐의 가장 눈에 띄는 대표로서 후버는 불가능한 리더십 상황에 갇혀 있었던 것이다.

“거대한 불행” 주장이 함의하고 있는 구조적인 통찰은 어떤 공화당 대통령도 대공황 속에서 구질서를 덮친 정통성 위기를 극복하지 못했으리란 것이다.[5] 그렇지만, 이 점을 넘어 이 주장을 확대시키는 것은 조심해야 한다. 대공황이 또 하나의 위대한 개혁 리더십이었을 수 있는 것을 막았다는 주장은 더욱 의심스럽다. "공화당 하의 번영"이 지속되기만 했으면 씨어도어 루즈벨트가 이룬 것과 같은 또 하나의 개혁이 있었을 것이란 주장에 대해 의심할 만한 충분한 근거가 있는 것이다. 후버가 대공황에 부딪치지만 않았으면 어땠을까 하는 추측에는 단순히 그의 재능이나 업적이나 야망에 대한 평가 이상이 필요하다. 씨어도어 루즈벨트의 개혁이 또 다른 공화당 대통령의 개혁 가능성에 상당한 정치적 영향을 미쳤기 때문이다. 루즈벨트가 이제 개혁에 대해 공화당 내부에 깊은 분파적 분열을 유발했었기 때문에 후버는 태프트와 마찬가지로 루즈벨트의 업적을 반복할 수 없었다. 레짐 말기의 소속당 대통령 사이에서 발견되는 일반적 패턴을 보여주기 때문에, 존 퀸시 애덤스와 프랭클린 피어스의 운명이 여기에서 특히 연관된다. 이 대통령들 모두는 가장 부서지기 쉬운 정치적 근거 위에 서 있으면서, 가장 단호한 행동들을 통해 전쟁이나 공황이 없어도 대단히 불안정한 정치적 위기를 촉발시키게 된다.

후버의 경험을 다른 레짐 말기 소속당 대통령들의 곤경과 비교하면 최근의 수정주의 설명들은 거대한 불행 주장과는 상당히 다른 점을 시사한다. 이 비교가 시사하는 바는 후버가 정치적 창조성을 발휘할 수 있는 가능성을 대공황이 위축시킨 것이 아니라 확대시켜 주었다는 것이다. 리더십 정치의 반복적인 패턴과 새로운 패턴들의 영향 속에서 후버의 업적들을 평가하면, 무엇이 이루어질 수 있었는지에 대한 추측은 매우 의심스러워지지만 후버가 무엇을 할 수 있었는지에 대한 분석은 흥미로워진다. 이런 틀에서 보면, 후버 재임기를 삼켜버린 국가적 재난에서 가장 놀라운 점은 이 재난이 후버의 리더십을 붕괴시킨 것이 아니라 계속되게 만들었다는 점이다.

후버는 수십 년 동안의 분파 간 대립으로 파탄이 난 레짐을 책임지게 되었다. 절정의 번영 속에서 후버는 독창적이었지만 미묘한 리더십 태세를 만들어 냈다. 개혁에 헌신하면서도 정치적 합의가 완전히 결여된 레짐 위에서 떠다녔던 것이다. 이런 면에서, 후버가 자신의 행동에 대해 규정할 수 있는 통제력을 상실한 것이 미국 경제의 붕괴보다 앞섰다는 것이 특히 중요하다. 같은 정치적 시간에 있었던 대통령들과 마찬가지로 후버의 초기 리더십 태세는 너무나 확실하지 못해서 자신의 지지자들 요구 앞에서 바로 무너져 버렸다.

대공황의 엄습이 후버가 이러한 전형적인 정통성 문제를 해결하는 데 도움이 되지는 않았지만, 현대 대통령들에게 이미 생겨나고 있던 새로운 가능성을 열어주었다. 이런 면에서 후버가 자신의 암울한 정치적 상황으로부터 끌어낼 수 있었던 정책적 성취들은 대통령직의 장기적 진화를 보여주는 상징과도 같다. 대공황 이전에도 이미 정치적으로 불구 상태였지만 후버는 이후 국가 경제를 관리하는 데 있어서 대통령이 갖는 확대된 책임과 이와 더불어 증대된 제도적 자원들을 활용할 수 있었다. 다원적 정치체에서 대통령에게 주어진 폭넓은 시야가 그의 독립성을 증진시켜 주었으며, 위기 관리에 대한 대통령의 주도권을 확고하게 해주었다. 자신의 행동의 의미에 대한 통제력을 다시 갖지는 못했으나, 후버는 같은 정치적 시간 속의 다른 대통령들보다 훨씬 강력한 정치 행위자였으며, 이 힘을 사용하여 레짐이 파산했다는 비난에 대해 독자적으로 실질적인 대응을 할 수 있었다.

후버의 리더십을 구조화시킨 이런 변화들 뒤에 있는 역설은, 위기에 대응하기 위해서 이 대통령이 자신이 지닌 미약한 정치적 권위 보장이 허용했던 것보다 훨씬 많은 것들을 했다는 점이다. 대통령에 취임하면서 후버가 했던 장담은 불행스러우리만치 익숙하다. 후버는 기존 레짐의 핵심적인 본질을 훼손하지 않으면서 실현되지 않은 레짐의 잠재력을 끌어내기를 원했으며, 이를 이루는데 필요한 행정 기술들에 대해 특별한 지식을 가지고 있다고 주장했다. 기술관료적으로 단련된 후버 답게 끝까지 그는 미국민들에게 1932년에도 같은 길을 따라가라고 요청하면서 “소위 새로운 거래(new deal)라는 것은 미국적 체계의 근본 자체를 파괴할 것”이라고 경고했다.[6] 하지만 적절한 행동에 대한 고상한 규칙들을 불러내고 있는 동안에 후버가 레짐의 기본적인 기약들을 재구성하기도 했다는 것이 사실이다. 실제로 당시 상황의 압박 속에서 후버가 이전의 규칙들을 너무나 과감하게 바꾸어 놓았기 때문에, 뉴딜(New Deal)이 이전과 얼마나 달라진 것인지에 대해 오늘날 의문이 제기되기도 한다. 한 수준에서 후버는 해체의 정치 속에서 주저함 때문에 무너지고 있었으나, 다른 수준에서는 일들을 이루는데 있어서 놀라운 독자성을 보여주고 있었다. 후버는 스스로 밝혔던 적절한 행동의 기준을 거부할 준비가 되어 있었을 뿐 아니라, (프랭클린 피어스도 그랬었다) 자신만의 경로를 계속할 수 있었으며, 마지막에는 심지어 그 자신이 철저하게 거부당한 이후에도 계속될 정책 방향을 설정할 수 있었다.

기술의 본질화

1928년에 공화당은 누가 후보로 지명되든 당선시켰을 것이다. 경기 호황의 도취상태에 빠진 상황에서 민주당은 어쩔 수 없이 카톨릭 후보를 내어 도박을 하기로 결정했다. 알 스미스(Al Smith)는 금주령(Prohibition)에 반대하는 도시 부문의 소수 인종, 노동 계급 유권자들을 동원하려고 했으나, 이로 인해 다른 전통적인 민주당 지지층을 소외시키게 되었다. 공화당은 패배를 두려워할 이유가 없었고, 스미스의 도시 민주당이 내세우는 아젠다들에 대해 알아야 할 이유도 없었다.

그렇지만 결과적으로 공화당은 1928년에 후버라는 이례적인 선택을 했다. 실제로, 연방 관료제에서의 화려한 복무 경력이나 비정치적 행정가로 자신을 위치시키려는 의도에 관한 한, 비교 대상을 찾으려면 아마 존 퀸시 애덤스까지 올라가야 할 것이다. 애덤스처럼 후버도 내각에서 가장 정력적인 각료로 8년을 활동한 후 대통령 후보가 되었고, 애덤스와 마찬가지로 개인적인 정당 정치 경험이 확고하지 않았기 때문에 레짐과의 관계가 모호하고 약화되어 있었다.

연방정부에 복무하기 이전에 후버는 정치권과는 전혀 다른 영역에서 명성을 쌓았다. 지질학을 전공한 그는 처음에는 아시아에서 광산 엔지니어로 일했고, 다음에는 기업가로 활동했다. 1차 세계대전이 발발했을 때 후버는 영국에 살고 있었는데, 그곳에서 벨기에에 긴급 구호품을 전달하는 책임을 맡게 되었다. 벨기에 구호 사업은 후버에게 훌륭한 인도주의자라는 국제적 명성을 가져다주었으며, 공공 영역에서 새로운 경력을 열어주었다. 그렇지만, 후버의 정계 진입은 전혀 평탄하지 않았다. 20세기 초반의 형식적인 공화당원이었지만 후버는 1912년에 씨어도어 루즈벨트의 혁신당으로 갈아탔었다. 그리고는 공화당과 더 멀어져서, 공화당 내분 덕분에 백악관에 입성한 우드로 윌슨으로부터 첫 번째 연방정부 자리를 받게 되었다. 후버는 전시 행정부의 위기관리를 위해 민간 부문에서 선발된 많은 리더들 중 한 명으로 윌슨 행정부에서 충성스럽고 효율적으로 복무했다. 훈장을 하나 더 추가하자면, 1차 대전 승리에 기여한 덕분에 후버는 1920년 선거에서 소속당이 어떻게 되든 대통령 후보로 거론되기도 했었다.

이 해에 민주당이 후버를 대통령 후보 중 하나로 추대하려 했으나 후버는 공화당으로 돌아갔다. 공화당의 일부 세력들은 이 새로운 스타가 지도부에 되돌아오는 것을 환영했으나, 후버가 대통령 후보 지명을 사양할 뜻을 분명히 하자, 바로 보다 안전한 후보들로 돌아섰다. 후버는 1920년 당시 공화당을 장악하고 있던 정치인들에 대해 너무 잘 알고 있었다. 1918년 중간선거에서 윌슨 대통령의 민주당 지지 요청을 후버가 받아들였던 기억이 여전히 생생했기 때문이다. 실제로 이 기억은 1928년까지도 사라지지 않아서, 공화당 원로들이 후버가 지명되는 것을 막기 위해 치밀한 시도를 하기도 했다.[7)]

후버의 경력 전체를 통해 “능력과 인품만”이라는 과거 애덤스의 기준이 명쾌하게 울려 퍼지는데, 혁신주의 시기에 이 기준은 개혁가들 사이에서 이전과는 다른 반향을 가져 왔다. 엔지니어, 기업가, 인도주의자, 행정가로 이어지는 후버의 인생사는 이제 분명해진 정당 정부의 한계를 초월하고 산업 시대의 새로운 요구에 부응하도록 정부를 재구성하려는 혁신주의 운동을 구현해 온 것처럼 간주되었다. 이런 면에서 먼로의 국무장관이었던 애덤스가 대통령이 되기 위해 전통적인 승진 경로에 의지했던 반면에 하딩과 쿨리지 밑에서 상무장관을 했던 후버는 완전히 다른 경로를 거쳤다는 점은 주목할 만하다. 이 "원더 보이"(Wonder Boy)는 윌슨 하에서 어려움을 겪던 신생 부처를 장악한 뒤, 상무부를 경제에 대한 정부의 관리와 기술적 전문성 및 정부 정책의 가능성을 모범적으로 보여주는 존재로 만들어 모두를 놀라게 했다. 1차대전 이후 공화당이 구축할 수 있는 새로운 "미국 체계"(American System)에 대한 후버의 비전과 행정부 앞에 놓인 모든 중요한 경제 문제들을 후버가 처리하게 하겠다는 하딩의 약속으로, 상무부는 공화당 시기에 연방정부 활동의 중심이 되었다.[8)] 1903년에 상무부의 창설을 진두지휘했던 씨어도어 루즈벨트에게 후버가 충심으로 감사했을 것이다.

하딩 행정부의 스캔들이 후버의 광채를 더 빛나게 하기도 했다. 그러나 도대체 후버의 비전은 무엇이었던 것일까? 대체로 후버의 "신시대"(New Day)는 루즈벨트 시기의 개혁 프로그램들을 확인하고 연장한 것이었다. 그렇지만 후버는 혁신주의 대통령들이 자신의 비전을 실행에 옮기면서 직면했던 난관들에 예민해져 있었고, 당시까지 직접적인 정부 행동에 대한 이 대통령들의 신념 때문에 막다른 골목길에 봉착했다고 믿게 되었다. 이에 대한 대안으로 후버는 변화에 대해 덜 직접적으로 정치적인 접근을 취했다. 그는 공화당 연합 내에서 경쟁하는 이익과 이슈들을 직접 조종했던 씨어도어 루즈벨트식 방식에서 한 걸음 물러나 개혁에 도전했다. 후버는 "지도자들"의 메시지를 국민들에게 전하고 "국민들"의 메시지를 지도자들에게 전하는데 루즈벨트보다는 관심이 없었다. 관리 능력에 대한 후버의 의존은 보다 세밀히 단련되었고 행정부의 행동에 대한 믿음은 단순, 명확하고 보다 완전했다.

후버는 일종의 지표 계획(indicative planning)을 주장했는데, 여기에서 정부 전문가들은 정보를 모으고 이에 대한 해석과 함께 이를 경제 행위자 단체들의 지도자들과 공유했다. 후버가 구상했던 것은 적극적인 활동가적 국가로,

민간에 중요한 서비스들을 제공하고 이런 서비스를 활용해 민간 부문의 활동을 조정할 수 있는 업종별 단체들(trade associations)의 조직을 장려했다. 더욱이 그가 이상적으로 보았던 국가는 전후 시장을 안정화시키기 위해 포괄적인 경기대응적 개입을 취하는 것이었다. 이 점에 대해 보다 보수적인 세력들의 저항에도 불구하고 후버는 경기 순환의 충격을 완화하고 보다 질서정연한 성장을 촉진시키는 수단으로 공공사업 지출, 마케팅 협동조합, 세금 조정, 통화 조정이 모두 공정한 게임이라고 생각했다. 후버가 스스로 설정한 도전은 이 모든 연방정부의 활동들을 관리해서 민간 부문과 지방 정부의 행동의 자유를 보호하는 것이었다. 그는 민간 기업들에 대한 직접적인 개입을 기회 평등이라는 신성한 미국적 신조의 위배라고 거부했으며, 미국 정부의 전통적인 분권화를 제어되지 않는 관료화에 대한 보루라고 옹호했다. 따라서 "질서 있는 자유"(ordered liberty)라는 미국적 체계에 대한 후버의 구상이 이전의 혁신주의 개혁 프로그램들보다 기술적으로는 세련되었을 수 있으나, 정부 권력의 행사에 대해서는 보다 모호한 것이었다. 씨어도어 루즈벨트의 신국가주의(New Nationalism)보다는 덜 국가주의적이고, 태프트의 신헌정주의(neo-constitutionalism)보다는 덜 형식적이며, 윌슨의 신자유(New Freedom)보다는 덜 규제적이었던 후버의 신시대(New Day)는 개인주의와 민간 주도라는 역사적 유산을 산업 사회의 진화와 조화시키기 위해 필요한 진정한 선택에 대해서는 외면했던 것이다.[9)]

후버의 프로그램은 상반된 방향으로 나눠졌다. 연방정부의 관리에 대한 후버의 신념은 지속적으로 관리되는 경제의 도래를 예고했으나, 기존 레짐에 대한 그의 신념은 자율성과 지방의 독립성을 중시하도록 만들었다. 씨어도어 루즈벨트의 경험을 대단히 예민하게 받아들였던 후버는 행정부의 권력추구가 가져오는 위험에 대해 더욱 민감했다. 한계를 확고히 설정하지 않으면 국가 경제에 대한 연방정부의 새로운 책임은 걷잡을 수 없게 되고 레짐의 본질을 의혹에 빠뜨리게 될 것이라고 후버는 생각했다. 따라서 후버가 구상한 개입의 기술은 정부 행동의 정당한 근거를 명확히 하려는 것이었다. 문제는, 방법 자체에 대한 후버의 집착 때문에 내용의 문제가 혼란스럽게 될 수 있었다는 것이다. 그가 이루겠다는 정치적 변화와 기존 질서 간의 관계는 정확히 무엇인가? 답하기 어려웠다. 1928년에 후버의 모호한 입장을 비판했던 한 정치 분석가는 이렇게 썼다. "후버 후보에게 불리한 핵심적 사실은 많은 사람들이 그가 무엇을 지향하는지 이해할 수 없다는 점이다."[10)]

예를 들어 "재편"(reconstruction)이란 용어에 대한 후버의 용법을 살펴보자. 그의 정치적 어휘 중 핵심 단어인 재편은 1920년대에 후버가 구상했던 전후 조정의 규모와 1860년대 후반 공화당이 구상했던 조정의 규모를 비교해 보도록 하기 위해 쓰였던 듯하다. 잘 이해되지 않는다면 후버의 취임사를 들어보기만 하면 된다. 취임사에서 이 신임 대통령은 "새로운 경제체제, 새로운 사회 체제, 그리고 새로운 정치 체제"를 구축하겠다고 대담하게 말했다.[11)] 그렇지만 여기에는 과거 재편들의 질서－파괴적 징후가 보이지 않았다. 후버의 방법이 지닌 진정한 정치적 천재성은 체제의 이런 총체적인 변혁을 피 한 방울 흘리지 않고 만들겠다고 약속한 것이었다. 그가 구상한 거대한 변화 뒤에는 "협력적 관리"(cooperative management)에 대한 기능인의 신념이 도사리고 있었다.

협력적 관리는 공격적이고 강압적인 위협이 없이 적극적이고 변혁적인 정부를 옹호했다. 이 개념은 전문 지식의 권위와 여론의 힘으로 무장한 행정부 관리들이 노동계 지도자들과 기업 지도자들, 지역 사회 지도자들 등을 설득하여 그들 모두가 불가분하게 연결되어 있는 사회 전체의 최선의 이익을 받아들이도록 하는 초당적이고 다원적인 정치를 구상했다. 정부는 관료적 자원을 활용하여 민간 부문을 장려하고 교육하고 안내할 것이었다. 그렇지만 민간 주도를 존중하기 때문에 정부는 유럽을 사로잡아 버린 집단주의나 관료적 지배로부터 미국이 벗어나도록 할 것이었다. 협력적 관리는 무지와 낭비와 중복과 비효율을 거부하고 질서와 통제와 안정과 표준화를 도입함으로써 "미국 체계"의 재편을 약속했다.[12)] 이 재편의 적은 추상화였으며, 여기에는 어떤 피해자도 없었다. 추상화를 물리치기 위해서는 단지 기존 기구들이 보다 순조롭게 작동하도록 만들면 되었다.

대통령직에 대한 이 도전이 성공을 거두었던 것은 후버가 발견했듯이 당시 공화당 레짐의 상태 덕분이었다. 자신이 대표하려는 정치 질서와 자신이 구상하는 정치적 변화 간의 관계를 후버가 모호하게 설정했던 것이 대통령이 된 후에는 엄청난 파탄을 가져왔으나, 후버를 이 자리에 앉히는 데에는 좋은 효과를 발휘했다. 재편에 대한 후버의 주장은 별 감흥을 불러일으키지 못했을 수 있으나, 쿨리지의 시대에 공화당 지도자가 이런 주장 자체를 한다는 것은 상당히 대담한 것이었다. 그리고 대강 들으면, 이 메시지는 당시 공화당 우산 아래 불편하게 모여 있던 다수의 상이한 정치적 입장들에게 호의적으로 들렸다. 또한 과거 노선을 추종하는 서부 혁신주의자들의 무능함과 현상 고수 공화당 보수파의 차가운 무관심을 모두 피해가면서도, 정치적 행동의 근거를 여전히 이들 중간에 남겨 두었다.

정치인으로서 후버에 대해 가장 경이로운 것은 공화당 내에서 그가 독자성을 일구어 낸 것이었다. 구질서의 기구들을 적절한 행정 기술로 고쳐 보겠다는 레짐 말기 소속당 대통령의 전형적인 신념을 보여 주면서 후버는 혁신주의 개혁 운동의 주요 의제들을 끌어들였다. 상무부 재직 시절 후버는 자신의 비전을 알리기 위해 홍보 네트워크를 개발했는데, 잡지들과 뉴스 기사들, 그리고 각 지역의 후버 클럽들(Hoover Clubs)을 통해 자신이 국가 경제의 효과적인 관리자라는 이미지를 만들어 냈다. 리더십의 전략으로서 행정 기술을 본질화시키는 것이 공인으로서 후버에게는 이미 갖춰져 있었던 것이다. 그의 홍보 조직은 행정 기술과 더불어 후버의 정치적 야망을 옹호하는데 활용되어, 후버 클럽들을 통해 좋은 정치를 좋은 행정과 같은 것으로 만들었다. 씨어도어 루즈벨트의 "훌륭한 연단"의 당료(apparatchik)판으로서 후버의 홍보 조직은 덜 논쟁적인 목적, 즉 국가의 문제에 대한 비정치적이고 과학적인 접근을 통해 여론의 압력을 정부에 가한다는 목적을 위해 대중을 동원하는 보다 세련된 길을 후버에게 제공했다. 신시대(New Day)를 예고함으로써 후버는 보통 사람들이 이해할 수 없는 어렵고 복잡한 문제들의 해결사가 되었던 것이다. 1928년이 되면, 후버는 공화당 원로들의 적대감과 혁신주의자들의 의심을 이겨내기에 충분할 정도로 강력한 개인적 지지세력을 공화당 내에서 일구어 내었다. 얼마 안 되어 이 "원더 보이"는 자신이 "과대포장"된 것이 아니라고 생각하게 된다.[13)]

현대적 행정의 대가로서 후버는 전통적인 정당 권력 중심으로부터 어떻게 공개적으로 독립성을 확보할 수 있는지, 그리고 이 독립성을 통해 전통적인 정당 지도부가 결코 저항할 수 없는 정치적 지지 세력을 만들 수 있는지를 보여주었다. 대통령직은 후버가 유일하게 도전했던 선출직이었지만, 그는 전혀 다크호스로 간주되지 않았다. "저 사람은 나한테 원하지도 않는 조언을 6년간* 해 왔는데, 다 틀린 것이었다."라는 쿨리지의 유명한 말이 1928년에 후버와 공화당 지도부와의 관계를 알 수 있게 해준다. 그러나 쿨리지는 이 말에 따라 행동해서 "신시대" 주장과 대결하려 들지 않았다.[14)] 후버가 너무 강했기 때문이다.

공화당 지도부와의 어색한 관계는 그의 리더십 프로젝트에 깔려 있던 많은 모호한 관계들 중 하나에 불과하다. 쿨리지의 싸늘한 평가에도 불구하고 후버는 강세를 이어갔을 뿐 아니라, 이 말에 대해 온순하게 대응했다. 1928년 선거 운동 내내 후버는 전임자를 칭송했으며, 공화당 충성파들의 잘 드러나지 않는 적대감을 마주하고도 줄곧 정당 정부에 대한 신념을 토로했다. 겉으로 보기에도 흥미롭지만, 여기에는 단순히 권력 추구였을 뿐이라는 냉소 이상이 연관되어 있다. 쿨리지 행정부의 업적을 후버가 칭송한 것은 어쨌든 자신의 업적을 칭찬하는 것과 마찬가지였다. "쿨리지의 정책들을 계승하는" 정강에 후버가 환호할 수 있었던 것은 자신의 구상들이 이 안에서 키워졌었기 때문이었다. 달리 말해, 후버의 신시대 기약과 이전 레짐의 기약 간에는 어떤 중대한 차이도 없었던 것이다. 후버의 행동 계획이 현상 고수파들과 어떤 마찰을 가져올지 모르지만, 후보 후버는 과거와의 어떠한 물리적 단절도 생각하지 않았으며, 스스로 건설적인 길과 파괴적인 길을 구분할 줄 안다고 자부했다. 자신이 구상하는

---

* 역주: 하딩이 재임 중 사망하여 쿨리지가 승계하고 1924년 선거에서 승리하여, 쿨리지의 재임 기간이 6년임.

모든 변화들을 단순히 기술적인 문제들 속에 안전하게 가려 놓은 채, 후버는 자신이 레짐에 받아들여지는데 자신의 독자성이 결코 장애가 되지 않도록 했던 것이다.

따라서 그 모든 비정치적인 성격에도 불구하고 후버는 1928년 선거에서 공화당 레짐의 부흥가로 나섰다. 후버의 리더십 프로젝트가 당내의 심각한 정치적 분열을 덮었고, 신시대에 대한 호소가 1920년대의 성취를 완수하려는, 그나마 남아 있는 열정들을 끌어 모았다. 공화당의 최고의 전통에 따라 후버는 국민들 앞에서 연방정부의 잠재적 창의력**과** "현대 기업들의 천재성"을 모두 인정했다. 그는 새로운 번영의 경제를 선포하면서, **또한** 관세 보호라는 초석을 충직하게 옹호했다. 후버가 정당 정부에 대한 신념을 토로한 것이 빈말로 들렸다면, 그 이유는 공화당 자체의 상태에서 찾아져야 한다. 사실, 공화당에는 남아 있는 것이 거의 없었기 때문에 떠오르던 행정가가 장악할 때가 되었던 것이다. 1920년에 하딩을 내세워 승리 연합을 재구축할 수 있었던 공화당 지도부는 이후 전국적인 스캔들, 또 한 번의 선출되지 않은 대통령의 권력 강화, 1924년 또 한 번의 혁신주의자의 배신을 겪었었다. 1928년이 되면 공화당 행정부가 곧 공화당 조직이었고, 최고위 공화당 행정가로서 후버는 둘 모두를 흡수하여 자신만의 기술관료적 성전을 이끌게 되었다.

적절한 행동이라는 허깨비

회고록에서 후버가 관세 개정, 수력 개발, 농업 마케팅 등 "개혁과 발전" 문제로 열거한 것들 중에서 가장 중요한 이슈는 시작부터 실제로 위기 관리였다. 후버가 잘 알고 있었듯이 1928년의 번영은 완전한 것이 아니었다. 그가 취임할 때쯤, 농업 부문은 이미 수년간 지속된 공황에 허덕이고 있었다. 후버가 취임 직후부터 바로 농업 문제를 다루기 시작한 것은 잘한 일이었다. 이 신속함 속에서 우리는 후버가 충분히 예상했었던 상황 속에서 그의 리더십이 맞게 될 약점을 보게 된다. 정치적 전망이 너무 어두워서 대폭락(Great Crash)*이 차라리 핑곗거리가 될 수 있을 정도이다. 정치 질서와 정치적 변화 간의 관계에 대한 후버의 미묘한 입장이 선거에서 공화당의 압도적 승리를 가져왔을 수는 있으나, 후버에게 리더십 행사를 위한 충분한 근거를 가져다주지는 못했던 것이다.

씨어도어 루즈벨트와 다르지 않게 후버도 대통령 선거 운동에서 미끼 판매(bait and switch)**식으로 농민들에게 다가갔다. 그는 농민들을 위해 새로운 대담한 행동을 약속했고, 심지어 개혁 구상에 대한 농민들의 근본적인 목표들에 동의하기까지 했다. 농업계에서 나오는 새로운 발상들에 동조하면서 후버는 농민들이 보호관세의 혜택을 받을 적절한 때가 되었다고 생각했다. 또한 많은 수의 소규모 자영농으로 구성된 농업부문이 점점 더 조직화되고 있는 시장에서 효과적으로 기능하기 위해서는 정부로부터 특별한 지원을 받을 필요가 있음을 인식하고 있었다.[15] 그러나 농민들이 가장 선호하는 방법을 후버는 반대했다. 농민들의 제안들, 특히 여러 가지 형태의 맥네어리－하우겐 법안(McNary-Haugen bill)은 정부의 가격 결정에 의존한다는 면에서 역효과를 낳을 것이라고 후버는 생각했다. 이 법안과 유사한 두 가지 법안에 대해 이미 쿨리지가 거부권을 행사한 바 있었으며, 이는 후버의 조언과 일치하는 것이었다. 신임 대통령은 농민들에게 자신이 상무부에서 취했던 보다 자발적이고 협력적인 방법이 농업에도 맞는다는 것을 보여주고자 했다.[16]

후버의 농업 프로그램은 두 부분으로 구성되었다.[17] 한 부분은 관세 개혁이었다. 후버는 농산품 수입에 대해 더 많은 보호를 제공하지만 공산품 관세율의 증가는 피하는 “제한적인” 세율 개정을 원했다. 실제로 후버의 제안은 공산품 관세가 이미 너무 높다고 판단한 듯 보였다. 제한적인 세

---

* 역주: 대공황의 원인으로 지목되곤 하는 1929년 10월 24일 검은 목요일의 주식시장 대붕괴.

** 역주: 값싼 미끼 상품을 내걸고 걸려든 소비자에게 다른 비싼 상품을 파는 상술.

율 개정에 더해 후버는 자신의 재량하에 관세율을 조정할 수 있고, 관세 위원회(Tariff Commission)를 강화하여 품목별로 세율 조정을 하는데 필요한 기술적 정보들을 제공할 수 있게 해 달라고 의회에 요청했다. 원칙상 보호주의를 충실하게 옹호하면서 한 부문에 대해 보호를 강화하겠다는 구체적인 약속으로 후버는 동료 공화당 의원들에게 공화당 레짐의 초석을 보다 효과적으로 관리하기 위해 행정부의 권한을 확대하고 자신에게 유연성을 부여해 달라고 요청했던 것이다.

농업 프로그램의 다른 부분은 연방 농업 위원회(Farm Board) 설립안이었다. 이 농업 위원회는 농민들 스스로가 소유하고 통제하는 농업 협동조합들을 후원하고 지원하게 될 것이었다. 농업 위원회가 관리하는 회전 자금의 지원하에 협동조합들은 일시적 잉여 농산품의 처리를 포함하여 다양한 곡물 생산자들에게 다양한 서비스를 제공하게 될 것이었다. 농민들에게 도움을 주겠다는 약속을 지킨 것이기는 하지만, 그럼에도 불구하고 후버의 농업 위원회 제안은 농민들 자체의 제안, 예컨대 해외 덤핑이나 가격 고정, 생산량 통제 등에는 훨씬 못 미치는 것이었으며, 기껏해야 서부 혁신주의자들이나 시도해 볼만한 것이었다. 혁신주의 지도자 윌리엄 보라는 선거 당시 서부에서 후버를 위해 상당한 지지를 동원해 주었었는데, 후버 행정부의 첫 번째 업무가 농업 위기를 다루기 위해 의회의 특별 회기를 소집하는 것이 될 것이고 이 후보가 혁신주의자들의 생각대로 행동을 취할 것이라고 생각했기 때문이었다.[18)]

사실, 농업 개혁과 농업 구제에 대한 후버의 제안은 보수와 혁신주의의 생각들을 똑같은 분량으로 섞어놓은 것이었다. 관세 개혁에 대한 접근에서와 마찬가지로 여기에서도 후버는 양측이 농업 문제를 "정치의 장에서 경제의 영역으로" 옮기는 데 동의하기를 바랐다.[19)] 그렇지만 공화당 시대가 저물어가던 이때 너무나 익숙한 이 해법은 감당해야 하는 정치적 무게를 버텨내지 못했다. 1929년 4월에 후버가 요구한 의회 특별 회기에서 폭발해 버린 분파 간 논쟁 속에서 후버가 그토록 역설했던 해결방법은 완전히 허깨비로 전락하고 말았다.[20)]

직접적인 정부 통제를 후버가 꺼린다는 점에는 신경쓰지 않고 대담한 대응을 하겠다는 후버의 약속에 더 이끌렸던 상원은 보라 주도하에 후버의 농업 위원회 설립안을 제쳐 두고 농민들이 선호하는 개혁안을 통과시켰다. 이렇게 해서 시작부터 후버는 당내 혁신주의 세력과 다툼을 벌이게 되었다. 상원안을 고려해 보겠다고 약속하면서도 후버는 하원에서 민간의 자발성을 지지하는 노선을 고수했으며, 하원에서 공화당은 단지 명목상의 다수당 이상의 역할을 해 주었다. 그러나 상원안 보다 대통령안에 더 가까웠던 협의위원회(conference committee)*의 법안을 상원이 부결하면서 공화당의 형편없는 상태가 바로 드러나게 되었다. 이로써 혁신주의 상원의원들은 후버 행정부에 대해 공개적인 반대에 나서게 되었으며, 이 상태가 계속되었다. 이들은 대응이 지연되는 책임을 완전히 후버 개인에게 돌렸으며, 상당 수준의 정부 통제와 보장이 없기 때문에 실패할 수밖에 없다고 생각한 대응안과 거리를 두었다. 앞으로의 관계가 이렇게 명확해지자, 무언가라도 해보자는 합의가 마침내 이루어졌다. 1929년 6월, 이제 혁신주의 세력의 지지를 잃게 된 상태에서 후버는 "미국 체계"에 대한 자신의 첫 번째 승리를 축하하게 되었다.

후버의 농업 위원회 설립안에 대한 혁신주의자들의 공격에 가려져 있던 것은 농업 중개업체들의 반대였다. 후버가 민간 주도를 유지하는 척하고 있다고 비난하면서, 이들은 후버가 실제로는 시장에 대한 정부의 대규모 침투를 지지하고 있으며 이미 시장에서 활동하고 있는 기업들의 존립 자체를 직접 위협할 것이라고 지적했다. 이제 후버식 개혁의 장점에 대해 혁신주의 못지않게 보수 세력의 지지도 사라지게 되었으며, 관세에 대한 논쟁이 전개되면서 후버식 기술에 대한 정치적 지지의 부재는 더 큰 희생을 치르게 되었다.

농산품 수입에만 제한적인 개정을 하겠다는 후버의 요청에는 신경쓰지 않고 보호주의에 대한 후버의 강력한 옹호에 더 이끌렸던 원로파들은 후

* 역주: 하원에서 통과된 법안과 상원에서 통과된 법안이 다를 경우, 양원 대표들이 모여 협의위원회를 구성하여 차이를 해소함.

버의 신중한 제안을 지지한 혁신주의 세력의 결의안을 부결시켰다. 이때부터 특별 회기는 정치적 참사로 변해 버려서, 의원들은 관세율의 전반적인 증가를 놓고 흥정하게 되었다. 이 광경에 경악한 후버는 최우선 원칙의 문제에 대해서는 당과 직접적인 대결을 벌이지 않기로 결정했다. 그는 행정부가 제안한 조항들을 옹호하고 의회가 어떤 관세율에 합의를 하든지 간에 자신에게 개별 세율을 수정할 수 있는 권한을 부여하는 유연성 조항과 관세위원회 강화 조항이 반드시 포함되어야 한다고 강조하면서, 보다 절제된 정치를 호소했다.21) 이 때문에 공화당 보수파와 혁신주의 세력은 힘을 합쳐 후버에게 대항하게 되었다. 이들은 유연성 조항이 의회의 권위를 대통령이 잠식하는 것이라고 비난하면서 이를 부결시켰다. 이로써 특별 회기는 공화당의 몰락이 임박했다는 예측 속에서 관세에 대한 교착 상태로 끝이 났다.22)

관세 이슈는 곧바로 개회된 정기 회기에서 이후 6개월간 논의되었다. 최종적으로 서명된 1930년의 스뭇-홀리 관세법(Smoot-Hawley Tariff Act)은 상당 수준으로 관세율을 증가시켰고, 대통령은 상원에서 부통령이 행사한 결정표(casting vote)를 통해 유연성 조항을 얻을 수 있었다. 이 승리를 위해 후버는 엄청난 대가를 치렀다. 보호주의라는 의심스러운 목적에 처음부터 결부되었었던 후버는 전반적으로 농업에 결정적으로 불리한 법안에 서명할 수밖에 없었다. 더욱이 유럽 경제가 이미 미국에 대한 전시 부채 상환 때문에 곤란한 상황에 처해 있었기 때문에, 이 새로운 보호주의는 국제적인 경제 위기를 가속화시키는 위협이 되었다.

후버는 관세율 조정에 대한 대통령의 새로운 권한을 사용하여 새 관세율의 위험을 점진적으로 완화시킬 수 있다고 믿었을 수 있지만, 입법권의 오용을 행정부 행동으로 바로잡을 수 있다는 믿음은 불행히도 잘못된 것이었다. 최소한 단기적으로, 전쟁으로 폐허가 된 유럽 경제는 미국 시장에 상품을 파는 데 있어서 추가적인 부담을 질 수밖에 없었고, 이에 따라 부채위기가 가속화되었다. 관세위원회는 품목별 관세에 대해 느리게 움직였을 뿐 아니라, 과학적 방법이라는 주장에도 불구하고 특정 관세율의 타당성을 판단하는 데 있어서 명백한 기준도 없었다. 가장 분열적인 정치적 이슈를 경제학의 영역으로 옮기겠다고 서약했던 대통령은 그 대신에 되풀이되는 정치적 논란에 빠지게 되었던 것이다. 아마도 전문성의 권위를 주장했던 대통령에게 가장 치명적이었던 것은 미국 경제학회(American Economic Association)의 천 명의 경제학자들이 새 관세가 미국과 국제 경제의 참사라고 비난한 탄원서에 서명한 일이었다.[23] 후버 행정부를 끝까지 괴롭힌 참사였던 관세법은 단기적으로는 1930년 중간선거에서 공화당 다수 의석이 붕괴되는 결과를 가져왔다.

그렇다면 전설적인 후버식 기술이라는 것은 대공황의 전조가 미국 전역을 뒤덮기 전에 이미 공격당하고 있었던 것이 확실하다. 협력과 강제, 민간 주도와 정부 개입, 정치와 행정, 이익과 과학 사이에 후버가 그토록 애써 그었던 선은, 미국 체계의 그 모든 세밀한 구분은, 지배 연합의 정치적 분열을 만나자마자 사라지게 되었다. 이에 따라 자신의 행동의 의미에 대한 후버의 통제력 대부분도 사라졌다. 특별 회기에 생긴 처참한 정치적 피해에 비추어 볼 때, 후버가 1929년 10월의 주식시장 붕괴와 뒤따른 공황을 자신의 리더십에 대한 새로운 기회로 여겼을 수 있다는 결론을 피하기 어렵다.

모자 속 두 마리 토끼

씨어도어 루즈벨트의 업적을 따라 하기는커녕 대폭락의 순간에 후버는 윌리엄 하워드 태프트의 실패를 거듭하고 있었다. 태프트의 첫 대응들이 이 루즈벨트의 후임자를 무너뜨렸고, 그가 이끌려던 공화당을 붕괴시켰었다. 마찬가지로 첫 대응들이 존 퀸시 애덤스와 프랭클린 피어스의 리더십 근거들을 사라지게 했었다. 그러나 이 거대한 위기가 시작되었을 때, 후버에게는 리더십에 대한 전망이 밝아지기 시작했다. 갑자기 후버는 자신감에 차 있는 듯 보였다.

이 레짐 말기 소속당 대통령에게 의회 내의 지지 세력은 사라졌지만, 경제 위기를 맞이하면서 그에게는 엄청난 자원이 있었다. 후버의 경기 조정 안정화 프로그램은 당시 가장 선진적인 경제적 사고였고, 그는 8년간 상무부에서 이 프로그램을 관장했었다. 또한 후버는 의회 밖에 있는 강력한 지도자들의 호의를 누리고 있었다. 기업과 노동, 그리고 연방정부 내의 강력한 인사들이 다원화된 정치체에서 대통령 리더십을 위한 대안적 지지층을 이루고 있었으며, 경제 위기로 인해 이 지지층은 특히 시의적절한 것이 되었다. 주정부와 지방정부 지도자들은 물론 바로 이 지도자들에게 이제 후버는 경제 위기를 책임지기 위해 도움을 요청했다.

주식 시장 붕괴 후 수주 내에 후버는 온갖 거물들을 모아 회의들을 개최하고 위기에 대처하기 위한 전례 없는 구상들을 발표했다. 이 회의들에는 여러 가지 목적이 있었다. 첫째로, 이 회의들은 국민들의 확신을 고취시키기 위해 고안되었다. 사태를 안정화시키기 위해 대응을 하고 이 과정에서 기업계 지도자들의 협력을 구한다는 것은 후버가 그토록 오랫동안 일구어 왔던 자신의 정체성에 직접적으로 부합되는 능란한 홍보 효과를 가져왔다. 이 외에도 이 회의들은 공동의 목적을 위한 민간 부문의 행동을 촉진시켰고, 정부의 경기 조정 노력의 효과를 극대화하는데 도움이 되었다.[24] 잠시 동안 모든 것이 제자리를 잡아가는 듯했다. 기업계 지도자들은 투자를 증대하고 임금 수준을 유지하기로 약속했고, 연방준비위원회(Federal Reserve Board)는 통화 공급을 늘리는 데 동의했으며, 의회는 세금을 감면하고 공공사업에 대한 세출을 극적으로 증대시키기 위해 나섰고, 주지사들도 주 정부 주도하에 더 많은 공공사업을 지원하는 데 동의했다.[25]

전반적으로 볼 때, 협력적 관리를 위한 포괄적 프로그램은 1929년 가을에 핵심으로 자리 잡았고, 이는 1930년 전반까지 이어졌다. 한 기자는 다음과 같이 관찰했다. “현재 가장 흥미로운 현상은 경기 불황(business depression)이 아니라 불황의 억제(repression of depression)이다.”[26] 후버는 적절하게도 경제 위기에 대한 전통적인 자유방임 정책을 폐기하면서 다른 한편으로는 연방정부 개입의 한계와 민간 주도를 확인시켰다. 후버의 이 명석한 대응으로 결과는 확실해 보였다. 그런데, 투자를 확대하고 임금 수준을 유지하겠다고 약속했던 기업 지도자들이 자기 부문들에서 다른 기업들이 따르도록 설득하는 데 실패하게 되었다. 얼마 안 되어 이들 스스로가 협력 서약을 빠져 나올 방법을 찾게 되었다. 임금 수준을 유지하는 것은 결국 노동 시간 단축과 해고를 대가로 이루어졌다.[27] 그리고 나서, 미국 내 대형 은행들이 기대에 못 미치게 되었다. 연준의 지원을 받아 신용 확대를 위해 사용하는 대신, 악성 여신에 대한 자기 방어에 투입했던 것이다.[28] 세금 감면의 효과는 관세 증가로 상쇄되었고, 공공 사업 확대는 어느 정도 효과를 가져 오기에는 너무 오래 걸렸다. 그러는 동안 농업 위원회는 일시적으로 농산품 가격을 올리는 데 성공했으나, 결과적으로 생산량 증대를 촉발시켜 가격 인하 압력을 증대시키게 되었다.[29] 후버의 미국 체계가 완전히 자리 잡기도 전에, 장담하던 제한적 정부 통제가 지니는 한계가 완전히 드러났던 것이다.

그렇게 되자 중간선거에서 기존 레짐의 창조적 잠재력을 보여주려던 적극적인 노력들이 포기되고, 보다 근본적인 변화가 올 것이라는 임박한 위협으로부터 레짐을 지키는 노력들로 대체되었다. 중간선거 결과는 창담했다. 후버에게 무슨 이점이 되었을지 모르나 한때 의회를 장악했던 공화당 다수는 사라졌고, 불만에 찬 혁신주의 세력은 곧 입성할 민주당 개혁가들과 연합하여 새로운 반대 운동을 결성하려 했다. 의회의 마지막 회기가 개회되면서 후버는 정치적인 집중 공격 속으로 들어서게 되었던 것이다.

그러나, 바로 그때 후버는 모자 속에서 두 번째 토끼를 꺼내 들었다. 두 번째 국정 연설에서 후버는 미국 경제 고난의 원인이 해외에 있으며 그 해법은 국제 협상에 있다고 선언했다.[30] 미국의 세계적 지위로부터 리더십의 세 번째 연장 계약을 얻으려 했던 것이다.

후버는 세계적 지도자로서 자신의 지위를 이용하여 상당한 효과를 거두었다. 그의 구상의 핵심은 전시 부채에 대한 지불 유예(moratorium)였는데, 이에 대한 유럽 지도자들과의 합의가 봄에 타결되었다. 전시 부채 탕감에는 크게 모자라지만, 후버의 전략은 해외의 전시 부채 일체 탕감 요구와 국내의 탕감 불가 압력 모두를 피해가는 것이었다. 이 교착 상태를 성공적으로 타개하면서 지불유예는 후버 임기 중 가장 큰 업적으로 평가받게 된다. 처음에는 후버의 비판가들조차 이를 "포괄적이고 가장 칭송할 만한 조치"라고 환영했다.[31)]

세계 무대에서 후버가 이 승리를 거두고 있는 동안, 의회는 국내에서 후버의 리더십을 계속 흔들어대고 있었다. 후버의 농업 프로그램이 허깨비라는 것을 폭로하자마자 혁신주의자들은 후버의 또 다른 관심사였던 수력 개발 문제에 눈을 돌렸다. 농업 프로그램과 마찬가지로 수력 개발 이슈는 미국 농촌 지역의 핵심적인 관심 사항이었다. 후버는 농업 프로그램에 대해 했던 것처럼 이 이슈에 대해 주도권을 행사하면서 동시에 연방정부의 행동을 자신의 적절성 규칙 내에 제한하려고 했다. 후버의 구상은 1930년 여름에 가장 거대한 공공사업 프로젝트였던 보울더(Boulder) 댐 건설이 시작되면서 결실을 맺었다. 콜로라도 강에 대한 후버의 포괄적인 수자원 개발 구상은 여러 주들에 대한 서비스를 포함하고 있었으며, "낙수"(falling water)를 민간 및 지역 전력회사들에[32)] 판매하여 자금을 조달하게 되어 있었다. 그러나 수력을 어떻게 이용할지에 대해 대담한 발상을 한 것이 후버만이 아니었다. 네브라스카 출신의 혁신주의 지도자였던 노리스(George Norris) 상원의원은 1931년에 경제적으로 황폐화되었던 테네시 계곡에 대해 마찬가지로 야심찬 프로젝트를 제안했는데, 다만 이 제안에서는 연방정부가 비용 조달을 위해 전력 회사들에 낙수를 판매하는 것 이상을 하게 되어 있었다. 노리스는 발전된 전기의 생산, 분배와 규제에 대해 정부가 보다 직접적인 책임을 지기를 원했다. 테네시 계곡 프로젝트를 전반적으로는 지지했으나 자신의 콜로라도 프로젝트처럼 이루어지기를 원했던 후버는 노리스 법안에 대해 일종의 사회주의라고 거부권을 행사했다. 이로써 노리스는 국민들의 이익을 보호하는 지도자로 부상하게 되었고, 후버는 전력회사에 팔린 존재가 되었다.[33)]

혁신주의자들이 수력 발전 개발에 대한 주도권을 대통령으로부터 빼앗고 있는 동안 새로 등장한 개혁 성향의 도시 민주당 세력은 근로자들에 대한 후버의 지원 사업에 도전했다. 대통령이 되기 이전에 노동 문제에 대한 후버의 접근은 완전 고용을 촉진하기 위해 연방정부가 주도적인 역할을 하는 것과 노동 쟁의에 대한 가처분(labor injunction)*에 반대하는 것이었다. 대통령으로서 후버는 두 이슈 모두에 대해 기념비적인 입법을 성공시켰다는 자부심을 갖게 된다. 1931년의 연방 고용 안정법(Federal Employment Stabilization Act)과 1932년의 노리스-라과디아 반가처분법(Norris-LaGuardia Anti-Injunction Act)이 그것이다. 그러나 1930년 당시 후버는 뉴욕 출신 민주당 상원의원 로버트 와그너(Robert Wagner)와 노동 문제들에 대한 주도권 싸움에 돌입하게 되었다. 사실, 고용 안정법은 71대 의회의 잔여 회기 중 와그너가 발의한 세 가지 노동 법안 중 하나였는데, 이미 연방 실업 보험이라는 유령이 입법화되려고 꿈틀대고 있는 상황에서 후버는 와그너의 거대한 구상에 대해 우려하게 되었다. 연방정부의 고용 서비스를 개선하려는 와그너의 또 다른 입법안이 의회 내에서 심의되기 시작하자 후버는 자신의 안으로 대체하려고 시도했으나 실패하고 말았다. 결국 후버는 이 법안에 대해 한 행정 체계에서 다른 체계로 변경하는데 오랜 시간이 들어 큰 비용을 초래한다는 억지 주장을 하며 기술적인 문제를 근거로 거부권을 행사했다. 자신이 임명했던 실업문제를 위한 긴급 위원회(Emergency Committee on Unemployment) 위원장이 와그너 안을 선호하는 가운데, 노동 이슈에 대한 통제권을 유지하려던 후버의 이 시도는 엄청난 대가를 가져 왔다. 후버가 아니라 와그너를 노동자들의 진정한 친구로 만들었던 것이다.[34)]

71대 의회가 정회하는 동안 후버가 대통령의 거부권을 빈발하면서, 지난 12월 후버의 메시지가 지닌 의미가 모두 수면에 떠오르게 되었다.[35)] 후버가 미국의 경제적 고난이 국제 정치경제 때문이라고 주장한 것은 미국의 제도들이 근본적으로 건전하다는 주장이었다. 이 위기에 대응하기

---

* 역주: 노동 쟁의를 임시적으로 금지하는 가처분 결정을 법원이 내리는 것. 고용주에 의해 악용되고 보수적 법원에 의해 남발되어 1920년대까지 노동 탄압의 대표적 수단이었음.

위한 대담한 행동은 이 제도들의 가치를 보존하면서 취해져야만 하는 것이었다.[36] 공화당내 반대 세력들과 개혁적 민주당은 후버가 그토록 애써서 지키려던 이 구분, "미국 체계"를 구현하는 것과 대체하는 것 사이의 구분을 무너뜨리기 시작했다. 직전의 선거 결과가 이 구분을 무너뜨리는 것에 더 큰 힘을 실어 주었다. 세계 무대에서 주도권을 장악하는 것과 기존 통치 구도 내에서 새로운 방어선을 치는 것 사이에서 후버는 갈팡질팡하게 되었다.

71대 의회가 정회한 후 후버는 지불 유예 협정에 대한 지지 서약이 얼마나 되는지 살펴보았으며, 비공식적으로는 12월에 더 힘든 의회를 만나도 비준이 보장될 것이라고 주장했다.[37] 후버는 새 의회를 더 빨리 만나고 싶어 하지 않았다. 민주당과 혁신주의자들이 1931년 여름에 특별 회기를 소집하라고 요구했으나 지지 서약을 알고 있던 후버는 상관하지 않았다.[38] 의회는 이미 대담한 행동을 적절성의 한계 내에서 유지하려던 후버의 결심에 대해 무관심해져 있었다. 특별 회기는 단지 두통을 더할 뿐이었다. 후버는 세계 무대에서의 승리를 최선을 다해 구해보려 했다. 1931년 5월 후버는 "나는 의회의 특별 회기 소집을 제안하지 않습니다."라고 말했다. "이 경제 상황에서 의심의 여지 없이 진행되고 있는 치유 과정을 이렇게까지 방해하는 것을 본 적이 없습니다. 우리는 입법을 통해서는 이 세계적인 경제적 공황에서 벗어날 수 없습니다. 우리는 우리 스스로 벗어나도록 할 수 있고, 할 것입니다."[39]

전시의 선례

미국민들에게 "개별적인 공동체들에서 개별적인 싸움을" 할 수 있는 자유를 최대한 주는 것은 후버도 인정했듯이 위기에서 벗어나는 "쉬운 길"이 아니었다. 그러나 후버는 여전히 이것이 "미국적 방식"(American way)이라고 고집했다.[40] 국민들의 고통에 대한 정부의 대응이 기술적으로 옳아야 한다는 것은 중대한 원칙이었고, 후버야말로 기술적으로 옳은 대응을 할 수 있는 대가였다. 위기는 깊어져 갔고, 개혁가로서 후버의 평판은 무너졌으며, 그에 대한 정치적 지지는 증발해 버렸다. 그렇지만 후버는 적절한 행동에 대한 자신의 규칙에 부합한다고 생각하는 새로운 대응들을 계속해 갔다.

1931년 여름 동안에 후버는 자신의 행정부와 공화당 레짐을 구하기 위해서는 무언가가 더 필요하다는 것을 알게 되었다. "치유 과정"이 진행되고 있지 않다는 조짐들이 너무나 많았고, 미국인들은 이제 소중한 원칙들 때문에 정부가 무언가를 할 수 없다는 말을 듣는데 신물이 나고 있었다. 후버의 "미국적 방식"이 정치적 패배를 면하게 해 주지 않으리라는 것이 점 점 더 확실해지고 있었다. 문제는, 과연 그가 미국적 방식을 파괴하지 않고도 패배를 면할 수 있겠는가였다.

가을에 은행가들과의 긴급 회합에서 후버는 자발적 해결을 마지막으로 시도했다. 채권자들의 자발적 단체가 즉각 구성되어 상환 능력이 있지만 어려움을 겪고 있는 은행들에 대한 긴급 지원을 관리하지 않을 경우, 윌슨 시절의 전시 금융 공사(War Finance Corporation) 같은 기구를 통해 정부가 금융을 직접 통제하겠다고 위협했던 것이다. 하지만 은행가들조차 적절한 행동에 대한 대통령의 귀중한 계율에 대해 인내심이 바닥나고 있었다. 이들은 자발적 협력 전망에 대해 회의적이었으며 오히려 후버가 위협하는 연방정부의 행동을 요청해서 후버를 놀라게 했다. 후버는 자발적 행동이 바람직한 효과를 즉각적으로 가져오지 않으면, 다가오는 의회에서 그렇게 하겠다고 약속했다.

시작하기도 전에 이 실험의 앞날을 어둡게 한 이러한 조건 하에서 은행가들은 전국 신용 공사(National Credit Corporation) 설립에 동의했다.[41] 그러나 시작하자마자 실패한 이 공사는 후버를 분노하게 만들었으며, 후버 행정부에게 더 큰 오명을 씌우게 되었다. 긴급 구제를 가장 필요로 하는 많은 사람들이 은행가들이야말로 문제의 근원이라고 생각하고 있을 때,

후버는 경제 복구에 있어서 다시 한 번 기존 금융 기관들의 힘을 신뢰했던 것이다. 은행가들은 주어진 일에도 실패했을 뿐만 아니라, 대통령이 환전상들의 인질이 되어 보통 사람들의 고난에 무관심하다는 이미지를 강화시켰다. 정통성에 대한 후버의 핵심적 주장, 곧 미국적 방식이라는 것은 다시 한 번 문제의 해결책이 아니라 문제의 일부분처럼 보이게 되었다. 원래 후버의 리더십이 지녔던 기술 중심적 외양이 벗겨지고 나자, 이제 그것에 의해 보호되고 있던 이념과 이익들은 점점 더 취약해졌다.

그럼에도 불구하고 후버는 다시 일어섰다. 은행가들이 벌인 재난으로부터 후버가 무언가 건진 것이 있었다면 그것은 바로 자신의 원칙을 초월할 명분이었다. 이제 아무리 완고한 보수주의자라도 깊어가는 위기에 대응하여 후버가 민간 주도를 완전히 실행하지 않았다고 비난할 수는 없게 되었다. 후버는 공황이 요구하는 엄청난 일들을 감당하기에 자발적 대응이 한계가 있음을 인정하고 유일하게 남은 방도로 정부의 직접 개입을 제안할 수 있게 되었다. 이 새로운 후버, 1931년 12월의 연두교서에서 드러났고 1932년에 국민들에게 지지를 호소하게 될 이 후버는 바로 “변해 가는 공황과의 전투 상황”에 실용적으로 적응하고 “전투가 진행됨에 따라 새로운 조치들과 전술들을 채택하려는” 후버였다.[42] 신뢰성을 위한 이 마지막 시도에 이르면, 도대체 후버가 보존하겠다는 체계가 무엇인지 찾기가 더욱 어려워지게 되었다.

이 시점에 후버가 여전히 상당한 권력을 지니고 있었던 것은 최고 정책 결정자로서의 불가결한 역할 덕분이었으며, 후버는 권력 행사의 근거를 감당하기 힘든 국정 상태로부터 직접 도출했다. 후버는 전시 경험의 전례들과 방침들에 따라 행동하기 시작했다. “우리는 지금 수백 곳의 전선에서 싸우고 있습니다.”라고 후버는 선언했다. 이 싸움은 “전쟁과 마찬가지로 확실하고 실제적인 것이며, 모든 공동체들에서 더 많은 도덕적 용기와 조직된 행동과 단합된 힘을 요구하고 있습니다.”[43] 민주당은 이 전투에서 대통령을 가로막을 의도가, 또는 그 때문에 책임을 나누어지려는 의도가 전혀 없었다. 상, 하 양원의 새 지도부는 협력할 것을 약속했고,

이 “협조적” 의회는 지불 유예와 연준 요건의 완화, 연방 주택 융자 체계의 강화, 통화 개혁 등에 대한 요청을 승인했다.[44)]

후버의 새로운 프로그램의 핵심은 부흥금융공사(Reconstruction Finance Corporation)였다. 부흥금융공사 안은 1931년 12월 국정 연설에서 제안되었고 이듬해 1월에 시행되었다. 봄이 끝날 때 쯤 후버는 공사의 권한에 대한 중대한 수정을 모색했고, 의회에서 상당 기간 치열한 논란을 거친 후 그 해 7월의 긴급 구호 및 부흥법(Emergency Relief and Reconstruction Act)에 포함되었다. 이 법의 초안은 윌슨 행정부의 전시금융공사(War Finance Corporation)를 모델로 삼아 만들어졌었다. 연방정부가 금융 기관들과 철도회사들에 대한 신용을 크게 확대하고 경기 부양을 위한 이 자원들을 직접 통제하려 했었는데, 7월의 이 법으로 민간 부문에 대한 연방정부의 개입이 더욱 확대되었다. 부흥금융공사는 필요에 따른 직접 구호를 위해 주들에게 자금을 대여하고 자금 회수가 가능한 공공사업들에 새로운 자금을 제공하며 농산물 가격을 안정화시킬 수 있는 기관들에 대여할 수 있는 권한을 부여받았다. 또한 기업들에 대해서도 연방 준비은행들이 직접 대여하게 되었다. 경제 복구와 긴급 구호에 대한 연방정부의 책임을 인정했다는 점에 있어서 이 두 조치는 후버의 이전 정책들의 특징이었던 자발적 대응과 지역 주도 원칙들을 완전히 배제한 것이었다.[45)] 확실히 이 조치들은 후버의 미국 체계가 금지한 듯했던 원칙들을 수용하고 있었다. 이제 되돌아갈 길은 없었다.

그렇다면, 왜 후버는 이런 새 출발을 활용하지 못했을까? 만일 단지 이념적 경직성이 문제였다면, 어떤 새 출발도 없었을 것이다. 사실, 후버는 1932년 선거 유세에서 자신이 실용주의자라는 주장을 뒷받침할 실질적인 근거를 지니고 있었다. 무너져 가는 경제를 살리기 위한 실험들이 연속적으로 시도되었고, 각각의 실험들이 신중하게 통제되면서도 궁극적으로는 과거의 통치 방식을 직접적으로 공격하게 되었다. 또한 이전의 조치가 부족하게 될 때마다 새로운 일련의 행동들이 취해졌다. 후버는 아마 너무 조심스러워서 새로운 조치들에 대해 충분한 기회를 주지 못하고 다른 시도를 했던 잘못을 저질렀을 수는 있으나, 1931년 겨울에 그가 제안했던 것은 불과 수주 전에 제안했던 것을 훨씬 넘어서는 급진적인 조치였고, 1932년 봄에 그가 제안했던 것은 1월에 받아들였던 것을 훨씬 넘어서는 급진적인 조치였다는 것을 기억해야 한다. 후버를 보수적 이념가 정도로 무시하고 선례를 부수는 그의 실용주의를 간과하는 것은 링컨을 실용주의자라고 칭송하면서 질서−파괴적인 그의 이념을 간과하는 것이나 마찬가지이다.

1932년의 조치들이 단지 "너무 늦고 너무 변변치 않았다."라는 비난에 대해서도 마찬가지로 이야기할 수 있다. 분명히 이 조치들은 가라앉고 있는 경제에 대해 기껏해야 일시적인 효과만을 가져왔으나, 이 정치적 이탈에는 이런 식으로 무시해서는 설명할 수 없는 무언가가 있었다. 경제에 대한 개입 때문에 후버는 아무것도 하지 않는다는 비난에 못지않게 너무 많은 것을 한다는 비난에도 취약하게 되었다. 1932년 선거 유세에서는 바로 프랭클린 루즈벨트 자신이 후버가 정부의 개입을 너무 늘려 놓았고 정부 재정을 파탄내고 있다고 주장하기도 했다.[46] 마지막으로, 이 조치들을 제대로 평가하면, 1932년의 이 혁신들은 우리가 거대한 정치적 재편과 연관 짓곤 하는 과거와의 결별이었다. 그 규모와 목적은 더 진전된 실험을 (뉴딜 초기에 이루어진 실험과 같은 종류의 실험) 위한 풍요로운 토양이 되었고, 그 시점 역시 다가오는 선거에서 유권자들에게 무언가 새로운 것을 가져다주기에 적절했다.[47]

이 조치들 자체보다 더 문제가 된 것은 후버의 창의력을 인정하려는 어떤 정치적 지지 세력도 없었다는 점이다. 물론 의회는 후버의 조치들을 통과시켰으나, 이 조치들로부터 대통령이 권위를 행사할 여지를 제거해 버렸다, 새로 연합을 이루고 있던 민주당과 혁신주의 세력은 후버의 혁신적 조치들이 지닌 의미와 중요성에 대해 왈가왈부하면서 큰 이견을 보였으나, 후버에게 어떤 적극적인 역할도 부여하지 않는 데 있어서는 대단히 효과적으로 움직였다.

예를 들어, 부흥금융공사에 대한 초기의 논의는 은행가와 백만장자들에 대한 또 하나의 구제라는 논란 속에서 후버의 혁신이 지닌 중요성을 가려

버렸다. 그리고 나서 봄에 후버가 직접 구호(direct relief)를 지지하자, 당시 하원의장이었고 조만간 민주당의 부통령 후보가 되는 가너(John Nance Garner)가 이를 저지하고 나섰다. 가너는 균형예산을 지지하던 것을 갑자기 포기하고, 심지어 지지자들조차 거부권 행사를 원할 정도로 자금 대여 조항이 너무나 관대한 법안으로 후버의 법안을 대체시켰다. 이런 식으로 해서 구호 조치에 대한 논란이 절정에 도달한 때는, 자신이 원했던 대로 선례를 파괴하는 조치들에 대해 후버가 서명한 때가 아니라, 그 며칠 전에 기존 원칙에서 벗어난 낭비적이고 현명하지 못한 조치라고 후버가 가너의 법안에 대해 거부권을 행사한 때가 되었다.[48] 마지막으로 구호 조치를 관리하는데 있어서 악몽 같은 문제가 있었다. 과거 불 무스(Bull Moose) 공화당원*이었고 당시 펜실베이니아의 개혁파 주지사였던 핀초트(Gifford Pinchot)는 자신의 주에 대한 연방정부의 구호 기금을 얻기 위해 일 년 넘게 노력했으나, 부흥금융공사가 이 신청을 기각했다. 기금이 제한되어 있기 때문에 최후 수단으로만 주들에 제공할 수 있으며 주들 간의 비교를 통해 보면 펜실베이니아는 주 자체의 자원들을 동원하는 데 있어서 다른 주들만큼 충분히 하지 않았다는 것이 부흥금융공사의 주장이었다. 1932년 여름과 가을 내내 펜실베이니아의 처참한 상황을 보여주는 핀초트의 구호 신청이 줄을 이었고 공사 위원회가 이를 기각 혹은 부분 지원하는 일들이 벌어지면서, 만연한 국민들의 고통에 직면해서도 인색하게 구는 행정부라는 경악스런 그림이 그려지게 되었다. 결국 펜실베이니아는 일리노이를 제외하고는 가장 많이, 그리고 다음 순위인 미시간의 두 배나 지원받게 되었지만, 행정부의 행위에 대해 최종 평가를 한 것은 핀초트였다. 1932년 선거 유세가 막바지로 접어든 때 이 공화당 주지사는 공화당 대통령 후버를 "가진 자들에게 최대한 많이 주고 못 가진 자들에게 최대한 적게 준다."라며 비난했다.[49]

그렇지만, 이 모든 것들에도 불구하고, 후버가 자신의 대담한 조치들을 정치적으로 활용하지 못한 데에는 무언가 보다 근본적인 이유가 작용하

* 역주: 1912년 선거에서 씨어도어 루즈벨트가 공화당을 분열시키면서 세운 제3당.

고 있었다. 후버의 반대파들이 논의의 기조를 장악하고 후버를 최악으로 비춰지게 할 수 있었던 것은 바로 자신이 이제 일으키려는 막대한 변화들에 대한 후버 자신의 태도였다. 자신의 행동이 기존 질서를 대체하는 길을 열고 있다는 생각을 후버 자신은 결코 받아들이지 않을 것이었고, 따라서 새로운 질서를 구축한다는 약속과 자신의 조치들을 후버는 연결 지을 수 없었다. 공개적으로 구질서를 비난하는 "새로운" 후버는 생각조차 할 수 없었다. 모든 사람이 알고 있는 후버는 평생 동안 이 레짐의 위대한 잠재력을 부르짖어 왔기 때문이다. 후버 스스로 자신의 평생 동안의 정치 경력에 의문을 제기할 수 없듯이, 물려받은 해법들을 직접적으로 공격할 수는 없었다. 전쟁 비유 자체가 후버가 이 딜레마를 헤쳐 나가는 데 도움이 되도록 의도되었다. 전쟁은 소중한 가치들을 수호하려는 목적을 가진 특별한 사태로 이해될 수 있다. 전쟁을 이기기 위해서는 특별한 조치들이 필요할 수 있지만, 이 조치들은 비정상적인 것이며, 승리 이후 체계가 적절하게 기능하는 상태로 돌아갈 수 있도록 이 조치들을 관리하는 데 주의를 기울여야 한다. 후버에게 있어서는, 위기가 도래하기 전에 일들이 진행되던 방식 혹은 최소한 그 방식이 진화해가던 방식에 여전히 정통성이 있었다.

1932년 선거 유세에 돌입하면서 후버가 자신의 대담한 조치들에 부여한 의미는 바로 이런 것이었다. 재선을 위한 공화당 지명을 수락하면서 후버는 묘하게도 자신이 "전례 없는 폭풍에 맞서기 위해 전례 없는 조치들을 감행했으나" 중요한 것은 어떤 것도 바꾸지 않았다고 주장했다.[50] 자신의 개혁이 "긴급사태가 지나가면 우리의 정치, 사회, 경제 구조가 이전과 같이 기능하게 될 것을" 보장하기 위해 고안된 것이라고 자신이 한 일들을 옹호했다.[51] (취임사에서 새로운 경제체제, 새로운 정치체제, 새로운 사회체제를 구상했던 사람이 이렇게 말했다.) 국가 사회 관계를 실질적으로 변화시키고 있는 조치들에 대한 후버의 최선의 변명은 이 조치들이 진정으로 근본적인 변화를 방지했다는 것이었다. 자신이 하고 있는 모든 일에도 불구하고 후버는 미국민들에게 자신이 어떤 새로운 거래(new deal)를 제시하고 있는 것이 **아니라고** 주장했다.

> 따라서 오늘날의 문제는 이 조치들과 정책들을 지속해서 미국 체계를 정상적인 기능으로 복구하고 이 체계가 입은 상처를 치유하며 이 체계를 손상시킨 약점들과 문제점들을 고치는 것입니다. 일련의 중대한 변화를 시도하거나 이번 선거에서 제기되어 온 불완전한 새로운 거래(new deal)를 감행하는 것은 미국 체계를 훼손시키고 무너뜨리게 될 것입니다. [52]

후버가 개혁의 마지막 단계로 가지 못하고 자신이 변혁시키고 있는 레짐을 거부하지 못한 것은 비판 세력들에게 좋은 공격 대상이 되었다. 전쟁 비유가 후버의 정체성을 공화당 레짐의 리더로 확정함에 따라 그가 만들고 있던 진정한 변화의 정치적 효과는 미약해졌다. 분명히 후버의 새로운 미국 체계는 그가 이제 비난하는 뉴딜(New Deal)과 마찬가지로 거의 모든 면에서 초기 단계의 불완전한 것이었다. 자신의 미국 체계의 "상처를 치유하고", "그 약점을 고치고", "이 체계를 손상시킨 문제점들을 마주하면서", 후버는 사실상 미국 체계를 지어내고 있었다. 1928년에 후버가 구상했던 미국 체계를 1932년에 누군가가 되돌아보았다면, 후버 자신의 정책들이 이미 이 미국 체계가 파탄 났음을 인정한 것이었으며 후버가 무언가 다른 경로를 설정했었다고 결론지었을 것이다.[53]

후일에 후버는 사람들이 자신이 추진한 정책의 중요성을 인정하지 않았다고 한탄했으나, 처음으로 이를 부인했던 것은 후버 자신이었다. 대통령 리더십 정치에 있어서 변화에 대한 상반된 물결들이 후버를 한편으로는 상당한 정책적 성공을 거두게 했으나, 다른 한편으로는 이 정책 성공들이 모두 모여 엄청난 정치적 실패를 가져다주었다. 후버의 많은 업적들이 중요성을 잃게 된 것은 처음부터 끝까지 후버가 이 업적들이 가져 오는 변화를 솔직담백하게 받아들일 수 없었기 때문이었다. 1928년에 후버의 정치적 어휘 속에서 재편은 내용이 없는 구호였었지만, 이제 이 단어는 후버가 말할 수 없는 현실이 되고 있었다. 1928년에는 적절한 기술이 극적인 변화를 약속할 수 있게 해 주었지만, 이제는 후버의 기술이 이 모든 변화가 너무 극적이 되지 않게 막으리라는 것이 약속이 되었다. 방금 떠나 온 정치적 근거를 배신했다는 인상을 조금이라도 주지 않으면서 개혁을 시도하려고 후버는 자신의 행동의 중요성을 부인했다. 후버는 정치적으로 고립된 상태에 빠져 들었고 그의 행동은 모호한 것이 되었다. 어떤 것도 거부하지 못한 채, 후버의 가장 중요한 조치들은 그 결과와 상당히 모순되는 의미를 지니게 되었고, 새로운 것은 어떤 것이라도 부정하는 골수 공화당원의 대응이 되어버렸다.

물론, 1932년 선거 유세에서는 양측이 모두 우왕좌왕했다. 후버는 자신이 이미 저버린 체계를 옹호하려 했고, 루즈벨트는 다가올 미래를 결정지을 중대한 이슈들에 – 관세, 거대 정부, 균형 예산 – 대해 얼버무렸다. 1932년에 루즈벨트는 후버 행정부가 냉혹함은 물론 낭비적이라고 공격하면서 민주당이야말로 정부의 절약을 강조했던 제퍼슨의 복음을 되살리겠다고 자랑스럽게 주장하기도 했다. 그렇지만, 루즈벨트가 우왕좌왕했던 것은 후버와는 대단히 다른 것이었으며, 상대방의 입장에서 모순되는 것을 구체적으로 지적하면서도 후버는 루즈벨트의 이 차이점이 가져올 엄청난 효과를 본능적으로 알아차렸다. 루즈벨트가 달랐던 것은 그가 제안하는 변화들이 아니라 변화에 대한 그의 자세였다. 후버가 자신을 향해 동원된 반대세력들의 파괴적 힘에 대해 엄중히 경고한 것은 잘못된 것이 아니었다. 루즈벨트가 "새로운 거래"(new deal)를 주장한 것은 바로 구 통치 질서에 대한 단도직입적인 고발이었고 이를 대체할 수 있는 거대한 권위를 요구하는 것이었다.[54] "국민들 삶의 정상적인 전개과정에서 오는 변화에 대해 내가 반대하는 것이 아니라, 우리 국민들 삶의 기초 전체를 변경시키겠다는 제안에 대해 반대하는 것입니다."라고 후버는 항변했다.[55]

미주

제1장

1) 대통령에 대한 역사적 연구는 존중되는 분야이지만 오랫동안 기피되어 왔다. 최근에 이 분야를 부활시키려는 움직임은 있으나, 지금까지 나온 것은 대부분 일반적인 개설서들이다. 밀키스와 넬슨이 처음으로 길을 열었다. Sidney Milkis and Michael Nelson, *The American Presidency: Origins and Development, 1776-1990* (Washington, D. C.: Congressional Quarterly Press, 1990). 저자들이 지적하고 있듯이 이 대단한 저작은 "50여 년 만에 처음으로 정치학자에 의해 쓰여진 종합적인 대통령 역사 연구서 단행본"이기 때문에 더욱 중요하다. "빙클리(Wilfred Binkley)가 *The Powers of President: Problems of American Democracy*를 출간한 이래 이런 노력은 한번도 시도되지 않았다"(p. xi). 역사학자 골드스미스(William Goldsmith)도 비슷한 지적을 하며 여러 권으로 구성된 그의 개설서를 시작한다. "풍부한 문헌들에도 불구하고 대통령 권력의 증대를 역사적 댁락에서 다룬 저서들이 거의 없다는 점을 발견했다." *The Growth of Presidential Power: A Documented History*, 3 vols. (New York: Chelsea House, 1983). Rexford Tugwell, *The Enlargement of the Presidency* (Garden City, N. Y.: Doubleday, 1960)이 마지막 예외일 것이다. 앞으로 보게 되듯이 부분적인 역사나 특정 시기에 대한 연구들은 많다. 분석적 성격을 강하게 띠고 있으면서도 후속 연구를 통해 전체 대통령들의 역사 연구를 약속했던 것이 Aaron Wildavsky and Richard Ellis, *Dilemmas of Presidential Leadership: From Washington through Lincoln* (New Brunswick, N. J.: Transaction Books, 1989). 미국의 리더들에 대한 역사적 연구에 대통령을 포함시킨 연구로 Bruce Miroff, Icons of Democracy: American Leaders as Heroes, Aristocrats, Dissenters and Democrats (New York: Basic Books, 1993).

2) 대통령사를 거부하면서 "사회사"(social history)가 생겨났다. "대통령을 통한

미국사의 통합"에 대한 고전적 비평에서 코크란(Thomas C. Cochran)은 역사학자들에게 대통령으로 역사를 포장하는 것을 쓸어버리고 변화의 기저에 있는 동력에 주의를 기울여야 한다고 촉구했었다. *American Historical Review,* 53, no. 4 (July 1948), pp. 748-759.

3) 논란의 여지는 있지만, 다른 제도들 중에 이런 틀에 밀어 넣어져서 연구대상으로서 문제가 더 생긴 경우는 없다. 제도 분석에 이런 범주들(categories)이 나타나게 되면서 대통령사 연구가 낙후된 학문이라는 먼지통 속으로 던져지기만 한 것이 아니다. 대통령 연구가 정치학에 있어서도 이론적으로 무장된 연구의 뒷전으로 밀려나게 되었던 것이다. 역사학자들에 비해 정치학자들은 다른 곳으로 주의를 돌리기가 어려웠을 것이지만, 행태주의 혁명의 시기쯤에 대통령 연구는 학계에서 분석의 늪지대로 악명이 높아졌다. 제도 분석의 지배적인 가정들에 훨씬 가까웠던 의회가 학계가 선택한 제도가 되었다. 윌답스키(Aaron Wildavsky)는 대통령에 대해 "이 제도의 명성에 필적하는 것은 이에 대해 정치학자들이 보인 경이로울 정도의 무관심이다."라고 썼던 바 있다. *Perspectives on the Presidency* (Boston: Little, Brown, 1969), p. ix. 맨리(John Manley)도 대통령 연구문헌들은 "최악의 상황을 드러내고 있다. 경험적으로 풍부하지도 않고, 미국에서 누가, 무엇을, 언제, 어떻게 가지는가에 대해 대통령이 어떤 영향을 미치는지 통찰을 주지도 않는다."라고 했다. "The Presidency, Congress and National Policy Making", *Political Science Annual,* Vol. 5, ed. Cornelius Cotter (indianapolis: Bobbs Merrill, 1974). 유사한 생각으로 Hugh Heclo, *Studying the Presidency* (New York: Ford Foundation, 1977); George C. Edwards, III and Stephen J. Wayne, *Studying the Presidency* (Nashville: University of Tennessee Press, 1983); George C. Edwards, III, "Studying the Presidency", in *The Presidency and the Political System,* ed. Michael Nelson (Washington, D. C.: Congressional Quarterly Press, 1988), pp. 29-45.

4) 번즈(James McGregor Burns)도 명저 *Leadership* (new York: Harper and Row, 1978)에서 갈등과 변화를 연구 중심에 놓았다. pp. 36-41을 참조하라. 이 저서는 기념비적인 것이며, 여기서 내가 제시하는 것들 대부분을 일깨워주

었다. 번즈의 "거래적"(transactionl) 리더십과 "변혁적"(transformative) 리더십 구분은 여전히 리더십 연구 전반에서 논의되고 있는데, 그 방대한 적용 범위에도 불구하고 이 구분을 미국 대통령 연구에 적용하는 것은 어렵다고 판단했다. 대신에 나는 보다 제도적/구조적인 접근을 선택했다. 이 책에서 대통령은 일관되게 미국 정치의 변혁을 추진해 나가는 유일한 동력이며, 그 영향은 정치적, 제도적 맥락에 따라 변하는 것으로 처리된다.

5) Richard Neustadt, *Presidential Power: The Politics of Leadership* (New York: Wiley, 1960); Richard Neustadt, "The President at Mid-Century", *Law and Contemporary Problems,* 21, no. 4 (Autumn 1956), pp. 608-645. 이 논문에서 노이스타트는 시기 구분이 자신의 분석 근거를 확정하는데 도움이 되었음을 명확히 밝히고 있다. "이것은 대통령직을 기능적으로, 즉 20세기 중반의 통치 수단으로서 바라보려는 것이다. 또한 계속되는 '냉전'과 급등하는 핵무기 경쟁(취약성), '큰 정부'의 지속, 정당 지지의 답보 상태…의 시기에 대통령직을 수행하는 사람으로서 보려는 것이다. 한편으로는 지난번 세계 대전의 마지막 국면에 의해 얽매여 있고 다른 한편으로는 다가올 미지의 10여 년에 의해 구속될 환경 속에 놓여 있는 대통령직 내에서 업무를 수행하는 대통령에 대한 분석이 요구된다." (p. 600).

6) 아이젠하워가 민주당 전임자와는 다른 정치적 목적을 가졌다는 점이 바로 노이스타트에 반대되는 견해를 가졌던 그린스타인의 출발점이다. Fred I. Greenstein, *The Hidden-Hand Presidency: Eisenhower as Leader* (New York: Basic Books, 1982).

7) Theodore Lowi, *The Personal President: Power Invested, Promise Unfulfilled* (Ithaca: Cornell University Press, 1984).

8) Fred I. Greenstein, "The Need for an Early Appraisal of the Reagan Presidency", in *The Reagan Presidency: An Early Assessment* (Baltimore: Johns Hopkins University Press, 1983), p. 3. 현대 대통령 관점에 대한 보다 완전한 논지는 다음에서 찾을 수 있다. Fred I. Greenstein, "Continuity and Change in the Modern Presidency", in *The New American Political System,* ed. Anthony King (Washington, D. C.: American Enterprise Institute, 1979), pp. 45-86.

9) Ralph Ketcham, *President above Party: The First American Presidency, 1789–1829* (Chapel Hill: University of North Carolina Press, 1984), p. 228.

10) 커넬(Samuel Kernell)의 노이스타트 분석 최신판을 보라. *Going Public: New Strategies of Presidential Leadership* (Washington, D. C.: Congressional Quarterly Press, 1986). 또한 Richard Rose, *The Post-Modern President: George Bush Meets the World* (Chatham, N. J.: Chatham House, 1988).

11) 내가 여기서 자유롭게 끌어 쓰고 있는, 제도 분석의 이러한 관점에 대한 보다 구체적인 설명으로 Karren Orren and Stephen Skowronek, "Beyond the Iconography of Order: Notes for a New Institutionalism", in *The Dynamics of American Politics: Approaches and Interpretations,* ed. Lawrence C. Dodd and Calvin Jilson (Boulder: Westview Press, 1993).

12) 이 세 가지 익숙한 배열을 선택했다고 해서 다른 가능성이 없다는 것은 아니다. 대통령 정치의 다른 역사적 차원을 추출해내려는 다른 노력으로 Bert A. Rockman, *The Leadership Question: The Presidency and the American System* (New York, Praeger, 1984).

13) 이 패턴들은 지난 수년간 주목받았던 여러 가지 미국사의 "종합"(synthesis)들에서 다루어지긴 했다. 대통령을 통한 종합, 조직을 통한 종합, 재편(realignment)을 통한 종합이 그것이다. 대통령을 통한 종합에 대해서는 Cochran, "Presidential Synthesis" 참조. 재편을 통한 종합에 대해서는 Richard L. McCormick, "The Realignment Synthesis in American History", *Journal of Interdisciplinary History,* 13 (Summer 1982), pp. 85–105 참조. 조직을 통한 종합에 대해서는 Brian Balogh, "Reorganizing the Organizational Synthesis: Federeal-Professional Relations in Modern America", *Studies in American Political Development,* 5, no. 1 (Spring 1991), pp. 119–172. 이 연구들이 내 분석을 가능하게 해 주었다. 특히 번햄의 재편을 통한 종합과 갈람보스(Louis Galambos)의 조직을 통한 종합에 크게 의지했다. 그러나 나는 한 가지 패턴만을 선택하고 이 차원만을 따라 제도 행동의 의미를 서술하기 보다 각 재임자들이 마주한 서로 다른 구조들을 구별했고 그 정치적 혼합에 주목했다.

14) 샌드버그(Carl Sandberg)의 고전적 단행본 Abraham Lincoln (New York:

Harcourt Brace, 1954)과 도날드(David Donald)의 선구적 논문 "A Lincoln: Politician" in David Donald, *Lincoln Reconsidered: Essays on the Civil War Era* (New York: Random House, 1961), pp. 57–81을 비교해 보라. 이처럼 대조적인 평가는 제6장, 제1부에서 검토될 것이다.

15) George Mowry, *The Era of Theodore Roosevelt and the Birth of Modern America,* 1900–1912 (New York: Harper and Row, 1956); Introduction to *The Letters of Theodore Roosevelt,* Vol. 5, ed. Elting Morison (Cambridge: Harvard University Press, 1953, pp. xii-xiv). 이 평가들은 제6장 제2부에서 논의될 것이다.

16) 예컨대 Albert Romasco, "Hoover–Roosevelt and the Great Depression: A Historiographic Inquiry into a Perennial Comparison" in *The New Deal,* Vol. 1, ed John Brae,man, Robert Bremmer, and David Brody (Columbia: Ohio State University Press, 1975), pp. 3–26 참조. 프랭클린 루즈벨트 리더십의 서로 다른 측면들에 대해서는 제7장 제1부에서 논의한다.

17) 선거 재편 관점과 대통령 리더십 연구를 결합시키는 작업의 잠재적 가치에 대해서는 Jerome Chubb, William H. Flanagan, and Nancy H. Zingale, *Partisan Realignment: Voters, Parties, and Government in American History* (Beverly Hills: Sage, 1980) 참조. 이 점에 있어서 선구적 연구로 James Sundquist, *The Dynamics of the Party System: Alignment and Realignment of Political Parties in the United States* (Washington, D. C.: Brookings Institution, 1973) 참조. 또한 Walter Dean Burnham, "The Politics of Repudiation", *The American Prospect,* 12 (Winter 1993), pp. 22–33 참조. 대통령 정치의 조직 층위와 헌법 층위를 직접적으로 결합시킨 연구로 Jeffrey Tulis, *The Rhetorical Presidency* (Princeton: Princeton University Press, 1987) 참조.

18) "시간 반영"(reflexivities of time)이라는 용어는 다음에서 추출했다. Mark Elchardus, "The Rediscovery of Chronos: The New Role of Time in Sociological Theory", *International Sociology,* 3, no. 1, pp. 35–59.

19) Polk to Cave Johnson, December 21, 1844, "Polk–Johnson Letters", ed. St. George Sioussat, *Tennessee Historical Magazine,* 1, no. 3 (September

1915), p. 254. 포크의 진술들은 제5장, 제2부에서 다룬다.

20) 정당의 시기에 대해서는 Richard L. McCormick, "The Party Period and Public Policy: An Exploratory Hypothesis", The Journal of American History, 66 (Summer 1979), pp. 279–298. 또한 *Building a New American State: The Expansion of National Administrative Capacities, 1877–1920* (New York: Cambridge University Press, 1982)에서 19세기 미국 정부를 "법정과 정당의 국가"로 묘사한 나의 글을 참조하라.

21) Richard P. McCormick, *The Second American Party System: Party Formation in the Jackson Era* (Chapel Hill: University of North Carolina Press, 1966); Richard P. McCormick, "Political Development and the Second Party System", in *The American Party Systems: Stages of Development,* ed. William Nisbet Chambers and Walter Dean Burnham (New York: Oxford University Press, 1967).

제2장

1) "권위"라는 용어는 피우스의 저작에서 중요해졌다. Richard Pious, *The American Presidency* (New York: Basic Books, 1979). 피우스는 권력을 리더십의 비공식 자원들을 관리하려는 노력과 밀접하게 연관시켜 온 노이스타트식 전통에 대한 반박에서 이 용어를 부활시켰다. 피우스가 권위라는 개념을 재도입한 것은 리더십 정치에 있어서 헌법상 공식적인 것들의 중요성을 다시 강조하기 위함이었다. 이는 중요한 시도였지만, 내 의도와는 좀 다르다. 공식적/비공식적 구분으로는 드러나지 않는 권위의 측면들을 다루려는 것이 내 의도이다.

2) 마치와 올슨은 제도 연구의 일반적인 경향에서 새로 대두되는 기준이 적절성(appropriateness)의 인식이라는 점을 지적한다. James G. March and Johan P. Olsen, *Rediscovering Institutions: The Organizational Basis of Politics* (New York: Free Press, 1989).

3) James W. Ceaser, *Presidential Selection: Theory and Development* (Princeton: Princeton University Press, 1979), pp. 62–87.

4) "Federalist No. 72", in Alexander Hamilton, James Madison, John Jay, *The Federalist Papers,* ed. Clinton Rossiter (New York: Mentor, 1961), p. 437.

5) 대통령의 정치를 성격의 반영으로 묘사한 가장 중요한 저작은 James David Barber, *The Presidential Character: Predicting Performance in the White House* (Englewood Cliffs: Prentice Hall, 1972). 여기서 주장되고 있는 논지를 따라 중요한 이의 제기를 한 것으로 Jeffrey Tulis, "On Presidential Character and Abraham Lincoln", in *Rethinking the Presidency,* ed. Thomas E. Cronin (Boston: Little, Brown, 1982), pp. 87–102. 링컨이 어떻게 바버의 분석틀에 들어맞는지에 대한 튤리스의 분석을 연장하여 나는 앤드류 잭슨까지 포함한 바 있다. 또한 다음을 참조하라. Michael Nelson, "James Barber and the Psychological Presidency", Virginia Quarterly, 56, no. 4 (Autumn 1980), pp. 650–667; Michael Nelson, "The Psychological Presidency", in *The Presidency and the Political System,* ed. Michael Nelson (Washington, D. C.: Congressional Quarterly Press, 1988, pp. 185-206. 바버는 보다 체계적이고 역사적인 관점을 가지게 된다. The Pulse of Politics: Electing Presidents in the Media Age (New York: Norton, 1980).

6) 대통령 취임 선서의 모호성은 대통령 권력과 법치 원칙 전반 사이에 존재하는 긴장을 반영하고 있다. 대통령 권력의 초법적 성격에 대한 훌륭한 연구로 다음을 참조하라. Harvey C. Mansfield, Jr., *Taming the Prince: The Ambivalence of Modern Executive Power* (New York: Free Press, 1989).

7) "많은 사람들이 모여 있는 곳에서는 정부의 중심의 역할을 하는 두드러진 것이 있어서 사람들의 주목을 받고 애착의 대상이 되어야 한다." *The Federal Farmer,* 다음에서 재인용. *The Complete Anti–Federalist,* ed. Herbert J. Storing (Chicago: University of Chicago Press, 1981), p. 310; Mansfield, *Taming the Prince,* p. 253.

8) 지도자들의 질서–파괴적 욕망과 질서–유지적 목적을 조화시켜야 할 필요성에 대해 마키아벨리는 다음과 같이 묘사했다. "정부를 개혁하고자 하면서 이 개혁이 받아들여지고 모든 사람을 만족시키면서 유지시키기를 원한다면, 최소한 이전 형태와 유사하도록 해야 한다. 그래야 이전과 완전히 다르더라도 사람들이 변화를 알아차리지 못한다." *The Discourse* (New York: Modern Library, 1950), p. 182.

9) "Federalist No. 72", p. 436.

10) Abraham Lincoln, "Speech at Springfield", June 16, 1858, in *The Collected Works of Abraham Lincoln,* Vol. 2, ed. Roy P. Basler (New Brunswick, N. J.: Rutgers University Press, 1953), p. 461.

11) 연관된 주제에 대해 다음을 참조. Richard E. Neustadt and Ernest R. May, Thinking in Time: *The Uses of History for Decision Makers* (New York: Free Press, 1986).

12) "정치적 책략에 있어서 핵심적 요소는 의미를 창출하는 것, 곧 사태와 문제와 위기와 정책 변화와 지도자들의 중대성에 대한 믿음을 구축하는 것이다." Murray Edelman, "Political Language and Political Reality", *PS: Political Science and Politics,* 18, no. 1 (Winter 1985), p. 10.

13) 여기에서의 논의는 이 책의 제7장에서 도출한 것이며, 확정적인 것이 아니라 개괄적인 것이다. 보다 균형있는 논의를 위해서는 제7장을 참조하라.

14) 제7장에서 보게 되듯이, 루즈벨트는 자신이 이룰 수 있었던 것보다 훨씬 더 많은 변화를 원했었다.

15) 막스 베버의 사회 조직 원리를 발전시키면서 에드워드 쉴즈(Edward Shils)는 카리스마적 권위의 잔재가 어떻게 법적, 합리적 제도 속에서도 지속되는지 보여주었다. 나의 논의는 쉴즈의 직의 카리스마(Charisma of office) 개념에서 도출되었다. Edward Shils, *The Constitution of Society* (Chicago: University of Chicago Press, 1982), pp. 119－142.

16) 이 점에 대해 Michael Nelson and Erwin Hargrove, *Presidents, Politics and Polity* (New York: Knopf, 1984), pp. 268－274.

17) Stephen Skowronek, "Presidential Leadership in Political Time", in *The Presidency and the Political System,* ed. Nelson, pp. 119－161.

제3장

1) 내 계산에서 반대당 출신으로 재선된 대통령들은 워싱턴, 제퍼슨, 잭슨, 링컨, 클리블랜드, 윌슨, 프랭클린 루즈벨트, 아이젠하워, 닉슨, 레이건이다.

2) 이 유형이 처음 소개된 것은 Stephen Skowronek, "Notes on the Presidency

in the Political Order", *Studies in American Political Development,* Vol. 1 (New Haven: Yale University Press, 1986), pp. 286–302.

3) 태프트(William Howard Taft) 역시 이 명단에 포함될 후보임이 명백하며, 내가 이에 대해 반대할 생각은 없다. 다만 태프트의 경우에는 전임자 씨어도어 루즈벨트와의 특수한 관계로 인해 해체 리더십의 특성이 미묘해진다는 점을 고려해야 한다. 그렇기 때문에 우드로 윌슨을 재편의 리더로 묘사하기 어렵다. 1912년 선거에서 태프트에 대한 루즈벨트의 도전과 태프트가 물러나기를 거부한 것을 제외하면, 공화당 레짐이 당시 얼마나 취약했었는지는 논의의 대상이다. 윌슨 사례의 복잡성에 대해서는 이후 논의할 것이며, 루즈벨트–태프트 관계에 대해서는 제6장에서 다룰 것이다.

4) 교리 부흥가로서의 트루만에 대한 통찰력 있는 저술로, David Plotke, *The Democratic Political Order from the 1930's to the 1970's: Change and Order in Modern American Politics* (New York: Cambridge University Press, forthcoming). 또한 Alonzo Hamby, *Beyond the New Dead: Harry S. Truman and American Liberalism* (New York: Columbia University Press, 1973) 참조.

5) 예리한 독자라면 이런 선택에 의문을 제기할 수도 있다. 왜 제임스, 매디슨이 아니고 제임스 먼로인가? 왜 윌리엄 맥킨리가 아니고 씨어도어 루즈벨트인가? 왜 존 케네디가 아니고 린든 존슨인가? 왜 아닌가? 실제로, 이 연구 구상의 초기단계에서 나는 존스 대신 케네디를 선택했었다. 본문에서 밝히고 있듯이, 다른 범주들보다 이 범주에 속하는 대통령들이 더 많다. 밴뷰렌, 트루만, 그 랜트, 헤이즈, 벤자민 해리슨, 하딩, 쿨리지가 추가될 수 있다. 또 부시에 대해서는 제8장에서 다룬다. 내 목적은 각 범주들을 보여줄 수 있는 모든 사례들을 다루는 것이 아니라, 각 범주들의 특징적인 긴장과 동학을 조명하는데 기장 적합하고 각 범주들 내의 사례들에 존재하는 유사한 동학을 독자들이 파악하게 해주는 사례들을 선택하는 것이었다. 한 가지 결정 원칙은 매디슨, 밴뷰랜, 트루만과 같은. 재편리더들의 하지 않기 위해서였다. 그 이외에는, 가장 많은 일을 한 소속당 대통령들을 선택했다.

6) Lonnie Maness and Richard Cheesteen, "The First Attempt at Presidential

Impeachment: Partisan Conflict and Intra-Party Conflict at Loose", *Presidential Studies Quarterly,* 10, no. 1 (Winter 1980), pp. 51-73.

7) 닉슨이 이에 대한 한 사례라고 나는 주장한다. Richard Nathan, *The Plot That Failed: Nixon and the Administrative Presidency* (New York: Wiley, 1975).

8) Fred I. Greenstein, The Hidden-Hand Presidency: Eisenhower as Leader (New York: Basic Books, 1982).

9) Stephen E. Ambrose, *Eisenhower: The President* (New York: Simon and Schuster, 1984), pp. 619, 624-625; Elmo Richardson, *The Presidency of Dwight Eisenhower* (Lawrence: University of Kansas Press, 1979), pp. 59-60.

10) 인디애나 주 짐 왓슨(Jim Watson)에 따르면, 원하면 되는 후보 지명을 거부하면서 쿨리지는 다음과 같이 말했다고 한다. "나는 지명을 원하지 않습니다. 나는 나 자신을 매우 잘 안다고 생각합니다. 나는 전쟁 직후부터의 상황에 잘 어울렸지만, 다음 상황에는 잘 어울리지 않을 수 있습니다." Arthur Schlesinger, Jr., *The Age of Roosevelt: The Crisis of the Old Order, 1919-1933* (Boston: Houghton Mifflin, 1957), p. 88.

11) William Allen White, *A Puritan in Babylon: The Story of Calvin Coolidge* (New York: Macmillan, 1958), esp. pp. 263-264, 295-298; William Leuchtenberg, *The Perils of Prosperity, 1914-1932* (Chicago: University of Chicago Press, 1958), esp. p. 96. 후버와 쿨리지 간의 관계와 후버와 공화당 간의 관계에 대해서는 제6장을 참조하라.

12) 이와 유사한 주장으로 Jerome M Chubb, William H. Flanagan, and Nancy H. Zingale in *Partisan Realignment: Voters, Parties, and Government in American History* (Beverly Hills: Sage, 1980), p. 264. 클리블랜드의 두 번째 임기 중 정치적 파탄에 대해서는 Alan Nevine, *Grover Cleveland: A Study in Courage* (New York: Dodd, Mead, 1962), pp. 523-712; Richard E. Welch, Jr., *The Presidencies of Grover Cleveland* (Lawrence, University of Kansas Press, 1988), pp. 113-212.

13) 이러한 근거에서 선거를 중심으로 정당 재편을 설명하는 데 대한 비판으로 Daniel J. Gans, "Persistence of Party Success in American Presidential

Elections", *Journal of Interdisciplinary History,* 16, no. 2 (Winter 1986), pp. 221－237; Richard L. McCormick, *The Party Period and Public Policy: American Politics from the Age of Jackson to the Progressive Era* (New York: Oxford University Press, 1986); Allan Lightman, "Critical Election Theory and the Reality of American Presidential Politics, 1916－40", *American Historical Review,* 81, no. 2 (April 1986), pp. 317－351; Allan Lightman, "The End of Realignment Theory? Toward a New Research Program for American Political History", *Historical Methods,* 15, no. 4 (Fall 1982), pp. 170－188; Everett Carl Ladd, Jr., and Charles D. Hadley, *Transformation of American Party System: Political Coalitions from the New Deal to the 1970's* (New York,: Norton, 1975). 이런 과점들을 수정하기 위해 엘리트 연구로 전화해야 한다는 주장으로 Martin Shefter, "Party, Bureaucracy and Political Change in the United States", in *Political Parties: Development and Decay,* ed. Louis Maisel and Joseph Cooper (Beverly Hills: Sage, 1978), pp. 211－266.

14) 명망가 정치의 독특성과 명망가 정치적 대통령직에서 정당 정치적 대통령직으로의 이행에 대해서는 Ralph Ketcham, *Presidents above Party: The First American Presidency, 1789－1829* (Chapel Hill: University of North Carolina Press, 1984); M. G. Heald, *The Presidential Quest: Candidates and Images in American Political Culture, 1787－1852* (New York: Longman, 1982); Richard P. McCormick, *The Presidential Game: The Origins of American Presidential Politics* (New York: Oxford University Press, 1982); James W. Ceaser, *Presidential Selection: Theory and Development* (Princeton: Princeton University Press, 1979), pp. 41－169; Richard Hofstadter, *The Idea of a Party System: The Rise of Legitimate Opposition in the United States* (Berkeley: University of California Press, 1969); Roy F. Nichols, *The Invention of American Political Parties* (New York: Macmillan, 1967); James Sterling Young, *The Washington Community, 1800－1829* (New York: Harcourt Brace, 1966); Ronald Formisano, *The Transformation of Political Culture: Massachusetts, 1790s－1840s* (New York: Oxford University Press, 1983).

15) 정당 정치의 독특성과 정당 정치적 대통령직에서 다원주의적 대통령직으로의 이행에 대해서는 Joel Silbey, *The Partisan Imperative: The Dynamics of American Politics Before the Civil War* (New York: Oxford University Press, 1985); Stephen Skowronek, *Building a New American State: The Expansion of National Administrative Capacities, 1877–1920* (New York: Cambridge University Press, 1982); McCormick, *Party Period*; Peri Arnold, *The Making of the Managed Presidency: Comparative Reorganization Planning, 1905–1980* (Princeton: Princeton University Press, 1986); Sidney Milkis, *The Presidents and the Parties: The Transformation of American Party System since the New Deal* (New York: Oxford University Press, 1993).

16) 다원주의 정치의 독특성과 다원주의적 대통령직에서 대중 독재적 대통령직으로의 이행에 대해서는 Richard Neustadt, *Presidential Power: The Politics of Leadership from FDR to Carter* (New York: Wiley, 1980); Samuel Kernell, *Going Public: New Strategies of Presidential Leadership* (Washington, D.C.: Congressional Quarterly Press, 1986); Milkis, *New Deal.*

17) 대중 독재 정치와 대중 독재 대통령의 독특성에 대해서는 Kernell, *Going Public:* Milkis, *Presidents and Parties*; Theodore J. Lowi, *The Personal President: Power Invested, Promise Unifulfilled* (Ithaca: Cornell University Press, 1985); Jeffrey Tulis, *The Rhetorical Presidency* (Princeton: Princeton University Press, 1987); Richard Rose, *The Post–Modern President: George Bush Meets the World* (Chatham, N.J.: Chatham House, 1988).

18) 예컨대, Robert Shogun, "Bush Increasingly Veering Off Course Set by Reagan", *Los Angeles Times,* May 27, 1991, p. 1; Robert Shogun, "GOP Aims May Pose Dilemma for President", *Los Angeles Times,* May 28, 1991, p. 1.

제4장 제1부

1) "To Theodore Sedgwick", May 10, 1800, *The Works of Alexander Hamilton,* Vol. 10, ed. Henry Cabot Lodge (New York: Putnam, 1904), p. 375. 선거가 하원의 결정으로 넘어가고 연방당 의원들이 제퍼슨의 당선을 막기 위해 아론 버(Aaron Burr)로 돌아섰을 때도 해밀턴은 끝까지 제퍼

슨을 지지했다. Noble Cunningham, Jr., *In Pursuit of Reason: The Life of Thomas Jefferson* (Baton Rouge: Louisiana State University Press, 1987), p. 228－234.

2) 젊은 세대 연방파들은 당을 재조직하고 제퍼슨의 약점들을 이용해 보려고 끊임없이 노력했다. 하지만 다음 시기에 패배하게 되는 위그들과 달리 이들은 자기들 기반인 뉴잉글랜드를 넘어서 세력을 확장할 수 있게 해 주는 강력한 이슈들을 발견하지 못했다. David Hackett Fischer, *The Revolution of American Conservatism: The Federalist Party in the Era of Jeffersonian Democracy* (New York: Harper and Row, 1965), esp. pp. 150－181. 또한 Richard Buel, Jr., *Securing the Revolution: Ideology in American Politics, 1789－1815* (New York: Cornell University Press, 1972), pp. 241－291. 참조하라.

3) "Jefferson to Levi Lincoln", October 25, 1802, in *The Works of Thomas Jefferson,* Vol. 9, ed. Paul l. Ford (New York: Putnam, 1955), p. 401.

4) "혁명"에 대해 가장 자주 인용되는 것은 a letter to Spencer Roane, September 6, 1819, *The Writings of Thomas Jefferson,* Vol. 15, ed. Andrew A. Lipscomb and Albert E. Bergh (Washington, D.C.: Thomas Jefferson Memorial of the United States, 1903), p. 212.

5) 씨쓴은 제퍼슨의 용어를 상당히 설득력 있게 방어해 주는데, 건국 초기에 사용된 정치적 어휘들에 비추어 전적으로 적절하다고 주장했다. 혁명에 대한 모든 잘못된 관념들을 바로 잡으려고 시도하면서 씨쓴은 "혁명"이란 단어를 제퍼슨이 얼마나 독특하게 사용했는지 일깨워준다. Daniel Sisson, *The American Revolution of 1800* (New York: Knopf, 1974).

6) 제퍼슨 대통령에 대한 고전적 연구로서의 지위와 걸맞게 애덤스의 저서는 양 관점을 모두 인정하는 것으로 볼 수 있다. Henry Adams, *History of the United States during the Administrations of Jefferson and Madison,* 9 vols. (New York: Charles Scribner's Sons, 1889-1891). 첫 번째 관점의 기원은 제퍼슨에 대한 해밀턴의 평가로 올라갈 수 있다. 해밀턴에 따르면, "제퍼슨은 자신의 인기나 이익에 거슬리는 원칙을 끝까지 추구할 열정이 없다. 그는 내가 아는 사람들 누구보다도 주저할－자기의 평판이나 이득이 어떻게 될까를 따져보느라－

가능성이 크며, 그 결과는 체계가 일단 수립되고 나면, 이를 무너뜨리는 사람에게 위험이 되지 않고서는 전복될 수 없는 체계가 보존된다는 것이다." "Hamilton to Charles Bayard", January 16, 1801, *Works,* Vol. 10, p. 413. "1800년의 혁명"에 대한 이런 관점이 대체로 지배적이었다. 그 핵심적 주장이 학계에 받아들여졌고, 퓰리처 상을 받은 애거의 책에서 되풀이되었다. Herbert Agar, *The People's Choice* (Boston: Houghton Mifflin, 1933). 최근에 리스조드도 "가장 우호적인 역사학자들도 1800년의 변동에 대해 어떤 것도 혁명적인 것을 발견하기 어렵다."라고 토로했다. Norman Risjord, "New Meaning for Jefferson's Democracy", *Reviews in American History,* 1, no. 1 (March 1973), pp. 88–95. 또한 Gary J. Schmitt, "Jefferson and Presidency", in *Inventing the Presidency,* ed. Thomas Cronin (Lawrence: University of Kansas Press, 1989), pp. 61–88을 참조하라. 미국의 공화주의 전통에 대한 최근의 재발견들, 특히 농촌 정당의 반대 이념의 뿌리에 대한 재발견에 따라 제퍼슨을 확신에 찬 이념가로 재해석하는 것이 힘을 얻었다. 해밀턴 연구의 권위자인 맥도널드는 제퍼슨에 대한 해밀턴의 평가를 강하게 부정하는데, 제퍼슨이야말로 진정한 혁명가 대통령이었으며 다만 자신의 공화주의 비전이 지닌 단순함 때문에 실패했다고 본다. Forrest McDonald, *The Presidency of Thomas Jefferson* (Lawrence: University of Kansas Press, 1976). 제퍼슨의 공화주의 비전에 대한 다른 관점으로 Lance Banning, *The Jeffersonian Persuasion: Evolution of Party Ideology* (Ithca: Cornell University Press, 1978).

7) John R. Nelson, Jr., *Liberty and Property: Political Economy and Policy Making in the New Nation, 1789–1812* (Baltimore: Johns Hopkins University Press, 1987), pp. 22–80.

8) Ibid.; John Miller, *The Federalist Era, 1789–1801* (New York: Harper and Row, 1960), pp. 140–182.

9) Joseph Charles, *The Origins of the American Party System: Three Essays* (Williamsburg: Institute of Early American History, 1956), pp. 103–140.

10) 워싱턴의 국무장관을 그만두면서 제퍼슨이 제기한 공격은 해밀턴의 프로그램들에 대한 반대를 종합한 것이자, 떠오르고 있는 공화당(Republican party)을 위한 프로그램의 윤곽을 제시한 것이었다. Thomas Jefferson, "Report

on the Privileges and Restrictions on the Commerce of the United States in Foreign Countries", December 16, 1793, *Writings,* Vol. 3, pp. 261–283; Merrill Peterson, *Thomas Jefferson: A Biography* (London: Oxford University Press, 1970), pp. 512–515; Nelson, *Liberty and Property,* pp. 73–77.

11) "To James Madison", January 8, 1797, *Works,* Vol. 8, p. 268; 이 선거 결과가 확정되기 전에 같은 의도로 제퍼슨이 한 진술은 다음과 같다. "당신이 나를 대신하여 애덤스가 선출되도록 주장하기를 기대합니다. 그는 항상 내 윗사람이었습니다… 내 생각에 1883년 이래 (외교 문제가) 이처럼 암울했던 적이 없습니다. 어려움을 뚫고 나갈 수 있다고 생각하는 사람들이 키를 잡도록 내버려둡시다." "To James Madison", December 17, 1796, *Works,* Vol. 8, p. 256. 또한 "This is certainly not a moment to cover the helm", "To Edward Rutledge", December 27, 1796, *Works,* Vol. 8, p. 258; Stephen G. Kurtz, *The Presidency of John Adams: The Collapse of Federalism* (Philadelphia: University of Pennsylvania Press, 1957), P. 95.

12) 흥미롭게도 애덤스 역시 제퍼슨에 대해 비슷한 생각을 갖고 있었다. 1796년 선거에서 제퍼슨의 승리 가능성에 대해 애덤스는 제퍼슨이 "지금 시작된 이 체계가 아닌 다른 체계에서는 단 한 발자국도 못 움직일 것이다."라고 주장했다. Letters of John Adams to His Wife, Vol. 2, ed. Charles Francis Adams (Boston: Little, Brown, 1841), p. 201; Manning J. Dauer, The Adams Federalist (Baltimore: Johns Hopkins University Press, 1968), p. 94.

13) Ralph Adams Brown, *The Presidency of John Adams* (Lawrence: University of Kansas Press, 1975), p. 37에서 재인용.

14) Kurz, *Presidency of John Adams,* pp. 230–231.

15) 이전 행정부 각료들을 유임시키는 것은 당시의 정치적 정서에 부합되는 것이라는 점을 상기할 필요는 있다. 그렇지만, 첫 번째 후임자라는 애덤스의 지위는 선례가 없는 것이었고 따라서 그에게 선택의 여지가 있었다는 점도 인정해야 한다. 애덤스의 선택은 상상할 수 있는 최대한도로 전임자 행정부의 연속에 가까웠다. 브라운이 밝혔듯이, 애덤스는 "1797년 3월에 내각을 바꾼다면 연방당이 완전히 분열될 것으로 우려했다." Brown,

Presidency of John Adams, p. 27; Kurtz, *Presidency of John Adams,* pp. 277–279.

16) April 22, 1812, *The Spur of Frame: Dialogues of John Adams and Benjamin Rush, 1805–1813,* ed. John Schutz and Douglas Adair (San Marino: Huntington Library, 1966), pp. 212–215.

17) Richard H. Kohn, *Eagle and Sword: The Beginning of the Military Establishment in America* (New York: Free Press, 1975), p. 267에서 재인용. 이는 애덤스의 후일담이다.

18) Dauer, Adams Federalists, p. 223; Brown, *Presidency of John Adams,* pp. 114–129.

19) Brown, ibid., pp. 63–76; Kohn, *Eagle and Sword,* pp. 219–238.

20) Kohn, ibid., pp. 257–258에서 재인용.

21) Kohn, ibid., pp. 257–258에서 재인용.

22) "To James Lloyd", February 6, 1815, *The Works of John Adams,* Vol. 10, ed. Charles Francis Adams (Boston: Little, Brown, 1856), p. 115; Dauer, *Adams Federalists,* pp. 225–237.

23) Kohn, *Eagle and Sword,* pp. 263–273.

24) 1800년 의회 선거에서 연방당은 대통령 선거에서보다 더 패배했다. 애덤스는 연방당 의회 선거 후보들보다 잘 했고, 제퍼슨은 공화당 후보들보다 못했다. 그러나 선거 결과는 공화당의 압승이었으며, 너무나 압도적이었기 때문에 각각 대통령과 부통령 후보가 될 것이 당연시되었던 제퍼슨과 버는 선거인단 투표에서 동률이 되었다. 따라서 선거 결과는 하원으로 넘겨졌으며, 연방당은 제퍼슨 대신 버를 지지하려는 책략으로 잠시 회생하는 듯했다. 1800년 선거에 대해서는 Brown, *Presidency of John Adams,* pp. 175–195; Dauer, *Adams Federalists,* pp. 246–259; Sisson, *American Revolution of 1800,* passim.

25) 중립적 심판자의 역할에 대한 제퍼슨의 관념에 대해 Ralph Ketcham, *President above Party: The First American Presidency, 1789–1829* (Chapel Hill: University of North Carolina Press, 1984), esp. pp. 101–113.

26) Richard Hofstadter, *The Idea of a Party System: The Rise of Legitimate Opposition in the United States, 1780-1840* (Berkeley: University of California Press, 1969), pp. 123-128.

27) "Inaugural Address", March 4, 1801, *A Compilation of the Messages and Papers of the President,* Vol. 1, ed. James D. Richardson (New York: Bureau of National Literature, 1897), pp. 309-312.

28) "To Thomas McKean", July 24, 1801, *Works,* Vol. 9, p. 284. Hofstadter, *Party System,* p. 165. 루즈벨트에 대해서는 제7장 제1부 참조.

29) "To Lincoln Levi", October 25, 1802, *Works,* Vol. 9, p. 400-402.

30) "To Elias Shipman and Others, Committee of the Merchant of New Haven", July 12, 1801, *Works,* Vol. 9, pp. 270-272.

31) Leonard White, *The Jeffersonians: A Study in Administrative History, 1801-1829* (New York: Free Press, 1951), pp. 352-354; Noble Cunningham, *The Process of Government under Jefferson* (Princeton: Princeton University Press, 1978), pp. 165-187; Robert M. Johnstone, Jr., *Jefferson and the Presidency: Leadership in the Young Republic* (Ithaca: Cornell University Press, 1978), pp. 102-113; Carl Russell Fish, *The Civil Service and the Patronage* (Cambridge: Harvard University Press, 1920), pp. 42-43. 제퍼슨의 계산에는 "사법부와 군은 해임될 수 있지 않고 기존의 절차에 따라야 하기 때문에, 그리고 국세청 관료들은 법에 의해 중지되었기 때문에, 우편직이나 기타 관료들은 대통령이 임명하지 않기 때문에" 제외되었다. "To William Duane", July 24, 1803, *Works,* Vol. 10, pp. 20-25.

32) Theodore Crackle, *Mr. Jefferson's Army: Political and Social Reform of the Military, 1801-1809* (New York: New York University Press, 1987), pp. 43-45, 54-73.

33) Carl E. Prince, "The Passing of the Aristocracy: Jefferson's Removal of the Federalists, 1801-1805", *Journal of American History,* Vol. 57, no. 3 (December 1970), pp. 563-575; White, *Jeffersonians,* pp. 347-359; Noble Cunningham, *The Jeffersonian Republicans in Power: Party*

Operations, 1801-1809 (Chapel Hill: University of North Carolina Press, 1963), pp. 13-70.

34) Cunningham, *Pursuit of Reason,* pp. 249-250에서 재인용. 또한 다음을 참조. James Sterling Young and Russell I. Riley, "Party Government and Political Culture", paper from White Burkett Miller Center of Public Affairs, University of Virginia, August 1990.

35) Richard Ellis, The Jeffersonian Crisis: Courts and Politics in the Young Republic (New York: Norton, 1971), p. 45에서 재인용.

36) Cunningham, *Process of Government,* pp. 188-272; Johnstone, *Jefferson and the Presidency,* pp. 114-161.

37) Dumas Malone, *Jefferson: The President, The First Term* (Boston: Little, Brown, 1970), p. 110.

38) Wilfred Binkley, *President and Congress* (New York: Random House, 1962), pp. 65-66.

39) Schmitt, "Jefferson and the Presidency", p. 329.

40) Binkley, *President and Congress,* p. 63에서 재인용.

41) 이런 면에서 특히 의미 깊은 것은 James Sterling Young, *The Washington Community, 1800-1828* (New York: Harcourt Brace, 1966).

42) 티모씨 피커링(Timothy Pickering)의 견해에 따르면, 의회에 대한 제퍼슨의 공식적인 존중은 "모든 책임을 가려주는 장막"이었다. Binkley, *President and Congress,* p. 65. 또한 Cunningham, *The Process of Government,* pp. 188-213; Johnston, *Jefferson and the Presidency,* pp. 114-161.

43) 새뮤얼 체이스 판사에 대한 실망스런 탄핵 재판이 진행되는 중에 랜돌프가 이러한 수정안을 제안하자 제퍼슨은 이 수정안이 폐기되도록 내버려 두었다. 자기 당 급진파의 실패 와중에 이런 시도를 감행하는 것은 성공할 수 없는 시도였다. 하지만 연방파 법원이 스스로 신뢰를 저버리는 해동을 했다고 여겼을 때 제퍼슨은 만족스러워 했다. 아론 버가 사면되자 제퍼슨은 "그에 대한 형벌 대신 이제 쓸만한 수정안이 생긴다면 나는 반길 것이다." 라고 썼다. 몇 개 주에서 소동이 있기는 했으나, 헌법 수정을 위한 전면적

인 운동은 일어나지 않았다. Ellis, *Jeffersonian Crisis,* p. 107; "Jefferson to William Branch Giles", April 20, 1807, *Works,* Vol. 10, pp. 387－388.

44) Cunningham, *Pursuit of Reason,* p. 243.

45) Ellis, *Jeffersonian Crisis,* pp. 36－52, 83－95, 104; Peterson, *Biography,* pp. 796－797, 821; Malone, *First Term,* pp. 467－481; Norman Risjord, *The Old Republicans: Southern Conservatism in the Age of Jefferson* (New York: Columbia University Press, 1965), p. 42; Johnstone, *Jefferson and the Presidency,* pp. 163－209.

46) Peterson, *Biography,* p. 700.

47) Ellis, *Jeffersonian Crisis,* pp. 62－68; Johnstone, *Jefferson and the Presidency,* p. 178; Robert Lowry Clinton, *Marbury v. Madison and Judicial Review* (Lawrence: University of Kansas Press, 1989), pp. 81－103.

48) Peterson, *Biography,* pp. 865－874.

49) Ellis, *Jeffersonian Crisis,* pp. 64－66; Malone, *First Term,* p. 483.

50) 상공업에 대한 제퍼슨 행정부의 관점에 대해 Nelson, *Liberty and Poverty* 참조. 강조점은 다르지만 꼭 상반되지는 않은 견해로 Drew McCoy, *The Elusive Republic: Political Economy in Jeffersonian America* (Chapel Hill: University of North Carolina Press, 1980), pp. 185－208.

51) McDonald, *Presidency of Thomas Jefferson,* pp. 41－44; Peterson, *Biography,* pp. 687－689; Dumas Malone, *Jefferson the President: The Second Term* (Boston: Little, Brown, 1974(, pp. 507-523; Samuel Huntington, The Soldier and the State: The Theory and Practice of Civil Military Relation (New York: Vintage Books, 1957), pp. 195－203. 크랙클은 제퍼슨의 개혁 이전에 이미 육군의 감축이 상당히 진행되어 있어서 병력 감축이나 이에 따른 예산 절감은 실제라기 보다는 수사에 가깝다고 주장한다. Crackle, Mr. Jefferson's Army, pp. 43－45.

52) McDonald, *Presidency of Thomas Jefferson,* pp. 41－44; Burton Spivak, *Jefferson's English Crisis: Commerce, Embargo, and the Republican Revolution* (Charlottesville: University of Virginia Press, 1979), pp. 7－13. 국토

개발(internal Improvement)에 대한 제퍼슨의 2기 취임사에 대해 *Works,* Vol. 10, p. 130. 제퍼슨의 마지막 국정 연설도 해양 봉쇄의 한복판에서 이런 메시지를 반영했다. November 8, 1808, *Works,* Vol. 11, p. 71.

53) "지구상에는 오직 한 지점이 있는데, 이 지점의 소유자는 우리의 영원한 천적이다. 이 지점이 바로 뉴올리언스이다. 프랑스가 뉴올리언스를 장악하는 날이 프랑스를 최악의 상황에 감금해 두게 될 형량을 결정하는 날이다. 두 나라들이 결합하게 되면 공동으로 대양에 대한 배타적 소유권을 유지할 수 있다. 이 순간부터 우리는 영국과 그 함대와 결혼해야 할 것이다." "Jefferson to Livingston", April 18, 1802, *Works,* Vol. 11, p.364.

54) *Memoirs of John Quincy Adams,* ed. Charles Francis Adams (Philadelphia: Lippincott, 1875), pp. 364–365.

55) "To Wilson Clay Nichols", September 7, 1803, *Writings,* Vol. 8, p. 247. Peterson, *Biography,* p. 775; Malone, *First Term,* pp. 311–332.

56) Richard F. McCormick, *The Presidential Game: The Origins of American Presidential Politics* (New York: Oxford University Press, 1982), pp. 80–87.

57) Malone, *First Term,* pp. 450–454. Edward Channing, *The Jeffersonian System, 1801–1811* (New York: Greenwood, 1906/1969), pp. 126–139. Malone, *First Term,* p. 452; Johnstone, *Jefferson and the Presidency,* p. 135.

58) Risjord, Old Republicans, pp. 40–96; Cunningham, Jeffersonians in Power, pp. 222–235; Johnstone, *Jefferson and the Presidency,* pp. 153–161; Peterson, *Biography,* p. 840.

59) 제퍼슨이 조약을 거부하자 친구이자 조약의 협상대표였던 먼로가 상처받게 되었고, 후일 제퍼슨의 후임이 매디슨이 되는 것에 반기를 들게 된 원인이 되었다. 이런 분열을 정리하고 조약에 대한 반대 이유를 설명한 것에 대해, "To James Monroe", February 18, 1808, *Works,* Vol. 11, pp. 9–11, and March 10, 1808, pp. 11–17.

60) Peterson, *Biography,* p. 885; Jefferson to Gallatin, May 20, 1808, Jefferson Papers, Library of Congress, Series 1, Reel 42, doc. 3150.

61) Spivak, *Jefferson's English Crisis,* pp. 102–155; Peterson, *Biography,*

pp. 874－921; Malone, *Second Term,* pp. 469－490.

62) "우리 시민들과 재산이 나포되는 것과 또는 오지에서나 해보았고 항상 소동이 끊이지 않았던 정책, 곧 장인과 농민을 나란히 살게 하고 서로의 노동과 생산물을 가가호호 교환하게 하는 정책으로 중대한 전환을 하기 위해 이들을 국내에 머물게 하는 것 중 어느 것이 나은지에 대해 진정한 미국인이라면 어떤 의문도 있을 수 없습니다." "Jefferson to Tammany Society", February 29, 1808, *The Complete Jefferson,* ed. Saul Padiver (New York: Duell, Sloan and Pearce, 1943), pp. 529－530. 또한 "To the delegates of the Democratic Republicans in the City of Philadelphia", May 25, 1808; "사실 이 조치는 일시적인 불편을 끼칠 것입니다. 그렇지만, 지금까지 해외에서 구하던 제조업의 수립을 촉진해 밝은 전망을 가져올 것입니다." *Complete Jefferson,* p. 530. "In the Eighth Annual Message", November 8, 1808: "최근 들어 나는 최소한 우리가 소비하는 만큼, 또 우리가 원료를 생산하는 제품들에 대해서는 제조업을 장려해야 한다는 생각에 사로잡혀 있습니다. 이에 대해 연방주의자들은 중국의 정책 실패와 상업의 파괴를 경고합니다… 이 어처구니없는 비난 때문에 뉴잉글랜드 상당 부분이 연방파로 넘어갔습니다만, 이들의 정책은 농업과 제조업을 상업에 희생시키고, 내륙에서 해안에 이르는 우리 국민들 모두를 상인으로 만들며, 이 위대한 농업 국가를 암스테르담으로 바꾸어 놓을 것입니다." *Works,* Vol. 11, pp. 90－91. Spivak, *Jefferson's English Crisis,* p. 204; Peterson, *Biography,* p. 911' McCoy, *Elusive Republic,* pp. 209－233.

63) Cunningham, *Pursuit of Reason,* p. 316; "To Gallatin", August 11, 1808, *Works,* Vol. 11, p. 41.

64) 예컨대 "To the Secretary of War", August 9, 1808, *Works,* Vol. 11, pp. 40－41; "To the Governor of Massachusetts", August 12, 1808, *Works,* Vol. 11, pp. 24－47; "Circular for the Secretary of War to the Governor", January 17, 1809, *Works,* Vol. 11, pp. 87－89.

65) "To James Monroe", January 28, 1809, *Works,* Vol. 11, pp. 93－96; "To Thomas Mann Randolph", February 7, 1809, *Works,* Vol. 11, pp. 96－97;

Spivak, *Jefferson's English Crisis,* pp. 156－197; Malone, *Second Term,* pp. 561－657; Peterson, *Biography,* pp. 887－913.

66) Ibid.; Peterson, *Biography,* pp. 913－916.

제4장 제2부

1) "중대한 위험과 어려움들은 이제 지나갔습니다. 그리고 논의 방식과 정부 운영 경로 자체는 지금까지보다 더욱 조화롭고 즐거울 것입니다." "To the Republicans of Massachusetts", in 1817, *The Writings of James Monroe, Vol. 6, ed.* Stanislaus Murray Hamilton (New York: Putnam's, 1902), p. 29. Gregory Dangerfield, *The Awakening of American Nationalism, 1815－1828* (New York: Harper and Row, 1965), p. 34.

2) "Inaugural Address", March 4, 1817, *A Compilation of the Messages and Papers of the President,* Vol. 2, ed. James D. Richardson (Washington, D.C.: Bureau of National Literature and Art, 1907), p. 579.

3) "Jefferson to James Monroe", March 21, 1807, *The Works of Thomas Jefferson,* Vol. 10, ed. Paul L. Ford (New York: Putnam, 1955), pp. 374－378; "Jefferson to James Monroe", February 18, 1808, *Works,* Vol. 11, pp. 9－11; "Jefferson to Madison", November 30, 1809, *Works,* Vol. 11, pp. 126－129.

4) Ibid.

5) 주변에서 일어나고 있는 정치적 분열을 소극적으로 바라만 보았던 먼로를 묘사한 것으로 Sterling Young, *The Washington Community, 1800－1828* (New York: Columbia University Press, 1966); George Dangerfield, *The Era of Good Feelings* (New York: Harcourt Brace, 1952). 활동가 먼로에 대해서는 Harry Ammon, *James Monroe: The Quest for National Identity* (New York: McGraw Hill, 1971).

6) Ammon, *James Monroe,* pp. 359－362; Merrill Peterson, *The Great Triumvirate: Webster, Clay, and Calhoun* (New York: Oxford University Press, 1987), pp. 50, 82; Young, *Washington Community,* p. 133.

7) "Second Inaugural Address", March 5, 1821, *Message and Papers,* Vol. 2, p. 662.

8) Richard Radcliff, *The President's Tour: A Collection of Addresses* (New-Ipswich: Salmon Wilder, 1822). 또한 Dangerfield, *Awakening,* pp. 20, 141−144. Message and Papers, Vol. 2, p. 662.

9) Joel Sibley, "The Incomplete World of American Politics, 1815−1829: Presidents, Parties and the Era of Good Feelings", *Congress and the Presidency,* 11, no. 1 (Spring 1984), pp. 1−17.

10) 하원의장이 임명하는 상임위원회 수가 크게 증가한 것이 이 시기 의회 조직화에 있어서 중대한 발전이었다. 1822년에는 상임위원회들에게 법안 상정 여부를 스스로 결정하는 권한이 공식적으로 주어졌다. *Origins and Development of Congress,* ed. Robert A. Diamond (Washington, D.C.: Congressional Quarterly Press, 1976), p. 90; George Galloway, *History of the House of Representatives,* 2nd ed. (New York: Crowell, 1976), p. 86.

11) 스토리(Joseph Story)의 평가로, Peterson, *Great Triumvirate,* p. 52에서 재인용.

12) Young, *Washington Community,* pp. 187, 202, 245; "To James Madison", May 10, 1822, *Writings,* Vol. 6, p. 286. "이런 상황에 대해 전혀 몰랐었고, 개인적으로 이렇게 당황스럽고 수치스러운 것을 경험해 본적이 없습니다."

13) Richard P. McCormick, T*he Presidential Game: The Origins of American Presidential Politics* (New York: Oxford University Press, 1982), pp. 103−120; Richard Hofstadter, *The Idea of A Party System: The Rise of Legitimate Opposition in the United States, 1780−1840* (Berkeley: University of California Press, 1969), pp. 213−271.

14) Charles M. Wiltse, *John C. Calhoun: Nationalist* (Indianapolis: Bobs Merrill, 1944), p. 160.

15) 잭슨의 의도를 먼로가 처음부터 알았거나, 최소한 의심스러워했으며, 따라서 암묵적으로 승인했다는 것도 가능하다. 최소한 이것이 잭슨의 입장이었다, 최근 이에 대해 강력히 주장하는 것으로 Robert V. Remini, in *Andrew Jackson and the Course of American Empire, 1767−1821* (New York: Harper and Row,

1977), pp. 351－377.

16) July 15, 16, 17, 1818, *The Diary of John Quincy Adams,* ed. Allen Nevins (New York: Scribner's, 1951), pp. 54－61.

17) "To General Jackson", July 19, 1818, *Writings,* Vol. 6 (New York: Putnam, 1902), pp. 54－61. 애덤스의 입장에 대한 먼로의 반박에 대해 Ammon, *James Monroe,* pp. 422－425.

18) "To Thomas Jefferson", July 22, 1818, Writings, Vol. 6, pp. 62－64: "펜사콜라(Pensacola) 사태에는 난관이 많았습니다. 그러나 헌법을 위반했다는 비난을 촉발하지 않고, 또 스페인에게 정당한 전쟁의 빌미를 주지 않고 우리는 우리나라와 사령관의 입장을 뒷받침하려고 노력해 왔습니다."

19) Ibid., "To General Jackson", October 20, 1818, *Writings,* Vol. 6, pp. 74－75; "To General Jackson", December 21, 1818, *Writings,* Vol. 6, pp. 85－87.

20) "Second Annual Message", November 16, 1818, *Messages and Papers,* Vol. 2, p. 612.

21) Peterson, *Great Triumvirate,* p. 56.

22) Ibid., pp. 52－57; Dangerfield, *Awakening,* pp. 164－167.

23) "Seventh Annual Message", December 2, 1823, *Messages and Papers,* Vol. 2, pp. 787－788; Dangerfield, Era, p. 309; Ernst R. May, *The Making of the Monroe Doctrine* (Cambridge: Harvard University Press, 1975), 먼로 독트린 수립의 국내정치 분석에서 메이가 결론짓듯이, "행정부의 기본적인 정책은 … 가능한 한 최대한의 유권자들을 만족시키기 위한 정책이었다." (p. 253)

24) *Messages and Papers,* Vol. 2, p. 577; Radcliff, *President's Tour,* p. 58; Joseph Hobson Harrison, Jr., "The Internal Improvement Issue in the Politics of the Union, 1783－1825", unfinished Ph.D. dissertation, University of Virginia, 1954, p. 400.

25) "First Annual Message to Congress", December 17, 1817, *Messages and Papers,* Vol. 2, pp. 580－592.

26) Harrison, "Internal Improvement", p. 378에서 재인용.

27) "To James Madison", November 24, 1817, *Writings,* Vol. 6, p. 32.

28) "First Annual Message", December 17, 1817, *Messages and Papers,* Vol. 2, p. 587.

29) Harrison, "Internal Improvement", pp. 380−456; Ammon, *James Monroe,* pp. 388−391.

30) "To James Madison", December22, 1817, p. 46.

31) *The Writings of James Madison,* Vol. 8, ed. Gaillard Hunt (New York: Putnam's Sons, 1908), pp. 403−406.

32) "Veto Message", May 7, 1822, *Messages and Papers,* Vol. 2, pp. 711−752. Harrison, "Internal Improvements", pp. 474−540.

33) *Diary of John Quincy Adams,* December 3 and 6, 1819, pp. 219−221.

34) Charles Lowery, *James Barbour, A Jeffersonian Republican* (Tuscaloosa: University of Alabama Press, 1984), pp. 103−104, 115−131; Glover Moore, *The Missouri Controversy, 1819−1821* (Lexington: University of Kentucky Press, 1953), pp. 234−238, 339−342.

35) 연방정부가 컴버랜드 도로 "건설"에 적극적 역할을 했다는 사실 때문에 먼로의 주장에는 약점이 있었다. 그러나 먼로는 이런 역할은 근본 원칙에 대한 별로 중요하지 않은 작은 일탈이라고 규정하고 장래의 행동에 대한 적절한 근거가 될 수 없다고 일축했다.

36) Messages and Papers, Vol. 2, p. 744 (강조는 필자).

37) 예컨대 1823년 12월 2일의 "일곱 번째 국정연설"에서 먼로는 체사픽(Chesapeake) 만과 포토맥(Potomac)강을 잇는 운하에 대한 의회의 지지를 추천했고, 컴버랜드 도로의 보수에 필요한 재원을 마련하기 위해 매표소의 설립과 운영을 주들과 협의할 수 있는 권한을 요청했다. 대통령의 견해에 따라 의회가 만든 가장 중요한 법안은 국가적으로 중요성을 지닌 도로와 운하들을 육군 공병단이 측량할 수 있도록 자금을 지출했다. *Messages and Papers,* Vol. 2, p. 785; Harrison, "Internal Improvements", pp. 540−633.

38) Peterson, *Great Triumvirate,* p. 2; Harrison, "Internal Improvements", pp. 540−633; Risjord, *Old Republicans,* pp. 237−244.

39) "To James Madison", May 10, 1822, *Writings,* Vol. 6, p. 289.

40) Robert V. Remini, *Martin Van Buren and the Making of the Democratic Party* (New York: Columbia University Press, 1951), pp. 12–29. 이러한 공격이 초점을 두었던 이슈는 먼로–칼훈 평화시 안보 프로그램이었다. 당시 재무장관 크로포드의 대통령 출마를 지원하고 있던 급진파는 구 공화당원들과 함께 이 공격을 이끌었다. 먼로는 이를 "경제를 빌미로 신당을 만들려는" 시도로 간주했다. Monroe, Writings, Vol. 6, p. 247. 1819–1821년의 경제 불황은 먼로를 이단으로 비난한 세력에게 유리하게 작용했다. 이 경제 불황이 먼로가 고집했던 온건 국가주의를 사치스럽고 정치적으로 일탈적인 것으로 보이게 했기 때문이다. "호의의 시대"가 연방당의 음모였다는데 대한 논의로 Michael Wallace, "Changing Concepts of Party in the United States: New York, 1815–1828", *American Historical Review* 74, no. 2 (December 1968), esp. pp. 428–429.

41) "To James Madison", May 10, 1822, pp. 284–291. 사실 이는 먼로가 취임 초기에 구상했던 후견 정책(patronage policy)을 다시 진술한 것이다. 먼로는 공화당을 받아들이는 모든 사람들에 대한 포용의 정신을 약속했지만, 연방당에 대한 타협 제안으로 보일까 봐 심지어 온건한 연방파들도 고위직에 임명하지 않았다. 실제로 먼로가 의식적으로 청산하려고 한 것이 있다면 그것은 연방당이었다. 내각에 온건 연방파 인사를 임명하라는 앤드류 잭슨의 초천을 거절하는 서한에서 먼로는 명시적으로 합병을 거부했다. 자신의 목적은 "최대한 빨리 모두를 공화당 우리 안에 데려오는 것"이라고 먼로는 말했다. 또한 보스턴 공화당원들에게 대한 먼로의 연설을 참고하라. Radcliff, *President's Tour,* p. 31; Hofstadter, *Idea of a Party System,* pp. 188–203.

제4장 제3부

1) *A Compilation of Messages and Papers of the Presidents,* Vol. 2, ed. James D. Richardson (New York: Bureau of National Literature, 1897), pp. 860–864.

2) Dangerfield, *The Era of Good Feelings* (New York: Harcourt Brace, 1952), p. 332.

3) 애덤스가 능력 부족이었다는 데 대해 Peterson, *The Great Triumvirate: Webster, Clay, Calhoun* (New York: Oxford University Press, 1987), p. 146. 피터슨은 당시의 건배사를 애덤스 대통령에 연관 짓는다: "그가 친구들에게 했듯이 적들에게도 혼란을 가져다주길." 또한 Robert V. Remini, *The Election of Andrew Jackson* (Philadelphia: Lippincott, 1963), p. 16; Samuel Flagg Remis, *John Quincy Adams and the Union* (New York: Knopf, 1956), p. 71.

4) 정치가 애덤스에 대한 설득력 있는 옹호로 Daniel Walker Howe, *The Political Culture of the American Whigs* (Chicago: University of Chicago Press, 1979), pp. 46－50.

5) "To Rufus King", October 8, 1802, *The Writings of John Quincy Adams,* Vol. 3, ed. Worthington Chauncey Ford (New York: Macmillan, 1913-1917), p. 9.

6) Ernest R. May, *The Making of the Monroe Doctrine* (Cambridge: Harvard University Press, 1975).

7) John Quincy Adams, *Memoirs of John Quincy Adams,* Vol. 6(Philadelphia: Lippincott, 1875), pp. 246－247.

8) *The Missouri Compromise and Presidential Politics, 1820－1825: From the Letters of william Plumer, Jr.,* ed. Everett Somerville Brown (St. Louis: Missouri Historical Society, 1926), pp. 83－88.

9) Mary Hargreaves, *The Presidency of John Quincy Adams* (lawrence: University Press of Kansas, 1985), pp. 19－40; Marie B. Hecht, *John Quincy Adams: A Personal HIstory of an Independent Man* (New York: Macmillan, 1972), pp. 370－406.

10) May, *Making of the Monroe Doctrine,* p. 181; Peterson, *Great Triumvirate,* pp. 126－131; William Morgan, "John Quincy Adams Versus Andrew Jackson: Their Biographers and the Corrupt Bargain Charges", *Tennessee Historical Quarterly,* 26 (Spring-Winter 1967), pp. 43－46.

11) 심지어 여기에 있어서도 해소해야 할 차이점들이 있었다. 애덤스는 클레이처럼 골수 보호주의자는 아니었으며, 다른 나라들에서의 해방 운동에 대해 열렬한 지지자는 아니었다. 두 이슈에 대해 애덤스는 선거 이후 클레이의 노선으로 다가갔다. Hargreaves, *Presidency,* pp. 25－38.

12) Peterson, *Great Triumvirate,* pp. 126–129.

13) *Memoirs,* Vol. 6, pp. 431–501, *passim.* Dangerfield, *Era,* pp. 339–341.

14) Bemis, *John Quincy Adams,* p. 72; 러퍼스 킹은 미주리 논쟁에서 반노예제 선동가이기도 했었다. William Freehling, *The Road to Disunion: Vol. 1, Sessionist at Bay, 1776–1854* (New York: Oxford University Press, 1990), p. 148.

15) *Memoirs,* Vol. 6, pp. 505ff.; Dangerfield, *Era,* p. 346; Hargreaves, *Presidency,* pp. 41–50.

16) *Memoirs,* Vol. 7, pp. 59–63.

17) December 6, 1825, *Messages and Papers,* Vol. 2, pp. 881–882.

18) Hargreaves, *Presidency,* pp. 208, 264–265; Remini, *Election of Andrew Jackson,* p. 145.

19) Dangerfield, *Era,* pp. 242–266.

20) *Record of Debates in Congress,* Vol. 11 (Washington: Gales and Seaton, 1826), pp. 889–404; George Dangerfield, *The Awakening of American Nationalism, 1815–1828* (New York: Harper and Row, 1965), p. 256.

21) Dangerfield, Ibid., pp. 242–266.

22) "To the House of Representatives", March 15, 1826, *Messages and Papers,* Vol. 2, pp. 895–907

23) Hecht, *John Quincy Adams,* pp. 459–460; Dangerfield, *Era,* p. 350.

24) *Memoirs, John Quincy Adams,* Vol. 6, p. 547.

25) Ibid.; Robert V. Remini, *Andrew Jackson and the Course of American Freedom, 1822–1832* (New York: Harper and Row, 1981), pp. 103ff.

26) Hargreaves, *Presidency,* pp. 242–243; "On Retrenchment", May 15, 1828, *House Reports,* 20th Congress, 1st Sess, No. 259, pp. 1–128; "Report of the Minority of the Committee", pp. 129–199.

제5장 제1부

1) Merrill D. Peterson, *The Great Triumvirate: Webster, Clay, and Calhoun* (New York: Oxford University Press, 1987), p. 165에서 재인용.

2) Robert V. Remini, *The Election of Andrew Jackson* (Philadelphia: Lippincott, 1963), pp. 11－120.

3) Peterson, *Great Triumvirate,* p. 194에서 재인용.

4) 잭슨에 대한 연구들에서 놀라운 점 하나는 이에 대한 현재의 논란들이 민주당과 위그들 사이에서 벌어졌던 과거의 논쟁을 그대로 재현하고 있다는 것이다. 민주주의자로 자처한 잭슨의 가식을 폭로하는 것은 슐레진저가 잭슨 민주주의 연합과 뉴딜 연합의 사회적 구성을 비교, 구분한 이래 정치 사회사학자들에게는 너무나 쉬운 일이 되었다. Arthur Schlesinger, Jr., in *The Age of Jackson* (Boston: Little, Brown, 1945). 또한 Thomas Abernathy, "Andrew Jackson and the Rise of Southwestern Democracy", *American Historical Review,* 33 (October 1927), pp. 64－77; Charles G. Sellers, "Andrew Jackson vs. Historians", *Mississippi Valley Historical Review,* 44, no. 4 (March 1958), pp. 615－634; Richard M. McCormick, "New Perspectives on Jacksonian Politics", *American Historical Review,* 65 (January 1960), pp. 288－301; Ronald Formisano, "Toward a Reorientation of Jacksonian Politics: A Review of the Literature, 1959－1975", *Journal of American History,* 63, no. 1 (June 1976), pp. 42－65. 본 연구에서는 재슨과 제퍼슨 간의 비교와 마찬가지로 잭슨과 루즈벨트 간의 비교, 구분이 이 리더십들의 정치적 구조를 근거로 이루어졌다.

5) James C. Curtis, *Andrew Jackson and the Search for Vindication* (Boston: Little, Brown, 1976).

6) "First Annual Message", December 8, 1829, *A Compilation of the Messages and Papers of the Presidents,* Vol. 3, ed. James D. Richardson (New York: Bureau of National Literature, 1897), pp. 1005－1025. 다음 문단들에서 따로 밝히지 않는 경우, 인용문들은 여기에서 나온 것이다.

7) Rochard Longaker, "Andrew Jackson and the Judiciary", *Political Science Quarterly,* 71, no. 3 (September 1956), pp. 341－364.

8) Richard E. Ellis, *The Union at Risk: Jacksonian Democracy, States Rights*

and the Nullification Crisis (New York: Oxford University Press, 1987), pp. 7–8; William W. Freehling, *The Road to Disunion,* Vol. 1: *Sessionists at Bay, 1776–1854* (New York: Oxford University Press, 1990), pp. 257–270.

9) Joseph Burke, "The Cherokee Cases: A Study in Law, Politics, and Morality", *Stanford Law Review,* 21 (February 1969), pp. 500–531; Longaker, "Andrew Jackson."

10) Peterson, *Great Triumvirate,* pp. 170–172.

11) Robert V. Remini, *Andrew Jackson and the Course of American Freedom, 1822–1832,* Vol. 2 (New York: Harper and Row, 1981), pp. 233–247; Richard Latner, *The Presidency of Andrew Jackson: White House Politics, 1829–1837* (Athens: University of Georgia Press, 1979), pp. 58–79; Marquis James, *The Life of Andrew Jackson* (New York: Bobb Merrill, 1940), pp. 534–543, 567–582.

12) Remini, *Course,* p. 245에서 재인용.

13) Latner, *Presidency,* p. 81에서 재인용한 The Washington *Globe.* 또한 Peterson, *Great Triumvirate,* pp. 183–194; Remini, *Course,* pp. 300–314; James, *Life,* pp. 567–580.

14) Leonard White, *The Jacksonians: A Study in Administrative History* (New York: Macmillan, 1954), pp. 106–107; Erik McKinley Eriksson, "The Federal Civil Service under Jackson", *Mississippi Valley Historical Review,* 13, no. 4 (March 1927), pp. 517–540; Remini, *Course,* p. 232.

15) Remini, *Course,* pp. 263–265; Latner, *Presidency,* pp. 93–97.

16) Remini, *Course,* p. 261.

17) "Veto Message", May 27, 1830, *Messages and Papers,* Vol. 3, pp. 1046–1056.

18) "Second Annual Message", December 6, 1830; *Messages and Papers,* Vol. 3, pp. 1063–1092; Remini, *Course,* pp. 304–305.

19) Latner, *Presidency,* p. 82; Burton W. Folsom II, "Party Formation and FDevelopment in Jacksonian America: The Old South", *Journal of*

American Studies, 7, no. 3 (December 1973), pp. 217–229.

20) "Third Annual Message", December 6, 1831; *Messages and Papers,* Vol. 3, p. 1119. Merrill D. Peterson, *Olive Branch and Sword: The Compromise of 1833* (Baton Rouge: Louisiana State University Press, 1982), pp. 22–25. Latner, *Presidency,* pp. 145–147.

21) Ellis, *Union at Risk,* p. 46에서 재인용.

22) Richard G. Miller, "The Tariff of 1832: The Issue that Failed", *Filson Club History Quarterly,* 49, no. 3 (July 1975), pp. 221–230.

23) Folsom, "Party Formation"; Remini, *Course,* pp. 345–352.

24) Burke, "Cherokee Cases."

25) Robert Remini, *Andrew Jackson and the Bank War: A Study in the Growth of Presidential Power* (New York: Norton, 1967), pp. 66–80.

26) "Veto Message", July 10, 1832, *Messages and Papers,* Vol. 3, pp. 1139–1154.

27) Robert Remini, "The Election of 1832", in *History of American Presidential Elections,* ed. Arthur Schlesinger, Jr. (New York: McGarw-Hill, 1971), p. 512.

28) "Fourth Annual Message", December 4, 1832, *Messages and Papers,* Vol. 3, pp. 1154–1169.

29) Peterson, *Great Triumvirate,* pp. 216–219에서 재인용.

30) 실제 잭슨은 찰스톤(Charleston)에서 배가 항구에 들어오기 전에 바다에서 관세를 징수하라고 명령했다. 관세를 내지 않으면 화물은 포트 물트리 섬에 몰수되었다. Freehling, *Road to Disunion,* p. 279.

31) "Proclamation", December 10, 1832, in *Messages and Papers,* Vol. 3, pp. 1203–1219.

32) "Special Message", January 16, 1833, in *Messages and Papers,* Vol. 3, pp. 1173–1195.

33) 연방 헌법의 성격에 대한 웹스터와 상원의원 헤인(Robert Hayne) 간의 논쟁에 대해 Peterson, *Great Triumvirate,* pp. 170–183 참조.

34) Ellis, *Union at Risk,* pp. 74-101.

35) Ibid., pp. 158-177; Peterson, *Olive Branch,* pp. 40-84; Peterson, *Great Triumvirate,* pp. 213-233.

36) Remini, *Bank War,* p. 106; Ellis, *Union at Risk,* pp. 177-187; Freehling, *Road to Disunion,* pp. 282-285.

37) Peterson, *Olive Branch,* p. 91; Peterson, *Great Triumvirate,* pp. 238.

38) Frank Otto Gatell, "Spoils of the Bank War: Political Bias in the Selection of the Pet Banks", *American Historical Review,* 70, no. 1 (October 1964), pp. 35-58; Frank Otto Gatell, "Secretary Taney and the Baltimore Pets: A Study in Banking and Politics", *Business History Review,* 39 (Spring 1965), pp. 205-227.

39) Remini, *Bank War,* pp. 109-155; Robert V. Remini, *Andrew Jackson and the Course of American, pp. 1898-1902. Empire* (New York: Harper and Row, 1984), pp. 84-131; Thomas Paine Govan, *Nicholas Biddle: Nationalist and Public Banker, 1786-1844* (Chicago: University of Chicago Press, 1959).

40) U.S. Congress, *Register,* March 1, 1833, 2nd session, 22nd Congress

41) "Removal of the Deposits", September 18, 1833, *Messages and Papers,* Vol. 3, pp. 1225-1226.

42) Ibid.; Peterson, *Great Triumvirate,* pp. 234-241; Frank Otto Gatell, "Sober Second Thoughts on Van Buren, the Albany Regency, and the Wall Street Conspiracy", *Journal of American History,* 3, no. 1 (June 1953), pp. 19-40.

43) Charles Sellers, "Who Were the Southern Whigs?" *American Historical Review,* 59, no. 2 (January 1954), pp. 335-346; Richard P. McCormick, *The Second American Party System,* pp. 177-356; Remini, *Empire,* pp. 132-141.

44) Remini, *Empire,* p. 131.

45) Peterson, *Great Triumvirate,* pp. 242-244.

46) Govan, *Nicholas Biddle,* pp. 265－267; Remini, *Bank War,* pp. 165－166.

47) "Protest", April 15, 1834, *Messages and Papers,* Vol. 3, pp. 1288－1313; Remini, *Empire,* pp. 142－178.

48) McCormick, *Second Party System*; Sellers, "Who Were the Southern Whigs?"

49) Remini, *Empire,* pp. 375－377; Peterson, *Great Triumvirate,* pp. 251－252. 1833년에서 1835년까지 의회 구성의 변화는 민주당의 지배가 강화된 것은 물론 양당 간 분열이 격화된 것을 보여준다. 23대 의회에서 하원에는 민주당 147석, 반메이슨당 53석, 기타 60석이었고, 상원에는 민주당 20석, 국민공화당 20석, 기타 8석이었다. 24대 의회에서는 하원에 민주당 145석, 위그당 98석이었고 (상원에) 민주당 27석, 위그당 25석이었다. *Congressional Quarterly Guide to Congress,* 2nd ed. (Washington, D.C.: Congressional Quarterly Press, 1976), pp. 182A－183A.

50) David J. Russo, "The Major Political Issues of the Jacksonian Period and the Development of Party Loyalty in Congress, 1830－1840", *Transactions of the American Philosophical Society,* new series, Vol. 62, pt. 2 (1972), pp. 3－51.

51) John M. McFaul, *The Politics of Jacksonian Finance* (Ithaca: Cornell University Press, 1972), pp. 82－178; Richard H. Timberlake, Jr., "The Specie Circular and Distribution of the Surplus", *Journal of Political Economy,* 68, no. 2 (April 1960), pp. 109－117; Richard H. Timberlake, Jr., "The Specie Standard and Central Banking in the United States before 1860", *Journal of Economic History,* 21, no. 3 (September 1961), pp. 318－341.

52) McFaul, *Jacksonian Finance,* pp. 82－178.

제5장 제2부

1) Leonard White, *The Jacksonians: A Study in Administrative History, 1829－1861* (New York: Macmillan, 1954), pp. 311－312.

2) 1840년에서 1849년 사이 각 주 민주당에 대한 분석, 특히 1842년 의회 선거에서 민주당의 득세와 1846－7년의 패배에 대한 분석으로 Brian J. G. Walton, "James K. Polk and the Democratic Party in the Aftermath of the Wilmot Proviso", unpublished doctoral dissertation, Vanderbilt University, 1968.

3) 예컨대 잭슨과 밴뷰렌 행정부의 대표적 선전 기관이 글로브(Globe)를 해체하고 자신의 선전 기관 워싱턴 유니온(Washington Union)을 출범시킨 포크의 결정을 보라. 정당 지도자로서 대통령의 정치적 역할에 대한 잭슨의 이해와 완전히 일치하는 것이지만, 이 행동은 테네시에서부터 뉴욕까지 눈살을 찌푸리게 했고, 정치적 지속성을 위해 권력 행사를 한다는 포크의 주장의 설득력을 훼손시켰다.

4) Jackson, "To the Senate and House of Representatives", December 21, 1836, in *A Compilation of the Messages and Papers of the Presidents,* Vol. 4, ed. James D. Richardson (New York: Bureau of National Literature, 1897), pp. 1484－1488.

5) William Freehling, *The Road to Disunion,* Vol. 1: *Secessionists at Bay, 1776－1854* (New York: Oxford University Press, 1990), pp. 427－428.

6) Charles Sellers, *James K. Polk: Jacksonian* (Princeton: Princeton University Press, 1957); Charles Sellers, *James K. Polk: Continentalist* (Princeton: Princeton University Press, 1966), pp. 3－107; Freehling, *Road to Disunion,* pp. 429－439.

7) Eugene Irving McCormick, James K. Polk: A Political Biography (Berkeley: University of california Press, 1922), pp. 239, 261, 282.

8) "Statement of Acceptance of the Nomination", June 12, 1844, Polk Papers, Library of Congress.

9) "Statement of Intent to cabinet appointees", January 15, 1845, Polk Papers.

10) Sellers, *Continentalist,* pp. 282－283; "Polk to Silas Wright", July 8, 1845, Polk Papers; "J. K. Walker to E. F. Purdy", July 19, 1845, Polk Papers; *Washington Union,* May 13, 1845.

11) "Polk to Cave Johnson", December 21, 1844, "Polk–Johnson Letters", ed. St. George L. Sioussat, *Tennessee Historical Magazine,* 1, no. 3 (September 1915), p. 254.

12) Joseph Raybeck, "Martin Van Buren's Break with James K. Polk: The Record", *New York History,* 36, no. 1 (January 1955), pp. 51–62.

13) "Polk to Wright", December 7, 1844, Polk Papers. 이 서한의 마지막 초안에서의 수정이 발견한 것으로 Sellers, *Continentalist,* p. 178.

14) "Wright to Polk", December 20, 1844, Polk Papers.

15) "Polk to Wright", January 4, 1845, Polk Papers; "Polk to Van Buren", January 30, 1845, Van Buren Papers, Library of Congress.

16) Sellers, *Continentalist,* p. 184. 셀러스의 분석에 따르면, 이 명당에 있었던 여섯 명 중 네 명은 확실히 밴뷰렌에 우호적인 인물이었으며, 법무장관직 후보였던 미시시피의 워커(Robert Walker)만이 밴뷰렌파에 적대적이었다. 이 예비명단에서 대표되지 못한 지역은 북서부만이었으며, 최종 내각 구성에서도 북서부는 대표되지 않았다.

17) Paul Bergeron, *The Presidency of James K. Polk* (lawrence: University of Kansas Press, 1987), pp. 23–50.

18) "Polk to Van Buren", February 22, 1845, Polk Papers.

19) Ibid.

20) Sellers, *Continentalist,* p. 201.

21) "Van Buren to Polk", February 27, 1845, Van Buren Papers; "Van Buren to Polk", March 1, 1845, Polk Papers; Sellers, *Continentalist,* p. 202; John Niven, *Martin Van Buren: The Romantic Age of American Politics* (New York: Oxford University Press, 1983), pp. 560–564.

22) Sellers, *Continentalist,* p. 203.

23) *The Diary of James K. Polk, 1845–1849,* Vol. 1, ed. Milo Milton Quaife (Chicago: A.C. McClurg, 1910), pp. 103–104; Niven, *Van Buren,* pp. 564–565. 1848년 자유토지파 출당에 대해서는 McCormick, Polk, p. 643; Charles McCoy, *Polk and the Presidency* (Austin: University of Texas

Press, 1960), pp. 197–198, 203–204. 후견제에 대한 포크의 어려움을 전반적으로 다룬 것으로 Norman Graebner, "James K. Polk: A Study in Federal Patronage", *Mississippi Valley Hostorical Review,* 38, no. 4 (March 1952), pp. 613–632.

24) 이 프로그램은 포크의 취임사와 첫 번째 연두교서에서 명확히 제시되었다. *Messages and Papers,* Vol. 5, pp. 2223–2232, 2235–2266.

25) Ibid., pp. 2241–2242.

26) "재병합"과 "재점령"이란 용어들은 먼로 행정부의 국무장관이었던 때와 대통령이었던 때 존 퀸시 해덤스가 주도하여 체결한 조약들을 반영한 것이었다. 첫 번째 조약은 플로리다 조약으로 텍사스에 대한 미국의 권리를 제외시켰었고, 두 번째 조약은 오리건 영토에 대해 미국과 영국의 공동 점령을 허용한 것으로 어느 한 쪽이 일 년 전에 통고하면 조약이 폐기될 수 있었다.

27) Major Wilson, *Space, Time, and Freedom: The Quest for Nationality and the Irrespressible Conflict, 1815–1861* (Westport: Greenwood Press, 1974), pp. 94–120.

28) 이 논의는 나의 다음 논문에 주로 기반을 둔 것이다. "Presidential Leadership in Political Time", in *The Presidency and the Political System,* ed. Michael Nelson (Washington, D.C.: Congressional Quarterly Press, 1988), pp. 105–108. 또한 Sellers, *Continentalist,* pp. 213–487; John H. Schroeder, *Mr. Polk's War: American Opposition and Dissent, 1846–1848* (Madison: University of Wisconsin Press, 1973).

29) Chaplain W. Morrison, *Democratic Politics and Sectionalism: The Wilmot Proviso Controversy* (Chapel Hill: University of North Carolina Press, 1967), pp. 11–13, 25.

30) *Diary,* Vol. 1, esp. pp. 107, 140–141. 1845년 11월 29일에 포크는 오리건에 대해 타협하는 것이 자신의 행정부에 더 큰 위험을 초래할 것으로 믿는다고 밝혔다. 그러나 12월 24일에 포크는 테네시 출신 상원의원 터니(Turney)와의 다음과 같은 대화를 기록해 두었다. "많은 의원들이 전쟁에 반대하고 있고 칼훈을 따를 것이며, 서부 출신 의원들 중 일부는 오리건

문제에 대해 거의 광기에 사로잡혀 있으며, 나는 이 두 불길 속에 갇혀 있어서 어떻게 하든 당내 두 진영들 중 하나는 불만스럽게 만들것이라고 그가 말했다. 그리고 나서, 만일 영국이 49도나 이에 상응하는 제안을 다시 할 경우 내가 어떤 행동을 취할 것인지 결심했냐고 내게 물었다. 이에 대해 내 의견은 … [의회에 대한] 메시지에서 솔직하게 밝혔고 그 의견을 고수하고 있으며, 만일 이런 제안을 … 한다면 이에 대한 결정은 아마 전쟁과 평화의 문제가 될 것이라고 답했다. 이런 경우가 발생할 경우 나는 행동하기 이전에 비밀리에 상원의 조언을 구할 것이라고 그에게 말했다."

31) *Messages and Papers,* Vol 6, pp. 2287－2293. 전쟁 메시지는 1846년 5월 11일에 전해졌다.

32) Ibid., pp. 2299－2300. 오리건 문제에 대한 상원의 결정은 1846년 6월 10일에 이루어졌다.

33) 웨스트(Kearney West) 대령을 캘리포니아로 보내는 결정은 6월 2일 내각에서 이루어졌으며, 오리건 국경 문제를 해결하는 이슈는 6월 4일에 다루어졌다. *Diary,* Vol 1, pp. 443－444, 447－463 참조. 오리건 이슈로 생긴 정치적 문제들에 대한 포크의 시도, 특히 상원 외교위 위원장의 사임에 대해서는 *Diary,* Vol. 1, pp. 473, 475－476 참조.

34) Thomas Stirton, "Party Disruption and the Rise of the Slavery Extension Controversy, 1840－1846", unpublished doctoral dissertation, University of Chicago, 1957.

35) 스터톤은 오리건 타결에 대해 북서부의 중앙과 남부 지역에서는 강력한 반대가 있었고, 5대호 이역에서는 마지못한 수용이 있었다고 구분한다. Ibid., pp. 284－290 참조. Sellers, *Continentalist,* pp. 445－488; Stirton, Ibid., pp. 271－283, 290－314.

36) August 3, 1846, *Messages and Papers,* Vol. 6, pp. 2310－2316; Paul Bergeron, "President Polk and Economic Legislation", *Presidential Studies Quaterly,* 15, no. 4 (Fall 1985), pp. 782－796.

37) August 8, 1846, *Messages and Papers,* Vol. 6, pp. 2309－2310.

38) Eric Foner, "The Wilmot Proviso Revisited", *Journal of American History,* 56 (1969), pp. 262－279.

39) Morrison, *Democratic Politics,* pp. 3-37. Sellers, *Continentalist,* pp. 478-485.

40) *Diary,* Vol, 2, pp. 75, 334-335, 347-348; Vol. 4, pp. 33-34.

41) Schroeder, *Mr. Polk's War,* p. 42.

42) Morrison, *Democratic Politics,* pp. 21-51, 75-120.

43) 기성 정당들에 대한 환멸은 자유 토지당 운동에서만 두드러진 것이 아니라, 자차리 테일러(Zachary Taylor)에 대한 초당적 호응과 기존 정당 체제를 무너뜨리려던 테일러 행정부의 시도에서도 명확하다. Michael Holt, *The Political Crisis of 1850's* (New York: Norton, 1978), pp. 67-69.

44) Bergeron, "President Polk", pp. 201-215.

45) *Diary,* Vol. 3, pp. 501-502.

46) August 14, 1848, *Messages and Papers,* Vol. 6, pp. 2456-2460.

47) Morrison, Democratic Politics, pp. 168-169; McCormick, *Polk,* p. 635.

48) Holt, *Political Crisis*; Joel Sibley, *The Partisan Imperative: The Dynamics of American Politics before the Civil War* (New York: Oxford University Press, 1985).

49) Holt, *Political Crisis,* p. 104.

제5장 제3부

1) Roy Nichols, *The Democratic Machine, 1850-1854* (New York: AMS Press, 1967); Michael Holt, T*he Political Crisis of the 1850's* (New York: Norton, 1978), pp. 87-99.

2) Nichols, *Democratic Machine,* p. 144.

3) Roy Nichols, *Franklin Pierce: Young Hickory of the Granite Hills* (Philadelphia: University of Pennsylvania Press, 1931), pp. 63-186.

4) Nichols, *Young Hickory,* P. 202.

5) William Freehling, *The Road to Disunion,* Vol. 1: *Secessionists at Bay, 1776-1854* (New York: Oxford University Press, 1990), p. 554.

6) Holt, *Political Crisis,* pp. 140-143.

7) 이 문장과 다음 문장들에 대해서는 Nichols, *Democratic Machine,* pp. 169−226 참조.

8) Freehling, *Road to Disunion, p. 536−537.*

9) Nichols, *Franklin Pierce,* pp. 287−293.

10) Robert Johannsen, *Stephen A. Douglas* (New York: Oxford University Press, 1973), p. 389.

11) "First Annual Message", December 5, 1853, in *A Compilation of the Messages and Papers of the Presidents,* ed. James D. Richardson (New York: Bureau of National Literature, 1897), Vol. 6, pp. 2740−2753; Vol. 7, pp. 2754−2759.

12) "Inaugural Address", March 4, 1853, *Messages and Papers,* Vol. 6, p. 2731.

13) Ibid., p. 2736.

14) Roy Nichols, "The Kansas−Nebraska Act: A Century of Historiography", *Mississippi Valley Historical Review,* 43 (December 1956), pp. 187−212; David M. Potter, *The Impending Crisis, 1848−1861* (New York: Harper and Row, 1963), p. 154; Paul Neff Garber, *The Gadsden Treaty* (Gloucester, Mass.: Peter Smith, 1959), pp. 77−93; Johannsen, *Douglas,* pp. 374−400.

15) Nichols, "Kansas−Nebraska Act"; Potter, *Impending Crisis,* pp. 152−161; Garber, *Gadsden Treaty,* p. 101; Johannsen, *Douglas,* pp. 401−413; Holt, *Political Crisis,* p. 146; Freehling, *Road to Disunion,* pp. 550−565.

16) Nichols, *Franklin Pierce,* pp. 321−322.

17) Ibid., pp. 315−316; Johannsen, *Douglas,* p. 389.

18) Nichols, *Franklin Pierce,* p. 324.

19) *The Congressional Globe,* 33rd Congress, 1st Session, January 30, 1854, pp. 280−282; *Appendix to the Congressional Globe,* 33rd Congress, 1st Session, p. 133; William Gienapp, *The Origins of the Republican Party* (New York: Oxford University Press, 1987), pp. 71−76; Holt, Political

Crisis, pp. 151–154.

20) Nichols, Franklin Pierce, p. 324; 상원에서 더글라스의 역할에 대해서는 Johannsen, Douglas, pp. 401–434; Gienapp, *Origins,* p. 81.

21) Nichols, "The Kansa–Nebraska Act", Nichols, *Frankin Pierce,* pp. 333–338. Gienapp, *Origins,* p. 77.

22) Daniel Walker Howe, *The Political Culture of the American Whigs* (Chicago: University of Chicago Press, 1979), p. 276.

23) Garber, *Gadsden Treaty,* pp. 109–145; Potter, *Impending Crisis,* pp. 182–183.

24) March 15, 1854, *Messages and Papers,* Vol. 7, pp. 2767–2768.

25) Nichols, *Franklin Pierce,* pp. 328–329, 340–344; Potter, *Impending Crisis,* pp. 183–188; *Messages and Papers,* Vol. 7, p. 2779.

26) 이 점에 대해 Gienapp, *Origins,* esp. pp. 81, 161, 299.

27) Potter, *Impending Crisis,* pp. 189–192; Nichols, *Franklin Pierce,* pp. 366–371; Gienapp, *Origins,* pp. 335–337.

28) Nichols, *Franklin Pierce,* pp. 400–415, 441–445; Gienapp, *Origins,* pp. 168–172, 295–303.

29) Nichols, *Franklin Pierce,* p. 421에서 재인용.

30) "Third Annual Message", December 31, 1855, *Messages and Papers,* Vol. 7, pp. 2873–2883.

31) Nichols, *Franklin Pierce,* pp. 466–469; Gienapp, *Origins,* pp. 305–307.

제6장 제1부

1) William Herndon, *Herndon's Life of Lincoln,* ed. Paul M. Angle (New York: Alert and Charles Boni, 1930), p. 304.

2) "On the Perpetuation of Our Political Institutions: An Address before the Springfield Young Men's Lyceum", January 22, 1838, *The Collected Works of Abraham Lincoln,* Vol. 1, ed. Roy P. Bassler (New Brunswick, N.J.: Rutgers University Press, 1953), pp. 108–115. 또한 George

Forgie, *Patricide in the House Divided: A Psychological Interpretation of Lincoln and His Age* (New York: Norton, 1979), pp. 14-55.

3) Harold S. Schulz, "Lincoln: Partisan or Patriot?" in *The Leadership of Abraham Lincoln,* ed. Don E. Ferenbacher (New York: Wiley, 1970), p. 19; "To Ichabod Codding", November, 27, 1854, *Collected Works,* Vol. 2, p. 288; "To Thomas Henderson", November 27, 1854, Ibid., p. 288.

4) Stephen B. Oates, *With Malice toawrd None: The Life of Abraham Lincoln* (New York: Harper and Row, 1977). 오테스는 다음과 같은 관찰로 이 예리한 전기를 시작한다. "일리노이 밖에서는 사람들이 그에 대해 거의 알지 못했다. 심지어 신문들도 그의 삶이나 배경에 대해 침묵했다… 남부에서는 링컨이라는 인물에 대해 아무 것도 알지 못하는 민주당원들이 그를 "흑인 공화당"의 상징이라고 비난했다… 심지어 많은 공화당원들도 그의 매력과 재능을 유권자들에게 전하려 해도 자기 당 후보에 대해 말하기가 쉽지 않았다." 또한 James M. McPherson, *Battle Cry of Freedom: The Civil War Era* (New York: Oxford University Press, 1988), p. 219 참조.

5) Joseph H. Silbey, *A Repectable Minority: The Democratic Party in the Civil War Era, 1860-1868* (New York: Norton, 1977).

6) J. G. Randall, *Lincoln, The President: Springfield to Gettysburg,* Vol. 2 (New Yor; Dodd, Mead, 1945), pp. 232-237.

7) William B. Hesseltine, *Lincoln and the War Governors* (New York: Knopf, 1948), p. 253.

8) Edward S. Corwin, *The President: Office and Powers* (New York: New York University Press, 1957), p. 452.

9) 랜달은 한 장 전체를 "일상적 정치"(Politics as Usual)에 할애했다. Randall, *Lincoln,* Vol. 2. 윌리엄스는 이 문제를 링컨 연구들의 논쟁점으로 본다. T. Harry Williams, "Shall We Keep the Radicals?" in Fehrenbacher, *Leadership,* pp. 99-110.

10) Oates, *Malice,* pp. 202-203; McPherson, *Battle Cry,* p. 228.

11) Randall, *Lincoln,* Vol. 1, pp. 218-220.

12) "Annual Message to Congress", December 6, 1864, in *Collected Works,* Vol. 8, p. 151.

13) "Oneida County Proceedings of the Republican Party Convention", held at Rome, N. Y., September 26, 1892, published in *The Utica Morning Herald,* Utica, N.Y.

14) David Donald, "A. Lincoln, Politician", in *Lincoln Reconsidered: Essays on the Civil War Era* (New York: Random House, 1961), p. 65. 또한 Eric McKitrick, "Party Politics in the Union and Confederate War Efforts", in *The American Party System: Stages of Development,* ed. Walter Dean Burnham and William Nisbet Chambers (New York: Oxford University Press, 1967), pp. 117－151 참조. 보다 포괄적인 논의로 Harry J. Carman and Reinhard H. Luthin, *Lincoln and the Patronage* (New York: Columbia University Press, 1943).

15) "Memorandum on the Charges against Simon Cameron", December 31, 1860, *Collected Works,* Vol. 6, p. 165; "To Simon Cameron", January 3, 1861, *Collected Works,* Vol. 4, pp. 169－170; Randall, *Lincoln,* Vol. 1, pp. 264－267; Randall, *Lincoln,* Vol. 2, pp. 54－61; Oates, *Malice,* pp. 290－300; McPerson, *Battle Cry,* pp. 321－324.

16) 이 점은 더 일반화될 수 있다. 링컨의 성공을 후견제를 조종한 능력 덕분이라고 하는 사람들은 링컨이 육군 장성들을 임명할 때 군사적 고려보다 정치적 고려를 하곤 했다는 점을 지적한다. 링컨이 이렇게 한 데에 충분한 이유가 있었다는 점은 부인할 수 없다. 정당 국가에서 정치 권력을 유지하기 위해서는 후견제가 필수적이었던 것이다. 캐머론 임명과 마찬가지로 이 임명들은 공화당 내에서 링컨의 지위를 강화시키고 전쟁에 대한 국민적 지지를 구축하기 위해서였다. 그러나 전장에서 이 정치 장군들이 보여준 불만족스럽고 비극적이기까지 한 결과를 고려할 때, 이 임명들은 의심의 여지가 있는 자산이었다. 링컨은 이 군사적 무능력자들을 임명할 수 밖에 없었을 것이지만, 그의 리더십은 이들에 의해 결코 나아지지 않았다. 후견제 정치는 이 정당 정치 시기의 다른 대통령들에게와 마찬가지로 링컨에게도 이길 수 없는 게임(no-win game)이었던 것이다.

17) Charles Sandburg, *Abraham Lincoln: The Prairie Years and the War Years* (New York: Harcourt Brace, 1954), pp. vii－viii.

18) Donald, "Abraham Lincoln and the Americanm Pragmatic Tradition", in *Lincoln Reconsidered,* pp. 128－143. 또한 링컨을 "실용주의적 혁명가"로 보는 관점으로 James M. McPherson, *Abraham Lincoln and the Second American Revolution* (New York: Oxford University Press, 1991), p. 41. 맥퍼슨의 연구는 현실주의와 낭만주의 관점을 설득력 있게 합쳐놓았다.

19) Oates, *Malice,* p. 197; McPherson, *Battle Cry,* pp. 217－219.

20) "A House Divided", at Springfield, Illinois, June 16, 1858, *Collected Works,* Vol. 2, pp. 461－468.

21) Ibid., p. 467.

22) Hillary Jaffa, *The Crisis of House Divided: An Interpretation of Lincoln－Douglas Debates* (Seattle: University of Washington Press, 1959).

23) "At Peoria, Illinois", October 16, 1854, *Collected Works,* Vol. 2, p. 276.

24) 토마스 제퍼슨의 유산에 대한 상반된 권리 주장이 링컨－더글라스 논쟁에서 중요하게 다루어졌다. *Collected Works,* Vol. 3, passim 참조. 또한 Daniel Walker Howe, *The Political Culture of the American Whigs* (Chicago: University of Chicago Press, 1979), pp. 290－298; 보다 포괄적인 논의로 J David Greenstone, *The Lincoln Persuasion: Polarity and Synthesis in American Politics* (Princeton: Princeton University Press, 1993).

25) "To H. L. Pierce and Others", Springfield, Illinois, April 6, 1859, *Collected Works,* Vol. 3, pp. 364－376.

26) Oates, *Malice,* pp. 196－199.

27) "A House Divided", *Collected Works,* Vol. 2, pp. 461－468.

28) "Address at Cooper Institute", February 27, 1860, *Collected Works,* Vol. 3, pp. 374－376.

29) "At Peoria, Illinois", *Collected Works,* Vol. 2, p. 276.

30) Oates, *Malice,* pp. 215－216; Randall, *Lincoln,* Vol. 1, pp. 236－237; McPherson, *Battle Cry,* p. 253; McPherson, Abraham Lincoln, p. 118; 또

한 Schultz, "Lincoln: Partisan or Patriot", in Fehrenbacher, *Leadership,* p. 23; Allen Nevins, "Why Lincoln Said 'No'", Ibid., pp. 26－29; letters to Lyman Trumble, William Kellogg, Elihu Washburne, John Gimer, William Steward, John Defrees, in *Collected Works,* Vol. 4, pp. 253－283. 참조

31) 헌법이 급진적 행동에 대한 제약인지 보장인지에 대한 논쟁에 대해 Harold H. Hyman, *A More Perfect Union: The Impact of the Civil War and Reconstruction on the Constitution* (New York: Knopf, 1973), pp. 99－125; Otto H. Olsen, "Abraham Lincoln as Revolutionary", *Civil War History,* 24, no. 3 (September 1978), pp. 213－221; Herman Belz, "Lincoln and the Constitution: The 'Dictatorship Question' Reconsidered", *Congress and the Presidency,* 15, no. 2 (Autumn 1988), pp. 147－164; Glen E. Thurow, *Abraham Lincoln and the American Political Religion* (Albany: University of New York Press, 1976); Greenstone, *Lincoln Persuasion.*

32) 여기까지 링컨과 급진파 간의 관계에 대해서는 T. Harry Williams, *Lincoln and the Radicals* (Madison: University of Wisconsin Press, 1941); Hans Trefousse, *The Radical Republicans: Lincoln's Vanguard for Radical Justice* (Baton Rouge: Louisiana State University Press, 1968); Mark Krug, "The Republican Party and the Emancipation Proclamation", in *Civil War and Reconstruction,* ed. Irwin Unger (New York: Holt, Reinhart and Winston, 1970), pp. 275－286; David Donald, "Devils Facing Zionwards", in *Grant, Lee, Lincoln, and the Radicals* (Evanston: Northwestern University Press, 1964); Williams, "Shall We Keep the Radicals?" 참조. 여기서 나의 입장은 이 연구들에서 제시한 주장들의 양 측면과는 별개이다.

33) 노예해방령의 혁명적 중요성으로 McPherson, *Abraham Lincoln,* passim.

34) Oates, *Malice,* pp. 333－347.

35) "First Inaugural Address", March 4, 1861, *Collected Works,* Vol. 4, pp. 262－271.

36) "Message to Congress in Special Session", July 4, 1861, *Collected Works,* Vol. 4, pp. 421－441.

37) Michael F. Holt, "Abraham Lincoln and the Politics of Union", in *Abraham Lincoln and the American Political Tradition,* ed. John L. Thomas (Amherst: University of Massachusetts Press, 1986), pp. 110−141; Sandberg, *Lincoln,* pp. 514−521.

38) *Collected Works,* Vol. 4, p. 263.

39) Randall, *Lincoln,* Vol. 2, pp. 126−150; Oayes, *Malice,* pp. 333−335; McPherson, *Battle Cry,* pp. 494−503; "Appeal to Border State Representatives in Favor of Compensated Emancipation", July 12, 1862, *Collected Works,* Vol. 5, pp. 317−319.

40) "Preliminary Emancipation Proclamation", September 22, 1862, *Collected Works,* Vol. 5, pp. 433−436; Oates, *Malice,* pp. 345−354; McPherson, *Battle Cry,* pp. 503−505, 557−562.

41) "Emancipation Proclamation", January 1, 1863, Collected Works, Vol. 6, pp. 28−30; "To Andrew Johnson", March 26, 1863, Collected Works, Vol. 6, p. 149; Oates, *Malice,* pp. 355−373; McPherson, *Battle Cry,* p. 565,

42) 공화당/연합당 전당대회는 6월 7일에 개최되었다. 하원은 6월 15일에 수정조항을 부결시켰다. Oates, *Malice,* pp. 421−423; Herman Belz, *Reconstructing the Union: Theory and Policy during the Civil War* (Ithaca: Cornell University Press, 1969), pp. 213−216.

43) Oates, *Malice,* pp. 439−440에서 재인용.

44) Ibid., p. 441.

45) Belz, "Lincoln and the Constitution."

46) "To Albert Hodges", April 4, 1864, *Collected Works,* Vol. 7, p. 282.

47) Douglas Donald, "Abraham Lincoln: Whig in the White House", *Lincoln Reconsidered,* pp. 187−208.

48) Philip Shaw Paludan, "A People's Contest": *The Union and Civil War, 1861−1865* (New York: Harper and Row, 1988), pp. 105−169; Leonard P. Curray, *Blueprint for Modern America: Nonmilitary Legislation of the*

First Civil War Congress (Nashville: Vanderbilt University Press, 1968); G. S. Boritt, *Lincoln and the Economics of American Dream* (Memphis: Memphis State University Press, 1978); G. S. Boritt, "Old Wine into New Bottles: Abraham Lincoln and the Tariff Reconsidered", *Historian,* 28 (1966), pp. 289-317; Reinhard H. Luthin, "Abraham Lincoln and the Tariff", *American Historical Review,* 49, no. 4 (July 1944), pp. 609-629; McPherson, *Abraham Lincoln,* pp. 37-40.

49) Randall, *Lincoln,* Vol. 2, pp. 1-125; Oates, *Malice,* pp. 249-303; McPherson, *Battle Cry,* pp. 352-362.

50) Holt, "Abraham Lincoln and the Politics of Union", p. 117.

51) Ibid., pp. 117-141.

52) "Proclamation of Amnesty and Reconstruction", December 8, 1863, *Collected Works,* Vol. 7, pp. 53-56; Belz, *Reconstructing the Union,* pp. 100-167.

53) 루이지애나 상황과 웨이드-데이비스 법안(Wade-Davis bill)의 전개과정에 대한 분석은 다음 자료들로부터 직접 도출된 것이다. Belz, *Reconstructing the Union,* pp. 100-243; La Wanda Cox, *Lincoln and Black Freedom: A Study in Presidential Leadership* (Urbana: University of Illinois Press, 1985); Peyton McCrary, *Abraham Lincoln and Reconstruction: The Louisiana Experiment* (Princeton: Princeton University Press, 1978); Eric Foner, *Reconstruction: America's Unfinished Revolution, 1863-1877* (New York: Harper and Row, 1987), pp. 35-76.

54) Cox, *Lincoln and Black Freedom,* pp. 81, 166-167.

55) Oates, *Malice,* pp. 426-427.

56) "Proclamation Concerning Reconstruction", July 8, 1864, *Collected Works,* Vol. 7, pp. 433-434.

57) Wade-Davis Manifesto, "To the Supporters of Government", *New York Tribune,* August 5, 1864, p. 5.

58) Oates, *Malice,* p. 427; Belz, *Reconstructing the Union,* pp. 230-231.

59) Oates, *Malice,* pp. 431－433; McPherson, *Battle Cry,* p. 776.

60) Foner, *Reconstruction,* pp. 176－227.

61) 이에 대한 균형있는 논의로 Cox, *Lincoln and Black Freedom,* pp. 144－184 참조.

제6장 제2부

1) *Theodore Roosevelt: An Autobiography* (New York: Scribners, 1913), p. 379.

2) Speech at Cambridge, May 26, 1910, John M. Cooper, *The Warrior and the Priest: Woodrow Wilson and Theodore Roosevelt* (Cambridge: Harvard University Press, 1983), p. 118에서 재인용. 또는 그가 재임 초에 말했듯이, "가장 강력한 리더를 확실하게 불러내는 위기가 한 세대 동안 발생하지 않는다면, 당연히 세상은 그런 리더가 존재했는지 모를 것이다." "Speech at Canton", Ohio, January 27, 1903, *The World of Theodore Roosevelt: Presidential Addresses and State Papers,* Vol. 1, ed. Albert Shaw (New York: Review of Review, 1904), pp. 231－232.

3) "Introduction", *The Letter of Theodore Roosevelt,* Vol. 5, ed. Elting Morrison (Cambridge: Harvard University Press, 1953), pp. xiii－xiv. 또한 Mathew Josephson, *The President Makers: The Culture and Politics of Leadership in an Age of Enlightenment* (New York: Harcourt Brace, 1940); Richard Hofstadter, *The American Political Tradition and the Men Who Made It* (New York: Knopf, 1948), pp. 206－237. 루즈벨트에 대한 이중적인 평가는 뉴딜 이전으로 올라갈 수도 있다. Henry F. Pringle, *Theodore Roosevelt: A Biography* (New York: Harcourt Brace, 1931).

4) Dewey W. Grantham, Jr., "Theodore Roosevelt in American Historical Writing", *Mid－America,* 43, no. 1 (January 1961), pp. 3－35.

5) 루즈벨트를 재평가한 것으로 대표적으로 John Morton Blum, *The Republican Roosevelt* (Cambridge: Harvard University Press, 1954); George Mowry, *The Era of Theodore Roosevelt and the Birth of Modern America, 1900－1912* (New York: Harper and Row, 1958); Howard K. Beale, *Theodore Roosevelt and the Rise of America to World Power*

(Baltimore: Johns Hopkins University Press, 1956); William Harbaugh, *Power and Responsibility* (New York: Farrar, Strauss and Cudahy, 1961); Grantham, "Theodore Roosevelt in American Historical Writing."

6) "Evasions and compromises", Henry F. Pringle, *The Life and Times of William Howard Taft,* Vol. 1 (New York: Farrar and Reinhart, 1939), p. 382.

7) Pringle, *Roosevelt,* p. 223.

8) Ibid., pp. 151–164.

9) "To Paul Dana", May 7, 1900, *Letters,* Vol.2, p. 1290; "To Arthur Hamilton Lee", July 25, 1900, *Letters,* Vol. 2, pp. 1362–1363; "To Winthrop Chanler", July 26, 1900, *Letters,* Vol. 2, p. 1364; "To William Howard Taft", August 6, 1900, *Letters,* Vol. 2, p. 1377.

10) 이 요약은 다음에서 모은 것이다. *Addresses and State Papers,* Vols.1 and 2.

11) At Boston, August 25, 1902, *Addresses and State Papers,* Vols.1, p. 112. 이 점에 관해 다음을 참조. Hofstadter, *American Political Tradition,* pp. 206–237.

12) *Autobiography,* pp. 364–367.

13) 위스콘신 주 출신 상원의원 라폴레트(Robert La Follett)가 루즈벨트가 "이 상업화된 세상에서 개혁을 존중받을 만한 것으로 만들었다."라고 칭찬한 것을 루즈벨트는 긍정적으로 인용했다. *Autobiography,* p. 406.

14) "To Sydney Brooks", November 20, 1908, *Letters,* Vol. 6, p. 1369.

15) *Autobiography,* p. 283; Harbaugh, *Power,* pp. 252–253.

16) 루즈벨트는 버크를 자주 인용했다. 이 인용문은 제임스타운(Jamestown) 박람회 개최식에서 한 연설의 일부이다. April 26, 1907, *Works,* Vol. 6, pp. 1213–1228.

17) 단 6주간 이런 용법을 쓴 연설들의 예로 다음을 참조할 수 있다. "Speech at the Charleston Exposition", April 9, 1902, *Addresses and State Papers,* Vol. 1, p. 24; "At the Exercises of the Society of the Army of the Cumberland", May 17, 1902, *Addresses,* Vol. 1, p. 40; "At the

Centennial Meeting of the Presbyterian Home Mission", May 20, 1902, *Addresses,* Vol. 1, p. 51.

18) James Anthony Rosmond, "Nelson Aldrich, Theodore Roosevelt and the Tariff", Ph.D. dissertation, University of North Carolina, Chapel Hill, 1974.

19) "To Nicholas Murray Butler", September 24, 1907, *Letters,* Vol. 5, p. 805.

20) Rosmond, "Nelson Aldrich", passim. 또한 다음을 참조. Mowry, *Era,* pp. 127－129; Lewis Gould, *The Presidency of Theodore Roosevelt* (Lawrence: University of Kansas Press, 1991), pp. 47－72, 101－126, 147－172.

21) "To William Howard Taft", March 19, 1903, *Letters,* Vol. 3, p. 450.

22) "To Elihu Root", June 2, 1904, *Letters,* Vol. 4, p. 813.

23) Rosmond, "Nelson Aldrich", pp. 150－165; Gould, *Presidency,* pp. 64－65.

24) "At Logansport Indiana", September 23, 1903, Addresses and State Papers, Vol. 1, pp. 192－194. 또는 루즈벨트의 미네아폴리스 연설, Addresses, Vol. 1, pp. 299－302:

> 우리 정책은 현명해야 하는 만큼 안정적이어야 할 필요가 있습니다. 우리 같은 국가는 짧은 시간 동안 급격한 관세 변화에 기업들이 다시 조정해야 하는 파탄나는 정책을 감당할 수 없습니다… 농업과 제조업과 상업을 모두 포함하는 우리 모두의 이익에 결정적인 영향을 미치는 이런 관세에 대한 전반적이고 급격한 변화는 어떤 경우에도 재난이 될 것이며, 보호주의 관세 원칙이 폐기되어야 한다는 이론에 따라 접근한다면 현재 우리의 삶에 치명적이 될 것입니다…
>
> 우리 목표는 국가 전체가 따르게 된 보호주의 관세 정책을 유지하는 것이 되어야 하며, 그렇지만 언제 어디서고 입법 사안으로서 특정 품목에 대한 관세율 변화가 필요하다면, 그리고 이러한 변화가 국가 전체의 이익에 비추어 요구된다면…

우리는 화석화되면 안 됩니다. 혹은 국가의 필요가 변함에 따라 우리 관세법의 특정한 측면들을 바꾸어서 이러한 필요를 충족시키는 것이 필요하다는 사실을 인정하지 않으면 안 됩니다. 하지만, 이러한 변화들에 대한 필요가 그 결과 발생할 수 있는 난점들보다 크기 전까지는 이런 변화들이 만들어지면 안 된다는 더 중요한 사실을 인정하지 않으면 안 됩니다. 그리고 이런 변화를 만드는 것이 필요하게 되었을 때에도, 우리 경제체제의 안정이 필요하다는 것과 우리에게 이제 확고한 정책이 된 우리 경제체제의 원칙을 변경하지 않아야 한다는 것을 완전히 인정하면서 이런 변화를 만들어야 합니다. 우리는 국내에서 경이로운 번영을 이루어 왔습니다. 하나의 국가로서 우리는 오늘날 국제적인 거대한 산업 간 경쟁에서 최선두에 서 있습니다. 어떤 별난 생각이나 어리석음으로 인해 우리가 지금까지 성공적으로 도달해 온 이 지위를 빼앗길 수는 없습니다.

25) "To Nicholas Murray Butler", August 22, 1904, *Letters,* Vol. 4, pp. 899–900.

26) "Accepting the Presidential Nomination of the Republican National Convention", *Addresses and State Papers,* Vol. 3, pp. 72–73.

27) "To James Ford Rhodes", November 29, 1904, Letters, Vol. 4, p. 1050; "To Lyman Abott", January 11, 1905에서 한 말; "내가 편의적인 문제라고 간주하는 관세에 대해 최선의 결과를 얻기 위해 노력할 것이지만, 당과 결별하지는 않을 것입니다. *Letters,* Vol. 4, p.1100.

28) "To Nicholas Murray Butler", December 2, 1904, *Letters,* Vol. 4, pp. 1055–1056.

29) "To Joseph Gurney Cannon", November 30, 1904, *Letters,* Vol. 4, p. 1052. 제임스 토니(James Tawney)에 보낸 루즈벨트의 서한에 대한 모리슨의 해석을 참조하라. Novemebr 10, 1904, *Letters,* Vol. 4, pp. 1028–1029.

30) "To Nicholas Murray Butler", September 20, 1907, *Letters,* Vol. 5, p. 798.

31) "To Nicholas Murray Butler", September 24, 1907, *Letters,* Vol. 5, p. 806.

32) "To William Howard Taft", November 10, 1908, *Letters,* Vol. 6, p. 1340; Pringle, *William Howard Taft,* pp. 402–407; George Mowry, *Theodore Roosevelt and the Progressive Movement* (Madison: University of Wisconsin Press, 1947), p. 42.

33) 루즈벨트가 개입한 이후에도 한동안 태프트는 화해하라는 조언을 거부했고 물러서기 직전까지 혁신주의 세력을 돕는 구체적인 조치들을 취하기도 했다. Mowry, *Era,* pp. 238–241.

34) Mowry, *Progressive Movement,* pp. 42–65.

35) "To George Otto Trevelyan", Washington, D.C., June 19, 1908, *Letters,* Vol. 6, p. 1085–1087; *Autobiography,* pp. 278–280; "The Presidency", *Addresses and State Papers,* Vol. 1, pp. 1–3.

36) "Orderly progress", "To James E. Watson", *Letters,* August 18, 1906, Vol. 5, p. 373 참조.

37) "To George Otto Trevelyan", Washington, D. C., March 9, 1905, *Letters,* Vol. 4, p. 1133.

38) "Speech at Wheeling West Virginia", September 6, 1902, *Addresses and State Papers,* Vol. 1, p. 147.

39) 예컨대 다음을 참조. "Speech to the G. A. R.", February 19, 1902, *Addresses and State Papers,* Vol. 1, p. 17; "Speech at Topeka Kansas", May 1, 1903, *Addresses,* p. 354; "To Maria Longworth Storer", December 8, 1902, *Letters,* Vol. 3, pp. 391–392; "To George Otto Trevelyan", November 6, 1908, *Letters,* Vol. 6, p. 1329. 또한 Cooper, *Warrior and Priest,* p. 111.

40) "At Providence Rhode Island", August 23, 1902, *Addresses and State Papers,* Vol. 1, p. 106. "물론, 이런 자리의 정치적 삶이라는 것은 오랫동안 성질을 죽여야 하고, 오랫동안 차선을 받아들여야 하고, 오랫동안 자기 충동을 강력히 억제하는 실험이며, 자신이 바라는 것을 수백 명의 동료들이 강제로 혹은 회유되거나 이끌려 바라게 된 것에 희생하는 것을 배우는 것입니다."

41) “To Maria Longworth Storer”, December 8, 1902, Letters, Vol. 3, p. 392.”

42) Beale, *Theodore Roosevelt,* pp. 71−73; Gould, *Presidency,* p. 73.

43) Gould, ibid., pp. 173−179.

44) “To Congress”, December 3, 1901, *Addresses and State Papers,* Vol. 2, pp. 273−284; Mowry, *Era,* pp. 144−163; Beale, *Theodore Roosevelt,* passim.; Gould, *Presidency,* pp. 91−99, 264−268.

45) 예컨대, “To George Bruce Cortelyou”, July 18, 1904, *Letters,* Vol. 4, p. 861.

46) Albert Shaw, “The Progress of the World”, *American Monthly Review of Review,* 25 (April 1902), p. 398; Gould, *Presidency,* p. 52.

47) Stephen Skowronek, *Building a New American State: The Expansion of National Administrative Capacities, 1887−1920* (New York: Cambridge Un3iversity Press, 1982).

48) Jeffrey Tulis, *The Rhetorical Presidency* (Princeton: Princeton University Press, 1987), pp. 97−110.

49) 탄광 파업에 대해 Robert Wiebe, “The Anthracite Coal Strike of 1902: A Record of Confusion”, *Mississippi Valley Historical Review,* 48, no. 2 (September 1961), pp. 229−249.

50) Arthur M. Johnson, “Theodore Roosevelt and the Bureau of Corporations”, *Mississippi Valley Historical Review,* 46, no. 4 (March 1959), pp. 571−590. 또한 보다 전반적으로 Martin Sklar, *The Corporate Reconstruction of American Capitalism, 1890−1916: The Market, The Law and Politics* (New York: Cambridge University Press, 1988), pp. 179−332; Gould, *Presidency,* pp. 105−108.

51) “At Cincinnati”, September 20, 1902, *Addresses and State Papers,* Vol. 1, pp. 176−177; “At Milwaukee”, April 3, 1903, *Addresses,* Vol. 1, p. 285.

52) “At Jamestown, North Dakota”, April 7, 1903, *Addresses and State Papers,* Vol. 1, p. 322.

53) “At Milwaukee”, April 13, 1903, *Addresses and State Papers,* Vol. 1,

pp. 273－277. 루즈벨트는 또한 산업위원회(Industrial Commission) 설치, 셔먼 법(Sherman Act)에 의한 노던 시큐리티즈(Northern Securities) 제소, 철도산업 관행을 보다 효과적으로 규제하기 위한 주간통상 위원회(Interstate Commerce Commission) 강화 등을 거론했다.

54) "To Lymon Abbott", January 11, 1905, *Letters,* Vol. 4, p. 100.

55) John M. Blum, "Theodore Roosevelt and the Hepburn Act: Toward an Orderly System of Control", Appendix II, *Letters,* Vol. 6; Blum, *Republican Roosevelt,* pp. 73－105; *Letters,* Vol. 4, pp. 1028－1029에 대한 모리슨의 해석; Gould, Presidency, pp. 147－165.

56) Samuel P. Hayes, *Conservation and the Gospel of Efficiency: The Progressive Conservation Movement, 1890－1920* (Cambridge: Harvard University Press, 1959).

57) Carl E. Hatch, *The Bid Stick and the Conressional Gravel: A Study of Theodore Roosevelt's Relations with His Last Congress, 1907－1909* (New York: Pageant, 1967); Skowronek, *Building a New American State,* pp. 182－186; Gould, *Presidency,* pp. 199－206.

58) Hatch, *Big Stick,* passim.

59) "To Ansley Wilcox", November 8, 1907, *Letters,* Vol. 5, p. 833.

60) Hatch, *Big Stick*; "Seventh Annual Message", December 3, 1907, in *A Compilation of the Messages and Papers of Presidents,* Vol. 16, ed. by James D. Richardson (New York: Bureau of National Literature, 1897), pp. 7070－7126; "Special Message", January 31, 1908, *Messages and Papers,* Vol. 16, pp. 7126－7133.

61) 예컨대 "To Hamlin Garland", November 23, 1907, *Letters,* Vol. 5, p. 855; "To David Scull", August 16, 1907, *Letters,* Vol. 5, pp. 754－755; "To Alexander Lambert", November 1, 1907, *Letters,* Vol. 5, p. 826; "To Ansley Wilcox", November 8, 1907, *Letters,* Vol. 5, pp. 833－834.

62) Hatch, *Big Stick,* p. 20; Johnson, "Bureau", pp. 588－589; Robert Wiexbe, "The House Of Morgan and the Executive, 1905－13", *American Historical Review,* 65, no. 1 (October 1959), pp. 49－60;

Gould, *Presidency,* pp. 277－281.

63) "To Cecil Arthur Spring Rice", December 27, 1904, *Letters,* Vol. 4, p. 1083.

64) Hatch, *Big Stick,* p. 54.

65) Gould, *Presidency,* p. 144. 특별히 예리하게 다룬 것으로 Cooper, *Warrior and Priest,* p. 110.

66) "To George Otto Trevelyan", November 24, 1904, *Letters,* Vol. 4, pp. 1043－1044.

67) 이후의 서한에서는 이 이슈들에 있어서 안전한 사람에 대한 이런 선호에 다른 측면도 있었다. "To Nicholas Murray Butler", September 24, 1907, *Letters,* Vol. 5, p. 807. "이 나라를 운영하는 일은 복잡합니다… 해군 문제나 파나마 운하, 필리핀, 외교정책, 트러스트에 대해 무엇이 가능한지는 경험을 빼고 배울 수 있는 것이 아닙니다. 경험이란 거의 관직과 같은 것입니다… 루트나 태프트 같은 사람들은 이런 것들을 [이슈들을] 배울 필요가 없고, 시작부터 최선을 다할 수 있습니다." 또한 선거 이후 다음 서한에서, "To Theodore Roosevelt, Jr.", November 20, 1908, *Letter,* Vol. 6, p. 1372. "여기 우리나라에서 우리가 너무 멀리 가고 있다는 증상이 현재 보이지는 않는다. 태프트에게 브라이언이 압도적으로 진 것은 상황이 유리한데도 아직 이 선동가들이 어떤 피해를 끼치기에는 완전히 무능력하다는 것을 보여 준다. 우리가 이들을 상대해서 정직성에 의심의 여지가 없고, 재산을 가진 자나 없는 자나 그 부정에 대해 진정으로 반대하는 사람을 내세울 수 있다면 말이다."

68) Cooper, *Warrior and Priest,* p. 114, 전반적으로 pp. 114－118, 143－163.

69) "To Henry Beach Needham", July 19, 1905, *Letters,* Vol. 4, pp. 1281－1282.

70) "To Henry Cabot Lodge", April 10, 1910, *Letters,* Vol. 7, p. 73.

71) "To Nicholas Longworth", July 11, 1910, *Letters,* Vol. 7, p. 99.

72) "To Arthur Hamilton Lee", August 14, 1912, *Letters,* Vol. 7, p. 597.

73) Mowry, *Progressive Movement,* pp. 247－249; John Allen Cable, "The Bull Moose Years: Theodore Roosevelt and the Progressive Party,

1912–1916", Ph. D. dissertation, Brown University, 1962.

74) "To Joseph Cannon", September 17, 1906, *Letters,* Vol. 5, p. 414.

75) "To Horace Plunkett", August 3, 1912, *Letters,* Vol. 7, p. 593.

76) "To Peter Ewert", July 5, 1912, *Letters,* Vol. 7, p. 572.

77) Mowry, *Progressive Movement,* pp. 189–191.

78) Ibid., pp. 213–219.

79) Ibid., pp. 150–151, 257, 269–272.

80) Ibid., p. 266.

81) Norman M. Wilensky, *Conservatives in the Progressive Era: The Taft Republicans of 1912,* University of Florida Monographs, Social Sciences, No. 25 (Gainesville: University of Florida Press, Winter 1965), p. 13.

82) "To Gifford Pinchot", November 13, 1912, *Letters,* Vol. 7, p. 641.

제6장 제3부

1) *The Memoirs of Herbert Hoover, 1920–1933,* Vol. 1 (New York: Macmillan, 1931), p. vi.

2) 예컨대 Carl Degler, "The Ordeal of Herbert Hoover", *Yale Review,* 52 (1963), pp. 563–583; John Hoff Wilson, *Herbert Hoover, Forgotten Progressive* (Boston: Little, Brown, 1975); David Burner, *Herbert Hoover: A Public Life* (New York: Knopf, 1979). 후버에 대한 관심이 높아진 것은 다음과 같은 최근의 역사학계의 연구들을 보면 알 수 있다. *Herbert Hoover and Historians,* ed. Mark M. Dodge (West Branch, Iowa: Herbert Hoover Presidential Library, 1989); *The Hoover Presidency: A Reappraisal,* ed. M. Fausold and G. Mazuzan (Albany: State University of New York Press, 1974); Lee Nash, *Understanding Herbert Hoover: Ten Perspectives* (Stanford: Hoover Institute Press, 1987).

3) "Address at the Fifty Sixth Annual Convention of the American Bankers' Association", October 2, 1930, *The State Papers and Other Public Writings of Herbert Hoover,* Vol. 1, ed. William Starr Myers,

Jr. (New York: Doubleday, 1934), p. 379. 보다 전반적으로 Guy Alchon, *The Invisible Hand of Planning: Capitalism, Social Science, and the State in the 1920's* (Princeton: Princeton University Press, 1985); William J. Barber, *From New Era to New Deal: Herbert Hoover, the Economists, and American Economic Policy, 1921－1933* (New York: Cambridge University Press, 1985); *Herbert Hoover as Secretary of Commerce, 1921－1928: Studies in New Era Thoughts and Practice,* ed. Ellis W. Hawley (Iowa City: University of Iowa Press, 1981).

4) Albert U. Romasco, "Hoover－Roosevelt and the Great Depression: A Historiographic Inquiry into a Perennial Comparison": in *The New Deal: The National Level,* ed. John Braeman, Robert Bremmer, and David Brody (Columbus: Ohio State University, 1975), pp. 3－26; Murray Rothbard, *America's Great Depression* (Princeton: Princeton University Press, 1963).

5) 다른 함의는 후버의 실패가 어떤 의미에서도 그의 개인적 능력이나 자질 때문이 아니라는 점이다. 마찬가지로 후버의 실패에 대한 이념적 설명을 기각하는 상반된 견해로 다음 책의 내쉬(Gerald Nash)의 논문을 참조하라. *Herbert Hoover and the Crisis of American Capitalism,* contributed by Ellis Hawley, Murray Rothbard, Robert Himmelberg, and Gerald Nash (Cambridge, Mass.: Schenkman, 1973).

6) "Campaign Speech at Madison Square Garden", October 31, 1932, *State Papers,* Vol. 2, p. 408.

7) Burner, *Herbert Hoover,* pp. 150－153; Wilson, *Herbert Hoover,* pp. 31－78, 125; Martin L. Fausold, *The Presidency of Herbert Hoover* (Lawrence: University of Kansas Press, 1985), pp. 7－14.

8) Ellis Hawley, "Herbert Hoover, the Commerce Secretariate and the Vision of an 'Associative State', 1921－1928", *Journal of American History,* 61 (1974), pp. 116－140. 또한 앞의 주 2) 참조.

9) Herbert Hoover, *American Individualism* (Garden City, New York: Doubleday Page, 1922); Peri Arnold, "Ambivalent Leviathan: Herbert

Hoover and the Positive State", in *Public Values and Private Power in American Politics,* ed. David Greenstone (Chicago: University of Chicago Press, 1982), pp. 109−138. 엘리스 홀리의 연구도 후버가 과거와의 단절에 있어서 모호했다는 점에 주목한다. 앞에서 인용한 홀리의 연구와 더불어 다음 책 중 홀리의 논문을 참조하라. *Herbert Hoover and the Crisis of American Capitalism.*

10) Harris Gaylord Warren, *Herbert Hoover and the Great Depression* (New York: Norton, 1967), p. 36에서 재인용.

11) "Inaugural Address", March 4, 1929, *State Papers,* Vol. 1, p. 8.

12) 이 문제에 대해 이미 인용된 연구들 이외에 다음을 참조. Peri arnold, "The 'Great Engineer' as Administrator: Herbert Hoover and Modern Bureaucracy", *Review of Politics,* 42, no. 3 (July 1980), pp. 329−348.

13) Craig, Lloyd, *Aggressive Introvert: A Study of Herbert Hoover and Public Relations Management, 1921−1932* (Columbus: Ohio State University Press, 1972).

14) Donald R. McCoy, "To the White House: Herbert Hoover, August 1927−March 1929", in *Hoover Presidency: A Reappraisal,* p. 31; *The New Day: Campaign Speeches of Herbert Hoover,* ed. Ray Lyman Wilbur (Stanford: Stanford University Press, 1928).

15) Hoover, *New Day,* pp. 17−20, 53.

16) Albert U. Romasco, *The Poverty of Abundance: Hoover, the Nation, and the Depression* (New York: Oxford University Press, 1965), pp. 97−104.

17) "Message to the Special Session", April 16, 1929, *State Papers,* Vol. 1, pp. 31−37.

18) Fausold, *Presidency,* p. 49.

19) Ibid., p. 33.

20) 이 부분은 다음 자료들에 기반을 두고 있다. Jordan Schwarz, *The Interregnum of Despair: Hoover, Congress, and the Depression* (Urbana: University of Illinois Press, 1970), pp. 5−9; Fausold, *Presidency,*

pp. 49−54, 93−96; Warren, *Herbert Hoover,* pp. 85−97, 169−177; David Horowitz, "The Perils of Western Farm Politics: Herbert Hoover, Gerald Nye, and Agricultural Reform, 1926−32", in *Herbert Hoover and the Republican Era: A Reconsideration,* ed. Carl E. Crog and William R. Tanner (New York: University Press of America, 1984), pp. 220−243.

21) J. Richard Snyder, "Hoover and the Smoot−Hawley Tariff: A View of Executive Leadership", *Annals of Iowa,* 41, no. 7 (Winter 1973), pp. 1173−1189.

22) Fausold, *Presidency,* pp. 51, 54; Schwarz, *Interregnum,* p. 9.

23) John D. Hicks, *The Republican Ascendancy, 1921−1933* (New York: Harper and Row, 1960), pp. 222−224; Warren, *Herbert Hoover,* pp. 95−97.

24) 예컨대 "Announcement of Conferences of Business and Government Agencies on Maintaining Business Progress", November 21, 1929, *State Papers,* Vol 1, pp. 133−134; "Appeal to the Governors", November 23, 1929, p. 137; "To the United States Chamber of Commerce on Responsibility and Opportunity for Stabilization of the Economy", December 5, 1929, pp. 181−184.

25) "First Annual Message to Congress", December 3, 1929, *State Papers,* Vol. 1, pp. 138−180.

26) Warren, *Herbert Hoover,* p. 117에서 재인용.

27) Romasco, *Poverty of Abundance,* pp. 24−65.

28) Romasco, *Poverty of Abundance,* pp. 66−96; James Stewart Olson, *Herbert Hoover and the Reconstruction Finance Corporation, 1931−33* (Ames: Iowa State University Press, 1977), pp. 3−24.

29) Warren, *Herbert Hoover,* p. 173; Romasco, *Poverty of Abundance,* pp. 97−124.

30) "Second Annual Address to Congress", December 2, 1930, *State*

Papers, Vol. 1, p. 428.

31) Schwarz, *Interregnum,* p. 79에서 재인용; Fausold, *Presidency,* p. 145.

32) *Memoirs,* Vol. 1: *Cabinet and Presidency,* pp. 226-230.

33) "Messages to the Senate: Veto of the Muscle Shoals Joint Resolution", March 3, 1931, *State Papers,* Vol. 1, pp. 521-529; Fausold, *Presidency,* pp. 134-136; Warren, *Herbert Hoover,* pp. 72-83.

34) "Press Statement: Reasons for the Pocket Veto of the Wagner Bill for the Improvement of Public Employment Agencies", March 7, 1931, *State Papers,* Vol. 1, p. 530; Fausold, *Presidency,* pp. 122, 134-137; Schwarz, *Interregnum,* pp. 23-44.

35) 의회 마지막 회기와 후버의 관계에 대해 Arthur W. MacMahon, "Third Session of the Fifty-first Congress", *American Political Science Review,* 25, no. 4 (November 1931), pp. 932-955.

36) 이 점에 대해 전반적으로, Elliot A. Rosen, *Hoover, Roosevelt, and the Brains Trust: From Depression to New Deal* (New York: Columbia University Press, 1977), esp. pp. 66-95 참조.

37) Schwarz, *Interregnum,* pp. 79-86.

38) Ibid.

39) "Press Conference Statement: No Extra Session of Congress To Be Called", May 22, 1931, *State Papers,* Vol. 1, p. 565.

40) "The Importance of the Preservation of Self-Help", Press Statement, February 3, 1931, *State Papers,* Vol. 1, p. 565.

41) James S. Olson, "The End of Voluntarism: Herbert Hoover and the National Credit Corporation", *Annals of Iowa,* 41, no. 6 (Fall 1972), pp. 1104-1113; Gerald D. Nash, "Herbert Hoover and the Origins of the Reconstruction Finance Corporation", *The Mississippi Valley Hostorical Review,* 44, no. 3, (December 1959), pp. 455-468. Olson, *RFC,* pp. 24-32.

42) "Campaign Speech at Des Moines, Iowa", October 4, 1932, *State*

Papers, Vol. 2, p. 317.

43) "Radio Address: Expression of Confidence in Our Popular Ability to Overcome Difficulty", February 12, 1932, *State Papers,* Vol. 2, p. 112.

44) Schwarz, *Interregnum,* pp. 25–105; "Statement Signing the Federal Home Loan Bank Act, July 22, 1932", *Public Papers of the Presidents: Herbert Hoover* (Washington, D.C.: Government Printing Office, 1977), pp. 331–335; "Presidential News Conference", July 22, 1932, *Public Papers,* pp. 329–331.

45) "Third Annual Message to Congress", *State Papers,* Vol. 2, p. 36; Nash, "Origins",; Olson, *RFC,* pp. 43, 72–73; "Signing Emergency Relief and Reconstruction Act", July 17, 1932, *Public Papers,* pp. 322–323.

46) Franklin Roosevelt, "Campaign Address on the Federal Budget at Pittsburgh, Pa.", October 19, 1932, *The Public Papers and Addresses of Franklin D. Roosevelt,* Vol. 1, ed. Samuel I. Rosenman (New York: Random House, 1938), pp. 795–812.

47) 이 점에 대해서는 Olson, *RFC*가 특히 설득력이 있다. 긴급구호법은 공화당 전당대회가 개회되기 직전에 통과되었다.

48) 자신이 요청했던 구호 법안에 거부권을 행사하는 곤혹스러움을 피하기 위해 후버는 가너 법안에 대한 반대를 계속 표명했다. 1932년 5월 22일의 기자회견에서 후버는 다음과 같이 말했다. "우리가 실업 구제를 논의하고 있는 것이 아닙니다. 이 법안은 미국 의회에 제안된 가장 거대한 나눠먹기(pork barrel) 법안입니다. 이것은 정부 재정에 대한 대표적인 공격입니다… 우리나라는 나눠먹기 위에 수립된 것이 아니며, 나눠먹기에 의해 위대해진 것이 아닙니다." *Public Papers,* pp. 238–239. 또한 "Statement on Emergency Relief Legislation", July 6, 1932, *Public Papers,* pp. 295–301; "Veto of the Emergency Relief and Construction Bill", July 11, 1932, *Public Papers,* pp. 305–311.

49) Olson, *RFC,* pp. 33–75; 핀초트는 Olson, *RFC,* p. 84에서 재인용; Schwarz, *Interregnum,* pp. 142–178.

50) "Address Accepting the Republican Nomination for President", August

11, 1932, *State Papers,* Vol. 2, p.252.

51) "Campaign Speech at Salt Lake City", November 7, 1932, *State Papers,* Vol. 2, p. 467.

52) "Campaign Speech at Madison Square Garden", October 31, 1932, *State Papers,* Vol. 2, pp. 412–413.

53) 이 점에 대해 후버와 루즈벨트를 비교한 것으로 Frank Freidel, *FDR: Launching the New Deal* (Boston: Little, Brown, 1973), p. 72.

54) 이 점에 대해 특히 훌륭한 분석으로 Rosen, *Hoover, Roosevelt and the Brains Trust.*

55) "At Madison Square Garden", *State Papers,* Vol. 2, p. 408.

역자 약력

백창재

현 서울대학교 정치외교학부 교수

미국 캘리포니아 대학교(버클리) 정치학 박사

저서

『미국패권연구』, 『미국 무역정책 연구』, 『미국정치 연구』, 『20세기로부터의 유산』 등 다수

역서

『미국 사회과학의 기원』, 『미국의 자유주의 전통』, 『단극체계 국제정치이론』, 『정부의 실패와 민주주의 위기』 등 다수

한국연구재단 학술명저번역총서 서양편

대통령이 만드는 정치 1

초판발행 2025년 9월 25일

지은이 스티븐 스코우로넥
옮긴이 백창재
펴낸이 안종만·안상준

편 집 장유나
기획/마케팅 노 현
표지디자인 이영경
제 작 고철민·김원표

펴낸곳 (주) 박영사
서울특별시 금천구 가산디지털2로 53, 210호(가산동, 한라시그마밸리)
등록 1959. 3. 11. 제300-1959-1호(倫)
전 화 02)733-6771
f a x 02)736-4818
e-mail pys@pybook.co.kr
homepage www.pybook.co.kr
ISBN 979-11-303-2323-7 94080
979-11-303-1007-7 94080(세트)

정 가 24,000원

이 저서는 2022년 대한민국 교육부와 한국연구재단의 지원을 받아 수행된 연구임
(NRF-2022S1A5A7079837)